Gottfried August Bürger

Leben, Briefe und Prosa-Schriften

Gottfried August Bürger

Leben, Briefe und Prosa-Schriften

ISBN/EAN: 9783743639393

Hergestellt in Europa, USA, Kanada, Australien, Japan

Cover: Foto ©ninafisch / pixelio.de

Weitere Bücher finden Sie auf **www.hansebooks.com**

G. A. Bürger's Werke

herausgegeben

von

Eduard Grisebach.

~~~~~

Erster Theil:

Biographisch-literarische Skizze nebst Briefen und Prosa-Schriften

———

Dritte Auflage.

—————>=<—————

Berlin,

G. Grote'sche Verlagsbuchhandlung.

1881.

Leben, Briefe

und

Prosa=Schriften

von

Gottfried August Bürger.

Dritte Auflage.

Berlin,

G. Grote'sche Verlagsbuchhandlung.

1881.

Druck von Fischer & Wittig in Leipzig.

Inhalts-Verzeichniß.

Vorwort.

Nur der Lebende hat Recht im Leben und nur das Lebendige, noch Fortwirkende hat Recht in der Literatur. Einen von der unerbittlichen Zeit in gerechte Vergessenheit begrabenen Autor kann keine neue Ausgabe von den Todten erwecken, so viel Lärm und Aufsehen er auch in seinen Tagen gemacht hat.

Am wenigsten geziemt es sich heute, den Moder derjenigen Literatur wieder aufzuwühlen, welche in Deutschlands traurigsten Zeiten, von fremdländischen Säften genährt, krankhaft emporgewachsen. Die in drei glorreichen Kriegen neugeborene Nation wendet ihre Aufmerksamkeit nur denen zu, welche in ächt deutschem Geiste nationale Kunstwerke geschaffen und uns noch heute zur Ehre gereichen.

Zu den vordersten dieser Männer, welche unter Friedrich dem Großen auch eine neue Morgenröthe der Literatur heraufführten und der verachteten deutschen Dichtung im Auslande die erste Anerkennung verschafften, gehört der Dichter der Lenore. Er ist noch bis auf diesen Tag im Munde seines Volkes geblieben, und als der Amerikaner Cullen Bryant im gegenwärtigen Jahre dem Gesandten des deutschen Reichs ein feierliches Banquet gab, da nannte er in seinem Toast auf die deutsche Literatur auch den Namen Bürger's, des Dichters der herrlichsten Balladen.

Auffallenderweise fehlte es bisher an einer den berechtigten Ansprüchen genügenden Ausgabe dieser und der andern Schöpfungen des Dichters. Namentlich aber ist sein eigener Wunsch, gleichsam die letztwillige Verfügung über seine Werke, noch nicht zur Ausführung gebracht worden, jenes fünf Jahre vor seinem Tode niedergeschriebene Wort: „Es möge das ächte poetische Gold seiner Gedichtsammlung, welches vermuthlich nur wenige Bogen fasse, ausgebrannt und von den Schlacken gereinigt werden, welche deutschen Geist und Geschmack vor Gegenwart und Zukunft entehren könnten."

Ich habe dies schwierige Werk unternommen, welchem schon Herder (1798) eine freundschaftliche Hand wünschte.

Wie ich dabei im Einzelnen verfahren, ergiebt die vorausgeschickte „biographisch=literarische Skizze", welche überdies die ganze Literaturepoche, zum Theil nach neuen Gesichtspunkten, einer kritischen Betrachtung unterwirft. Bürger's Briefe und sonstige Prosaschriften, als Dokumente namentlich zu der Biographie, bilden die andere Hälfte des ersten Theils meiner Ausgabe.

Der zweite Theil enthält dann die „Gedichte" allein. In Text und Anordnung mußte ich von allen bisherigen posthumen Editionen wesentlich abweichen und darf meine Ausgabe, welche durchaus auf der Bürger'schen letzter Hand beruht, als die erste kritische bezeichnen.

Indem mein erster Theil dem zweiten überall nicht nur als Kommentar, sondern als Ergänzung — jedes vom 2. Theil ausgeschiedene Gedicht wird im 1. Theil entweder ganz oder auszüglich mitgetheilt, stets besprochen — dient, erhält der Leser in den vorliegenden „Werken Bürgers", bei sorgfältigster Auswahl im Geiste des Dichters, doch einen unverfälschten und den ganzen Bürger.

Berlin, den 15. November 1871.

Dr. Eduard Grisebach.

G. A. Bürger.

Biographisch-literarische Skizze

von

Eduard Grisebach.

1*

Wenn Shakespeare seinem Hamlet die Worte in den Mund legt: Das Schauspiel solle der Natur gleichsam den Spiegel vorhalten, den Körper der Zeit gestalten und das Jahrhundert in einem Abdruck zeigen, so spricht er damit divinatorisch das Geheimniß aller Poesie aus. Aber nur die ganz großen Dichter genügen diesem Gesetze vollkommen, nur wenige Repräsentanten in allen Nationalliteraturen geben wirklich eine volle, ganze Weltanschauung. Von einer solchen Weltanschauung kann übrigens nur bei der im weitesten Sinne modernen Dichtung die Rede sein, die rein objektive plastische Kunst der Alten kannte noch nicht jenen höheren Weltsinn, welcher erst der durch das Christenthum tiefgeweckten Subjektivität aufgehen konnte. Die Antike faßte die sie umgebende Welt schlechthin real, die Kunst seit Christi Geburt ideal (im Kantischen Sinne). Dante war der erste Dichter, dem eine Weltanschauung eigen war. Ihm reihen sich Wolfram, Cervantes, Calderon, Shakespeare an. Aber neben diesen erhabenen Gestirnen behaupten auch die Sterne geringerer Größe ihren besondern Rang und Werth. Es sind jene Dichter, denen zwar die Welt als Ganzes nicht anschaulich erschienen, bei denen nicht jede Zeile ihre allgemeine Weltansicht reflektirt, welche aber das Detail der Dinge mit künstlerischer Treue auffassen, seien es ihre eigenen Leidenschaften oder Charakterzüge ihrer Nation, die Welt des täglichen Lebens oder Berge und Flüsse, Winter und Frühling um sie her.

Jene großen Dichtergeister umfassen die ganze Welt, es sind die dramatischen und epischen Künstler; sie sind selten, über ganze Zeiträume verstreut. Diese, die lyrischen, geben ein Stück der Welt, die Welt ihres Ichs wieder. Sie sind zahlreich, denn wir verlangen von ihnen nicht, daß sie zugleich die Ersten, die Größten vollendeten Geister ihrer Zeit seien, ebenbürtig den politischen Beherrschern derselben, wir erwarten nur, daß sich uns eine eigenthümliche, originelle Individualität offenbare. Selbst ein Filou wie François Villon ist uns in der Poesie eine hochinteressante Erscheinung, denn er verstand es, im Petit und im Grand testament mit höchster Naivetät sein eignes Leben treu aufzufassen und mit individuellster Realistik in vollendeter Form darzustellen; in den eingestreuten Balladen Züge des französischen Nationalcharakters unvergänglich schön festhaltend, übrigens im Gemälde seines Ichs ein Stück seiner Zeit und Welt gebend.

Ich erinnere hier grade an Villon, weil er um die Mitte und zu Ende des 15. Jahrhunderts eine ähnliche Stellung einnahm wie unser Bürger zu Ende des 18. Nur daß auf Bürger reichere Entwickelungen gefolgt sind, auf Villon eigentlich erst Beranger sich zurückbesonnen hat, was dazwischen liegt, ist mit wenigen Ausnahmen konventionelle Hof=poesie. Bürgers biederes ehrliches deutsches Herz will ich freilich mit dem Gamin von Paris nicht verglichen haben.

Wie Villon in der französischen, so bietet Robert Burns [1759—1796] in der englischen manche Vergleichungspunkte mit Bürger dar. Auch Burns konnte von seinen Werken sagen: „Die Geschichte der meisten meiner Lieder ist verflochten mit meiner eigenen Geschichte." (An Dr. Moor, Januar 1789.) Auch er ging auf die volksthümliche Poesie zurück und wie viel er derselben verdankt, ist aus seinen Remarks on Scottish songs and ballads ancient and modern, einer Muster=sammlung der älteren Dichtung, ersichtlich. Seine eigenen mehr episch=lyrischen Sachen, wie namentlich der berühmte, auch von Walter Scott bewunderte Tom O'Shanter können aber mit Percy's und Bürger's Balladen nicht entfernt einen Vergleich aushalten und seine reizenden Liebeslieder thun erst durch die hinzukommende Musik ihre volle Wir=kung, während Bürgers Gedichte der Komposition nicht zugänglich sind, dafür aber um so reicher an eigenthümlichen, konkreten Schilderungen der Wirklichkeit, an poetischen Gedanken.

Von dem deutschen Volksliede abgesehen war Bürger seit den Tagen Walthers von der Vogelweide der erste deutsche Dichter, welcher nach des Johannes der neuen Literatur — nach Klopstocks glücklichem Ausdruck Gedichte schuf „die von Herzen kamen, giengen zu Herzen".

Daß Goethe alsdann in allen Gattungen der Lyrik und lyrischen Epik den um zwei Jahre älteren Zeitgenossen übertraf, raubt dem Dich=ter der Lenore und der Mollylieder nichts von seinem originellen Werthe. Und meine Skizze wird zeigen, daß Bürger überall der Erste war, welcher die von Herder auf neue Bahn gebrachte ächt nationale Poesie aus der Theorie in die Praxis übersetzte.

Gottfried August Bürger wurde in der Nacht des 31. Dec. 1747 zu Molmerswende in der Herrschaft Falkenstein, Bisthums Halber=stadt, als das zweite Kind des dortigen Pfarrers, Johann Gottfried Bürger und Gertrud Elisabeth, Tochter des Hofesherrn Jakob Philipp Bauer zu Aschersleben, geboren.*)

---

*) Nach dem Kirchenbuche, welches Pröhle einsah. (G. A. Bürger, Leben und Dichtungen. Leipzig, 1856). Bürger selbst wollte in der ersten Stunde des Jahres geboren sein, unter den Gesängen, womit man nach alter Sitte das angekommene

Der Vater war, nach des Sohnes Bericht, ein guter ehrlicher Mann und mit mancherlei Kenntnissen versehen, aber er liebte eine ruhige Bequemlichkeit und seine Pfeife Tabak so sehr, daß er immer erst einen Anlauf nehmen mußte, wenn er einmal ein Viertelstündchen auf den Unterricht seines Sohnes verwenden sollte, dem daher die Mutter das Donatpensum überhörte. Es war übrigens auch viel Herzensgüte und Phlegma erforderlich, um eine Frau von dem Charakter der seinigen zu ertragen. Noch heute erinnert man sich in Molmerswende der Redensart der Frau Pfarrerin: Die Hölle sei mit Pfaffenköpfen gepflastert, nur eine Stelle sei noch leer und da werde der Kopf ihres Mannes hinkommen. Oefters lief sie ihrem Ehemann nach Aschersleben davon, er holte sie aber jedesmal wieder zurück. Bürger schilderte seine Mutter als eine Frau von den außerordentlichsten Geistesanlagen, die aber so wenig angebaut waren, daß sie kaum leserlich schreiben gelernt hatte. Bei gehöriger Kultur würde sie die berühmteste ihres Geschlechts geworden sein. Er äußerte mehrmals eine starke Mißbilligung verschiedener Züge ihres Charakters und glaubte daher von der Mutter einige Anlagen des Geistes, von seinem Vater aber eine Uebereinstimmung mit dessen moralischem Charakter geerbt zu haben.

Der Vater starb schon 1764 im 58. Jahre, die Mutter 1775; zwei Kinder waren ihnen vorangegangen, während sich die älteste überlebende Tochter an einen geistlichen Inspektor in Lösnitz, Erzgebirge, die jüngste, Friederike, an den Amtsprokurator Müllner zu Langendorf bei Weißenfels verheirathet hatte. —

Gottfried August besuchte zuerst die Schule zu Aschersleben, „von der er nachmals wegen seiner vielen losen Streiche einen unfreiwilligen Abschied nehmen mußte, hatte sich des Rektor Aurbach absonderliche Perrücke zum Gegenstande seiner Witze und Spottgedichte erkoren.“*) Er wurde am 8. September 1760 im Pädagogium zu Halle, auf Kosten seines mütterlichen Großvaters, recipirt. Der Inspekteur der Anstalt trug über „den kleinen Bürger“ folgende Notiz in sein amtliches Buch ein: „Bürger, des alten Herrn Provisors Bauer in Aschersleben Enkel, hat ganz ungemeine Fähigkeiten und einen gleich großen Stolz.“ Von besonderm Interesse ist, daß der Schüler zur Feier des Hubertsburger Friedens eine deutsche Ode dichtete und vortrug; sowie auch einer Ode in Klopstocks Manier „Christus in Gethsemane“ von ihm erwähnt wird.**)

neue Jahr vom Kirchthurm zu begrüßen pflegte: Dr. Althoff, Nachrichten von den vornehmsten Lebensumständen G. A. Bürgers. Göttingen, 1798. Auch der Grabstein und das sog. Monument haben das falsche Geburtsdatum „den 1. Januar 1748.“ — Zu Althoff's Biographie, aus der ich das Wesentliche vollständig mittheile, haben die Späteren, die ich bei meiner Darstellung natürlich benutzt, nur einige ergänzende oder berichtigende Notizen beigebracht.

*) Nachrichten über die hiesigen Prediger (der Pfarre zu Westorf im Aschersleb'schen) welche Bürgers Vater kurze Zeit vor seinem Tode erhielt.

**) Daniel, Bürger auf der Schule. Halle, 1845 (im „Bericht über das K. Päd-v gogium zu Halle.")

Ehe er zur Universität ging, verweilte er noch einige Zeit in Aschers=
leben, wo er ein noch von Althoff im Manuskript gesehenes Gedicht von
siebzehn achtzeiligen Strophen „verfertigte": Die Feuersbrünste am
4. Januar und 1. April des 1764. Jahres zu Aschersleben, geschildert
von Gottfried August Bürger, D. F. K. und W. B.

Was die solchergestalt mehrfach hervortretende poetische Anlage
betrifft, so berichtet Althoff darüber, daß der Knabe ganz aus eigenem
Triebe und ohne andere Muster, als welche Bibel und Gesangbuch ihm
lieferten, anfing, metrisch völlig richtige Verse zu machen, ehe er noch
die allererſten Elemente der Grammatik erlernt hatte. Noch als Mann
hat er sich oft etwas darauf zu gute, daß er in dieser Rücksicht schon
als Knabe manche erwachsene und geschickte Leute übertroffen hätte, die
für einen Fuß in der Skanſion zu viel oder zu wenig, für eine lange
oder kurze Silbe, für einen richtigen oder unrichtigen Reim, für einen
männlichen oder weiblichen Ausgang kein Ohr haben.

In der Bibel liebte er vorzüglich die historischen Bücher, die Psal=
men und Propheten, am allermeisten aber die Offenbarung Johannis.

Im Gesangbuch waren seine Lieblingslieder: Eine feste Burg ist
unser Gott, dessen und der Begeisterung, zu welcher es ihn oft erhoben,
er sich noch kurz vor seinem Tode erinnerte; ferner O Ewigkeit, du Donner=
wort; Du, o schönes Weltgebäude; und Es ist gewißlich an der Zeit.
Bei einigen Strophen*) des letztern tönten schon dem Knaben ganz
dumpf die Saiten seiner Seele, welche nachher ausgeklungen haben. Schon
als zehnjähriger Knabe suchte er zuweilen die Einsamkeit und liebte
vorzüglich die freien grünen und mit sparsamen Buschwerk bewachsenen
Hügel, wo er jeden Busch, jede Staude, jeden Distelkopf um sich her be=
leben konnte. Das Grausen, das uns in der Dämmerung oder im
Mondschein oder in dunklen Wäldern ankommt, „verursachte ihm eine
sehr angenehm erschütternde Empfindung."

Uebrigens erzählte er, daß er ungeachtet aller Schläge und
Anstrengungen von seiner Seite, in zwei Jahren noch nicht mensa
dekliniren konnte, ob er gleich das ganze Gesangbuch ohne Schwierigkeit
auswendig gelernt haben würde.

Von seiner gesammten Schulzeit urtheilte er: Es wäre sehr wenig,
was er von Lehrern oder aus Büchern gelernt, da es ihm immer in den
Lehrstunden an Aufmerksamkeit und außer denselben an Geduld gefehlt,
ein Buch anhaltend auszulesen. Er müsse sich oft innerlich wundern,
wenn er einen Blick in die Vorrathskammer seiner Kenntnisse thäte, wie

---

*) Eine Strophe dieses Liedes lautet:

„Posaunen wird man hören gehn
An aller Welt ihr Ende,
Darauf bald werden auferstehn
All Todten gar behende.
Die aber noch das Leben han,
Die wird der Herr von Stunden an
Verwandeln und erneuen."

und woher der Plunder alle hineingekommen. Das Meiste wäre ihm hie und da und dort und überall wie von selbst gleichsam angeflogen.

Am 26. Mai 1764 wurde der „der freien Künste und Wissenschaften Beflissene" nach dem Willen seines Großvaters als T h e o l o g e auf der Universität Halle inskribirt. Er trieb jedoch mehr das Studium der alten Literatur und vertheidigte zum Beispiel unter Meusels Vorsitz mit Beifall eine Dissertation De Lucani Pharsalia. Mit dem Pervigilium Veneris beschäftigte er sich kritisch, beabsichtigte einen Kommentar darüber und schrieb eine reimfreie Uebersetzung. Sein Hauptgönner war der Herausgeber der „Deutschen Bibliothek der schönen Wissenschaften", der durch Herder und Lessing literarisch hingerichtete Professor Klotz, welcher sich auch durch seinen Lebenswandel in Halle übel berüchtigt gemacht hatte. Sowohl durch seinen Verkehr im Klotz'schen Hause, „sein freies lustiges Leben"*), als auch vielleicht durch eine Untersuchung wegen der Stiftung einer Niedersächsischen Landsmannschaft, in die er verwickelt war, hatte sich Bürger als Theologe in Halle unmöglich gemacht. Das Protokoll über ein gerichtliches Verhör vom 27. Juli 1767 führt ihn noch als Stud. theol., in dem am 8. August ergangenen Urtheil (zu einigen Tagen Carcer) heißt es jedoch schon: studirt jura.

Als Jurist bezog er denn zu Ostern 1768 mit Bewilligung seines Großvaters die Universität Göttingen. Zunächst setzte er hier sein freies gallisches Leben fort und wohnte sogar in den ersten Jahren bei der Schwiegermutter des Professor Klotz, deren Haus in Göttingen ebenfalls in schlechtem Rufe stand. Er gerieth in diesem Hause, wie Althoff sagt, bald in noch engere Verbindungen, welche weder auf sein Studiren, noch auf seine Sitten vortheilhaft wirken konnten. Der Großvater sah ihn für einen verlorenen Menschen an und entzog ihm sogar die Unterstützung. Glücklicherweise verdrängte ihn jedoch ein rüstigerer Liebhaber aus dem Herzen der Zauberin, die ihn fesselte, und er betrieb nun auch seine Fachwissenschaft eifriger. Das Ausleihebuch der Göttinger Bibliothek, welche er fleißiger als irgend ein anderer Student benutzte, ergiebt dies. Bürger entlieh

1769 . . .	8	Werke,
1770 . . .	37	„
1771 . . .	47	„
1772 (erstes Halbjahr)	8	„

und zwar außer Tacitus, Petronius, Xenophon von Ephesus und dem spanischen Dichter Juan Boscan Almogaver nur wenige nicht in sein Fach schlagende.**)

Er lernte daher auch nach Althoff seine Pandekten recht gut verstehen und arbeitete bei einem göttinger Advokaten zu dessen vollkommener

---

*) Boie an Gleim, den 28. Januar 1771 (Literarisches Konversationsblatt 1821 Nr. 278.)

**) Tittmann, G. A. Bürger. (Vor der „Neuen vollständigen Ausgabe" der „Gedichte", Leipzig, Brockhaus, 1869.)

Zufriedenheit. So vorbereitet konnte er daran denken, zu Anfang des
Jahres 1772 sich um die Gerichtshalterstelle im Amte Altengleichen
bei der von Uslar'schen Familie zu bewerben.   Die göttinger Professoren Meister und v. Selchow bezeugten seinen „außerordentlichen Fleiß,
seine theoretischen und praktischen Kenntnisse der Rechte, wie seine vorzügliche Aufführung,"*) er fertigte drei Proberelationen an, wurde
durch Majoritätsbeschluß der Familie erwählt und am 1. Juli 1772
zu Gelliehausen als Amtmann beeidigt und eingeführt.   Vorher war
der Großvater selbst nach Göttingen gekommen, um des Enkels „kleine,
schreiende" Schulden zu bezahlen und zugleich eine Kaution von 600 Thlr.
für ihn zu deponiren. —

Wie Bürger bereits in Halle sich der Theologie nicht ausschließlich
gewidmet, so fand er auch in Göttingen „noch immer Zeit, die schönen
Wissenschaften gründlicher zu studiren, als man sie gemeiniglich zu
studiren pflegt."**)   Zunächst wirkten die von Klotz empfangenen Anregungen noch nach. Er arbeitete die „Nachtfeier der Venus" um zu einem
gereimten Carmen, welches Ramler dann noch weiter feilte und im
Deutschen Merkur 1773 herausgab.   In seiner „Rechenschaft über die
Veränderungen in der Nachtfeier der Venus"***) sagt Bürger darüber:
„Die Nachtfeier ist mein erstes Gedicht; das erste nämlich von denjeni-
gen, die durch den Druck bekannt geworden sind.   Ich habe zwar schon
weit früher Lieder gedichtet, allein niemals eins für werth achten
können, dem Publikum vorgezeigt zu werden."   Es ist bekannt, wie der Dichter an diesem (völlig inhaltlosen) Werke auch später,
bis an sein Ende, fort und fort korrigirte und zuletzt meinte: es könnte
wohl für die deutsche Vers- und Reimkunst eben das werden, was der
berühmte Kanon des Polyklet für die Bildhauerei.   Da die in der That
vorhandenen formellen Schönheiten dieses Gedichtes den besten übrigen
Werken Bürgers von wirklichem Gehalt ebenfalls eigen sind, so habe ich
„die Nachtfeier der Venus" von meiner Ausgabe ausgeschlossen.   Es
war diese paraphrasirende Uebersetzung des Pervigilium für Bürger
eben so gut nur Formstudie, wie seine Ilias, von der er 1784****) urtheilte: „Ich bereue die Zeit und Mühe nicht, welche ich an eine jambisirte Ilias, die wirklich auch größtentheils fertig geworden ist, aber
nie öffentlich erscheinen wird, verwendet habe.   Denn ich fühle,
wie mich diese athletische Anstrengung gestärkt hat. Das lange, beharr-
liche und dennoch oft vergebliche Durchwühlen des ganzen Sprach-
schatzes mußte mir nothwendig eine genauere Kenntniß desselben erwerben, als ich sonst jemals erlangt haben würde.   Wenn ich nunmehr

---

*) Tittmann, a. a. O.
**) Boie an Gleim, a. a. O.
***) Von Bürger selbst wurde dieser Aufsatz nicht publicirt, erst Reinhard nahm
ihn in seine Ausgaben auf.
****) In Goeckings Journal von und für Deutschland, 1. Band, Ellrich. 1784.

wirklich etwas in der Sprache vermag, so habe ich es vielleicht blos jener Uebung zu danken."

Eben diese Iliasstudien trieb er in der ersten göttinger Zeit und veröffentlichte in Klotzen's Deutscher Bibliothek (1771) „Gedanken über die Beschaffenheit einer deutschen Uebersetzung des Homer," nebst 425 Versen aus der „ersten Rhapsodie" der Ilias. Wir finden hier die erste Einwirkung Herder's auf ein empfängliches, kongeniales Gemüth. 1767 waren die „Fragmente über die neuere deutsche Literatur" erschienen. „Laßt uns sein Buch" ruft Bürger „Seite 66 aufschlagen und bis Seite 69 lesen! Was lehrt er uns hier? Auf die Frage: was sollen wir aus der alten poetischen Zeit der Griechen durch Uebersetzungen für unsre Sprache rauben? antwortet er: Nur nicht die Silbenmaße! Er erklärt sich hierauf vortrefflich. Der Hexameter, lehrt er, lag genau in der Sprache der Griechen; er war ihrem Ohr und ihrer Kehle am gemäßesten ... Wir, die wir mit weniger Accenten monotonischer reden, sind an die Mensur eines Hexameters nicht gewöhnt. — Gebet einem gesunden Verstande ohne Schulweisheit Jamben, Dactylen und Trochäen zu lesen, er wird sogleich, wenn sie gut sind, skandiren; gebet ihm einen gemischten Hexameter, — er wird nicht damit fortkommen. Höret den Kadenzen beim Gesange der Kinder und Narren zu, sie sind nie polymetrisch; oder wenn ihr darüber lacht, so geht unter die Bauern. Gebt auf die ältesten Kirchenlieder Acht: ihre Falltöne sind kürzer und ihr Rhythmus ist einförmig. — — Nichts kann wahrer sein, als was Herr Herder hier sagt; und wenn es gleich nicht so viel beweiset, daß man gar keine deutschen Hexameter machen müsse,*) so beweiset es doch zuverlässig, daß Homer nicht in Hexametern übersetzt werden soll .... Durch was für eine? Durch eine Versart, die eben so genau in der deutschen Sprache liegt und unserm Ohre ebenso natürlich ist als der Hexameter den Griechen war. Und das sind die Jamben, wie Herr Herder richtig bemerkt." Ebenso bedeutsam sind des jungen Schriftstellers Worte über die Sprachbehandlung: „Unsre alte Sprache hatte eine schöne Präcision, Anstand, eine rührende, natürliche Einfalt, starke Farben und einen männlichen Charakter. Herrliche Eigenschaften, die Sprache einer Ilias abzugeben! ... Die poetischen Bücher der heiligen Schrift hat Luther mit dem besten Geschmacke für seine Zeiten so echt deutsch und so feurig übersetzt, daß man darüber erstaunen muß. Ein fleißiger Sprachforscher müßte unsre neuere Sprache mit den vortrefflichsten Schätzen aus den Schriften dieses bewunderungswürdigen Mannes, wovor unsern hominibus delicatulis so ekelt, bereichern können. Solche Schriften, die alten Minnesänger, die Rhythmen, welche in Schilters Thesaur stehen nebst andern Ueber-

---

*) Zu dieser S. 66 machte Herder in einer Nachschrift zur dritten Sammlung der Fragmente S. 328 (der ersten Ausgabe) folgende Bemerkung: „Wer da sagt, daß ich den Deutschen Hexameter abspreche, versteht mich nicht: aber den griechischen — den spreche ich ihnen rund ab, bei uns ist er Nachahmung, bei jenen singende Natur."

bleibseln der alten Sprache und Dichtkunst studire der Uebersetzer des
Homer ebenso fleißig als sein griechisches Original."

Bekanntlich wurde diese Iliasübersetzung niemals fertig, trotz der
65 Louisdor, welche Goethe als Aufmunterung vom Weimarer Hofkreise
dem Dichter zukommen ließ, als er 1776 im deutschen Museum eine
Fortsetzung jenes ersten Unternehmens in Aussicht gestellt hatte.

Fleißigere Finger, wie die Voß'ens und Stolberg's kamen ihm
zuvor. An Stolberg richtete er im Museum 1776 ein Herausfor-
derungsgedicht:

> „Ich komme, ich komme dir! denn ehren mag
> Ein solcher Widersacher das Gefecht.
> Wie wird des Sieges Blume meinen Kranz
> Verherrlichen!"

1784 bekehrte sich Bürger zum Hexameter und ließ die ersten vier
Gesänge als Probe erscheinen, nachdem er gleichfalls im deutschen Museum 1777 schon „Dido, ein episches Gedicht, aus Virgils Aeneis gezogen", hexametrisch behandelt hatte. Die oben angeführte Selbstkritik
über die jambisirte Ilias gilt auch für diese Hexameterversuche.

An einen Wiederabdruck dieser Uebersetzungen *) kann ein verstän-
diger Herausgeber so wenig denken als an den der Novelle des Ephe-
siers Xenophon, welche Bürger ungefähr 1769 übertrug und von der er
in der Vorrede sagt: „Leider weiß ich selber zu gut, daß ich etwas viel
Gescheuteres hätte thun können als ein albernes Romänlein zu ver-
deutschen."**)

Wenn diese klassischen Studien auf die hallische Zeit zurückweisen,
aber doch schon von dem neuen, Herder'schen Geist angehaucht sind, so
tritt in Göttingen zugleich ein ganz neues Phänomen in den Gesichts-
kreis des Klotz'schen Schülers: Shakespeare und Percy's Relics.

In der Zueignung zu der 1784 erschienenen, 1777 für Schröder
begonnenen Macbethübersetzung heißt es: „Diesem Macbeth, mein
ewig geliebter Biester, habe ich deinen Namen zum Zeugniß vorgesetzt,
wie unvergeßlich mir jene Göttingischen Stunden sind, da wir uns
zusammen mit einer Art andächtigen Entzückens des größten Dichter-
Genius freuten, der je gewesen ist und sein wird." Mit Biester,
dem späteren Herausgeber der Berliner Monatsschrift, hatte Bürger in
den Göttinger Studentenjahren einen förmlichen Shakespeareklub gegründet, dem sonst noch Mathias Christian Sprengel aus Rostock, der
nachmals mit Goethe in Wetzlar befreundete Baron von Kielmannsegge, der als Musenalmanachsherausgeber so bekannt gewordene Boie
und andere angehörten. In diesem Cirkel wurde nur in Shakespeare's
Ausdrücken geredet und einmal feierten sie ihres Dichters Geburtstag
mit so öffentlichem Jubel, daß sie ihren Rausch im Carcer ausschlafen
mußten. — In der Vorrede zu der erwähnten, nun auch längst, freilich

---

*) Für die Ilias in Jamben verbot ihn Bürger selbst, was seinen Herausgeber
Reinhard, dem es nur darauf ankam, Bände zu füllen, weiter nicht genirte.
**) Erste Ausgabe: Leipzig, 1775.

nicht durch Schiller, überflügelten Uebersetzung drückt Bürger seinen Shakespearekultus noch besonders stark aus: „Von dem Stück läßt sich fast unbedingt behaupten, daß es voll solcher Schönheiten sei, die Alles übertreffen, was der menschliche Geist in dieser Art je hervorgebracht hat, je hervorbringen wird. Ich bin zwar ein armer, aber doch nicht der allerärmste unter allen Erdenwürmern; dennoch kriecht mein Genius, auch in seinen glücklichsten, licht= und kraftvollsten Weihestunden, so tief unter der Hoheit und Großmacht jener Scenen vor und nach der That im zweiten Aufzuge, als mein Leib unter der Sonne unsres Weltsystems."

Percy's Sammlung „Reliques of ancient english poetry" war 1765 (London, J. Dodsley, 3 Bde.) erschienen und ein Auszug „Ancient and modern songs and ballads" 1767 (Göttingen, Victorinus Bossiegel). In der letztern Gestalt wird es Bürger ohne Zweifel sogleich, als er die Universität bezog, zugänglich geworden sein. Althoff berichtet, daß es „um diese (erste göttinger) Zeit sein Handbuch geworden."

Aber auch die Franzosen, Italiener und Spanier lasen die Freunde gemeinschaftlich und Boie verwahrte 1798 noch eine Novelle, welche Bürger, durch eine Wette veranlaßt, in spanischer Sprache geschrieben.

Merkwürdigerweise verrathen nun aber die Gedichte, welche bei Bürger in diesen vier göttinger Jahren entstanden, von jenen eben angedeuteten mächtigen Einwirkungen noch wenig oder gar nichts. Es erschienen dieselben zum Theil in dem von Boie und dem ganz französisch gebildeten, später mit Goethe befreundeten, Gotter, nach dem Muster des 1765 in Paris entstandenen Almanac des muses 1770 begründeten Musenalmanach, und zwar zuerst das Trinklied „Herr Bachus ist ein braver Mann" im Jahrgang 1771. Boie hatte gemeint, in dieser burlesken Versart könne sein Freund das Vorzüglichste leisten. Im Musenalmanach von 1772 standen „das harte Mädchen" nach Parnell (Johnsons, english poets XXVII, 15); „An den Traumgott" nach Walker (ib. XVI, 57); und „Das Dörfchen" nach Bernard. Also nur Uebersetzungen. Ungefähr gleichzeitig mit diesen Sachen sind „An ein Maienlüftchen" (Mai 1769), „Lust am Liebchen" (Juni 1769), „Stutzertändelei" (August 1769); „Adeline" nach Parnell (Januar 1770), „An Arist" (1770), „Huldigungslied" (März 1770), „An die Hoffnung" (August 1770), welche alle zuerst in die Ausgabe der Gedichte von 1778*) aufgenommen wurden. Ferner zwei Kleinigkeiten „Gabriele" (März 1772) und „Amors Pfeil" (1772).

Ueber das „Dörfchen" schrieb der gute Gleim, der Bürger inzwischen in Göttingen kennen gelernt, auch gleich mit fünfzig Thalern Darlehn erfreut hatte, am 1. August 1771**):

---

*) Ueber diese erste Sammlung seiner Gedichte, die schon 1775 projektirt wurde, vergl. den Schluß dieser Skizze, sowie unter den prosaischen Schriften die Briefe an Boie und den aus meinem Privatbesitz publicirten Brief vom 5. Mai 1778.

**) Liter. Conversationsblatt 1821 Nr. 298.

„Nur noch drei solcher Gedichte, so will ich sie sauber drucken lassen, sie dem König, der die Bernards, Greffets so gern liest, zu lesen geben ... Mit Ihrem Homer bin ich ebenfalls im höchsten Grade zufrieden."

Bürger selbst dachte über diese Erstlingsprodukte zum Glück anders. In einem im Morgenblatt, December 1824, mitgetheilten Briefe an einen Ungenannten vom 6. Februar 1772 schreibt er: „Gedichte, die Sie von mir verlangen, wollte ich Ihnen gern schicken, wenn ich nur Fähigkeit und Muße hätte, etwas zu verfertigen, das des Schickens werth wäre. Ich thäte wol besser, wenn ich alles Versmachen ganz und gar einstellte, denn ich bin wirklich zu kraftlos, mich nur denen vom zweiten Range nachzuschwingen. Die Uebersetzung des Homer werde ich auch schwerlich vollenden."

Ebenso an Gleim schon aus Gelliehausen vom 20. Sept. 1772: „Mein kleines poetisches Talent, wenn daran etwas gelegen ist, verwelkt bei meiner jetzigen Lage fast völlig: denn der Actum Gellie= hausen ꝛc., der In Sachen ꝛc. der Hiermit wird ꝛc. sind gar zu viel. Statt: „Ich rühme mir mein Dörfchen hier" heißt es:

„Ihr Ochsen, die ihr alle seid,
Euch Flegeln geb ich den Bescheid ꝛc."

Ich habe, seitdem ich hier bin, nichts, schlechterdings nichts, als neulich in einigen glücklichen Stunden einen Lobgesang gemacht ... Meine Nachtfeier der Venus lege ich diesem Brief mit ein. Dies wird wol das letzte sein, was Sie von mir erhalten." Ich schließe an diese wichtigen Selbstkritiken gleich eine Aeußerung in einem Briefe an Boie vom 18. Juni 1773: „Der Ton dieses Stücks (der Nacht= feier) ist mir schon so fremd geworden, tönt mir schon so weit hinten in der Ferne und so dunkel, daß ich kaum noch darüber urtheilen und entscheiden kann." Er fühlte, daß jenen Jugendgedichten die Wahrheit und Tiefe des Selbsterlebten fehlte, daß es nur Schatten poetischer Vorbilder, und noch dazu dem deutschen Wesen fremder Vorbilder, waren, nicht Spiegelbilder der Wirklichkeit.

Daß die erste Ausgabe von 1778 und die zweite von 1789*) alle die genannten Gedichte trotzdem wieder enthalten, darüber erklärt sich Bürger selbst in der Vorrede zu der letzteren Ausgabe: „Ein gehöriger Grad der Strenge bei dieser neuen Ausgabe meiner theils 1778 bereits gesammelten, theils nachher einzeln erschienenen und end= lich gegenwärtig ganz neu hinzugekommenen Gedichte, hätte viel= leicht mehr als die Hälfte derselben ganz verwerfen müssen. Ich traute mir selbst zu diesem Proceß nicht Unbefangen= heit genug zu." Einen andern, vielleicht den wahren Grund, theilt er

---

*) Ueber diese zweite und letzte von Bürger besorgte Ausgabe, vergl. den Schluß dieser Skizze und die unter den Schriften in Prosa mitgetheilten Briefe an Meyer, welche ich dem Buche „Zur Erinnerung an Meyer, den Biographen Schröders" (Braun= schweig, 1847) entnommen habe.

aber an Boie (Brief vom 20. April 1789 bei Althoff) mit: „Du glaubst nicht, wie gleichgültig mir die meisten meiner Gedichte, ein Dutzend etwa ausgenommen, sind. Ich hätte schon dieses mal (bei der zweiten Ausgabe) ein unbarmherziges Gericht ergehen lassen, wenn es nicht auf Korpulenz angesehen gewesen wäre." In seinem Handexemplar des ersten Bandes der Ausgabe von 1789 zeich= nete er denn auch selbst als künftig wegzulassen an: Mailüftchen; Stutzertändelei; An Themire; Menagerie der Götter; Fortunens Pran= ger; Angebinde zu Louisens Geburtstag. So versichert wenigstens Reinhard, der dies Exemplar zu seiner 3. Ausgabe von Bürgers Ge= dichten benützte und die genannten Stücke dort ausließ. Zum zweiten Bande der Ausgabe von 1789 hatte Bürger noch keine Randbemer= kungen gemacht. Derselbe beginnt mit der „Europa", die ebenfalls dem Jahre 1771 angehört und in Betreff welcher ich auf meine literarische Skizze der Parodieliteratur vor Blumauers Aeneis (Leipzig, Brockhaus, 1872) verweise. Die richtige Datirung des Gedichtes ergiebt der schon erwähnte Brief Boie's an Gleim vom 28. Januar 1771. „In meinem Almanach ist das schöne Trinklied von ihm, und Herr Jacobi wird Ihnen vielleicht von einer komischen Romanze „Europa" gesagt haben, von der ich ihm Fragmente zeigte und die ich nächstens Ihnen gedruckt zuzusenden hoffe."

Demselben Genre gehören noch an: An Themire. Travestirt nach dem Horaz (1773); „Die Menagerie der Götter" (1774); „Zechlied" (1777) (nach Gualterus de Mappés); „Fortunens Pranger" (1778). Wenn auch das hier und da wirklich Witzige in diesen burlesken Ge= dichten nicht zu verkennen, so irrte sich doch Boie total, wenn er hierin Bürger's Talent setzte. Literarhistorisch ist diese Opposition gegen das schöne klassische Alterthum nicht uninteressant, aber von eigentlich poe = tischem Werth ist sie nicht. Bürger kam später auch auf diese Gat= tung nicht wieder zurück, er überließ sie Blumauer, der dafür und nur dafür geboren war.

Wie es scheint, wollte der Dichter auch die Europa in der dritten Pracht=Ausgabe seiner Gedichte weglassen (vgl. Ankündigung zu der= selben, welche Tittmann [S. 315 a. a. O.] vermuthlich gesehen hat.)

Im Gegensatz zu den eben besprochenen, der Entwicklungsgeschichte seines Talents angehörigen Aktenstücken brachte der Musenalmanach von 1773 das erste wirkliche Gedicht von Bürger, welches denn auch sogleich das Auge eines Mannes auf sich zog, der von Herder persönlich in das Geheimniß der Poesie eingeweiht und selber ein Dichter war: Wolfgang Goethe's. In den Frankfurter Gelehrten=Anzeigen vom 13. November 1772 schreibt er: „Das Minnelied von Herrn Bür= ger ist besserer Zeiten werth, und wenn er mehr solche glückliche Stun= den hat, sich dahin zurückzuzaubern, so sehen wir diese Benühungen als eins der kräftigsten Fermente an, unsre empfindsamen Dichterlinge mit ihren goldpapiernen Amors und Grazien vergessen zu machen.

Nur wünschten wir als Freunde des wahren Gefühls, daß diese
Minnesprache nicht für uns werde, was das Bardenwesen war: bloße
Dekoration und Mythologie, sondern daß sich der Dichter wieder in jene
Zeiten versetze, wo das Auge und nicht die Seele des Liebhabers
auf dem Mädchen haftete." Bürgers anderer Beitrag „Die Minne"
(jetzt „Lied und Lob der Schönen") scheint Goethe „schon den Fehler zu
haben, neuen Geist mit alter Sprache zu bebrämen." In der That ist
das letztere auch aus dem Frühjahr 1772 und ebenso allgemein, abstrakt,
konventionell, als das später entstandene „Winterlied" (diesen Titel
führt das „Minnelied" in den Ausgaben von 1778 und 1789) schon die
künftigen dem vollen Leben entquollenen Töne ahnen läßt. — Interes-
sant ist die Anmerkung Bürgers im Register des Musenalmanachs von
1773 „der Verfasser der beiden Gedichte hat versuchen wollen, ob die
Minnelieder, die noch da sind, nicht einen größeren Einfluß auf unsre
Poesie haben könnten, als sie bisher gehabt haben." Ich erinnere an
die Stelle, die ich oben aus den „Gedanken über eine Homerübersetzung"
mitgetheilt. (Seite XI unten.) Die nächsten Gedichte, welche sich an dies
Winterlied anschlossen, bleiben freilich weit darunter. Das „Dank-
lied" (im Sommer 1772) ist eine ziemlich überschwengliche und oft ins
Platte umschlagende Variation zu dem Gesangbuchsliede „Wie groß
ist des Allmächtgen Güte". Fatal berührt am Schlusse das Besingen
des Sängers:

> Vor Tausenden gab deine Gunst
> Des Liedes und der Harfe Kunst
> In meine Kehle, meine Hand
> Und nicht zur Schande für mein Land!
>
> Daß meine Phantasie voll Kraft,
> Vernichtet Welten, Welten schafft,
> Und höllenab und himmelan,
> Sich senken und erheben kann.
>
> Daß ich, von freiem Biedersinn
> Kein Bube nimmer war noch bin,
> Nie werden kann mein Lebelang
> Durch Schmeicheleien oder Zwang.

Die letzten beiden Strophen sind glücklicher, das Ganze aber doch
ungenießbar. Letzteres gilt ebenso von dem Gedichte an die Frau Hofräthin Liste, die Frau seines Amtsvorgängers, in dessen Hause er Anfangs wohnte, „An Agathe. Nach einem Gespräche über ihre irdischen
Leiden und Aussichten in die Ewigkeit" (Im Sommer 1772). Schon der
Titel enthüllt die Alteweiberphilosophie. Ein ebenso schlechtes Occasions-
carmen ist „Das Lob Helenens". Am Tage ihrer Vermählung. (Im
Mai 1773); sowie nicht viel besser das dem Englisch nachgebildete
„Des Schäfers Liebeswerbung. Für Herrn Voß vor seiner Hochzeit
gesungen." (Im Junius 1777.) Dagegen ein vortreffliches Gelegenheitsgedicht ist das einzeln gedruckte: Zum Gedächtniß meines guten Großvaters Jakob Philipp Bauer, Hofesherrn zu St. Elisabeth in Aschersleben. (Göttingen, 1773. 4º.)

Bei dem Grabe meines guten Großvaters Jakob Philipp Bauer's.

Ruhe, süße Ruhe schwebe
Frieblich über dieser Gruft!
Niemand spotte dieser Asche,
Die ich jetzt mit Thränen wasche,
Und kein Fluch erschüttre diese Luft!

Denn dem Frommen, der hier schlummert,
Galt der Werth der Reblichkeit.
Was vordem in goldnen Jahren,
Deutsche Biebermänner waren,
War er den Genossen seiner Zeit.

Dieser Bieberseele Flecken
Rüge keine Lästerung!
Denn was Flecken war, vermodert;
Nur der Himmelsfunke lodert
Einst geläutert zur Verherrlichung.

Ach! Er war mein treuer Pfleger
Von dem Wiegenalter an.
Was ich bin und was ich habe,
Gab der Mann in diesem Grabe.
Alles dank' ich dir, du guter Mann! —

Ruhe, süße Ruhe schwebe
Frieblich über dieser Gruft,
Bis der himmlische Belohner
Ihren ehrlichen Bewohner,
Seine Krone zu empfangen, ruft.

In den Anfang des Jahres 1773 fallen endlich noch zwei Ueber-setzungen aus dem Französischen: Die beiden Liebenden nach Bürgers Angabe von Rochon de Chabannes, und Das vergnügte Leben von Grecourt. Das letztere habe ich auch unter Voltaire's Contes gefunden, sowie in Diberots Correspondence tome I: es ist aber nicht weit her, und auch Bürger hat daraus nichts machen können. Aus den beiden Liebenden hat Schiller sein Argument genommen: Bürger gebe nur ein Mosaik von Eigenschaften, kein Bild:

Im Denken ist sie Pallas ganz
Und Juno ganz an eblem Gange 2c.

Schiller hat für dies frühe Gedicht, aber nur für dieses, Recht, in demselben kommen indeß schon Zeilen vor wie:

Die Wollust ist sie in der Nacht,
Die holde Sittsamkeit bei Tage.
. . . .
Ihr Haar im Nacken reizet mich
Zu hundert kleinen Thorenspielen;
Fast nimmer müde kann man sich
In diesen seibnen Locken wühlen.

XVIII   Biographie.

Wol hundert Launen, kraus und hold,
Umflattern täglich meine Traute.
Bald singt und lacht, bald weint und schmollt,
Bald klimpert sie auf ihrer Laute.

Tanzt hin und wieder blitzgeschwind,
Bringt bald ein Büchelchen, bald Karten,
Bald streut sie alles in den Wind,
Und eilt hinunter in den Garten.

Das sind Verse, wie sie unter den Zeitgenossen nur Goethe und
Lenz machen konnten. Die übrigen zahlreichen Strophen des Gedichtes
sind indeß von französisch=wielandischer Schlüpfrigkeit, welche von der
Heinse und Bürger auszeichnenden ächten, natürlichen Sinnlichkeit
himmelweit verschieden ist.

Von allen besprochenen Gedichten nehme ich aus den schon an=
gegebenen Gründen und Berechtigungen nur das „Winterlied" auf.

Ich habe oben mehrere bezeichnende Stellen mitgetheilt, aus denen
sich Bürgers fast völlige Verzweiflung an seinem poetischen Talent
während des ersten Jahres in Gelliehausen ergab. Diese Stimmung
waltet auch noch in dem berühmten Brief an Boie vom 19. April 1773,
in welchem er die erste Andeutung der Lenore giebt. Ich verweise von
hier aus auf denselben: das darin erwähnte, Miller dedicirte, aber
vom Verfasser selbst „lendenlahm" genannte Liedlein ist das Gedicht
„Minnesold", während mit dem andern „Liedlein" wahrscheinlich die
oben erwähnte Strophe an „Gabriele" gemeint ist, die in der Ausgabe
von 1778 „Minnelied" betitelt ist. Schon in dem Briefe vom 22. April
aber, welchem „der Raubgraf" beilag, regt sich das neue poetische Leben,
und in den folgenden schwelgt der Dichter in naivem Entzücken über
der allmäligen Geburt seines (in manchem Betracht) größten Werkes,
der „Lenore".

Bereits war eine Anzahl von Strophen fertig, als Boie (den
8. Mai 1773) „herrliche fliegende Blätter über deutsche Art und Kunst"
ankündigte, und am 18. Juni antwortete Bürger: „O Boie, Boie!
welche Wonne! als ich fand, daß ein Mann wie Herder eben das
von der Lyrik des Volks und mithin der Natur lehrte, was ich dunkel
davon schon längst gedacht und empfunden hatte. Ich denke, Lenore
soll Herders Lehre einigermaßen entsprechen."

Und welches war die Lehre Herders? Es ist nothwendig, hier
einen allgemeinen Blick auf den Stand der damaligen Literatur und
auf das Verhältniß Johann Gottfried Herders zu derselben zu werfen.

Seit dem dreißigjährigen Kriege war mit dem politischen zugleich
das literarische Leben in Deutschland erloschen. Grimmelshausen, der
deutsche Cervantes, hatte das Schwanenlied der Dichtung gesungen.
Wie viele Namen auch das Ende des 17. und den Anfang des
18. Jahrhunderts in den Literaturgeschichten bezeichnen: einen Dichter,
der eine Stellung in der Weltliteratur beanspruchen könnte, finden
wir nicht darunter.

Der Schlesier Günther*) hatte einige rührende Naturlaute ge=
funden, aber nur wie ein Meteor, kurze Zeit leuchtend, erschien er
am Horizont jener französirten, alexandrinischen Anti=Nationalliteratur.
Liscow**) schrieb zuerst eine vortreffliche Prosa, allein es fehlte ein
bedeutender Inhalt.

Mit dem staatlichen Aufblühen Preußens unter Friedrich dem
Großen hebt naturgemäß auch eine neue Epoche der deutschen Literatur
an***). Dieselbe datirt aber nicht von Lessing, nicht von Klopstock,
noch weniger von Wieland: sie datirt von Johann Gottfried Herder.
Dieser ostpreußische Kolumbus entdeckte mit zweiundzwanzig Jahren in
Riga, was die Poesie sei. Die Kunde war schon vorhanden gewesen,
wie Shakespeares Ausspruch an der Spitze dieses Aufsatzes zeigt, allein
verloren gegangen, wie auch Amerika schon lange vor 1492 entdeckt
und wieder entschwunden ist.

Herder empfing seine erste Bildung in Königsberg, wo er Kants
Vorlesungen besuchte und dessen persönlichen Umgang genoß, sowie den
des wunderlichen Hamann. Durch Kant ohne Zweifel wurde er mit
den Schriften J. J. Rousseaus bekannt: denn von anderm abgesehen
berichten die Biographen, daß in dem Studirzimmer des Königsberger
Weisen nur das Portrait des Philosophen von Genf am Ehrenplatz auf=
gehängt war. Ein gleichzeitiges Gedicht schließt: „Mich selbst will
ich suchen, daß ich mich endlich finde und dann mich nie verliere: Komm,
sei mein Führer, Rousseau!" („Lebensbild Herders" I., i. p. 252.)
Er folgte Rousseau, aber nicht auch auf dessen Irrwegen. Sich und die
Welt studirte er, und nicht nur in der Heimat, sondern auch auf Reisen,
im London Shakespeares und Sternes, in dem Mutterlande Ossians
und in Paris, der Stadt Voltaires, Rousseaus und Diderots. Degerando,
der französische Geschichtsschreiber der Philosophie (übersetzt von Tenne=
mann 1806), sagte daher von Herder: er habe den Menschen studirt
auf dem Theater der Gesellschaft. Dieser freie Weltblick, das Zu=

---

*) Erste Ausgabe 1723, nach seinem kurz zuvor im Alter von 28 Jahren erfolgten
Tode.

**) Vollständige Sammlung, von ihm selbst edirt 1739.

***) Wie sehr die Begründer derselben dies selbst empfanden, zeigt Goethe, der in
Wahrheit und Dichtung sagt: „Der erste wahre und höhere eigentliche Lebensgehalt kam
durch Friedrich den Großen und die Thaten des siebenjährigen Krieges in die deutsche
Poesie. Jede Nationaldichtung muß schaal sein, die nicht auf den Ereignissen der Völ=
ker ruht." Nur hätte er nicht Gleim und Ramlers politische Reimereien, sowie den als
Dichter so unglaublich überschätzten Lessing, der sich selbst weit richtiger tagirte, als
Beweis des Neuen anführen sollen. Die Sache ist vielmehr die, wie es ein Anderer,
Angehöriger jener neuen Aera, der geniale Wilhelm Heinse, in einem Briefe vom 24.
Januar 1779 ausdrückt: „Unser großer König müsse von Tage zu Tage stärker und
jünger werden und sein Lorbeer ihm immer freudiger um die Schläfe grünen! . . Dies
bleibt immer die Lebenslust, ohne welche bei allem nichts gedeihen
kann." Die starke politische Macht nach Außen ermöglicht und bewirkt zwar die Geburt
der Kunst, aber deshalb muß das Sujet der letzteren nicht etwa bloß die That
ihres unmittelbaren Erzeugers sein. Eine specifisch politische Dichtung fällt leicht aus
der Poesie heraus, wie die zahllosen Leitartikel in Reimen des Jahres 1870 wieder
gezeigt haben.

2*

rückgehen auf die ächte, vom Konventionellen nicht getrübte Natur,
auf das Nationalcharakteristische im Leben der Völker und in der
Literatur zeichnet denn Herders erste Schriften aus. Ganz aus sich
selbst schöpfend enthielten sie denn auch etwas ganz Neues, Niedage-
wesenes, Schöpferisches. Ohne seinen Namen gab er im Jahre 1767
ein Buch heraus „Ueber die neuere deutsche Literatur. Erste Sammlung
von Fragmenten. Eine Beilage zu den Briefen die neueste Literatur
betreffend!" o. D. 1767 (180 Seiten). Es ist dasselbe, aus dem Bürger
seine erste Einwirkung empfing. (Siehe S. XI.) Gleich auf dem zweiten Blatte des Inhaltsverzeichnisses lesen wir: „Alles aus dem Geist
des Zeitalters betrachtet" und in der Ausführung dazu: „Homer,
Aeschylus, Sophokles, hätten sie ihre Werke in unserer Sprache, bei unsern
Sitten schreiben können? Niemals! — So wenig als wir Deutschen
je einen Homer bekommen werden, der das in allen Stücken für uns sei,
was jener für die Griechen war. So sehr verzweifle ich also an Uebersetzung der ältesten griechischen Dichter." Und so zürnt er denn: „Wann
wird unser Publikum aufhören, dieses dreiköpfige apokalyptische Thier:
schlecht griechisch, französisch und brittisch auf einmal zu sein? Wann
wird man den Platz einnehmen, den unsere Nation verdient, Prosa des
guten gesunden Verstandes und philosophische Poesie zu schreiben?" —
Hieran schlossen sich die wichtigsten Ausführungen über die deutsche
Sprache. Wolf und andere „Philosophen" hatten eine ungeschichtliche
Sprachverbesserung vorgeschlagen: alles auf ganz deutliche, abstrakte
Begriffe reduciren, alle „uneigentlichen Ausdrücke" und überflüssigen
Synonyma einfach verbannen, kurz die Sprache ihres eigentlichen
Geistes, ihres sinnlich-anschaulichen Elements entkleiden und eine
abstrakte Vernunftsprache daraus machen wollen. „In einer sinnlichen
Sprache", sagt Herder, „müssen uneigentliche Wörter, Synonymen,
Inversionen, Idiotismen sein." „Die Idiotismen sind Schönheiten,
die uns kein Nachbar durch eine Uebersetzung rauben kann: Schönheiten,
in das Genie der Sprache eingewebt, die man zerstört, wenn man sie
austrennt: Reize, die durch die Sprache, wie der Busen der Phryne
durch einen seidnen Nebel, durchschimmern. — Warum haben Shakespeare,
Hudibras, Swift und Fielding sich so sehr das Gefühl ihrer Nation zu
eigen gemacht? Weil sie die Fundgrube ihrer Sprache durchforschten und
ihren Humor mit Idiotismen gepaart haben. — Keine Partei hat auch
in diesem Stücke dem wahren Genie der deutschen Sprache so sehr geschadet,
als die Gottschedianer . . . Man machte sowohl die Inversionen als
Idiotismen der Schweizer lächerlich statt sie zu prüfen. Die Sprache
der letzteren ist aber der alten deutschen Einfalt treuer geblieben . . .
Hätte der patriarchalische B o d m e r auch kein andres Verdienst — wie
hoch hat man Ramlern und Lessingen ihren Logau angerechnet — und
aus der alten S c h w ä b i s c h e n P o e s i e ist doch in der Sprache
weit mehr zu lernen als aus Logau." Die „Zwote Sammlung von
Fragmenten" o. D. 1767 (380 Seiten) handelt von der Mythologie.

„Es wäre ein angenehmer und nützlicher Versuch, diese National=
vorurtheile vieler Völker zu sammeln, zu vergleichen und zu er=
klären. Für die Dichter sind dieses Nationalvortheile . . . Würde
man sorgsam sein, sich nach alten Nationalliedern zu erkundigen, so
würde man nicht blos tief in die poetische Denkart der Vorfahren
dringen, sondern auch Stücke bekommen, die den oft so vortrefflichen
ballads der Britten, den Chansons der Troubadore, den Romanzen der
Spanier, oder gar den feierlichen Sagoliuds der alten Skalden bei=
kämen." Die „dritte Sammlung" erschien Riga, bei Hartknoch 1767.
Sie handelt zunächst vortrefflich von der verderblichen Einwirkung des
Lateinischen auf unsre Sprache und giebt übrigens Vergleichungen
römischer Dichter mit ihren deutschen Nachahmern, wie in dem vorigen
Fragment eine solche mit den Griechen angestellt war: Beides jetzt
ohne Interesse.

Auf der so angetretenen Entdeckungsreise nach Grund und Wesen
der Dichtung that er schon zwei Jahre später einen wichtigen Schritt
weiter. Wieder anonym, obwol durch das erste Buch schon in ganz
Deutschland bekannt geworden, gab er heraus: „Kritische Wälder.
Oder Betrachtungen, die Wissenschaft und Kunst des Schönen betreffend,
nach Maßgabe neuerer Schriften. Erstes Wäldchen. Herrn Lessings
Laokoon gewidmet." o. O. 1769 (278 Seiten).

Hier widerlegte er die eben erschienene Lessing'sche Schrift als das
hervorragendste Muster der bisherigen, schulmäßigen, aristotelisirenden,
unhistorischen Kritik so gründlich, daß von dem scheinbar scharfsinnigen
Gebäude dieses gelehrten und vortrefflich schreibenden Philologen auch
kein Stein auf dem andern blieb.

Lessing hatte gesagt: Die bildende Kunst drücke nichts aus, was
sich nur transitorisch denken ließe, weil eine transitorische Erscheinung
durch die Verlängerung der Kunst widernatürlich werde, bei einem
lachend dargestellten La Mettrie das Lachen bei wiederholter Erblickung
zuletzt Grinsen werde. „Mit diesem Grundsatz", ruft Herder (S. 111 der
vor mir liegenden Originalausgabe), „wird die Kunst todt und entseelt
gemacht: sie verliert alle Seele ihres Ausdrucks. Alle sinnlichen Freuden
sind blos für den ersten Anblick, und für ihn allein sind auch die Er=
scheinungen der schönen Kunst."

Lessing hatte gesagt: Die bildende Kunst stelle das Nebeneinander,
das Koexistente, Körper; die Poesie das Aufeinanderfolgende, die Suc=
cession, folglich Handlungen und nur diese dar. Die natürlichen Mittel
der ersteren seien Figuren und Farben im Raume, der letzteren artiku=
lirte Töne in der Zeit. Herder rief aus: „Der Grund ist wankend,
wie wird das Gebäude sein! Ehe wir dieses sehen, laßt uns jenen erst
auf eine andere Art sichern!" (S. 200.) Er unterschied zwischen ἔργον
und ἐνέργεια, die bildenden Künste lieferten Werke, die während der
Arbeit noch nichts, nach der Vollendung Alles sind; die Dichtung wirke
durch die Energie schon in jedem einzelnen Verse und nur hierdurch als

Ganzes. „Die Poesie wirkt durch Kraft. Durch Kraft, die einmal den Worten beiwohnt, durch Kraft, die zwar durch das Ohr geht, aber unmittelbar auf die Seele wirkt. Kraft, die dem Innern der Worte anklebt, die Zauberkraft, die auf meine Seele durch die Phantasie und Erinnerung wirkt: sie ist das Wesen der Poesie, nicht aber liegt es in der Folge der Töne*) und Worte."

Ferner: „Ich leugne es, daß Gegenstände, die auf einander folgen, deswegen Handlungen heißen (erst durch hinzukommende Kraft wird Handlung) und ebenso leugne ich es, daß, weil die Dichtkunst Successionen liefere, sie deswegen Handlungen zum Gegenstande habe. Wenn mich die Praxis Homers auf die Bemerkung führt: Homer schildert nichts als fortschreitende Handlungen, so darf ich nicht den Hauptsatz darauf schlagen: Die Poesie schildert nichts als fortschreitende Handlungen. Homer ist nicht der einzige Dichter: es gab bald nach ihm einen Thrtäus, Anakreon, Pindar, Aeschylus u. s. w. Jede Gedichtart hat ihr eigenes Ideal, eine ein höheres, schwereres, größeres als eine andere; jede aber ihr eigenes. Aus einer muß ich nicht auf die andere, oder gar auf die ganze Dichtkunst Gesetze bringen."

„Ich leugne Herrn L. viel und in seinem Grunde Alles."

Und so verkündet er denn am Schlusse dieses ersten Bandes (S. 277) siegreich: „Ich habe jetzt in der Materie, die Laokoon abhandelt, den Grund gesichert; die Folge wird zeigen, was sich darüber aufführen lasse."

Er zeigte dies bald und zwar in den „Blättern von deutscher Art und Kunst" (Hamburg 1773), welche mit seiner Abhandlung „Ueber Ossian und die Lieder alter Völker. Ein Auszug aus Briefen" (S. 1—10) anheben und (S. 71—118) den Aufsatz „Shakespeare" enthalten, welch letzterer schon 1771 geschrieben war (vgl. Aus Herders Nachlaß III, S. 81). Ich nehme gleich die „Aehnlichkeit der mittlern englischen und deutschen Dichtkunst" (im deutschen Museum 1777) hinzu.

Lessing hatte an Shakespeare dieselben Regeln angelegt wie an Sophokles, Corneille und Voltaire. Herder sprach das große Wort aus: „In Griechenland entstand das Drama, wie es im Norden nicht entstehen konnte. In Griechenland wars, was es im Norden nicht sein kann. Im Norden ists also nicht und darf nicht sein, was es in Griechenland gewesen. Also Sophokles Drama und Shakespeares Drama sind

---

*) Durch die Folge der Töne, setze ich hinzu, wirkt die Musik; sie ist wesentlich eine nicht intellektuelle Kunst, eine Kunst der Natur, der Materie; die Poesie ist eine Kunst des Geistes für den Geist, das Komplement der Philosophie, nur die Philosophie in Anschauung übersetzt. Auch der Vogel singt und spricht durch die Folge der Töne seine Empfindung aus wie das höchste musikalische Kunstwerk. Die Musik giebt eine Weltempfindung, die Poesie eine Weltanschauung. So sprach Herder oben von einer „philosophischen Poesie" und sagt anderswo: „Wenn wir von einem neuen Dichter hören, so erwarten wir zuerst und vor Allem einen Laut der allgemeinen Stimme, des Wunsches und Strebens der Nationen, den Nachklang des mächtigen Zeitgeistes."

zwei Dinge, die in gewissem Betracht kaum den Namen gemein haben.
O wenn Aristoteles wieder auflebte und den falschen widersinnigen
Gebrauch seiner Regeln bei Dramas ganz anderer Art sähe!" Indem
Herder das griechische Drama ein allegorisch=mythologisch halb episches
Gemälde nannte, ein dramatisches Bild mitten im Chor, dessen
feierliche Handlung, von größter Simplicität, im Tempel, Palast, gleich=
sam auf einem Markt des Vaterlandes vor sich ging: so wies er damit
das Plastische, das Objektive der alten Kunst nach. Indem er von
Shakespeare sagte: Die ganze Welt ist zu diesem großen Geiste allein
Körper, alle Auftritte der Natur an diesem Körper Glieder, wie alle
Charaktere und Denkarten zu diesem Geiste Züge: so zeigte er den
individuellen Geist, das Subjektive als das Prinzip der neuen Kunst
auf. Der antiken Kunst war die Schönheit Gesetz, uns, die wir nach
Christi Geburt leben, das Weltbedeutsam=Charakteristische, das
Individuell=Realistische, aus dem eine Weltanschauung resultirt. Im
Drama stellt daher jeder wahre Nationaldichter die im Geiste seiner
Zeit wiedergespiegelte Weltgeschichte, in der Lyrik die Geschichte des
modernen Gemüthes dar, und alle Nationalliteraturen sind demnach
unter einander grundverschieden*). Eine allgemeine schöne Kunst
giebt es nicht mehr. Selbst in der Form, für welche allein noch die alte
Schönheitsnorm in gewisser Weise gilt, herrscht das Nationalitätsprinzip.

Der Shakespeare=Aufsatz schließt mit dem Hinweis auf die Gegen=
wart: "Glücklich, daß ich noch im Ablauf der Zeit lebte, wo ich ihn
begreifen konnte, und wo Du, mein Freund, der Du Dich bei diesem
Lesen erkennest und fühlst, und den ich vor seinem heiligen Bilde mehr
als einmal umarmt, wo Du noch den süßen und Deiner würdigen
Traum haben kannst, sein Denkmal aus unsern Ritterzeiten in
unsrer Sprache, unserm so weit abgearteten Vaterlande herzustellen.
Ich beneide Dir den Traum und Dein edles Wirken. Laß nicht nach,
bis der Kranz dort oben hange!"**)

---

*) Daß die ersten Regungen dieses modernen Kunstgeistes sich schon im Dante
entfalten, auch darauf machte Herder (1778 in seiner Preisschrift "Ueber die Wir=
kung der Dichtkunst auf die Sitten der Völker in alten und neuen Zeiten") aufmerksam:
"Die italienische Poesie war's, die sich zuerst formte. Im großen Dante kämpfen noch
all seine Leidenschaften; sein Gedicht ist Umfang seines Herzens, seiner Seele, seiner
Wissenschaft, seines besondern und öffentlichen Lebens .... es umfaßt die Blüte aller
Mysterien und Moralitäten, Himmel und Erde."

**) 1774 erschien Lowe's labour lost, übersetzt von Reinhold Lenz, eingeleitet
durch "Anmerkungen übers Theater", welchen die Notiz vorangestellt war: "Diese
Schrift ward zwei Jahr vor Erscheinung der deutschen Art und Kunst und des Götz von
Berlichingen in einer Gesellschaft guter Freunde vorgelesen." Lenz entwickelte: Die
Griechische Tragödie hätte es allein auf die Handlung abgesehen, Shakespeare auf den
Charakter. "Wir müssen von einem andern Punkt ausgehen, als Aristoteles, von
unserem Volksgeschmack. Und da finde ich, daß er beim Trauerspiel immer drauf
losstürmt: Das ist ein Kerl! Das sind Kerls!" Vgl. Gruppe, R. Lenz, Ber=
lin 1861. S. 259. Daß Lenz, als Liefländer schon, ganz unter Herders Einfluß stand,
ist gewiß. Von Straßburg aus schickte Lenz 1776 an Herder in Weimar sein Stück
"Die Soldaten" mit den Worten: "Hier, Hierophant! in Deinen heiligen Händen

Diese ganz neue Ansicht von dem Nationalen und Subjektiv-Künst-
lerischen in Shakespeare's Dramen, von denen er jedem einzelnen wieder
ein besonderes „Individuelle, einen Lokalgeist" zuschrieb, führt der zweite
erwähnte Aufsatz auch für die Lyrik durch: „Je wilder, d. i. je lebendiger, je freiwirkender ein Volk ist (mehr heißt dies Wort nicht!), desto
wilder, d. i. desto lebendiger, freier, sinnlicher, lyrisch handelnder müssen
auch seine Lieder sein. — Vom Lyrischen, vom Lebendigen und gleichsam
Tanzmäßigen des Gesanges, von lebendiger Gegenwart der Bilder,
vom Zusammenhange und gleichsam Nothdrange des Inhalts der
Empfindungen, vom Gange der Melodie, und von hundert andern
Sachen, die zur lebendigen Welt, zum Spruch und Nationalliede gehören
— davon und davon allein hängt das Wesen, der Zweck, die ganze
wunderthätige Kraft ab, die diese Lieder haben. — Das sind die Pfeile
dieses wilden Apollo, womit er Herzen durchbohrt und woran er Seelen
und Gedächtnisse heftet. — Alle Gesänge solcher wilden Völker weben
um daseiende Gegenstände, Handlungen, Begebenheiten, um eine
lebendige Welt. — Ich weiß, daß auch wir Deutschen solche Gedichte
haben. In mehr als einer Provinz sind mir Volkslieder, Provinzial-
lieder, Bauernlieder bekannt, die an Lebhaftigkeit und Rhythmus, Naivetät und Stärke der Sprache vielen der andern nichts nachgeben würden; nur wer ist, der sich um sie bekümmere? sich um die Lieder des
Volks bekümmere, auf Straßen, Gassen und Fischmärkten? um unge-
lehrten Gesang des Landvolks? um Lieder, die oft nicht skandirt und
oft schlecht gereimt sind — wer wollte sie sammeln? — wer für unsre
Kritiker, die ja so gut Silben zählen und skandiren können, drucken
lassen? — Laß die Franzosen ihre alten Chansons sammeln! Laß
Engländer ihre alten songs, Balladen und Romanzen in prächtigen
Bänden herausgeben! — Unsre neuen Dichter sind ja schöner — wir
haben ja Metaphysik und Dogmatiken und Akten — und träumen ruhig
hin." Und noch treffender in der späteren Abhandlung: „Aus älteren
Zeiten haben wir durchaus keine lebende Dichterei, auf der unsre neuere
Dichtkunst, wie Sprosse auf dem Stamm der Nation gewachsen wäre:
dahingegen andere Nationen mit den Jahrhunderten fortgegangen sind
und sich auf eigenem Grunde, aus Nationalprodukten, auf dem Glauben
und Geschmack des Volks, aus Resten alter Zeiten gebildet haben. Dadurch ist ihre Dichtkunst und Sprache national geworden.
Wir armen Deutschen sind von jeher bestimmt gewesen, nie unser zu
bleiben: immer die Gesetzgeber und Diener fremder Nationen, ihre

---

das Stück." Herder besorgte den Druck. Es erfüllt mit Betrübniß, daß Herder später
Lenz ebenso fallen ließ, wie er sich nachmals von Goethe abwandte, wie er, ein Lieb-
lingsschüler Kants, gegen die Kritik der reinen Vernunft, das größte Werk des gan-
zen Jahrhunderts, zu Felde zog, und wie überhaupt dies so reich angelegte Leben in der
Hof- und Konsistorialatmosphäre verkümmerte und traurig abstarb. Nur mit dem
„Cid" kam er kurz vor seinem Tode auf seine Jugend zurück.

Schicksalsentscheider und ihre verkauften, ausgesognen Sklaven, und so mußte freilich, wie Alles, auch der deutsche Gesang werden —

Ein Bangeschrei! ein Widerhall
Vom Schilfe Jordans und der Tiber
Und Them∫' und Seine. —

Hohe, edle Sprache! großes, starkes Volk! Es gab ganz Europa Sitten, Gesetze, Erfindungen, Regenten und nimmt von ganz Europa Regentschaft an. Wer hats werth gehalten, seine Materialien zu nutzen, sich in ihnen zu bilden, wie wir sind? Bei uns wächst alles a priori, unsre Dichtkunst und klassische Bildung ist vom Himmel geregnet. — Unsre klassische Literatur ist Paradiesvogel, so bunt, so artig, ganz Flug, ganz Höhe und — ohne Fuß auf die deutsche Erde. — Großes Reich, Reich von zehn Völkern, Deutschland! Du hast keinen Shakespeare, hast du auch keine Gesänge deiner Vorfahren, deren du dich rühmen könntest? Schweizer, Schwaben, Franken, Baiern, Westfäler, Sachsen, Wenden, Preußen — ihr habt allesammt nichts? Die Stimme eurer Väter ist verklungen und schweigt im Staube? Volk von tapfrer Sitte, von edler Tugend und Sprache, du hast keine Abdrücke deiner Seele die Zeiten hinunter? Kein Zweifel! Sie sind gewesen, sie sind vielleicht noch da. — Nur wir müssen Hand anlegen, aufnehmen, suchen, ehe wir alle klassisch gebildet dastehn, französische Lieder singen wie französische Menuets tanzen oder gar allesammt Hexameter und horazische Oden schreiben."

Und so gab denn Herder im Jahre 1778 wirklich den ersten Band seiner „Gesänge der Völker" heraus, in der Vorrede die Summe aller soeben analysirten Aufsätze in der Definition der Volkspoesie ziehend:

„Sie lebt im Ohre des Volkes, auf den Lippen und der Harfe lebendiger Sänger; sie sang Geschichte, Begebenheit, Geheimniß, Wunder und Zeichen: sie war die Blume der Eigenheit eines Volks, seiner Sprache und seines Landes, seiner Geschäfte und Vorurtheile, seiner Leidenschaften und Anmaßungen, seiner Musik und Seele."

Wenn Herder auch den oben dargelegten diametralen Unterschied zwischen Musik und Poesie noch nicht gefunden und vor Beethoven und R. Wagner nicht finden konnte: wer hätte doch wie er das Räthsel der modernen Poesie zu lösen vermocht? Und er, der das Zauberwort gesprochen, fand auch die Schüler, die es ins Leben setzten, „die That zu seinen Gedanken": Goethe *), Bürger und Lenz **).

---

*) „Ich wurde [durch Herder] mit der Poesie von einer ganz anderen Seite, in einem ganz anderen Sinne bekannt als bisher." Wahrheit und Dichtung.

**) Ich nenne nur die Ersten, welche zugleich wirklich persönlich durch Herder angeregt wurden. Denn auch Bürger wird wohl Herders Bekanntschaft, der im Herbst 1770 und Februar 1772 in Göttingen die Bibliothek benutzte, gemacht haben. Daß ein solcher Einfluß nicht möglich gewesen, wenn dem Lehrmeister nicht die schöpferische Kon-

Im Jahre 1773 erschien der „Göt von Berlichingen", auf den
Herder oben so rührend hindeutet (S. XXIII). Im selben Jahre
Bürger's „Lenore"; um dieselbe Zeit die so wunderbar tiefen, mit
allem Reiz des Selbsterlebten ausgestatteten Lieder des unglücklichen
Freundes von Goethe und Herder, Reinhold Lenz, sowie sein erstes,
aus der unmittelbaren Gegenwart gegriffenes Drama „Der Hofmeister".

Die specielle Entstehungsgeschichte der Lenore hat uns der Dichter
selbst in seinen, unten zum erstenmal ganz vollständig mitgetheilten
Briefen*) an Boie gegeben; welchen Eindruck das Gedicht in Deutsch=
land hervorbrachte, wissen wir aus Goethe's „Wahrheit und Dichtung".

Wie freilich der so liebenswürdige charmante Erzähler, der aber
durch und durch französirte Wieland, die deutsche Ballade aufnahm,
das berichtet die interessante Einleitung von Johannes Falk zu der
1825 erschienenen Neuen Ausgabe von Herder's Volksliedern. „Die
Grazien", sagte Wieland zu Falk, „hatten von jeher einen so engen
Kreis um mich gezogen, daß ich nicht heraus konnte. Viele kecke Worte,
z. B. turrig und dgl., welcher sich späterhin Goethe und Bürger mit
Erfolg bedienten, sind wohl auch in meinem Kopf und in meiner Feder
gewesen: aber ich hätte um Alles in der Welt sie nicht wollen heraus=
fallen lassen. Wie heute noch erinnere ich mich, als die Lenore von
Bürger erschien, und ich mehrmals von Damen befragt wurde: ob ich

---

genialität entgegengekommen wäre, versteht sich von selbst. Ueberhaupt sprach Herder
natürlich nur aus, was im Schooße der Zeit längst reif geworden, und was allen bedeu=
tenden Geistern gleichsam auf der Zunge lag. Durchaus ist hier auch der freilich sehr
selbstständige Wilhelm Heinse zu nennen. Direkt von Herder beeinflußt erscheint da=
gegen wieder Musäus, der 1782 mit seinen „Volksmärchen der Deutschen" hervor=
trat, von denen Bürger hoch entzückt war. Vgl. Brief an Frau Ehrmann, vom 28.
Jan. 1790 „Rufen Sie Elisen das Sprüchlein aus meines Musäus — Alas poor Yorick!
Du schöne Adlersbraut!" Flugs schwing dich hinter mir aufs Roß, Feins Liebchen, a,
— Volksmärchen zu!

>   Ich suche dich, ich sehe dich,
>   Feins Liebchen, ach verbirg dich nicht,
>   Flugs schwing dich hinter mir aufs Roß,
>   Du schöne Adlersbraut!"

Später suchten die Romantiker Herders Initiativen durchzusetzen, wenn sie die
nationale Sehnsucht nach einer Epoche der Dichtung, der ersten herrlichen des Mittel=
alters ähnlich, auch nicht befriedigen konnten. Bemerkenswerth ist, daß Tieck den
Lenz ebirte und sich in Bürgers Nachlaß auch ein Brief von Tieck an ihn vorfand. —
Wie in Deutschland vollzog sich, wenn auch viel später, bei den Franzosen die Rückkehr
zu dem ersten Blüthenalter ihrer Literatur, zum 15. und 16. Jahrhundert, zu Villon, zu
dem Autor der Farce von Pathelin (dessen volksthümliche Vortrefflichkeit selbst
Molière nicht wieder erreicht hat), den C nouv. nouvelles und XV joies (Antoine de la
Sale) zu Rabelais und Regnier: Hier fand man nun den ächten alten französischen
Nationalgeist (esprit gaulois), konkretesten individuellen Realismus, moderne Subjek=
tivität. Da wehte eine andere Luft als in der klassisch eleganten alexandriner Hofpoesie
des siècle Louis XIV. Und deutsche Anregungen trugen dazu bei, England wieder zu
Chaucer und Shakespeare zurückzuführen. Die reifste Frucht der Herder'schen Ideen
ist aber die Wissenschaft der deutschen Philologie. W. v. Humboldt und Jacob
Grimm werden Herder verdankt.
    *) Voß publicirte diese Briefe im Morgenblatt von 1809, den von ihm weggelasse=
nen Brief vom 19. August 1773 Reinhard im Gesellschafter von 1824.

denn das wundervolle Gedicht von ‚Graut Liebchen' noch nicht gelesen
hätte? daß ich mich ordentlich mit einer Art von Ekel und Widerwillen
davon abwandte, weil ich ‚Krautliebchen' verstand und irgend wieder
eine neue Naivetät, im beliebten Bänkelsängerstyl, erwartete."

Gleich der Gallomanie war auch das Klopstock'sche Odenwesen hier
durch die That ein = für allemal überwunden. Herder hatte zwar dem
Klopstock wegen seiner edlen patriotischen Gesinnung, wegen der nationalen Stoffe, die er der Dichtung zurückzuerobern suchte, ein immerhin
jedoch nur relativ gemeintes Lob zu Theil werden lassen, andrerseits
hatte er aber doch nicht unterlassen können, in seiner Recension der
Odensammlung von 1771 im ersten Buch manche Stücke für bloße Tiraden
der Phantasie zu erklären und im dritten Buch sehr kunstvolle Abhand=
lungen sehr unodenmäßiger Gegenstände zu finden. Auch die andern
gleichzeitigen Dichter hatte er in den Fragmenten 1767 sehr gelobt und
z. B. Gleim wegen seines Grenadiers über den Tyrtäus gestellt: halte
ich für bloße Accomodation, um es nicht mit der ganzen Sippe auf
einmal zu verderben, zehn Jahre später spricht er schon ganz anders.
Nachdem Bürger aufgetreten war, erwartete er von ihm alles, was
Klopstock nicht geleistet hatte. Wie er seinen Aufsatz über Shakespeare
mit Goethe, so schloß er den über die „Aehnlichkeit der englischen und
deutschen Dichtkunst" mit Bürger: „Wenn Bürger, der die Sprache
und das Herz dieser Volksrührung tief kennet, uns einst einen deutschen
Helden = oder Thatengesang voll aller Kraft und alles Ganges dieser
kleinen Lieder gäbe: ihr Deutschen, wer würde nicht zulaufen, horchen
und staunen? Und er kann ihn geben; seine Romanzen, Lieder, selbst
sein verdeutschter Homer ist voll dieser Accente und bei allen Völkern
ist Epopöe und selbst Drama nur aus Volkserzählung, Romanze und
Lied geworden."

Daß in der That von Klopstock der neuen Literaturepoche das Heil
nicht gekommen war, das beweisen am klarsten für den, der sehen will,
die Entwicklungen, die sich an ihn schlossen: im Süden das jetzt längst
verurtheilte Bardenwesen, im Norden der Hainbund, dem unbegreif-
licher Weise noch immer eine Bedeutung für die Nationalliteratur beigelegt wird. Merck, der Freund Herder's und Goethe's, verstand es
besser. Als die beiden Grafen Stolberg Goethe zu einer Schweizerreise
abholten, sagt er: „Daß Du mit diesen Burschen ziehst, ist ein dummer
Streich . . . Du wirst nicht lange bei ihnen bleiben . . . Dein Bestreben, Deine unablenkbare Richtung ist, dem Wirklichen eine poetische
Gestalt zu geben, die Andern suchen das sogenannt Poetische, das Jma-
ginative zu verwirklichen und das gibt nichts wie dummes Zeug." Und
von Klopstock selbst schrieb Merck (1775): „Ich muß aufrichtig gestehen,
daß ich ihn nie, nach meiner Vorstellungsart, für einen wahren poetischen Kopf gehalten habe." Seine Vorstellungsart war, wie er sie
einmal vortrefflich ausdrückt: ein Dichter müsse in jedem Vorgang
des wirklichen Lebens die Magie des Epos sehen.

Und was ist von Hölty, Miller, Hahn oder gar Vossens Gedichten irgend bis heute wirklich am Leben geblieben? Ich hoffe, man wird mir nicht des Pfarrers Luise entgegenhalten. Wie ein andrer Mann von Herder's und Merck's Geiste über den Hainbund urtheilte, habe ich in der Einleitung zu meiner Ausgabe von Lichtenberg's Gedanken und Maximen (Leipzig, Brockhaus 1871) gezeigt (S. 23 und 24).

Es kann uns daher der souveräne Ton nicht Wunder nehmen, den der Dichter der Lenore in seinen Briefen an Boie über diese göttinger Dichterschule anschlägt. Er hatte mit ihnen allerdings so gut wie gar nichts gemein. — In dem letzten dieser Briefe vom 11. Oktober 1773 kündigt er bereits eine neue Ballade, „den wilden Jäger", an, über welchen er 1775 an denselben Boie schrieb; „es solle seine Sonne werden, wie Lenore sein Mond."*) Merkwürdigerweise hielt Bürger nämlich später die Lenore nicht für sein vorzüglichstes Werk, sondern pflegte sie wohl gar „die alte alberne Lenore" zu nennen. In der ersten Zeit freilich schrieb er in einer Epistel an seinen Freund Göcking (im Herbst 1776):

„Schon hör' ich Krittler = Mordgeschrei
In meinem stillen Grabe:
Wer die Lenore doch wohl sei?
Ob sie gelebet habe?

Man bringt bald chrestomatice
Uns winzig klein in nucem,
Bald, commentirt cum indice,
In Folio ad lucem.

Wie schön, wenn Knaben jung und alt,
In jenen goldnen Tagen
Zur Schul, in Riemen eingeschnallt,
Mich alten Knaster tragen!

Aus mir Vocabeln wohlgemuth
Und Phrases memoriren,
Um mich so recht in Saft und Blut,
Ut ajunt, zu vertiren!

Und geht's nicht mit der Lection
Und mit dem Exponiren,
Dann wirds gar schlecht im Hause stohn. —
Der Junker muß cariren! —

---

*) Weinhold, Heinrich Christian Boie. Halle, 1868. Aus Weinholds mit vielem Ungedruckten bereicherten Buch ist auch zuerst bekannt geworden, daß Boie seinen Freund zur dramatischen Thätigkeit befähigt glaubte und aufforderte: Wagner und Lenz ließen sich übertreffen. Bürger dachte auch wirklich an ein bürgerliches Sujet: „Alles, was die Natur in Schrecken setzen kann, soll darin angebracht werden. — In ganzen Scenen soll nicht ein Wort gesprochen werden, und doch sollt ihr Erdensöhne davor nie= dertaumeln! Genius! Genius Shakespeares, gib mir Kraft, das Ziel zu erfliegen." (Brief vom 13. November 1773.) In richtiger Selbsterkenntniß sagte er aber später in der Vorrede zu Macbeth: „Ich weiß und fühle gar wohl, was ein Schauspiel, das höchste Werk der Darstellungskraft, auf sich hat, und daß meine Kräfte dahin nicht reichen."

> Eins nur vergällt mir noch den Ruhm,
> Den ich mir phantasiret:
> Wenn man nur wie Horatium
> Mich nicht kombabisiret."

Und über eine ebenfalls in diesen Jahren entstandene Ballade, „Lenardo und Blandine", meldet er am 11. April 1776 an Boie: „es sei die Königin nicht nur seiner, sondern auch aller Balladen des Heil. Röm. Reichs deutscher Nation, welcher Lenore den Vortritt lassen müsse". Boie und Herder zogen auch wirklich, wie Weinhold berichtet, diese Ballade „in Absicht der Kunst und festeren Manier" der Lenore vor. A. W. Schlegel hat indessen in seiner trefflichen Abhandlung über Bürger in den „Charakteristiken und Kritiken" die Mängel von Lenardo und Blandine im Vergleich zu ihrem Urbilde, dem unnachahmlichen Boccaz, richtig hervorgehoben, wenn ich auch der formellen Vollendung und mancher poetischer Einzelnheiten wegen das Werk nicht so niedrig stellen kann. Ueberragt wird dasselbe jedenfals unendlich von „Des Pfarrers Tochter von Taubenhain", deren erste Conception gleichfalls in diese Zeit fällt, denn Boie schreibt am 27. September 1776 an seinen Freund: „Wie steht es um die Ballade: Die Kindsmörderin?" Ich habe daher in meiner Ausgabe die Lenore, den wilden Jäger und des Pfarrers Tochter an die Spitze gestellt. Es sind diese drei Balladen zudem des Dichters volles Eigenthum, während der eben so vortreff= liche Kaiser und Abt und andere nur mehr oder weniger wörtliche Nach= bildungen der Perch'schen Sammlung sind, der Raubgraf, die Weiber von Weinsberg, der brave Mann und Frau Magdalis nur als Sterne dritter Größe erscheinen.

Daß auch die Lenore im Wesentlichen durchaus Original, ist jetzt nicht mehr bestritten. Die bekannte Recension in The Monthly Magazine, Sept. 1796 sagt übrigens auch nur, daß die Lenore vielleicht durch the Suffolk miracle veranlaßt, und macht sodann auf die eine auch wirklich benutzte Strophe aus Sweet Williams Ghost aufmerksam,

Die Benutzung deutscher Volkslieder beschränkt sich auf Folgendes: Herder wies (in seiner Recension von Althoff's Biographie) ein ost= preußisches Zaubermärchen nach, in welchem die Verse vorkommen:

> Der Mond scheint hell,
> Der Tod reit't schnell,
> Feins Liebchen, grauet's dir?
> „Und warum sollt' mir's grauen?
> Ist doch Feinslieb mit mir."

Daß Bürger diese nämlichen Verse, weiter aber auch nichts, von einem Hausmädchen, Namens Christine, gehört, erzählt Voß in einer An= merkung zu den zuerst im Morgenblatt erschienenen Briefen über die Lenore.

A. W. Schlegel berichtete dann noch im Merkur von 1797 aus eigner Erinnerung, daß ihm Bürger mitgetheilt, er habe die Verse eines alten Volksliedes

> Wo Ilse, wo lose
> Rege bei den Ring

zu der bekannten Stelle der Lenore benutzt.

Die poetische Idee der Lenore ist dagegen eine sehr alte. In dem indischen Gedicht Raghuvansa heißt es im 8. Buche:

> „Denn der Angehörigen stetes Weinen
> Brennt den Hingeschiedenen, also lehrt man."

(Uebersetzt von Rückert.)

Wilhelm Wackernagel in seiner „Einladungsschrift zur Promotionsfeier des Pädagogiums" zu Basel (1835) „Zur Erklärung und Beurtheilung von Bürgers Lenore" erinnert ferner an den Vers aus Virgils Aeneide (VI, 444):

Curae non ipsa in morte relinquunt.

eine Vorstellung, die in Italien nicht ausstarb und von Boccaz in der Nov. V, Giorn. IV klassisch dargestellt wurde. Der ermordete Lorenzo erscheint hier der weinenden Geliebten mit der Bitte, nicht mehr um ihn zu weinen. Auch von einem Volksliede darüber führt der Novellist die erste Zeile an. — In einem serbischen Volksliede heißt es:

> Nicht die Erd ist's, die mich drückt, o Mutter,
> Nicht die Ahornbretter meiner Wohnung:
> Was mich quält, der Schmerz ist's der Geliebten.

Am herrlichsten aber wird die Idee in der grandiosen Poesie der Edda wiedergespiegelt:

> Helgi ist im Kampf gefallen, ein Hügel wird über seinem Leichnam errichtet. Am Abend sieht die Magd seiner Gattin Sigrun ihn zum Hügel reiten. Sigrun geht hin und spricht:

> Dein Haar ist, Helgi, reifdurchdrungen,
> Ganz ist der König leichenthau besprißt.

Helgi antwortet:

> Allein verursachst du, Sigrun von Safafiöll,
> Daß Helgi ist mit Leichenthau benetzt:
> Du weinst, Goldgeschmückte, grimme Zähren,
> Sonnenglänzende, südliche, eh du schlafen gehst.

Wackernagel nennt es „geschmacklos", daß bei Bürger der Geliebte der Tod selbst sei. Schon in einem Volkslied aus Neiße sagt aber die Braut zu dem todten Freier, der die Hochzeit bestellt:

> „Du riechst mir so nach Erde,
> Oder bist du selber der Tod?"

(Wunderhorn IV, 73 f.)

Das Tadelnswertheste ist jedenfalls, daß der Tod als Bestrafer kommt. Der englische Kritiker im Monthly Magazin fand bereits die Moral der Lenore bedenklich: ihre Strafe sei größer als ihre Sünde. Das Moralisiren ist überhaupt der größte Mangel des Gedichts. Aus jedem Gedicht soll gewiß eine Moral zu destilliren sein, nicht ohne

Bedeutsamkeit hießen die Ursprünge des Dramas „Moralitäten": allein
diese moralische Wirkung ist der Seele des Hörers, des Lesers zu überlassen. Der Dichter darf sie uns nicht prosaisch mittheilen wie die Apologie in der „Frau Schnips".

Allein die Schönheiten im Einzelnen, wie namentlich die in einem
damals ganz neuen, ächt poetischen Realismus ausgeführte geniale
Schilderung des nächtlichen Rittes, in jedem Vorgange die Magie des
Epos!, wiegen diesen Gesammtfehler weit auf, und so bleibt die Lenore,
nach A. W. Schlegel's schönem Ausdruck, „immer Bürger's Kleinod,
der kostbare Ring, wodurch er sich der Volkspoesie, wie der Doge
von Venedig dem Meere, für immer antraute". Nur daß unter dem
Ausdruck „Volkspoesie" nicht die Anfänge derselben allein, von denen
Herder freilich hauptsächlich gehandelt, zu verstehen sind. In jenen
primären Naturlauten zeigt sich zwar die Individualität eines jeden
Volks, das subjektive Element im Großen, aber abgesehen von dem
häufigen Uebergang solcher Uranfangsdichtung in das blos Musikalische,
tritt hier die Individualität des einzelnen Verfassers, seine Weltanschauung zurück. Bürger's Lenore und die andern Haupt-Balladen sind zugleich ächt volksmäßig, d. h. nationaldeutsch, vom englischen Charakter
wesentlich verschieden, und zeigen überall im Hintergrunde die Individualität des denkenden Kunstdichters. Beides gilt von seinen andern
lyrischen Gedichten in gleichem Maße. — Der wilde Jäger stellt die
noch heute lebendigen, ebenfalls uralten Volksvorstellungen reiner dar,
in trefflicher konkreter Gestalt und in ebenso glänzender künstlerischer
Form, wie sie die Lenore auszeichnet. Die onomatopoetischen Ausrufe
in beiden Gedichten kann nur die Ueberweisheit tadeln; Walter Scott
bildete sie vorzüglich nach:

„Tramp! tramp! along the land they rode
Splash! splash! along the sea."*)

Ja, der deutsche Literarhistoriker kann hier mit Stolz verzeichnen, daß
diese beiden Werke von dem großen Walter Scott ins Englische übersetzt
sind, welcher mit ihnen seine Schriftstellerlaufbahn eröffnete: „The
chase and William and Helen, two ballads from the german of
G. A. Bürger. Edinburgh and London 1796. 4⁰." Daß Goethe
und Bürger sogleich in die Sprachen des Auslands übertragen
wurden**), verbrieft uns erst das wirkliche Dasein einer neuen
deutschen Literatur.

*) Diese Zeilen waren als Motto zu einem Bilde der großen englischen Ausstel-
lung von 1871 gewählt, welches die Lenore darstellt: zum Beweise der unverwüst-
lichen Popularität des Stoffes, den schon Lady Diana Beauclerk ihrer Zeit illustrirte,
wie später Retzsch und viele Andere. Vgl. die äußerst geistvollen Aufsätze von Ernst
Ihne über die Londoner Weltausstellung in der „Zeitschrift für bildende Kunst". Die
wilde Jagd gab dem verstorbenen Weimarer Maler Cordes ein traumhaft geniales
Gemälde ein, das auf der Berliner Ausstellung 1868 allgemeine Bewunderung erregte.
**) Walter Scott übersetzte auch den Göz. Die Lenore wurde allein sechsmal in's
Englische, sodann in's Dänische, Portugiesische, auch sogar in's Lateinische (!) übersetzt.

Der Recensent des Monthly Magazine stellte mit feinem Verständniß und in mancher Beziehung mit Recht des Pfarrers Tochter
noch höher als die Lenore. Der abgebrochne Anfang, auf den der Dichter
am Ende zurückkomme, sei unvergleichlich. Für ebenso tiefpoetisch halte
ich die Schilderung der Natur und der Jahreszeiten, wie sie zu Rosettens
Zustand in Beziehung gesetzt worden. Das ist keine primitive sangbare
„Volkspoesie", es ist Gedanke für den denkenden Hörer. Das Ganze ist
ein ergreifendes sociales Bild in bewunderungswürdiger individuell
realistischer, künstlerischer Ausführung. Ich kann daher Schlegel's Bemerkung nur äußerst leichtfertig finden: „Des menschlichen Elends
haben wir leider zu viel in der Wirklichkeit, um in der Poesie noch
damit behelligt zu werden." Wie? die Dichtung sollte aus solchen
Rücksichten in der Wahl ihrer Stoffe eingeschränkt sein? Das wäre ja
wieder die alte Theorie vom idealen Schönen als ausschließlichem
Gebiet der Kunst. Hat Schlegel das von Dante, Cervantes, Shakespeare, Herder und Goethe gelernt?

Diesen drei großen Balladen schlossen sich die Romanzen „Des
armen Suschens Traum", „Robert" und „Schön Suschen"*) würdig an.

In Betreff der übrigen, sowie namentlich der dem Englischen nach-
gebildeten „episch-lyrischen Gedichte" (wie Bürger sie 1789 nannte)
verweise ich auf Schlegel's schon citirte, sehr ausführliche Abhandlung.
Daß in meiner Ausgabe keine einzige der von Bürger selbst edirten
Balladen und Romanzen fehlen durfte, ist selbstverständlich. Ueber
einige posthume später!

Die erste Ballade Goethe's**) erschien 1776 in der „Claudine von
Villa Bella": „Es war ein Buhle frech genung", durchaus an den von
Bürger angeschlagenen Ton erinnernd. 1779 folgte der „Fischer";
1782 „Der König von Thule" u. s. w. Die größten Meisterwerke der
Gattung schuf Goethe aber erst 1798: „Die Braut von Korinth"; „Der
Gott und die Bajadere"; und ungefähr ein Jahrzehnt später die
Legende „Wasser holen ging die reine" — ein unsterbliches Balladen-
dreigestirn wahrhaft „philosophischer Poesie".

Konnte ich Bürger's erste Dichter- und Uebersetzerthätigkeit (zu
der noch die Stücke aus Ossian***) nachzutragen sind, welche auch um

---

Joukoffsky übertrug sie in's Russische: seine „Ljubmila" soll ein russisches Lokal-
kolorit erhalten haben und mit Enthusiasmus in Rußland aufgenommen sein.

*) Aus diesem Gedicht entnahm Arthur Schopenhauer das Motto zu einem der
berühmtesten Kapitel seines Hauptwerks; wie er auch bei jedem Anlaß auf Bürger,
„dieses ächte deutsche Dichtergenie, dem die erste Stelle nach Goethen gebüre" hinwies.
„Schiller's kalte und gemachte und Uhlands schlechte Balladen haben 100 Leser gegen
einen, der Bürgers unsterbliche Balladen wirklich kennt."

**) Vgl. das musterhafte „neue Verzeichniß einer Goethe-Bibliothek" (von S.
Hirzel) Leipzig 1862.

***) Das Gedicht „Karril-Thura" erschien 1779 im deutschen Museum; bei dem
Interesse, welches Ossian neuerdings nach Widerlegung der halt- und gehaltlosen
Dilettantismen einer Talvj wieder in Anspruch nimmt, habe ich dies und die andern

diese Zeit unter Herder'schem Einfluß entstanden) und seine Balladen=
schöpfungen skizziren, ohne von seinem Leben seit 1772 Rechenschaft zu
geben, so wird die Fortführung seines äußeren Lebens nothwendig,
wenn die jener mehr epischen Dichtung parallele eigentliche Lyrik
geschildert werden soll.

Als die bereits erwähnte Hofräthin Liste mehr und mehr an einer
Gemüthskrankheit zu leiden anfing, flüchtete sich ihr Hausgenosse, wie
er an Boie schreibt, aus dem Bedlam zu Gelliehausen und zwar zu
Anfang 1774 nach dem nahe gelegenen Nieded. Im Hause des dortigen
hannöverschen Amtmanns Leonhart trat er bald in ein näheres Ver=
hältniß zu dessen ältester Tochter Dorette und heirathete sie am 23. No=
vember desselben Jahres (Weinhold a. a. O. S. 199); zog jedoch erst
im September 1775 mit ihr nach Wöllmarshausen in ein für das Ehe=
paar dort neueingerichtetes Bauernhaus.*)

Auf eine sonderbare Art kam er dazu, grade diese Tochter zu hei=
rathen, ohne sie zu lieben und schon als er mit ihr vor den Altar
trat**), trug er den Zunder zu der glühendsten Leidenschaft für die
zweite im Herzen. An der Wahrheit dieser Darstellung aus Bürger's
eigenem Munde in einem so wichtigen Aktenstück, als die unten mitzu=
theilende „Beichte" ist, irgendwie zu zweifeln, kann dem besonnenen
Biographen nicht einfallen. Um so weniger, als die jüngere Schwester
Bürger's, in deren Hause zu Langendorf Molly 1783 mit einem Knaben
niederkam, dem Dr. Althoff ausdrücklich bezeugte, daß diese Beichte
ihres Bruders der strengsten Wahrheit gemäß gewesen. Daß Bürger
über seine junge Ehe an Gleim, der ihn von der zu frühen Heirath
abgerathen hatte, recht glücklich schreibt, beweist nichts dagegen: wie
würde er dem so viel ältern, ihm fernstehenden Manne solche tiefe Ge=
heimnisse des Herzens anvertrauen? Sehr wohl besteht auch mit dem
Doppelverhältniß zu beiden Schwestern die Aeußerung in einem Briefe
an Boie vom 7. August, wo er von seinem schnurrigen Weibe spricht,
welches sogar heimlich Verse mache.***)

---

welche Reinhardt aus dem Nachlaß publicirte, ebenfalls aufgenommen. Sie sind
zudem ein schönes Seitenstück zu Goethe's Uebersetzung der Selmalieder im
Werther.

    *) Das erste Jahr verlebte Bürger vermuthlich in Nieded selbst, also unter
einem Dache mit Molly. Ich finde wenigstens in dem Verzeichniß des Bürger'schen
handschriftlichen (noch ganz unbenutzten) Nachlasses, das mir vom Besitzer, Herrn
Hofkapellmeister Aug. Kiel, gütigst mitgetheilt, einen Brief an Göding aufgeführt
vom 5. Juni 1775 aus Nieded.

    **) Jördens in seinem „Lexikon deutscher Dichter und Prosaisten" berichtet, ohne
Quellenangabe, daß das Verhältniß zu Molly bereits während der Verlobung mit
Dorette begonnen habe.

    ***) Es war das Gedicht „Muttertändelei", erschienen im Musenalmanach von
1780 mit der Unterschrift „D. M. Bürger, geb. Leonhart." Mit einigen Ver=
änderungen nahm es Bürger sogar in seine Ausgabe von 1789, bei der es auf
Korpulenz abgesehen war, auf

Die Ehe war mit drei Kindern gesegnet, von denen aber das erste und letzte (1784) bald nach der Geburt starben und nur die 1778 geborene Tochter Marianne am Leben blieb, († erst 1864 unverheirathet.)

Bürger war inzwischen seines Amtes, das ihm nie besonders zugesagt hatte, wie wir schon aus dem Brief an Gleim sahen (S. XIV), völlig überdrüssig geworden. In einem Geburtstagsgedichte an die „gnädige Frau Luise Wilhelmine von Uslar, geb. von Westernhagen" scherzte er zwar am 14. September 1782:

„Ein Weib — heißt Frau Justitia —
Entnervt mich mit Caressen.
Sie wird mit Seel und Leib mich ja
Wol noch vor Liebe fressen".

Mit tiefer Bitterkeit hatte er aber schon einige Jahre vorher das Glück angeklagt, welches seine Gaben nach frevler Laune vertheile und für ihn nur Nieten habe. Es ist in dem Gedichte „Fortunens Pranger", welches zuerst 1779 im Musenalmanach erschien:

Nieten? Nieten? Nichts als kahle Nieten? —
Nun, so niete dich denn satt und matt! —
Zur Vergeltung will ich dir auch bieten,
Was noch keiner dir geboten hat.

Nicht mit Erbsen muß man nach dir schnellen,
Wie ein Lustigmacher etwa schnellt:
An den Pranger und in Eisenschellen
Sei, Fortuna, schimpflich ausgestellt! —

Denn sie ist, sie ist die Ehrenlose,
Die das ärgste Schandgesindel liebt
Und nur selten ihrer Wollust Rose
Einem Biedermann zu kosten gibt.

Ha, der Frechen! die so unverhohlen
Mir nichts, dir nichts! falsche Münzen schlägt
Und aus Lumpenkupfer die Pistolen
Und aus Gold die Lumpenheller prägt!

O, wie manchem edlen Tugendsohne
Gönnte sie kaum seinen Bettelstab,
Sie, die dennoch Scepter, Reich und Krone
Oft dem tollsten Orang=Utang gab!

Seht, wie sie beim Beutelschneider stehet,
Und dem Gauner, den der Würfel nährt,
Zum Gewinn die Schinderknochen drehet
Und dem frommen Tropf die Taschen leert!

Ha, mit Treue weiß sie umzuspringen
Wie die Katze mit der armen Maus!
Wahrheit kann von ihr ein Liedchen singen,
Wahrheit oft verjagt von Amt und Haus!

Doch den Auswurf von den ärgsten Schelmen
Lohnte sie, für seine Heuchelkunst,
Oft mit Sternen, oft mit Ritterhelmen
Und mit Ueberschwang von Fürstengunst.

Wird sie stets dem Tapfern sich gesellen,
Der für die gerechte Sache kriegt? —
Oefter haben Schurken und Rebellen
Ohne Recht durch ihre Hand gesiegt. —

Dennoch wird in kurzem alle Gnade
Ihren Buhlen oft zum Ungewinn;
Wie im Mährchen der Scheherezade,
Von der geilen Zauberkönigin ....

Nun folgen noch 18 Strophen rein burlesken Inhalts, in denen allerlei
Verwandlungen, die Labe, die arabische Circe, mit ihren Günstlingen
vornehme, aufgezählt werden; nur die Poeten brauche sie nicht umzuschaffen, denn:

„Viel Poeten aber sind schon Affen,
Und die bleiben denn nur, was sie sind."

Namentlich wegen dieser letzten Hälfte mochte Bürger das sonst so
schöne Strophen*) enthaltende Gedicht von seiner projektirten Ausgabe
letzter Hand ausgeschlossen haben. Reinhard ließ es fort: vergl.
S. XVI und LIX.

Einen letzten Verzweiflungsschritt that er, als er am 29. Juli 1782
einen Brief an Friedrich den Großen schrieb, und um Anstellung an
einer preußischen Universität oder sonstwie nachsuchte. Großkanzler
von Carmer empfahl darauf Bürgern auch wirklich dem Universitäts-
Oberkurator von Zedlitz, erhielt aber von diesem die Antwort: Der
kurhannoversche Amtmann Bürger sei wie alle mit dem Geniewesen sich
auszeichnenden Schöngeister zum Erzieher und Jugendlehrer nicht zu
gebrauchen. Herr von Carmer theilte dies sehr schonend und verbindlich
an Bürger mit und schloß sein Schreiben vom 19. November 1782:

„Dessen aber können Sie sehr gewiß sein, daß ich Alles anwenden
werde, den hiesigen Landen einen Mitbürger wiederzuverschaffen, der
ihnen so viel Ehre macht und dadurch der Welt zu zeigen, daß man auch
bei uns die Verdienste des wahren Gelehrten ebenso gut zu schätzen
weiß, als des Soldaten und des Finanziers."

Dem Entschluß, sein Amt aufzugeben, blieb Bürger aber trotzdem
und um so mehr getreu, als er durch Intriguen des Hofrath Liste bei
der Regierung wegen Pflichtwidrigkeiten verklagt worden war. Er
rechtfertigte sich durchaus gegen diese Beschuldigungen, nahm aber zugleich im Jahre 1784 seine Entlassung und ließ sich unter Heyne's,
Kästner's und Lichtenberg's Vermittelung als Privatlehrer in Göttingen nieder.

---

*) Der Anfang von „Fortunens Pranger" hat eine interessante Parallelstelle
in einem der letzten Kapitel des Don Quixote, wo Sancho spricht: „Ich habe
sagen hören, was man so gewöhnlich die Fortuna nennt, das sei ein betrunkenes,
launenhaftes und vor allem blindes Weib: darum sieht es auch nicht, was es thut
und weiß weder, wen es niederwirft, noch wen es erhebt. Du bist ein großer
Philosoph, Sancho, antwortete Don Quixote."

3*

Nachdem 1777 der Schwiegervater gestorben (Bürger als Vormund seiner Kinder designirend), folgte ihm am 30. Juli 1784 seine unglückliche Tochter Dorette.

Ein Jahr nachher, am 27. Juni 1785, wurden zu Bissendorf Herr G. A. Bürger, Dichter und Lehrer des deutschen Stils zu Göttingen und Demoiselle Auguste Marie Wilhelmine Eva Leonhart kirchlich eingesegnet. Aber schon nach kaum siebenmonatlicher Ehe, am 9. Januar 1786, verzeichnet das Göttinger Kirchenbuch den Tod auch der zweiten Frau Bürgers, an den Folgen ihrer Entbindung von einem Mädchen.

Aus der „Beichte", die Althoff nur verstümmelt, ich aber ganz vollständig mittheile*), aus den ebenfalls unter den prosaischen Schriften folgenden Briefen an seinen Schwager (im Gesellschafter von 1823) und den an Boie gerichteten**) ergiebt sich das Nähere über die äußeren Umstände der eben berührten Verhältnisse, namentlich auch, daß die Liebe zu Molly entschieden schon vom Jahre 1774 zu datiren ist. Ich beziehe daher alle Gedichte aus diesem Jahre, überhaupt alle Liebesgedichte von Bedeutung, die Bürger je gemacht, einzig und allein auf sein Gustchen, oder wie er sie poetisch nannte, Adonide, Molly-Adonide, Molly. Nur das schon erwähnte „Winterlied" von 1772 wird schwerlich an Molly gerichtet sein, da sie 1774 nach Bürger's Versicherung „kaum vierzehn oder fünfzehn" Jahr alt war. In dem Exemplar seiner Ausgabe von 1789, welche Reinhard für die posthume Ausgabe von 1796 benutzte, hatte Bürger aber auch in dies Lied (nach Reinhard's Versicherung) den Namen Molly — in die vierte Strophe — hineingesetzt.

Auch das Gedicht „Himmel und Erde", dessen erste Strophe der Dichter schon in dem Briefe an Boie vom 6. Mai 1773 mittheilt und das in die erste Ausgabe von 1778 nicht aufgenommen wurde, kann die letzte Strophe und einige Stellen in den andern wol erst später erhalten haben. Ich eröffne mit diesem Gedichte das zweite Buch meiner Ausgabe, in welche ich zum erstenmal alle Molly-Lieder — ununterbrochen von Heterogenem, wie in den bisherigen Editionen — zu einer ganz neuen Gesammtwirkung vereinigt habe. Denn dies erste Gedicht enthält schon, wie eine Opern-Ouvertüre, alle Themen, welche nachfolgen werden, im Keime in sich. In dem Ganzen haben wir die komplicirte Passionsgeschichte eines modernen Gemüthes in individuellster Realistik, wie Aehnliches, von dem leider so fragmentarischen Lenz abgesehen, nur Goethe und Heinrich Heine in der neueren deutschen Poesie geleistet haben. Die süßesten Freuden und die tiefsten Seelenschmerzen einer

---

*) Aus der „Geschichte der dritten Ehe G. A. Bürgers. Aktenstücke." Berlin und Leipzig, Schulz und Comp. 1812. Ich besitze das Werk im letzten Bande des sehr vollständigen Wiener Nachdrucks von 1812. (S. 55—154).
**) Der erste von Althoff, die folgenden zuerst von Weinhold publicirt.

Liebe, die unendlich viel individueller als die Petrarka's oder auch der Minnesänger war, finden hier ihren poetischen Ausdruck. Ebenso individuell, überall dem wirklichen Leben, der tiefsten Empfindung entwachsen wie der Inhalt ist, ist es auch die Sprache. Stets die anschaulichsten Bilder, oft Ausdrücke aus dem sogenannten gemeinen Leben mit glücklichster Naivetät eingeführt, fast völlige Abwesenheit aller poetischen Floskel und Phrase. Nur die beiden längsten Gedichte, die Elegie und das hohe Lied, obwohl reich an gradezu einzigen Schönheiten, trifft hie und da der Vorwurf etwas prosaischer Rhetorik und Breite — allein das sind wahrlich Flecken an der Sonne.

Goethe's erste Liebes-Gedichte nach seiner Bekanntschaft mit Herder — denn die Leipziger Lieder von 1770 gehören noch ganz der alten unlebendigen, französischen Manier an — erschienen 1775, namentlich das schöne „Mir schlug das Herz, geschwind zu Pferde", welches wenig Bürger'sches hat, dagegen sein Gedicht „Hab oft einen dumpfen düstern Sinn" (1776) sehr merkwürdig an Einiges in den Molly-Liedern erinnert. Etwas Aehnliches wie „Hans Sachsens poetische Sendung" oder „Mein altes Evangelium" (beide auch 1776), die ersten Blumen der Goethe'schen Gedankenpoesie, hat Bürger freilich nicht hervorgebracht. — Wie Goethe Bürger's erste lyrische Anfänge freudig begrüßt, so gedachte er dieses „an- und eingeborenen Talents" noch im Alter (1824) mit wahlverwandter Theilnahme.*)

Bekanntlich war Schiller über diese Bürger'schen Gedichte völlig anderer Meinung, die er in der von ihm in seine Werke aufgenommenen und ausdrücklich noch 1802 gut geheißenen anonymen Recension der Allg. Literaturzeitung von 1791 aussprach.

Er ging von dem allgemeinen Begriff des Dichters aus, der die Sitten, den Charakter, die ganze Weisheit der Zeit in seinem Spiegel sammeln müsse. Daß Bürger nun diesem Ideal in der That nicht entsprach und nicht entsprechen konnte, habe ich am Eingang dieser Skizze als selbstverständlich zugegeben. Allein Schiller vermochte Bürger'n in dessen beschränkter Sphäre worin er doch so bedeutend war nicht zu begreifen oder wollte ihm nicht gerecht werden.

Lessing, argumentirte Schiller, habe dem Tragödiendichter zum Gesetz gemacht, keine Seltenheiten, keine streng individuellen Charaktere und Situationen darzustellen: dies gelte noch weit mehr vom lyrischen Dichter. Er müsse sich einer gewissen Allgemeinheit in den Gemüthsbewegungen um so mehr befleißigen, je weniger er sich über das Eigenthümliche des Anlasses verbreiten könne und dürfe. Das Individuelle und Lokale müsse zum Allgemeinen erhoben werden. Die Gedichte an Molly seien nun Produkte einer solchen ganz

---

*) In einem Briefe an Reinhard, den dieser in seiner vollendeten rechtmäßigen Ausgabe (Berlin, Christiani) abdrucken ließ. Siehe S. Hirzels Goethebibliothek.

eigenthümlichen Lage und das davon unzertrennliche Unideale störe den Genuß. Denn der Dichter müsse sich von der Gegenwart los- wickeln und frei und kühn in die Welt der Ideale emporschweben. Er müsse den Gegenstand seiner Begeisterung von seiner Individualität loswickeln. Diese Bürger'schen Gedichte seien aber nicht blos Gemälde einer eigenthümlichen (und sehr undichterischen) Seelen- lage, sondern auch offenbar Geburten derselben. Mittem im Schmerze dürfe man denselben aber nicht besingen, sonst sinke die Empfindung von der idealen Allgemeinheit zur **unvollkommnen** Indivi- dualität hinab.

Vom hohen Liede urtheilte Schiller, es sei „ein sehr vortreffliches Gelegenheitsgedicht, dessen Entstehung und Bestimmung man es allenfalls verzeiht, wenn ihm die idealische Reinheit und Vollendung fehle, die allein den guten Geschmack befriedigt".

Es scheint fast, daß Goethe diesen Satz vor Augen hatte, als er in „Wahrheit und Dichtung" schrieb: „Das Gelegenheitsgedicht, die erste und ächteste aller Dichtarten, ward verächtlich auf einen Grad, daß die Nation noch jetzt nicht zu einem Begriff des hohen Werths desselben gelangen kann". Wie er denn von seinem Gedicht „Die Harz- reise" bekannte: es sei sehr schwer zu entwickeln, weil es sich auf die allerbesondersten Umstände beziehe; und im Jahre 1823 zu Eckermann sich vernehmen ließ: „Die Welt ist so groß und reich, und das Leben so mannigfaltig, daß es an Anlässen zu Gedichten nie fehlen wird. Aber es müssen Gelegenheitsgedichte sein, das heißt: die Wirk- lichkeit muß die Veranlassung und den Stoff dazu hergeben. Allgemein und poetisch wird ein specieller Fall eben dadurch, daß ihn der Dichter behandelt. Alle meine Gedichte sind Gelegenheitsgedichte, sie sind durch die Wirklichkeit angeregt und haben darin Grund und Boden. Von Gedichten, aus der Luft gegriffen, halte ich nichts".

Wir sehen von Allem, was Herder gelehrt, bei Schiller das totale Gegentheil! Herder sagte: so individuell als möglich, Schiller so all- gemein als möglich.

Herder kannte keinerlei Beschränkung der Stoffe, für Schiller gab es eine eigenthümliche Seelenlage, die „undichterisch" gescholten wurde. Herder verlangte, daß der Dichter in deutscher Erde, in der Gegenwart wurzle, Schiller predigte die Flucht in ein abstraktes ideales Reich der Schönheit. Auch den oben von Schiller fast in Shakespeares Worten aufgestellten allgemeinen Begriff des großen Dichters faßte er nicht in Herder's Sinn auf, sofern er eine Veredlung, Läuterung, d. h. Ideali- sirung zur reinsten, herrlichsten Menschheit verlangt, eine allgemeine Humanitätspoesie, entgegen dem Nationalitätsprinzip der Dichtung.

Diese Schiller'schen Dogmen wirken noch immer, wie denn Goedeke in seinem literar-geschichtlichen Quellenwerk sagt: „Bürger führte wie Günther die Poesie wieder aus dem Konventionellen zum Leben, gab das beßte was er gab als Ausdruck wirklicher Lebensstimmungen, aber sein Leben selbst war ohne reine Poesie".

Es giebt aber nur Eine Poesie und sie enthält das ganze volle wirkliche Menschenleben, gleichen jenem Tuch des Evangeliums, in welchem reine und unreine Thiere vom Himmel herabgelassen wurden.

Es ist erfreulich, daß Bürger seine Dichtung selbst sehr zutreffend gegen diese in jedem Sinne *) unästhetische Recension vertheidigte ("Vorläufige Antikritik und Anzeige" in derselben Allgemeinen Literaturzeitung von 1791), indem er über den Hauptpunkt ungefähr sagte: "Aus einer höheren Sphäre ist ein reicher und vollkommener Kunstgeist heruntergestiegen ... Er verkündet: Eins der ersten Erfordernisse des Dichters ist Idealisirung, Veredlung (ob dies wohl Synonyme sein sollen?), ohne welche er aufhört, seinen Namen zu verdienen. Nun aber vermißt er bei mir diese Idealisirkunst ... So poetisch die meisten Gedichte an Molly nach Diction und Versbau gesungen sind, so unpoetisch sind sie empfunden ... Nämlich nicht meine, nicht irgend eines sublunarischen Menschen wahre, natürliche, eigenthümliche, sondern idealisirte, das ist keines sterblichen Menschen Empfindungen, Abstractionen von Empfindungen, müßten jene Gedichte enthalten, wenn sie etwas werth sein sollten".

Auch einige gute Epigramme **) und ein längeres Poem in Goethe's Legendenmanier richtete er gegen seinen Kritiker, die ich im dritten Buche mittheile. Für den Reimspruch hatte Bürger nämlich ein ebenfalls dem Goethe'schen sehr verwandtes Talent, das bequem zu überblicken erst in meiner Ausgabe möglich, welche die zahlreichen Stücke in neuer Ordnung und insbesondere auch eine Anzahl in allen bisherigen Ausgaben ***) fehlender bringt, andrerseits Unbedeutendes, bloße "Lückenbüßer" des Musenalmanachs, wegläßt. Schiller hätte "nament=

---

*) So wird Bürger am Schluße aufgefordert, "sich selbst zu vollenden, um etwas Vollendetes zu leisten und so die Krone der Klassicität zu erringen": während derselbe Schiller zwei Jahr vorher an seine spätere Frau geschrieben: Bürger, den er kennen gelernt, scheine ein geraber, guter Mensch, aber der Frühling seines Geistes sei vorüber.

**) Ob auch schon das Seite 154 mitgetheilte "Meine Meinung in Sachen X. Y. Z. contra Herrn S." (X. Y. Z. hatte den Musenalmanach gegen dessen Kritiker "S.", in der Gothaischen Zeitung vertreten) gegen Schiller gerichtet ist, habe ich nicht ermittelt. Doch befindet sich in Kiels Nachlaßverzeichniß unter Nr. 10 aufgeführt: "Eine Kritik über den Musenalmanach von XXX an? 23 Seiten (Quart). Es wollen einige behaupten, daß diese abscheuliche Kritik Schiller zum Verfasser gehabt hätte".

***) Auch die "vollständige" Tittmann'sche Ausgabe gibt nicht alle, "weil sich manche zur Veröffentlichung für die große Leserwelt nicht eignen." Ich war anderer Ansicht. Jene Epigramme von ächt deutscher Derbheit, auf welche ihr Autor noch dazu große Stücke hielt, mußten ohne Prüderie dem Gesammtbilde seiner Dichtung einverleibt werden.

lich die Sinngedichte, als Bürger's starker nerviger Manier nicht zu=
sagend," gern entbehrt.

In kerniger schlagender Weise stigmatisirt Bürger im Spruchgedicht
politische und akademische Zeitzustände, giebt, wie Goethe, „den Recen=
sentenhunden" auch seinerseits einige amusante Fußtritte und erreicht
namentlich in den höchst persönlichen Stücken, den kurzen energischen
Aufschreien des Gemüths, oder in den epigrammatischen Ohrfeigen, die
er wider ihn belfernden Lumpen ertheilt, den Gipfel der Gattung.

Diese Epigramme bilden den Schlußstein seiner dichterischen Thä=
tigkeit, sie entsprechen wie die „zahmen Xenien" dem höheren Alter, das
sich bei Bürger durch seine Schicksale früher, als es in seinen Jahren
lag, geltend machte.

Nach dem Tode Mollys besuchte ihn Boie und schrieb über seinen
Freund am 17. September 1787 an Voß: „Er ist derselbe und nur
äußerlich seiner geworden und sehr niedergedrückt. Er mag nicht dichten
und sitzt bis über den Hals in Kant vergraben, den er sehr lieb gewonnen
hat und, eine Ketzerei in Göttingen, über ihn lesen will". In den letz=
teren Vorsatz bestärkte ihn namentlich Lichtenberg, und Bürger las auch
wirklich „über die kritische Philosophie". Mit welchem Enthusiasmus
und Verständniß er sich mit Kant beschäftigte, geht aus dem Brief an
den Leipziger Kantianer Born hervor, der ihm in zuvorkommender
Weise geschrieben und eine Abhandlung übersandt hatte. Ich theile den
zuerst im Gesellschafter von 1823 erschienen Brief unter den Schriften
in Prosa mit. Wahre Befriedigung hat Bürger als Docent aber nie
gefunden; es fehlte ihm die Gabe des Vortrags und noch mehr eine
empfängliche Zuhörerschaft in Göttingen.

Außer über die kritische Philosophie, las er auch über Aestetik und
Geschichte. Daß theils bei Lebzeiten geschriebene historische Abhand=
lungen, wie „die Republik England", theils seine Vorlesungen später ver=
öffentlicht und zum Theil in seine Werke aufgenommen wurden, kann ich
nicht billigen. Denn diese ganze Thätigkeit war des Dichters Sache nicht.
Daß sich namentlich in seinen Vorlesungen über deutschen Stil und
Sprache manche interessante und noch heute beherzigenswerthe Stellen
finden, ist gewiß. So heißt es in einem dieser von Reinhardt heraus=
gegebenen Manuskripte:

„Ist irgend in dem ganzen Gebiete der Wissenschaften etwas werth,
daß Männer sich damit beschäftigen, so ist es die Muttersprache. Sie
kann zu allem Uebrigen sagen: Ohne mich könnt ihr nichts thun. Ja,
sogar all euer gutes oder schlechtes Thun hängt von mir ab. Wer mich
verachtet, der wird wieder verachtet von seinem Zeitalter, und schnell
vergessen von der Nachwelt. Wer schlecht schreibt, und schriebe er auch
noch so vortreffliche Sachen, ist ein geschmückter Tänzer mit Klump=
füßen, und fehlerhaft schreiben, ist so viel, als zerrissene Schuhe tragen,
woran die Löcher mit Kartenblättern ausgelegt sind. Ich könnte Einem
lieber jede andere gelehrte Sünde verzeihen, als eine Sprachsünde.

Denn nichts steht der Ehre unserer Literatur mächtiger entgegen, als Schlechtschreiberei, und es ist schändlich, himmelschreiend, und, — o, was weiß ich Alles? — daß unsere größten und besten Gelehrten so überaus liederlich oft schreiben!"

In der Ankündigung seiner Vorlesung (1787):

„Nun sollte man denken, Wunder, wie lebhaft, wie allgemein der Eifer und das Bestreben nach vollkommener Schreibart, Wunder, wie auffallend und glänzend der Erfolg sein müsse! Allein nichts weniger, als dieses! Der Mann von Verstand, Kenntniß und Geschmack sehe doch nur die gedruckten sowohl, als ungedruckten Schreibereien selbst unserer neuesten Zeiten an, und erstaune nicht über stylistische Greuel jeder Art bei einem wahrlich nicht kleinen Haufen unserer Scribenten. Selbst große weit und breit umherrauschende Namen sind davon nicht ausgenommen. Ich muß es hier gerade heraus sagen, wie sehr es auch verdrieße, da es meiner warmen Vaterlandsliebe noch weit mehr schmerzt, mit dürren Worten, von denen nichts abgehen kann, muß ich's heraus sagen, daß mir aus der ganzen Literär=Geschichte kein aufgeklärtes schreibendes Volk bekannt ist, welches im Ganzen so schlecht mit seiner Sprache umgegangen wäre, welches so nachlässig, so unbekümmert um Richtigkeit und Schönheit, ja, welches so — liederlich geschrieben hätte, als bisher unser Deutsches Volk."

Allein der komplete Wiederdruck dieser Fragmente, ist heute nicht mehr an der Zeit. Nur was Bürger im ersten von Herder inspirirten Jugendmuth über die Volkspoesie geschrieben, ist von bleibendem Interesse. Dies gebe ich daher vollständig, nebst den Ergänzungen (Nr. III.) aus dem Manuskript.

In jenen ersten göttinger Jahren bereicherte Bürger auch die komische Literatur um ein wichtiges Prosawerk, den „Münchhausen", den er nach A. Ellissens trefflicher gelehrter Einleitung zu seiner Ausgabe (Göttingen, Dieterich, 1849, nur in dieser Ausgabe steht die Einleitung vollständig, in den späteren ist sie erheblich abgekürzt worden) freilich nur aus einem englischen Original 1787 verdeutschte und nur hier und da, im Verein mit Lichtenberg, erweiterte.

Rollenhagens Froschmäusler wollte er ebenfalls und zwar in den kurzen Reimpaaren des Originals bearbeiten; er kam indessen nicht über den Prolog und die ersten 50 Verse hinaus, welche Reinhardt nach des Dichters Tode aus dem Manuskript edirte, beliebter Korpulenz seiner Ausgabe halber.

Weitere komische Anläufe nahm Bürger 1791 (Akademie der schönen Redekünste) in einem Fragment gebliebenen Epos „Bellin", dessen Fabel er dem Ariosto entlehnte. Es sind nur zwei Dutzend Ottaven, aber in meisterhafter formeller Behandlung, wie sie vor ihm nur Wilhelm Heinse, der Erfinder der deutschen Ottave Rime und zwar schon 1773 in jener „Laidion" geschrieben hatte, von der Goethe bewundernd

meinte, er hätte nicht geglaubt, daß so etwas in deutscher Sprache
möglich wäre.

Der laxen Wielandschen Art angehörig ist dagegen die Königin von
Golconde nach Bouflers Prosa. Bei dem Franzosen entschädigt für die
Tiefe des Inhalts die natürliche, bezaubernde Frivolität der Behand=
lung, die Grazie der Sprache, die Eleganz der künstlerischen Abrundung.
In's Deutsche läßt sich dergleichen nicht verpflanzen, jeder derartige
Versuch ist unerträglich. Bürger wäre gewiß der erste, diese von ihm
selbst nur im Musenalmanach von 1794 publicirte, dem deutschen Geist
und Geschmack wirklich widrige „poetische Erzählung" aus seinen
Werken zu verbannen.

Ebenso ungeeignet für die Aufnahme in Bürgers Gedichte ist
seine, ein Jahr vorher erschienene, langathmige Uebersetzung des
an sich schon gedehnten und langweiligen Briefes Abälards an Heloise
von Pope. Nur am Schlusse findet sich eine sehr schöne, an Molly
gerichtete Stelle, die eben nicht Uebersetzung ist und die ich daher für
das zweite Buch ausgehoben habe.

Wir wissen aus Althoff, daß Bürger in Göttingen sehr viel nur
des Honorars, das heißt des täglichen Brotes wegen schrieb, namentlich
die Uebersetzungen, wozu auch Benjamin Franklins Jugendjahre, von
ihm selbst beschrieben, Berlin 1792, gehört. Nur aus diesem Grunde
übernahm er auch zu dem seit 1779 bis zum Tode redigirten Musen=
almanach 1791 noch ein neues, in Berlin erscheinendes Journal „Die
Akademie der schönen Redekünste", das er hauptsächlich durch eigene
Beiträge speisen mußte. Der Musenalmanach brachte ihm durch seinen
Freund und Verleger Dieterich, der ihn überhaupt oft durch Vor=
schüsse unterstützen mußte, einige hundert Thaler jährlich. Und doch
hätte Bürger allein von dem Honorar seiner Gedichte völlig existiren
können, wenn ihm sein eigenster Verdienst nicht durch die Nachdrucker
geraubt wäre. Ueber diese heillosen damaligen Rechtszustände klagt er
selbst mit gerechter Indignation in der Vorrede zur zweiten Ausgabe
seiner Gedichte.

Unter den eben geschilderten aufreibenden Thätigkeiten begann
nun auch Bürger's Kränklichkeit mehr und mehr zuzunehmen, das
„Vorgefühl der Gesundheit. An Boie" (Siehe unter den „Briefen")
war leider eine Täuschung gewesen.

Althoff theilt folgenden Stoßseufzer seines Freundes mit: „Immer=
während Kränklichkeit des Leibes belastet mehr denn allzu oft die na=
türliche Kraft und Thätigkeit meines Geistes mit so drückenden Fesseln;
sie lähmt dergestalt die lebendigsten Springfedern des Herzens: daß
bisweilen kein Leben, kein Streben, kein Wunsch mir noch übrig zu seyn
scheint, als der letzte Wunsch aller Mühebeladenen und Müden, der
Wunsch, aus einem beschwerlichen zusammen gepreßten Daseyn in die
Ruhe des Nichtseyns hinab zu taumeln."

Wie sich Bürger nach allen Seiten Mühe gab, aus den Göttinger
Verhältnissen (wie früher aus dem Amtmannsjoche) herauszukommen,
zeigt ein Brief seines Universitätsfreundes Stollberg, den ich aus dem
Gesellschafter von 1823 hier inserire:

Neuenburg, am 6ten Februar 1787.

Herzlichen und aber herzlichen Dank für Lieb' und Zutrauen, bester
Bürger! Ich fühle, daß meine Liebe für Sie mich dessen werth macht,
und desto reiner fließt mir der Dank in die Feder.

Gott wolle mir Gelegenheit geben, meinem lieben Bürger nützlich
zu seyn! Ich werde Sie nicht allein beim Schopf ergreifen, wenn sie
sich darbietet, sondern mit Treue suche. Und schwerlich würde Ihre
Freude größer seyn, als die meinige, wenn ich die feile Dirne haschen
könnte, welche sich in dieser Welt öfter dem Schurken, als dem Bieder=
mann anbeut.

Hier im Lande sind sehr gute Beamten=Stellen, von 500 bis 1000
Thalern Einkünften. Aber auch hier im Lande wird ein mittelmäßiger
Pensionist des leidigen Seckels willen dem bravsten Manne, wäre es
auch Bürger, so auch der mittelmäßigste Oldenburger dem bravsten
Fremdlinge, wäre es auch Bürger, vorgezogen. Ja, was sage ich, wäre
es auch Bürger? — Freilich kennt man auch hier den edlen Dichter;
aber Sie wissen, was das in unserm Vaterlande sagen will. Außer
wenigen Edeln hält der ganze übrige Pöbel, und vor Allen der Durch=
lauchtige, den Dichter für einen zwar seltenen, aber losen Vogel, der
nicht in die Wirthschaft taugt. Weil wir fliegen, glaubt man, daß wir
nicht gehen können; und wenn wir auch in Geschäften heller sehen, hält
man uns für übersichtig. Dazu sind die Lästerungen Ihrer Hannöve=
rischen Philister auch bis zu uns gekommen, und so etwas hat immer
Einfluß, wäre es auch nur insofern, als man den Vorwand gern ergreift.

Ich habe selber geglaubt, daß ich hier einiges Ansehen hätte, theils
weil man mir freundliche Gesichter macht, theils weil ich mich mit An=
dern um mich her verglich. Wo ich aber Gebrauch davon machen wollte,
fand ich bald, daß ich Rechenpfennige für baare Münze angesehen, daß
der gelbe Fürstenkopf mich betrogen hatte.

Gleichwohl will ich versuchen, ob ich hier oder anderwärts etwas
aufspüren kann. Wenn Ihnen kein Wildpret in die Küche gebracht wird,
so schreiben Sie es der vaterländischen Sandwüste, und nicht dem
treuen Stöber zu. Ich wünschte, daß Sie mir einen Brief schrieben,
den ich produciren könnte. Aber ich wiederhole es, rechnen Sie nicht
auf Ihren Freund, der nichts als guten Willen hat.

„Da hast du was Rechts!"
können Sie mir mit dem wackern Tellheim zurufen.

In stillem und feinem guten Herzen habe ich seit Jahren Ihre
Schicksale tief gefühlt. Ich sage Ihnen nichts von dem, was Ihrem
Herzen das Nächste ist. — Aber auch Ihr Leben unter den Philistern
hat mich lange gekränkt. Ich kenne dieses Gesindel! Da möchte ich oft

den vaterländischen Staub von den Füßen schütteln, wenn ich bedenke, — eh! da ist was zu bedenken, — wenn ich wie Kohlen im Herzen es fühle, daß einer der Edelsten des Volks wie der starke Simson in der Mühle dieser Unbeschnittenen mahlen muß, sich vielleicht vor Manchem neigen muß, ohne sich kräftiglich neigen zu können, wie jener, als er die Säulen des Tempels ergriff.

Unsre Löwen sind Aeser, aber wer findet Honig in ihrem Rachen?

Ich denke, Sie fühlen es, daß ich nicht unzeitig witzeln will. Aber auch der Zorn hat seinen Witz; und wer weiß das besser, als Sie?

Einige Ihrer letzten Epigramme, schön wie sie sind, haben mich betrübt. Denn ich sehe, daß Sie mit Schurken zu thun haben. Aber nimmer hätte der Unmuth Ihnen als w a h r e n E r n s t den Wunsch eingeben sollen, Ihre göttliche Kraft weggeben zu können.*)

Mein lieber, edler Bürger:

    Daß Ihre Phantasie voll Kraft
    Sich Welten, wie sie will, erschafft,
    Und höllenab, und himmelan
    Sich senken und erheben kann!

das sey und bleibe Ihr Stolz und Ihre Wonne! —

Ich weiß, daß Ihr Herz edel und groß ist, daß bei eigenen Leiden Sie sich des Glücks eines Freundes freuen können. Ich bin durch mein Weib — ich habe sie in manchem Gedichte seit fünf Jahren ohne Schmeichelei nach der Natur beschrieben — so glücklich, als man seyn kann. Ich habe drei liebe Kinder. Meinen Bruder sehe ich wenigstens jährlich, und meine liebste Schwester ist jetzt bei mir, und wird es, hoff' ich, oft seyn. Dazu lebe ich, wie ich immer wünschte, auf dem Lande. Ich pflege des Altars der Themis; aber ich lehre die Tauben der Venus Urania im Gesimse ihres Tempels zu nisten. Oft singt mein Weib Ihre Lieder. Ich umarme Sie von ganzem Herzen.

                             F. L. Stolberg.

Der Graf Stolberg hat für Bürger nichts gethan.

Wie eine persönliche Begegnung mit Goethe ausgefallen, erzählt Friedrich Nicolai in seinem „Anhang zu Friedrich Schillers Musen-Almanach für das Jahr 1797". (Berlin und Stettin) p. 165 ff.

---

*) Musenalmanach 1787:
           Vollkommener Ernst.
    Sprich, junger Freund, o sprich, was dich bewegt,
    Nach schnödem Dichter-Ruhm dich athemlos zu laufen?
    Ha! diesen Dorn, den ach mein Wohlsein in sich trägt,
    Den Satansengel, der mein Glück mit Fäusten schlägt,
    Wollt' ich, — o, könnt ich nur! — spottwohlfeil dir verkaufen!
Worauf in der Ausgabe von 1789 folgt:
    Als das Obige für Versündigung erklärt wurde.
    Ich schelte nicht die edle Gabe,
    Die ich von Gott empfangen habe.
    Die Gabe hat mir Heil gewährt;
    Allein ihr Ruhm oft Fluch bescheert.

„Bürger freute sich bei einer Anwesenheit in Weimar Goethen, mit welchem er ehemals in vertrautem Briefwechsel*) gestanden hatte, persönlich kennen zu lernen. Er kam nicht zu einer Zeit, wo etwa Staatsgeschäfte abzumachen gewesen wären: denn der Dichter ließ sich eben von einem Musiker neue Kompositionen seiner Gedichte vorsingen ... Bürger ward aber nicht ins Musikzimmer, sondern in ein Audienzzimmer geführt, wo er eine Viertelstunde warten mußte. Darauf erschienen Se. Excellenz mit ernsthafter Amtsmiene, geruheten Bürger's Anrede mit einer herablassenden Verbeugung zu erwidern ... und sich nach der Frequenz der Göttinger Universität und nach andern wichtigen Dingen, auf die Bürger eben nicht gefaßt war, zu erkundigen. Bürger kürzte die Audienz bald ab ... und machte im Zuhausegehen folgende Verse, welche ich, sowie die ganze Anekdote, aus seinem Munde gehört habe:

> Mich drängt' es, in ein Haus zu gehn,
> D'rin wohnt' ein Künstler und Minister.
> Den edlen Künstler wollt ich sehn
> Und nicht das Alltagsstück: Minister.
> Doch steif und kalt blieb der Minister
> Vor meinem trauten Künstler stehn,
> Und vor dem hölzernen Minister
> Kriegt ich den Künstler nicht zu sehn.
> Hol ihn der Kukuk und sein Küster!"

Freundlicher scheint Bürger von Goethe's Mutter aufgenommen zu sein, sofern dieselbe Frankfurt, den 25. Mai 1786, an Friedrich von Stein schreibt: „Herr Kriegsrath Merck war tagtäglich bei mir, — der berühmte Dichter Bürger, Reichardt aus Berlin und andere weniger bedeutende Erdensöhne waren bei mir, — an Schreiben war da gar nicht zu denken". (Frau Rath. Von Robert Keil. Leipzig, Brockhaus, 1871. S. 252). Die Reise machte Bürger wahrscheinlich als Reisebegleiter irgend eines vornehmen Studenten, wozu nach damaliger Zeitsitte Universitätslehrer gut genug schienen. Auch von Lichtenberg wissen wir dasselbe.

Am deutlichsten und ergreifendsten aber tritt die ganze unglückliche Göttinger Existenz, in der nur das Verhältniß zu dem jungen A. W. Schlegel als Lichtblick erscheint, uns in Bürger's so sehr schönen, (von dem ersten Herausgeber und andern Philistern nach ihm als „cynisch und widerwärtig" denuncirten) Briefen an Meyer entgegen, die ich daher an dieser Stelle nachzulesen bitte. (Vgl. S. XIV Anmkg.)

*) Das Kiel'sche Nachlaßverzeichniß weist 12 wechselseitige (ungedruckte) Briefe nach, davon sieben von Goethe an Bürger. Einen Bürger'schen Brief über den Götz erwähnt Goethe in „Wahrheit und Dichtung." Zwei weitere Briefe Goethes an Bürger, und eine Antwort des letztern sind in Westermanns Monatsheften (April 1872) aus Althoffs Nachlaß soeben publicirt. — Der Althoff'sche Nachlaß fiel nämlich zum Theil an Herrn Kapellmeister Kiel, zum Theil an einen Neffen Althoffs und nur diese letztere, wie es scheint, die unbedeutendere Hälfte ist a. a. O. veröffentlicht.

Manches Epigramm hat in erschütternder Kürze das Bild dieser traurigen Lage der Nachwelt überliefert, ein herber Beitrag zu den uralten Dichterklagen über die kalte und undankbare Mitwelt.

Der bitterste Kelch war ihm aber noch für die letzten Jahre seines Lebens aufgespart: seine dritte Ehe. Auf die in den Briefen vom 14. März 1790 an Meyer, vom 22. April 1790 an einen Ungenannten (zuerst im allgem. literar. Anzeiger von 1799) von ihm selbst erzählte Art hatte er sich mit dem „Schwabenmädchen" verlobt. Die Vermittlerin dieses Bündnisses, eine Frau Ehrmann*) in Stuttgart, hatte die Braut als ein vortreffliches und namentlich auch schon gegenwärtig vermögendes Mädchen geschildert, mit sicherer Aussicht auf mehrere bedeutende Erbschaften, und so glaubte Bürger sowohl seinen drei unmündigen Kindern eine Mutter geben, als auch seine äußere Lage durch diese Heirat erheblich verbessern zu können.

Zwar warnte ihn Meyer durch ein ihm aus Italien mit der Unterschrift „Frau Menschenschreck" zugesandtes Gedicht, und auch seine Freundin Elisa von der Recke**) rieth ihm von der Heirath ab. Bürger antwortete der Letzteren in einem sehr ausführlichen Briefe: „Poetisch-phantasiereich fing mein Liebeshandel an: aber ich hoffe — meine Ehe soll prosaisch glücklich sein." Von dem übrigen Inhalt dieses Briefes theilte Frau v. d. Recke im Gesellschafter von 1823 noch Folgendes mit:

„Vorzüglich ist mir im Gedächtniß geblieben, daß Bürger, als durch die geistreichen und gefühlvollen Lieder und Briefe des Mädchens aus Schwaben sein Herz und Kopf schon ganz gefangen waren, er seine Geliebte um ihr Bildniß gebeten habe. Dies sei nach einiger Zeit angekommen, von einem herzlichen Briefe begleitet. Mit ungeduldiger Liebe habe er das Packet eröffnet, sei aber von Angst und Schrecken

---

*) Briefe von G. A. Bürger an Marianne Ehrmann. Weimar 1802.
**) An diese Freundin ist das in der Ausg. von 1789 enthaltene Gedicht gerichtet:

Als Elise sich ohne Lebewohl entfernt hatte.
Göttingen am 22. November 1784. Morgens um 9 Uhr.
Frisch, Bürger, frisch, zusammen dich genommen
Und rüstig vorwärts stets von hier
Im Ocean der Zeiten fortgeschwommen! —
Sie ist nicht fort, das glaube mir! —
Steh' nicht so düster, so beklommen,
Nicht so an Hoffnung, Muth und Lebenskraft verglommen,
Sie wird gewiß noch irgendwo zu dir,
Du wirst gewiß noch irgendwo zu ihr,
Auf einem Freudenfest der Edeln und bei Frommen.
Wer weiß an welcher Quelle, kommen.
Im Engelston gebot sie dir:
„Steh' nicht so düster, so beklommen!"
Sie ist nicht fort, das glaube mir!
Denn — Abschied hat sie nicht genommen.

ergriffen worden, als er das schöne Bild einer hardi brunette erblickte. Ihm war, als schwebte seine sanfte, holde, blonde Molly, in aller Milde ihres Liebreizes, seiner Seele vor. Er sah wieder auf das Bild der schönen Brünette hin; ihr feuriger Blick schreckte ihn noch mehr; er warf das Bild und den noch ungelesenen Brief auf den Tisch, lief aus seinem Zimmer, schloß hinter sich zu, und eilte, von wunderlichen Gefühlen ergriffen, in's Freie. Hier kam er an ein Waizenfeld. Die Zeit wurde ihm gegenwärtig, da er das Lied gedichtet hatte: „O, was in tausend Liebespracht 2c." und Molly mit den blonden Locken und dem sanften Blicke schwebte ihm vor Augen. Thränen machten seinem beklemmten Herzen Luft. Ihm war, als winkte jede Kornähre ihm den Gedanken zu: Knüpfe kein Eheband mit dem poetischen Mädchen aus Schwaben! Sinnend, wie er sich aus diesem Handel auf eine rechtliche Art herausziehen könne, ging er langsam nach seiner Wohnung zurück. Hier las er nun den Brief und, wenn ich nicht irre, auch das Gedicht, welche das Bild begleitet hatten. Der Brief war so innig, so zart, so liebevoll geschrieben, daß er nun das Bildniß von Neuem betrachtete, und die in jenem geäußerten Gesinnungen mit dem Ausdrucke der feurigen Augen des Portraits zu vergleichen suchte. Wie erstaunte er über den angenehmen Eindruck, welchen dieses Bildniß nun auf ihn machte! Und Bürger entschloß sich, zu dem ihm jetzt so lieb gewordenen Originale zu reisen, das einen noch viel günstigeren Eindruck auf ihn machte."

Man darf Bürger nicht zu hart beurtheilen. Alles was sich gegen die Ehe auf seiner Seite sagen ließ, hatte er selbst der Mutter und Tochter in seiner „Beichte" eröffnet. Dann erschien er persönlich in Stuttgart und erst nach stattgehabter Bekanntschaft fand die Trauung im Oktober 1790 statt. Als Lichtenberg erfuhr, daß die Neuvermählten im Anzuge seien, sagte er: Gut, ich werde kondoliren; und als man ihm die Schönheit der Madame Bürger lobte: Sero Jupiter diphteram inspexit.

Der letzte Brief an Meyer enthüllt in Kürze, wie schrecklich dem unglücklichen Mann dieser letzte Versuch, sich noch einmal emporzuraffen, ausfiel. Ein rührender poetischer Nachklang ist das Sonett (S. 136), welches Bürger noch selbst im Musenalmanach mittheilte. Ebendaselbst hatte er vorher das an ihn gerichtete Gedicht des Schwabenmädchens in einer Umarbeitung mitgetheilt, einige Verse über diese seine Umarbeitung, sowie seine poetische Antwort darauf (Siehe die letztere unter den „Briefen"). Im Musenalmanach für 1794, in seinem Todesjahr, erschien dann noch das Epigramm:

Trost eines Betrogenen.

„Ja, o ja, ich bin betrogen,
Wie nur je ein Erdenmann.
Dennoch sei sich der gewogen,
Welcher so wie ich betrogen
Und verrathen werden kann.‟

Ausführlich schildert diese jammervollste Zeit seines Lebens der in der „Ehestandsgeschichte" enthaltene Brief an die Mutter dieses verworfenen Weibes, welches das Haus eines edlen deutschen Dichters geschändet. (S. 73 bis 154 im Wiener Nachdruck den ich reproducire.) Diese wahrscheinlich von Reinhard publicirte Darstellung ist ebenso zweifellos in jedem Worte von Bürger verfaßt, der sie sogar für Welt und Nachwelt bestimmte, als sie von der strengsten Wahrheit auch nicht ein Titelchen abweicht. Das letzte versteht sich für jeden, der Bürgers Charakter kennt, ganz von selbst: zum Ueberfluß ist es jetzt noch durch die von G. Waitz herausgegebenen*) gleichzeitigen Briefe der verwittweten Karoline Böhmer (später A. W. Schlegels und zuletzt Schellings Gattin) an ihren und Bürger's Freund Meyer überall bestätigt. Ich theile die wichtigsten dieser Briefe hier mit:

G., 8. März 89.

„Bürger, dessen Bekanntschaft ich ganz kürzlich gemacht — er führt, wie er selbst sagt, ein Bärenleben und kommt selten aus seiner Höhle hervor. Bürger wird auch wohl weggehen; er und Meyer wissen noch nicht wohin, vielleicht nach Berlin. —

Marburg, 11. Juli 91.

„Hätt' ich Platz, so schrieb ich Ihnen literar. Dinge — von Schiller, der Bürgern um alle menschliche Ehre recensirt hat und Bürgern, der sich nur durch Ironie zu helfen weiß — eine Waffe, die in den Händen der meisten Schriftsteller, weil sie meistens Männer sind, verunglückt und à plus forte raison in der seinigen — auch von Bürger dem Ehemann, an dem sich die Schatten seiner seligen Frauen in der lebendigen rächen —

Göttingen, den 6. Dec. 91.

Ein genauer Umgang mit einer gewissen Madam Bürger ist den beiden Mädchen, [Carolinens Schwestern], jetzt wieder sehr unvortheilhaft gewesen! Frau Menschenschreck! Du kennst die Menschen, Du hast wahr prophezeit! Es ist ein kleines niedliches Figürchen mit einem artigen Gesicht und Gabe zu schwatzen — empfindsam wo es noth thut, intriguensüchtig im höchsten Grade — und die gehaltloseste Coquetterie — der es nicht um einen Liebhaber sowohl — ohngeachtet sie auch da so weit geht wie man gehen kann — sondern um den Schwarm unbedeutender Anbeter zu thun ist, die ihre ganze Zeit damit verdirbt und den Kopf dabei verliert. Mir thut's sehr weh für Bürger — eine vernünftige Frau, seinen Jahren angemessen, hätte ihn noch zum ordentlichen Mann gemacht — aber jetzt droht seiner Haushaltung ein völliger Unter-

*) Bei S. Hirzel. 1870. 1. Band.

gang, weil sie sich um nichts bekümmert — nicht einmal um ihr Kind — den kleinen Agathon*), der, seit die Leute sich nicht mehr über den Nahmen wundern, von aller Welt und von der Mutter vergessen ist. Nicht ein Funken mütterlich Gefühl in ihr! — — — Bürger fühlt alles und weiß sich nicht zu helfen — ist es denn so schwer, Mann neben euch zu sein, sagt mir Tatter. —

8 Dec.

Launay nicht etwa gesprächsweise etwas von meinem Urtheil über die B[ürgern] sagen. Car il est un des amateurs.

Er wird eigentlich stupide neben ihr — ist still — und starrt mit abgestorbnen Augen in das Wesen hinein. Neulich klagte er's mir bitterlich, daß er so gar keinen Geist mehr habe. — Kommen Sie doch, ihn wieder aufzuwecken — vor ihrem Netz sind Sie sicher — ein gescheuter Mann war bis jetzt noch nicht darin. Ach, dann wär's ja zu verzeihn — denn daß ich nicht aus Intoleranz so urtheile, versteht sich wohl. Mein Liebesmantel ist so weit als Herz und Sinn des Schönen gehn.

Gotha, 10. Mai 94.

Weißt du, daß Bürger sterben wird — im Elend, in Hunger und Kummer? Er hat die Auszehrung — wenn ihm der alte D. nicht zu essen gäbe, er hätte nichts, und dazu Schulden und unversorgte Kinder. Armer Mann! Wäre ich dort, ich ginge täglich hin und suchte ihm diese letzten Tage zu versüßen, damit er doch nicht fluchend von der Erde schiede. Schreib ihm doch."

Der letzte Brief erhält eine ebenso trübe Illustration durch die unten mitzutheilende Supplik, welche Bürger an die hannoversche Regierung ein Jahr vor seinem Tode richtete, auf welche er abschläglich beschieden wurde, aber eine Remuneration von 100 Thaler empfing. Wer möchte es ihm übel nehmen, daß er das Antwortschreiben, nach seines jetzt auch verstorbenen Sohnes Emil Erzählung, mit einem derben Fluche bei Seite warf?

Es war ein tristes Ende des Stückes, welches so glorreich begonnen. Und dennoch vermochte er noch sich in dem Sonett „An das Herz" das eigene Schwanenlied zu singen, so rührend schön, wie es nur den Auserwählten vergönnt ist.

Die wenige Wochen vor seinem Tode an einen unbekannten Freund gerichtete, später als „merkwürdiger letzter und unvollendeter Brief"

**) Dieses einzige Kind der dritten Ehe war fast blödsinnig und ist frühzeitig gestorben.

publicirte Schilderung seines körperlichen Zustandes zeigt uns dagegen in nackter Prosa das allmählige Erlöschen der Flamme.

Am 25. und 26. Februar 1794 besuchte ihn der von Schiller so hochgepriesene Schweizer Matthisson. Wohlwollend streckte ihm der bescheidene Bürger die dürre Hand entgegen und sagte: Sie haben vier Verse gemacht, die mich oft getröstet haben und für die ich Sie einen Griff in meine Gedichte möchte thun lassen, welchen sie wollten:

> Psyche trinkt und nicht vergebens!
> Plötzlich in der Fluten Grab
> Sinkt das Nachtstück ihres Lebens
> Wie ein Traumgesicht hinab.

Er deklamirte gedämpft und leise, als wehte die Stimme vom stillen Lethe selber hinauf. Wie Matthisson in seinen „Erinnerungen" berichtet, fand er Bürger „abgezehrt, bleich und entstellt, mehr dem Tode als dem Leben angehörend, nur seine blauen Augen leuchten noch. Man hat Mühe seine leise Sprache zu verstehen, da seine Stimmorgane gelähmt sind."

Ein Ungenannter in Herrig's Archiv (Band XXI) erzählt, daß Bürger noch einen Tag vor seinem Tode sehr durch eine Sendung Gedichte des Universitätspredigers Volborth erheitert sei: weil dieselben einen herrlichen Beitrag zu seinem „Schofelarchiv" abgegeben hätten.

Bürger's Tod erzählt sein Arzt und Biograph folgendermaßen:

„Bürger lernte die über seinem Haupte schwebende unüberwindliche Todesgefahr erst wenige Tage vor seinem Ende kennen. Bis dahin nahm bei ihm, wie das bei Schwindsüchtigen meistentheils zu geschehen pflegt, die Hoffnung zur Besserung mit der Krankheit zu; und ich habe es da, wo nicht besondere Umstände eine Ausnahme nothwendig machten, immer für grausam gehalten, solchen Kranken das Einzige auch noch zu entreißen, was ihnen die Natur absichtlich, wie es scheint, gelassen hat, um ihren bejammernswürdigen Zustand erträglich zu machen, — die Hoffnung. Erst als ihm selbst die Augen über seinen Zustand aufzugehen anfingen, gestand ich ihm, daß er freilich jetzt nicht mehr hoffen könnte, von dieser Krankheit zu genesen. Weit entfernt, durch diese Entdeckung beunruhigt zu werden, antwortete er, es komme ihm nun selbst so vor, und wünschte sich nur einen leichten Tod. Er sagte mir, er würde es gern sehen, wenn in seiner Todesstunde sich einige Freunde um ihn versammelten, und sich, ohne die allergeringste Betrübniß zu äußern, in munteren und geistreichen Gesprächen unterhielten, indem er die Augen für immer schlösse. Allein dazu kam es nicht. Am achten Junius 1794 verging ihm gegen Abend der kleine Ueberrest von Sprache vollends. Er wollte seinem mehrjährigen rechtschaffenen Freunde, dem Herrn Dr. Jäger, der auf seine dringende Bitte die Vormundschaft über die Kinder übernommen hatte, und mir etwas sagen, konnte aber kein vernehmliches Wort mehr hervorbringen. Wir baten ihn, zu versuchen, ob er uns seine Meinung nicht schriftlich mittheilen könnte; aber auch die Augen versagten ihm ihren Dienst; es war und blieb ihm, aller angezündeten Lichter ungeachtet, zu dunkel, und indem er den Mund öffnete, um mir eine ihm vorgelegte Frage mit Ja zu beantworten, blies er sanft seinen letzten Athem aus, in einem Alter von sechs und vierzig Jahren, fünf Monaten und acht Tagen.

So wurde ihm also doch der letzte Wunsch gewähret, ihm, der so manchen in seinem Leben vergebens gethan hatte, der Tod zeigte sich ihm in einer gar nicht schrecklichen Gestalt, indem er weder von moralischer Furcht, noch körperlicher Angst, oder Schmerzen begleitet war. Ja, vielleicht würde er ihm, nach Allem, was er erduldet hatte, sogar willkommen gewesen seyn, wenn er ihn nicht von vier geliebten Kindern, — einer Tochter von der ersten Frau, einem Sohne und einer Tochter von der zweiten, und einem Sohne von der dritten, — getrennt hätte. Herr Doctor und Garnison=Medicus Jäger, den er unmittelbar nach jener Entdeckung, etwa drei Tage vor seinem Ende, zu sich bitten ließ, versichert, bei wenig Menschen, die sich dem Tode so nahe gewußt, eine ruhigere Gemüthsfassung beobachtet zu haben.

Ueber sein Vermögen, welches zur Bezahlung der mäßigen Schulden nicht hinreichte, die er bei so ungünstigen Schicksalen zu machen genöthiget war, entstand ein Concurs=Proceß, welcher jetzt der Entscheidung nahe ist."

Dr. Althoff's Schilderung von Bürger's Character, aus mehrjährigem Umgang geschöpft, erscheint so unparteiisch und trefflich, daß ich aus derselben hier ebenfalls das Wichtigste beibringe:

„Was Bürgern, als Menschen betrachtet, am meisten auszeichnete, das war ein ungemein hoher Grad von Herzensgüte und Wohlwollen gegen alle Geschöpfe. Ich habe wenige Menschen gekannt, welche ihn darin übertroffen hätten. Diese Herzensgüte und dieses Wohlwollen gegen Andere zeigte sich nicht blos durch wörtlich geäußerte Theilnahme an fremdem Unglücke, sondern er pflegte es auf die thätigste Art zu beweisen, wie innig und aufrichtig seine Theilnahme war. Bei der großen Berühmtheit seines Namens wurde er sehr häufig von fremden Abenteurern überlaufen, und nicht selten auch von wirklich hülfsbedürftigen Gelehrten und Künstlern um Unterstützung angesprochen. In solchen Fällen gab er, der doch selbst nichts übrig, oft das Nothwendige nicht einmal hatte, gewöhnlich einige Gulden oder Thaler, und wären es auch seine letzten gewesen, mit einer so guten Art hin, daß der Empfänger dadurch noch mehr, als durch die Gabe selbst, aufgerichtet und zur Dankbarkeit und Liebe gegen den Geber hingerissen wurde. Ich weiß dieses theils als Zeuge und theils aus verschiedenen schriftlichen Danksagungen der Empfänger. Aber eine einzelne Handlung meines Freundes muß ich hier noch erzählen, weil sie den Adel und das großmüthige Wohlwollen seines Herzens, dem nachtragender Haß und Rachsucht ganz fremd waren, in einem schönen Lichte darstellt.

4*

Ein Mann, der ihn auf das empfindlichste beleidiget, der ihn um die vom Großvater ihm anvertrauten Cautions = Gelder betrogen, der ihn bei seinem Gerichtsherrn verleumdet, und das Memorial an die königliche Regierung, dessen ich oben erwähnt habe, und worin Bürger so böser Dinge beschuldigt wird, verfasset hatte — eben dieser Mann, der nun in den armseligsten Umständen verstorbene Hofrath Liste, dem es an Menschenkenntniß gar nicht fehlte, hatte im Jahre 1785 den Muth, sich schriftlich an den von ihm so schwer beleidigten Bürger zu wenden, mit der Bitte: alles vormals Geschehene zu vergessen, und ihm in seiner gegenwärtigen Noth, da es ihm an allen Mitteln fehle, sich und seiner kranken Gattin das Leben zu fristen, mit einiger Unterstützung beizustehen. Bürger vergaß auf der Stelle alle Beleidigungen, wurde auf's innigste gerührt, und bedauerte, daß seine Umstände ihn kaum eine Gabe von einigen Thalern verstatteten. Aber er that etwas, das ihm, bei seiner von jeder Art der Zudringlichkeit so weit entfernten Denkungsart, gewiß weit größere Ueberwindung kostete, als die Aufopferung einer namhaften Summe aus seinen eigenen Mitteln. Er forderte die angesehenceren Einwohner von Göttingen durch einige Zeilen, die er herumlaufen ließ, auf, einem durch Mangel in's höchste Elend versunkenen Menschen von ihrem Ueberflusse etwas mitzutheilen. Der Mensch, sagte er, habe zwar keine großen Ansprüche auf Hochachtung und sein gegenwärtiges Unglück sey wohl nicht ganz unverschuldet; aber er habe als Unglücklicher Ansprüche auf unser Mitleiden, und das Mitleiden borge ja der Gerechtigkeit nicht immer die Wage ab, u. s. w. — Der Erfolg dieser Unternehmung übertraf Bürger's Erwartung. Es kamen in wenigen Stunden gegen hundert Thaler zusammen, die er nebst seinem eigenen Schärflein dem Unglücklichen mit großer Freude übersandte.

Aber Weichheit des Herzens und Empfänglichkeit für Mitleid, selbst mit Menschen, die es um ihn so wenig verdient hatten, war nicht der einzige rühmliche Zug in Bürger's Charakter. Sein moralischer Sinn war eben so fein und zart, als sein ästhetischer, und seine Grundsätze waren gewiß nicht verwerflich, wenn er gleich zuweilen, oder vielmehr oft, verleitet wurde, ihrer zu vergessen."

Bildnisse von Bürger finden sich: vor dem 35. Bd. der Allg. deutschen Bibliothek, sehr unähnlich; vor dem 1. Bde. des Journals von und für Deutschland (1785); vor seiner Gedichtausgabe von 1789 und vor dem Musen=Almanach von 1795. Ferner von J. C. Krüger in gr. 8°, von J. H. Klinger in kl. 4°, von Riepenz in 12° und von einem Anonymus in 8°. Von wem das ganz vorzügliche Bild vor der Dieterich'schen Ausgabe von 1844 ist, ist auf demselben nicht angegeben. Endlich erschien soeben in Westermanns Monatsheften (Mai 1872) ein Holzschnitt nach einem Original=Pastellgemälde.

Sein Aeußeres schildert er übrigens selbst in der „Beichte"; das „Bild das Elise kennt" ist das der Ausgabe von 1789. Auch Mollys Portrait ist aufbehalten worden. Ein jetzt längst verstorbener Haupt=

mann Wrisberg in Göttingen besaß Oelbilder der beiden ersten Frauen Bürgers, das eine wurde 1855 lithographirt von Eduard Rittmüller, Verlag von Rud. Neuburg in Göttingen, gedruckt bei Gebr. Delius in Berlin. Der Ungenannte in Herrig's Archiv theilt freilich mit, daß eine persönliche Bekannte der beiden Schwestern behauptet habe, gerade das nicht lithographirte Oelbild stelle Molly, die Lithographie dagegen die erste Frau dar!

Bürger's Handschrift war groß, derbe und frei, an Goethe entfernt erinnernd, er unterschrieb sich gern mit dem Monogramm GAB. Gegen Ende seines Lebens wurde freilich auch die Handschrift kleiner, krüppliger, man möchte ihr das Gedrückte ansehen. Vergleiche das Facsimile in der Ausgabe von 1844, aus einer (von Reinhard ganz unnöthig publicirten) Freimaurerrede von 1791.

Die besten Briefe habe ich meiner Ausgabe einverleibt, daß die jedenfalls zu den orginellsten gehörigen an Lichtenberg der Dieterischen Buchhandlung entwendet worden seien, beklagte ich schon in den Blättern f. liter. Unterhaltung (vom 7. Juni 1866). Meiner Aufforderung, sie wenigstens zur Publikation gelangen zu lassen, ist bisher nicht entsprochen.

Bürger's und Molly's Gräber sind unbekannt. Der als Bürger's Grab geltende Fleck des Johannis Kirchhofes, mit einer mesquinen Sandsteinsäule, (auf der, sogar in duplo, zu lesen „Die Stadt Göttingen dem Dichter Gottfried August Bürger") verunzierte, ist keineswegs sicher als identisch rekognoscirt worden. Nach des Todtengräbers Erzählung sah ein alter Schneidermeister den Buchhändler Dieterich auf das Grab des Dichters eine Akazie pflanzen. An dieser wollte man gegen Ende der vierziger Jahre, als man auf das Grab ein Denkmal zu setzen beabsichtigte, die Stelle erkennen. Die Akazie wurde bei dieser Gelegenheit abgehauen, um für das übrigens nicht zu Stande gekommene Denkmal Raum zu gewähren. Schon gleich nach seinem Tode hatte man übrigens das Grab mit einem Denkmal schmücken wollen, und Althoff forderte zu Beiträgen hiefür auf. Nach der Vollendung wurde aber der Ulrichische Garten vor dem Albanithore (später Seelens Garten) gewählt, den Bürger vorzüglich in den ersten Morgenstunden der schönen Frühlingstage zu besuchen pflegte. Das Monument stellt eine traurige Person an einer Urne dar, angeblich Germania: eine ganz unwürdige Pfuscherarbeit, welche 200 Thlr. gekostet und wozu u. a. der Kammerherr Graf Harrach in Wien 48 Thlr., ein Assessor Baron Kielmannsegge in Güstrow 52 Thlr., Dieterich 5 Thlr., Nikolai in Berlin 3 Thlr., Lichtenberg 2 Thlr. und Hofrath Schiller in Jena 1 Thlr. 12 Ggr., Goethe aber nichts beigesteuert. Gegenwärtig steht das Jammerbild, dem viele Jahre hindurch die Nase fehlte, am Schwanenteich der Göttinger Stadtanlagen.

Ovid's Spruch hat sich nicht erfüllt: Pascitur in vivis livor, post fata quiescit, und Schopenhauer hatte Recht zu sagen: „Sie setzen Leuten

Monumente, aus denen einst die Nachwelt gar nicht wissen wird, was
sie machen soll. — Aber Bürger'n setzen sie keines."

Allein hier ist andererseits auch Herder zu hören, welcher in
seiner Recension der Althoffschen Biographie — wie schon in meinem
Vorwort angedeutet — sagte: „Bürgers Leben ist in seinen Gedichten;
diese blühen als Blumen an seinem Grabe; weiter bedarf er, dem in
seinem Leben Brot versagt ward, keines steinernen Denkmals. Möge
eine freundschaftliche Hand Bürgers Gedichten ihre Flecken nehmen
und eine Ausgabe solcher gewählter Stücke zum bleibenden Ruhm
des Dichters veranstalten." Wozu ich noch des Cervantes Ausspruch
anführe in dem berühmten sechsten Kapitel des ersten Bandes seines
Hauptwerkes, und der Bürger bei seinem, ebenfalls in meinem Vorwort
citirten Worten vorgeschwebt zu haben scheint: „Ein foliant, SCHATZ
VERSCHIEDENER DICHTUNGEN'. Wenn es ihrer nicht so
viele wären, wären sie mehr werth; mann müsste das buch erst
durchsieben und von den schlacken reinigen, die sich unter den
erhabenen stücken befinden."

Mein Verfahren bei dieser Auswahl habe ich im vorhergehenden zwar
schon mannigfach andeuten und rechtfertigen können: zur Abrundung
dieser Darstellung und vollen deutlichen Uebersicht über die Verschieden=
heit meiner Ausgabe von allen bisherigen, muß ich jedoch hier noch
eine bibliographische Nachweisung folgen lassen, die dem Literatur=
freunden nicht zu minutiös vorkommen möge. Wenigstens weise ich nicht
wie Cotta's kritische Schillerausgabe nach, daß der eine Druck z. B. das
Wort Schose mit einem s, der andere mit einem ſ schreibe!

Das erste Original=Ausgabe unseres Dichters führt den Titel:

Gedichte

von

Gottfried August Bürger.

———

Mit 8 Kupfern von Chobowiecky

———

Mit Churfürstl. Sächs. Gnädigstem Privilegio

———

Göttingen,

gedruckt und in Kommission

bei

Johann Christian Dieterich

[Preis 1 Thlr. 8 Gr.]   1778.

Hievon erschien noch im selben Jahr, wol der erste der nach Alt=
hoff „zahllosen" Nachdrücke, Frankfurt und Leipzig 1778 (ohne die

Kupfer und das Subscribentenverzeichniß) in etwas größerem Oktav und auf weit schlechterem Papier als das Orginal. Diese erste Ausgabe enthält auf 328 Seiten 66 Gedichte, voran gehen 14 unpaginirte Blätter, jedes in zwei enggedruckten Spalten die Subscribenten verzeichnend; dann folgen XXII Seiten „Vorrede." Die Sammlung ist chronologisch geordnet und steht über jedem Gedicht das Datum seiner Entstehung. Wie wenig genau es der Dichter indeß mit dieser Chronologie nahm, ergiebt ein von Weinhold zuerst publicirter, unten reproducirter Brief an Boie.

Elf Jahre später erschien die zweite und letzte Ausgabe von Bürger's Hand:

Gedichte
von
Gottfried August BUIRGER.

Mit Kupfern.

Mit Churfürstl. Sächs. gnädigstem Privilegio

Göttingen.
Bei Johann Christian Dieterich.
MDCCLXXXIX.

Dieser Titel ist in Stahlstich, mit geschmackloser Verzierung ausgeführt, gegenüber steht das Portrait, das Althoff für das ähnlichste erklärt. Es folgt ein zweiter Titel mit deutschem Druck, auf welchem „Erster Theil" bemerkt ist. Auf die Vorrede (S. 3—42) folgt das „Verzeichniß der Gedichte des ersten Bandes" (S. 43—46) und dann mit neu anhebender Paginirung ein Schmutztitel:

Erstes Buch.
Lyrische Gedichte.

Es sind 73 Gedichte (S. 3—272). Der Stahlstichtitel des zweiten Bandes lautet:

Gedichte
von
Gottfried August Bürger.

Mit Kupfern.

Zweiter Theil.

Göttingen.
Bei Johann Christian Dieterich.
MDCCLXXXIX.

[Preis 1 Thlr. 8 Gr. Schreibpapier 2 Thlr.]

Auf das Verzeichniß der Gedichte des zweiten Bandes (S. 3—6) folgen „Verbesserungen im ersten Bande" (S. 7—10), sodann auf sieben unpaginirten Blättern, jedes von durchschnittlich 34 Zeilen, das „Verzeichniß der Pränumeranten und Subscribenten". Bote nahm 10, Gleim 4, ein Ungenannter für seine Freunde 100 Exemplare.

Eine frische Paginirung hebt vom ersten Schmutztitel an:

Zweites Buch.
Episch-lyrische Gedichte

22 Gedichte (S. 5 bis 220.)

Dann folgt:

Drittes Buch.
Vermischte Gedichte.

49 Gedichte (S. 225—296).

Die erste Ausgabe, im Cimelienschrank der göttinger Bibliothek befindlich, habe ich auf das Sorgfältigste mit der 2. in meinem Besitz, verglichen. Auch die Exemplare der 2. Ausgabe sind indessen nicht alle authentisch. Der Verleger ließ heimlich Nachschüsse machen, welche Druckfehler enthielten. Bürger protestirte hiegegen in einem Brief an Dieterich vom 3. April 1791 (in Westermanns Monatsheften Mai 1872 soeben abgedruckt) und erkannte nur die „ächte von ihm revidirte Auflage" an. Für die letztere glaube ich mein Exemplar halten zu dürfen.

Von den 66 Gedichten der Ausgabe von 1778 hat Bürger nun blos ein ganz bedeutungsloses 14 Zeilen langes „Fragment" betiteltes Stück, sowie das lateinische Original des ebenfalls besprochenen Zechliedes weggelassen. Die chronologischen Daten hat er sämmtlich gestrichen um so mehr, da die Anordnung nunmehr die allein in der Sache begründete den drei völlig verschiedenen Kategorien dieser Gedichte allein gemäße geworden war.

Die Varianten im einzelnen zwischen den beiden Ausgaben sind weder zahlreich noch bedeutend, meist leise Aenderungen im Ausdruck, und stets wirkliche Verbesserungen. Die erste Ausgabe schloß mit dem Lied an den Mond (im April 1778), welches hier noch die nachher weggebliebene Strophe enthielt, nach der Verszeile:

Wollt ich allein dich stumm vorüber gehn,

Besonders da ich jetzt mit einem Bande
Wol meiner Reimereien, her und hin
Im ganzen werthen teutschen Vaterlande
Hausiren umzugehn entschlossen bin.

Dem Text von 1789, der Ausgabe letzter Hand, ist demnach im Einzelnen überall vor der ersten Ausgabe der Vorzug gegeben.

Von den 65 aus der erften in die zweite Ausgabe übergegangenen Gedichten *) habe ich nun 30 die Aufnahme in meine Ausgabe verfagt.

Ich habe dies Verfahren fchon oben (S. X. XII—XVIII) motivirt, dort auch die Titel von 26 diefer Gedichte, fowie von zweien Proben, das Gedicht an den Großvater ganz gegeben.

Die vier übrigen beftehen aus zwei Epifteln von Bürger an Göcking (einige Strophen S. XXVIII), und Stolberg (eine Probe S. XII), und deren beiderfeitigen Antworten, die Bürger wohl nur aus Courtoifie in das dritte Buch „Vermifchte Gedichte" aufgenommen hatte.

Es find nun weiter diejenigen, in der Ausgabe von 1789 neuhinzugekommenen Gedichte anzuführen, die man bei mir ebenfalls vergebens fuchen wird.

Das zweite Buch „Epifch-lyrifche Gedichte" enthielt unter feinen 22 Nummern 9 neue: von denen man nur zwei in dem bei mir zum „Erften Buch" gewordenen „Balladen und Romanzen" nicht findet, und zwar das Gedicht „Untreue über Alles", weil dies offenbar unter die Mollylieder des zweiten Buchs gehört, wo es der Lefer bei mir findet; fowie „Lückenbüßer", das eben nur die Seite 220 der Originalausgabe, die fonft leer geblieben fein würde, ausfüllen follte und von Bürger felbft, nach Reinhard's Verficherung, das Verwerfungsurtheil empfangen hatte und in deffen Ausgabe von 1796 demnach auch ausgelaffen war.

In dem erften Buch „Lyrifche Gedichte" beginnen die neuhinzugekommen 32 Stücke mit dem Gedicht „Molly's Werth".

Von diefen ganz neuen mit Molly's Namen (den die Ausgabe von 1778 noch forgfältig vermeidet **) fich eröffnenden Gedichten habe ich in mein Zweites Buch „Lieder an Molly" 11 nicht aufnehmen können, weil eben diefe 11 nicht an Molly gerichtet waren. Diefe ganz heterogenen, von Bürger im zweiten Buch jedenfalls nur proviforifch und zur Verftärkung des Bandes (daher auch am Ende!) untergebrachten Gedichte find:

1) Muttertändelei (Vgl. S. XXXIII).
2) Der große Mann. Gehört in das dritte Buch.
3) Geweihtes Angebinde zu Louifens Geburtstag.

Dies Carmen auf Beftellung wollte fchon Bürger felbft, nach Reinhard's Verficherung (Vgl. S. XVI), in der projektirten 3. Ausgabe weglaffen.

---

*) Sie find in letzter alfo vertheilt: 1 bis 41 (An den Mond) im „Erften Buch Lyrifche Gedichte"; 1 bis 13 (Entführung) im Zweiten Buch; und 1 bis 10 im Dritten Buch „Vermifchte Gedichte". Infofern ift alfo die Chronologie im Großen eingehalten, daß diefe 65 Gedichte von 1778 überall, unvermifcht mit fpäteren, vorangeftellt worden find.

**) Wie es im „Hohen Liebe" (Ausg. von 1789) heißt:
„Ihren Namen, den mein Lied
Schüchtern fonft zu nennen mied."

4) Gesang am heiligen Vorabend des Fünfzigjährigen Jubelfestes der Georgia Augusta.

5) Ode der fünfzigjährigen Jubelfeier der Georgia Augusta am 17. Sept. 1787, gewidmet von mehreren zu Göttingen Studirenden.

Beide in Einzeldrucken. Von Schiller gelobt; Bürger unterschrieb aber sicherlich verbotenus, Herders Urtheil (An Meyer, a. a. O. I, 174) „Ihres Magister Bürger's Kantische Chorageten=Ode ist ab= scheulich. Doch das sub rosa." Uebrigens machte die Universität ihren Sänger als Belohnung zum Ehrendoctor und er mußte daher aus Rück= sicht die beiden Carmina wol in seine Sammlung aufnehmen.

6) Lied. Drei unbedeutende Strophen. Aus dem Musenalmanach von 1788. Jedenfalls nur der Korpulenz wegen aufgenommen; überdies nach einem französischen Vorbilde.

7) An Amalien. Auf ein Stammbuchblatt. Aus Galanterie für Göcking's Gemahlin aufgenommen.

8) An die Bienen. Hiervon gilt dasselbe wie von Nr. 6.

9) An F. M., als sie nach London ging.

> Könnt auf väterlichen Auen
> Ein verkümmerter Poet.
> Könnt er dir ein Hüttchen bauen,
> Wie es vor dem Geist ihm steht .
>
> In der Stub ein nährend Tischchen
> Täglich bietend Wein und Brot,
> Auch wol Brätchen oder Fischchen,
> Unversehrt von Schulbennoth. . . .
>
> Könnte das, mein gutes Mädchen,
> Ein verarmter Leiermann,
> Der nur auf dies Spinnenfädchen
> Wunschkorallen reihen kann   .   .

10) An A. W. Schlegel. Ist unter den Briefen mitgetheilt

11) Vorgefühl der Gesundheit, an Boie. Ebenda.

Das „Dritte Buch" der Ausgabe von 1789 („Vermischte Gedichte") eröffnet Bürger mit dem kleinen Gedicht an seinen Freund Biester (An Arist), auf welches das oben besprochene „Dörfchen" folgt. Erst mit dem dritten Gedicht „Zum Spaß" eröffnet mein Drittes Buch („Sprüche und vermischte Gedichte").

Bürger's drittes Buch enthält 39 ganz neu hinzugekommene Ge= dichte, von denen ich 18 ganz auslasse, einige an einem anderen Platze eingefügt habe.

In das zweite Buch habe ich nämlich versetzt wegen seiner mannig= fachen Anklänge an das Verhältniß zu Molly: Prolog zu Sprickmann's Eulalia auf einem Privattheater. „Als Elise sich ohne Lebewohl entfernt hatte" ist schon S. XLVI mitgetheilt, zwei kleine Epigramme unter dem Briefe von Stolberg S. XLIV. Die 18 ganz ausgelassenen sind in Bürger's Ordnung:

1) Der kluge Held (Musen=Almanach 1783).
2) Der arme Dichter (Ebenda).
3) Die Schatzgräber (M.=A. 1787).
4) Die beiden Maler (M.=A. 1784).
5) Der Maulwurf und der Gärtner (Eine Fabel in Prosa).
6) Aufgegebene Liebeserklärung an Sophien.
7) Keine Witwe.
8) Gänsegeschrei und Gänsekiele (M.=A. 1784).
9) Verwunderung (M.=A. 1783).
10) An Stentor unter der Predigt (Ebenda).
11) Herr von Gänsewitz (M.=A. 1781).
12) Ein casus anatomicus (Ebenda).
13) An die blinde Virtuosin Mademoiselle Paradies.
14) Der dunkle Dichter (M.=A. 1785).
15) Einladung (ebenda).
16) Advocaten=Prahlerei.
17) Bullius (M.=A. 1789).
18) Liebesschwur.

Da Reinhard aus Buch 1 und 2 der Ausgabe von 1789 nur die 8 von Bürger mit dem Rothstift bezeichneten Nummern, darunter das Sonett „Der versetzte Himmel" (welches ich wieder mittheile) ausließ, er im Ganzen aber 36 Nummern nach mündlichen Verdammnißurtheilen, des Dichters ausgelassen: so ergeben sich 28 Gedichte dieses dritten Buches, welche demnach von Bürger selbst, wenn wir Reinhard glauben dürfen, zur Ausscheidung bestimmt waren.

Unter diesen 28 von Reinhard ausgelassenen befinden sich die sämmtlichen eben aufgezählten Nummern, mit Ausnahme von 1, 3, 13. Ich bin hier also nicht so streng wie Reinhard, oder wenn wir annehmen, daß derselbe Bürger überall richtig verstanden, nicht so streng wie der Dichter selbst gewesen. Alle Epigramme der Ausgabe von 1789, außer jenen 18, habe ich beibehalten. Diese 18 sind aber, wie schon die Titel ergeben, unbedeutende Kleinigkeiten von jener altfränkischen Sorte, in welcher Lessings Sinngedichte excelliren.

Von den 144 Stücken in Bürger's Ausgabe letzter Hand (1789) sind demnach in meiner Ausgabe im Ganzen 48 völlig weggeblieben.

Als Ersatz für diese 48 zum großen Theil ja freilich nach Bürger's eigner Anordnung, sicherlich überall seiner Intention gemäß weggebliebenen Stücke habe ich meine Ausgabe um 41 neue Nummern vermehrt, welche der Dichter nach 1789 geschaffen und meist in seinem Musenalmanach selbst veröffentlichte. Eine Anzahl dieser Gedichte finden sich noch in keiner einzigen bisherigen Ausgabe der Gedichte*); dieselben sind im Inhaltsverzeichniß mit einem Stern ausgezeichnet.

Zu dem ersten Buch sind 6 romanzenartige Gedichte hinzugekommen, über welche A. W. Schlegel sagt: „Es muß erfreuen, daß die muntere Laune den Dichter auch in den letzten Jahren nicht verließ. Das Hummellied, Sinnenliebe, Lied, der wohlgesinnte Liebhaber und Sinnes= änderung, alle von der zierlichsten Schalkheit und zuweilen von einer markigen, aber unverdorbenen Lüsternheit beseelt, sind angenehme Beweise davon." Das „Lied" hatte übrigens keine persönliche Veranlassung: es ist wörtlich aus W. Congreve (Pious Selinda goes to prayers) über= setzt; während „der wohlgesinnte Liebhaber" sein Muster in „The silent night her sables wore" (Ancient and modern songs, heroic ballads etc. Edinburgh 1776, I, 289) hat.

Außer den fünf zum zweiten Buch aus dem Musenalmanach nach= getragenen Stücken (siehe mein Inhaltsverzeichniß) kam das Gedicht Resignation hinzu. Es wurde von Aloys Schreiber im Heidel= berger Taschenbuch für 1812 mit dem Zusatz „Nach der Rowe" ver= öffentlicht, zugleich mit einer merkwürdigen Strophe:

Minnelied.

Hört von meiner Minniglichen,
Lieben, hört ein neues Lied!
Denn der Winter ist entwichen,
Maienluft mit Wolgerüchen,
Maienwonn' ist aufgeblüht.
Lieben, öffnet eure Sinne;
Mai erwacht,
Minne lacht,
Mai hat Minne,
Minne Sang wol angefacht.

Ich erkenne hierin den ersten, jedenfalls lange vor 1785 ent= standenen Keim zum „Hohen Liede."

Zum dritten Buche der Sprüche kamen dem oben dargeleg= ten Grunde (S. XL) gemäß die meisten, nämlich 25 neue Stücke hinzu, während aus der Ausgabe von 1789 nur 18 ausgelassen waren. Sämmtlich sind sie im Musenalmanach unter verschiedenen, den Ver= fasser maskirenden Unterschriften erschienen. Aus Karoline Böhmer's Briefen ersieht man, daß Bürger sich in diesen Epigrammen „sehr groß" dünkte, und das mit Recht, wie ich oben gezeigt. Zuerst gesammelt wurden diese Sprüche in Reimen in dem Buche: „Gedichte von Schofel= schreck, Menschenschreck und Frau. Als Anhang zu den Gedichten von Gottfried August Bürger. Germanien 1808. (Delmenhorst gedruckt bey Georg Jöntzen) Manches darunter ist indeß von dem mehrgenann=

---

*) Von dem in meinem Besitz befindlichen Wiener Nachdruck von 1812 kann ich hier absehen, um so mehr als daselbst auch eine erhebliche Anzahl gar nicht Bürger'= scher Gedichte aufgenommen sind.

ten Meyer (Vergl. Spiele des Witzes. Berlin 1793 Bei Friedrich Vieweg dem Aelteren, sowie Karoline Böhmer a. a. O.) Die von mir aufgenommenen, zweifellos von Bürger herrührenden, sind aus dem Inhaltsverzeichniß ersichtlich. Der Rest der 41 neuen Gedichte ist in der Biographie und den Briefen mitgetheilt.

Daß ich nicht sämmtliche n a ch 1789 von Bürger erschienene Ge= dichte aufgenommen habe, ist schon oben angedeutet und bei einigen Sachen speciell motivirt worden. Bei den übrigen halte ich eine ein= gehende Erörterung für überflüssig. Die Titel der übrigen sind folgende:

1) Die Esel und die Nachtigallen (M.=A. 1790).

2) An den Apollo (M.=A. 1790).

3) An Madame B. geb. M. (M.=A. 1790).

4) Die Aspiranten und der Dichter (M.=A. 1791).

5) Veit Ehrenwort. (Diese obscöne Piece ist im Musenalmanach von 1791 „Anonymus" unterzeichnet und nur auf Reinhard's Autorität in allen Ausgaben, Tittmann eingeschlossen, übergegangen.

6) Todtenopfer den Manen Johann David Michaelis, dargebracht von seinen Verehrern im August 1791.

7) Gebet der Weihe (Hexameter zur Eröffnung der Akademie der schönen Redekünste 1790.

8) Die Brüderschaft (M.=A. 1793).

9) Die Tode (M.=A. 1793).

10) Straflied beim schlechten Kriegsanfange der Gallier (M.=A. 1793).

11) Unmuth (M.=A. 1793)

12) Vorschlag zur Güte (M.=A. 1793).

13) Die Bitte (ibid.).

14) Reiz und Schönheit (ibid.).

15) Heute mir, morgen Dir (M.=A. 1793).

16) Freiheit (M.=A. 1794).

17) Entschuldigung (ibid.).

18) Problem. (Eine kurze Elegie, im M.=A. von 1794 mit X. unterzeichnet.

19) Unter zwei Uebeln lieber das kleinste (Ebendaselbst mit „Fr." unterzeichnet.

20) An R.[einhard] (M.=A. 1795, also nach Bürgers Tode von Reinhard publicirt).

Diese Nummern befinden sich in den Dieterich'schen, zuletzt von Professor Bohtz besorgten Ausgaben der Bürger'schen Gedichte: obwol sie sämmtlich als ein mehr oder weniger werthloser Ballast längst hätten über Bord geworfen, vielmehr nie hätten aufgenommen werden sollen.

Nachdem ich nunmehr ausführlich dargelegt, welche Stücke meine Ausgabe enthält und insbesondere, wie sie sich im Gesammt=Umfange von der Ausgabe von 1789 unterscheidet: will ich noch den Unterschied, die

Redaktion der einzelnen Stücke selbst anlangend, der meinigen von allen späteren, nicht von Bürger herrührenden, so kurz wie möglich signalifiren.

Ich muß voranschicken, daß Bürger schon 1790 eine neue Ausgabe seiner Gedichte projektirte (Vergl. den Brief an Meyer vom 20. März 1790). Der Musen-Almanach von 1792 brachte das Mollylied „das Mädel, das ich meine" in einer totalen Umarbeitung unter dem Titel „die Holde, die ich meine" mit der Anmerkung: „Zur Probe der Feile, welche mehrere meiner Lieder für die a u ß e r o r d e n t l i c h e A u s - g a b e erfahren haben, welche nunmehr gewiß, und, wenn anders die Künstler keinen Aufschub veranlassen, zur nächsten L. Ostermesse er- scheinen wird."

Obwohl aber nach und nach 205 Abonnenten sich gefunden hatten, kam die Augabe nicht zu stande, weil Bürger kein Ende am Korrigiren finden konnte. Auf diese unglückliche Idee des ewigen Verbesserns war er durch Schiller's Recension gekommen: er wollte, trotz besserer, eigener Einsicht, die vermißte „Idealität" parforce hineinbringen. Ich ver- weise von hier auf Bürger's eigene Worte in seiner „Rechenschaft über die Veränderungen in der Nachtfeier".

Keineswegs aber will ich hier im Allgemeinen A. W. Schlegel's Meinung beistimmen, wonach die Kunstwerke gleich von selbst korrekt zur Welt kämen und dem Künstler weiter keine große Arbeit verursachten. Aus den Briefen über die „Lenore" ergiebt sich, daß Bürger wenigstens auch bei diesem Werke die definitive Vollendung sich sauren Schweiß kosten ließ. Althoff erzählt: Bürger habe durch Boies anfängliche strenge Kritik die Kunst gelernt, de faire difficilement des vers und er habe ihn oft versichert: „Er hätte seinen Dichterruhm nicht sowohl ungemeinen Talenten, als vielmehr der großen Mühe und dem langen unverdrossenen Gebrauche der Feile bei seinen Kunstwerken zu ver- danken. Dazu trieb ihn ein gewisser Geschmack an, dem selten etwas ganz Schlechtes genügte. Das wäre aber der Fehler der meisten mittel- mäßigen Dichter, daß sie sich in jede Geburt ihrer Muse sogleich verlieb- ten, und sie keiner weiteren Verbesserung bedürftig oder empfänglich glaubten. Seine besten Gedichte hätten ihm gerade auch die meiste Anstrengung beim Ausbessern gekostet. — Er veränderte nicht blos einzelne Wörter und Zeilen; sondern es blieb oft, wie er zu sagen pflegte, kein Stein auf dem andern."

So pflegte auch Goethe und namentlich Heinrich Heine den Grund- satz Swifts (wenn auch cum grano salis natürlich) anzuwenden: If you admire anything particularly, strike it out! —

Die künstlerischen Ideen kommen allerdings leicht und mühelos, wie im Traume: ihre Ausführung, die wirkliche Produktion eines Werkes ist eine geistige Herkulesarbeit. Ich erinnere hier an das unsterbliche Kapitel XXI in der Cousine Bette des großen De Balzac

„Ce qui fait les grands artistes,“ und kehre zu Bürgers „außer=
ordentlicher“ Gedichtausgabe zurück.

Es war ein großes Glück, daß dieselbe nicht zu Stande kam. Ich
war nun berechtigt, die Ausgabe von 1789 als Ausgabe letzter Hand
anzusehen und nur in relativ seltenen Ausnahmefällen auf die späteren
Lesarten Rücksicht zu nehmen. Diese Lesarten sind von Reinhardt
zuerst mitgetheilt und in den Text aufgenommen, als er im Auftrage
der Dieterich'schen Buchhandlung, zur Befriedigung der Pränumeranten,
1796 die neue (3.) Ausgabe bearbeitete. Er erklärte in der Vorrede,
daß er unter den verschiedensten Lesarten, die Bürger theils in dem
1. Band der Ausgabe von 1789, theils auf lose Blätter notirt habe,
selbständig gewählt habe. Nicht Bürger wählte also, sondern der
Assessor Reinhard, einer der mittelmäßigsten Poetaster, die je in
Marsyas Fußtapfen gewandelt. Ein bestimmter Befehl
Bürgers, daß die künftige Ausgabe etwa diese und nur
diese Lesart haben dürfe, existirt nicht. Er hatte sich eben
nur allerlei Marginalien notirt, heute diesen, morgen jenen Einfall,
übermorgen verwerfend, was er gestern schrieb. Von einer endgültigen
Redaction war nicht entfernt die Rede. Mit um so größerem Recht
sagt daher Schlegel, nachdem er bemerkt, daß der Liebhaber, der die
posthume Ausgabe aufschlägt, seine vormaligen Lieblinge kaum wieder=
erkennen würde: „Ich glaube, die Herstellung des Besseren würde keine
Verletzung der Rechte des Dichters sein, der zwar mit seinen Hervor=
bringungen nach Willkür schalten, aber nichts einmal Gegebenes zurück=
nehmen kann. Konnte doch Tasso, der mit den Korrecturen ins Große
gieng, sein umgearbeitetes, mit mühsam demonstrirten Vorzügen aus=
gestattetes Jerusalem nicht durchsetzen!“

Auf Reinhard's Ausgabe der Gedichte von 1796[*]) (sie enthielt
133 Gedichte — von den 144 der Ausgabe von 1789 waren 36 weg=
geblieben, nur 24 nach 1789 entstandene neu hinzugefügt), folgte nach
mehreren Auflagen bei Dieterich seine „Vollendete rechtmäßige Aus=
gabe“ (Berlin, Christiani 1823), über welche er mit Dieterichs in
Proceß gerieth. Diese Ausgabe von 1823 nahm alle die in der Aus=
gabe von 1796, Bürger's Willensmeinung gemäß fortgelassenen,
wieder in den Text auf und brachte die Nummern der Gedichte auf
170, Alles offenbar nur um Seiten zu füllen und Honorar zu lukriren.
Die von ihm einmal ausgewählten Bürger'schen neuen Lesarten behielt
er überall bei.

Die bei Dieterich erschienenen Ausgaben, von der von 1833 an,
drucken nun diesen Reinhard'schen Text von 1823 im Wesentlichen einfach
wieder ab.

---

[*]) 2 Bde. 1796.97. Preis 7 Thlr. 12 Sgr. 1797.98 folgten die Vermischten
Prosa=Schriften.

Von sehr zahlreichen andern neuen Ausgaben zu schweigen, erschien 1869 auch in Brockhaus Bibliothek der deutschen Nationalliteratur eine „Neue vollständige Ausgabe" der „Gedichte", herausgegeben von Julius Tittmann, die ich schon mehrfach zu erwähnen hatte. Auch diese hat sich, ohne jede Berücksichtigung der Ausgabe letzter Hand, die Rein= hardschen Lesarten angeeignet, und giebt überdies einen durch mehr als ein Dutzend sinnstörende Druckfehler entstellten Text. Tittmann befolgt ebenfalls die geradezu konfuse Anordnung, eine chaotische Un= ordnung, in die Reinhard die Gedichte gebracht hat, als er von Bürger's weiser Eintheilung in drei Bücher willkürlich abwich, die chronolo= gische einführte und nun beim häufigen Mangel von bestimmten chro= nologischen Daten nach vagen Vermuthungen die Stücke blind durch= einander warf.

Indem ich daher zum ersten mal überall die Ausgabe von 1789 in Text und Anordnung zum Grunde lege, weiche ich von allen seit Bürgers Tode erschienenen Ausgaben ganz wesentlich ab. Ich halte mich aber andrerseits nicht sklavisch an jene Ausgabe letzter Hand, sondern habe die von Reinhard mitgetheilten und nach meiner Ansicht jedenfalls sämmtlich von Bürger herrührenden Abänderungen*) mehr als einmal bei mir erwogen und an manchen Stellen adoptirt.

Jede so auch von mir verworfene und durch Bürgers Verbesserung ersetzte Lesart der Ausgabe von 1789 habe ich jedoch genau unter den „Varianten" mitgetheilt, welche den Schluß des zweiten Bandes bilden. —

---

*) In Kiels Nachlaßverzeichniß sind 2 Hefte, eins von 70 und eins von 48 Quartblättern aufgeführt: „Die erste Niederschrift mit unzähligen Ausstreichungen und Verbesserungen." Wahrscheinlich die von Reinhard benutzten.

Briefe.

An Boie.

Gelliehausen, den 19. April 1773.

Gott grüße Sie, mein lieber Boie!

Warum sind sie nicht gekommen? Wieder brav geschwärmt? O, was haben Sie, Schmetterling, gegen mich Packesel es gut!

Ich habe alle meine Poeterei vergessen. Es will nichts mehr klingen und klappen; und arm an Gedanken bin ich auch. O Himmel! mein herzliches Rühmchen wird in der Blüthe verwelken. Da hab' ich zwei Liedlein gemacht, ein Minneliedlein und ein anderes Liedlein. Mir däucht, sie sind an manchen Stellen etwas lendenlahm. O, ich habe mich fast zu Schanden gegrämt, daß ich so gar nichts mehr kann, und unsere Brüder im Apoll nehmen zu, wie die Mastkälber. Das Minnelied ist Millern dedicirt. Gleicher Gestalt werd' ich bald eine Romanze an Hölty, und so Jeglichem von seiner Art etwas dediciren.

Die Epistel an Sie ist auch jetzt auf der Werkstatt. O, ich armer Mensch, wenn ich nur nicht so viel Arbeit, Verdruß und Grillen hätte!

Ich habe eine herrliche Romanzen-Geschichte aus einer uralten Ballade aufgestört. Schade nur, daß ich an den Text der Ballade selbst nicht gelangen kann! Leben Sie wohl und grüßen Sie die Brüder!   Bürger.

N. S. Diese beiden Stückchen können Sie, Herr Repräsentant, in der Bundesversammlung vorlesen.

Gelliehausen, den 22. April 1773.

Hier, lieber Repräsentant, empfangen Sie eine Romanze, oder wenn Sie lieber wollen, eine Ballade. Sie kommt frisch aus der Werk-statt, und gefällt mir bis jetzt meistentheils noch so ziemlich. Es kommt nach und nach wieder mit mir in den Gang. Mein Köcher ist noch voll von goldenen Pfeilen. O Himmel! wär' ich jetzt noch unter euch in Göttingen! Ich wollt' euch allzusammen aus dem Sack und in den Sack singen. Ach! daß ich so manche Stunde in der feurigsten Weihe ungenutzt vorbeistreichen lassen muß! Daß Ihr Herren in Göttingen so viel macht, das dank' euch Herodes! Aber hier! Hoc opus, hic labor est! —

Nun hab' ich eine rührende Romanze in der Mache, darüber soll sich Hölty aufhängen. —

Wollen Sie denn nicht bald kommen und den Frühling grüßen? Er wacht in Gärten und Fluren gar wonniglich auf; nur in meiner Seele nicht recht. O, wenn er darin, ungetrübt von Wolken des Verdrusses, erwachte, wie wollt' ich dann singen! Leben Sie wohl, und grüßen Sie die Brüder!

Bürger.

Gelliehausen, den 6. Mai 1773.

Ist der Sohn der Maja noch nicht eingetroffen? Unfehlbar hat er einen Flügel auf der Reise zerbrochen. So arm ich auch jetzt bin, will ich dennoch abonniren. Melden Sie mir nur, wie hoch? Auf den Montag soll das Geld da seyn.

Aber, Menschenkind, warum schicken Sie mir nicht sonst etwas? Sie könnten ja immer mit Muße und Bequemlichkeit etwas für mich einpacken, und es in die Schnaps=Boutique legen; dann fänd' es doch Mephistophiles, wann er vorkäme, und Sie nicht zu Hause träfe.

Bevor Sie mir nichts schicken, sollen Sie auch meine überköstliche Ballade Lenore, und ein Minnelied, das süßer, als Honig und Honigseim ist, nicht haben. Traun! diese zwei Stücke sind so stattlich, daß man wohl darauf pochen kann.

Bei meiner armen Seele! Sie können Ihre Begriffe gar nicht zu der Vortrefflichkeit dieser Stücke erheben. Und Herr, damit Sie nur sehen, daß es keine Rodomontaden sind, so will ich Ihnen von jedem Stücke die erste Strophe, und das sind doch die schlechtesten, herschreiben.

Lenore.

Lenore weinte bitterlich,
Ihr Leid war unermeßlich;
Denn Wilhelms Bildniß prägte sich
In's Herz ihr unvergeßlich.
Er war mit König Friedrichs Macht
Gezogen in die Pragerschlacht,
Und hatte nicht geschrieben,
Ob er gesund geblieben.
Der 2c.

Minnelied.

In dem Himmel ist die Fülle
Hochgelobter Seligkeit.
Gerne, wär' es Gottes Wille,
Tränk' auch ich aus dieser Fülle
Bald Erquickung für mein Leid.
Für 2c.

Herr, das ist euch eine Ballade, das ist ein Minnelied, die sich gewaschen haben! Und ganz original! Ganz von eigener Erfindung!

Wahrlich! es sind Kinder, welche von Herzen kamen und zu Herzen gehen.

Wenn bei der Ballade nicht Jedem es kalt über die Haut laufen muß, so will ich mein Leben lang Hans Casper heißen.

Wenn Sie mir nun nichts schicken, so kriegen Sie die zwei herrlichen opuscula nie zu sehen. Und wenn's mir noch so hart ankommen sollte, so sollen sie doch unterm Schloß bleiben und nicht ausgehängt werden.

Wonach man sich zu achten.

Signatum Gelliehausen, den 6. Mai 1773.

G. A. Bürger.

Gelliehausen, den 10. Mai 1773.

Hatt' ich Ihnen neulich geschrieben, daß ich eine so herrliche Ballade Lenore gemacht hätte? — Da muß ich mich häßlich verschrieben haben! mein liebster Herzens=Boie! — Ich will erst eine machen, die so vortrefflich sein soll. Ha ha! he he! hi hi! ho ho! hu hu! Aus allen Vocalen muß ich lachen, daß mir doch mein Kniff gelungen ist, und ich einige Manuscripte auf die Art Ihnen abgelockt habe. Sie erfolgen hier wieder zurück. Klopstocks Ode ist vortrefflich und sehr erhaben. Es herrscht der Geist der hohen heiligen Andacht darin. Von Millers Minneliedern däucht mir, ist das letzte vorzüglich minniglich.

Jetzt, mein lieber Boie, wacht mir doch das Gewissen auf, daß es unrecht ist, Sie so wegen der Ballade zu necken. Sie existirt! Aber Sie bekommen Sie heute noch nicht, weil sie noch unter der Feile kreischt. Ich möchte gern, daß sie so untadelich als möglich unter ihre Augen träte. Denn Ihr kritischen Bullenbeißer mögt Eure Zähne gewaltig darauf gewetzt haben. So überköstlich, als ich geprahlt habe, (ich muß es nur gestehen,) wird sie nicht sein. Ich mußte prahlen, um etwas zu lesen zu kriegen. Aber ein schlechtes Stück ist es doch, traun! auch nicht. Mir behagt sie bis jetzt noch ganz artig. Also, Ihr Leutchen, laß' ich mich aus den Wolken meines Selbstlobs wieder hernieder in das Thal der Bescheidenheit. Rächet also meinen vorigen nothgedrungenen Uebermuth an meiner armen Ballade nicht. Denn sie ist jetzt mein Schoßkind. Ein Ströphchen, und zwar das zweite, will ich Ihnen indessen zu dem ersten noch zum voraus zu kosten geben.

2.

Der König und die Kaiserin,
Des langen Haders müde,
Erweichten ihren harten Sinn,
Und machten endlich Friede.
Und jedes Heer mit Sing und Sang,
Mit Paukenschlag und Kling und Klang,
Geschmückt mit grünen Reisern,
Zog heim zu seinen Häusern.

3.

Und überall und überall,
Gedrängt auf allen Wegen,
Zog Alt und Jung dem Jubelschall
Der Kommenden entgegen.
Gottlob! rief Kind und Gattin laut,
Willkommen! manche frohe Braut.
Ach! aber für Lenoren
War dieser Gruß verloren.

4.

Sie frug den Heerzug auf und ab,
Und frug nach allen Namen;
Doch die erwünschte Kundschaft gab
Nicht Einer, so da kamen.
Als nun der Zug vorüber war,
Zerraufte sie ihr Rabenhaar,
Und warf sich auf die Erde
Mit wilder Angstgeberde.

Praeter propter können Sie hieraus den Ton errathen, welcher, wie ich mir schmeichele, in der Folge noch populärer und balladen=mäßiger ist und sein wird. Der Stoff ist aus einem alten Spinnstuben=liebe genommen. Vale!   Bürger.

Noch eins! Ich gebe mir Mühe, das Stück zur Composition zu dichten. Es sollte meine größte Belohnung sein, wenn es recht balladen=mäßig und simpel komponirt, und dann wieder in den Spinnstuben gesungen werden könnte. Ich wollte, ich könnte die Melodie, die ich in der Seele habe, dem Componisten mit der Stimme angeben!

Ich nehme noch ein Blatt, mein trauter Boie, weil ich noch nichts von Herdern gesagt und gefragt habe. Von wannen kommt er, und wohin fährt er? Wo hat er die schöne junge Frau her? Wird er lange in Göttingen bleiben? Und welchen Tag wird er ankommen? Gern möcht' ich ihm auch meinen Bonsdies machen.

Nun Vale! zum zweiten Mal. Schicken Sie mir die fliegenden Hamburgischen Blätter. Ich will dagegen Sie auch mit meinen opus-culis so kurz als möglich hinhalten.   Bürger.

Gellichausen, den 17. Mai 1773.

Wann werden Sie uns besuchen? Es blüht hier ein paradiesischer Lenz um uns her. In meinem Leben hab' ich den Frühling so schön noch nicht gesehen. Er entzückt und begeistert mich so sehr, daß ich kein Wort singen und sagen kann. Deßwegen ist auch meine Ballade noch nicht zu Stande. Geduld! Geduld! Was lange währt, wird gut. Vale!   Bürger.

Gelliehausen, den 27. Mai 1773.

— — — Lenore nimmt täglich zu an Alter, Gnade und Weis=heit bei Gott und den Menschen. Sie thut solche Wirkung, daß die

Frau Hofräthin des Nachts davon im Bette auffährt. Ich darf sie gar nicht daran erinnern. Und in der That, des Abends mag ich mich selbst nicht damit beschäftigen. Denn da wandelt mich nicht minder ein kleiner Schauer an. Wenn Sie solche unsern Göttingischen Freunden zum zum ersten Mal vorlesen, so borgen Sie einen Todtenkopf von einem Mediciner, setzen solchen bei einer trüben Lampe, und dann lesen Sie. So sollen Allen die Haare, wie im Macbeth, zu Berge stehen.

Bürger.

Gelliehausen, den 18. Junius 1773.

Hier, liebster Boie, kommt die Nachtfeier wieder zurück. Mit dem Umschmelzen, wenigstens wenn's von einigem Belange sein soll, will's so nicht recht mehr gehen. Der Ton dieses Stücks ist mir schon so fremd geworden, tönt mir schon so weit hinten in der Ferne, und so dunkel, daß ich kaum noch darüber urtheilen und entscheiden kann. — Der, den Herder auferweckt hat, der schon lang' auch in meiner Seele auftönte, hat nun dieselbe ganz erfüllt, und — ich muß entweder durchaus nichts von mir selbst wissen, oder ich bin in meinem Elemente. O Boie, Boie, welche Wonne! als ich fand, daß ein Mann, wie Herder, eben das von der Lyrik des Volks, und mithin der Natur, deutlicher und bestimmter lehrte, was ich dunkel davon schon längst gedacht und empfunden hatte. Ich denke, Lenore soll Herders Lehre einigermaßen entsprechen. Aber Schirach! — und alle das luftige Gesindel seines Gelichters? Ja, die werden sie anstarren, wie die Kuh das neue Thor, werden das Hohngelächter des Wahnsinns und des Unverstandes aufschlagen.

Mit nächstem sollen Sie Lenoren haben, und vielleicht noch etwas ganz Neues. Adio! Bürger.

Am 8. Julius.

— — — Dieser Götz von Berlichingen hat mich wieder zu drei neuen Strophen zur Lenore begeistert. Herr, nichts weniger, in ihrer Art, soll sie werden, als was dieser Götz in seiner ist. Aber in zwei Monaten wird sie noch nicht fertig. Hu! Wie wird mich der Unverstand darüber anblöken! Aber der kann mir — — —! Frei! frei! Keinem unterthan, als der Natur! — Bürger.

Gelliehausen, den 12. August 1773.

„Gottlob, nun bin ich mit meinem schweren Horatio fertig!" rief weiland Caspar Gottschling. —

Gottlob, nun bin ich mit meiner unsterblichen Lenora fertig! ruf' auch ich in dem Taumel meiner noch wallenden Begeisterung Ihnen zu. Das ist dir ein Stück, Brüderle! — Keiner, der mir nicht erst seinen Batzen giebt, soll's hören. Ist's möglich, daß Menschensinne so was Köstliches erdenken können? Ich staune selber mich an, und glaube kaum, daß ich's gemacht habe. Ich zwicke mich in die Waden, um mich zu überzeugen, daß ich nicht träume. Wahrlich! cose dette mai ne in prosa ne in rime. Ich muß mir selbst zurufen, was der Cardinal von Este Ariosten zurief: Per dio, Signor Burgero, donde avete pigliate tante coglionerie? Ei! Ihr Gesellen dort, wie tief werdet Ihr die Hüte davor abnehmen müssen! Ich schick' es aber hier noch nicht mit, sondern bring' es binnen acht Tagen selbst mit. Denn keiner von Euch Allen, er declamire so gut er will, kann Lenoren auf's erste Mal in ihrem Geist declamiren, und Declamation macht die Halbschied von dem Stück aus. Daher sollt Ihr's von mir selbst das erste Mal in aller seiner Gräßlichkeit vernehmen. Dann sollen Sie die Genossen des Hains in der Abenddämmerung auf ein einsames, etwas schauerliches Zimmer zusammen laden, wo ich, unbesorgt und ungestört, das Gräß= liche der Stimme recht austönen lassen kann. Der jüngste Graf soll, wie vor Loths seligem Weibe, davor beben. Denn

> J have unfold a tale, whose lightest word
> Will harrow up your souls, freeze your joung blood,
> Make your two eyes, like stars, start from their spheres.
> Your knotty and combined locks to part,
> And each particular hair to stand on end,
> Like quills upon the fretful porcupine.

Ihr sollt Alle mit bebenden Knieen vor mir niederfallen, und mich für den Dschinkis=Chan, d. i. den größten Chan in der Ballade er= klären; und ich will meinen Fuß auf Eure Hälse, zum Zeichen meiner Superiorität, setzen. Denn Alle, die nach mir Balladen machen, wer= den meine ungezweifelten Vasallen sein, und ihren Ton von mir zu Lehn tragen. Ihr lustiges Gesindel dort! ich will Euch zeigen, qui siem? Ihr meint, ich könnte nichts mehr machen, wie ich habe munkeln hören? — Bonsdies! Meine Wurzel ist noch nicht abgehauen, treibt noch herrliche Sprossen, und wird ihrer noch viel treiben. Alle Zungen auf Erden und unter der Erde sollen bekennen, daß ich sei ein Balladen=Adler, und kein Anderer neben mir.

Solltet aber Ihr, lustiges Gesindel, oder Einige unter Euch, so insolent sein, und Eure Kniee nicht beugen wollen, so will ich's mit der Lenore wie die Sibylle mit ihren neun Büchern beim Tarquin machen. Ein Drittel davon will ich gleich verbrennen, und wenn Ihr dann vor den übrigen zwei Dritteln noch nicht niederfallen wollt, so soll auch das zweite Drittel in's Feuer. Vor dem letzten Drittel fallet Ihr gewiß dann mit großem Geheul nieder. — Abio!

Bürger.

Gelliehausen, den 14. August 1773.

— — — Diese Woche denk' ich noch gewiß zu kommen, und Lenoren zu bringen. — Der Franzose thut sehr wohl, daß er auch Uns seine Kniee beugen will. — Wir nehmen die Ehre, als wohlverdient, in hohen Gnaden an. Er könnte aber wohl eher zu Uns kommen, als Wir zu ihm. Dies Letztere läuft wider Unsere hohe Adler= oder vielmehr Condor=Würde. Denn der Titul eines Adlers scheint Uns jetzt zu klein zu sein; daher wir Uns denn den eines Condors des Hains beigelegt. Indessen meint mein Freund Sprengel, daß ich mich wegen der Lenore lieber für einen Parra, (d. i. der Leichenvogel der Römer,) halten sollte.

O Boie, wenn Sie mir einen großen Gefallen thun wollen, so schicken Sie doch ja die Almanachsbogen allzusammen. Es wird dies der Epistel sehr zuträglich sein. — Valo! **Bürger.**

[Den 19. August 1773.]

An die Eulen, Rohrdommeln, Wiedehopfe und Rohrsperlinge in dem alten Gemäuer und Dorn= und Schilfgesträuche der Moräste zu Göttingen.

Wir, von und durch Uns Selbst Condor und Selbstherrscher aller Haine und alles Gefieders auf Erden u. s. w. entbieten denen Eulen, Rohrdommeln, Wiedehopfen und Rohrsperlingen des alten Gemäuers und Dorn= und Schilfgesträuchs zu Göttingen Unsere Condorliche Ungnade.

Es ist geliefert und verlesen worden, was Ihr unterm 18. m. c. an Uns gelangen zu lassen Euch freventlich vermessen habet. Wenn Wir nun mit nicht geringem Befremden daraus vernommen, wie Ihr der von uns tragenden Pflicht so weit vergessen, daß Ihr nicht nur die Condor=Würde, welche Wir Uns selbst beizulegen für dienlich erachtet, auf eine gottlose und rebellische Weise nicht nur nicht anerkennen, und Uns zum Sperber herabwürdigen wollen, sondern Euch selbst so weit zu erfrechen nicht gescheut, Uns aus dem höchsten Sonnen=Aether, als wohin Eure stumpfen Blicke nicht reichen, herab in Euer morastiges Dorn= und Schilfgesträuch zu heischen und zu laden, und Euch eines Gerichts über Uns anzumaßen: als haben Wir Euch zur wohlverdienten Strafe, andern Gleichgesinnten aber zum öffentlichen Exempel und Abscheu, Kraft dieses verordnet, auch wirklich verfügen lassen: daß

1. Euer hochverrätherisches Schreiben durch des Büttels Hand an den Schandpfahl genagelt, selbiger hierauf mit selbigem verbrannt, die Stätte mit Salz bestreuet und mit einem eisernen Stacket vor Menschen und Vieh verwahret werde. Ihr selbst aber

2. der bislang, wiewol unverdienter Weise von Uns abgehabten Adler=Würde nicht nur hiermit und Kraft dieses entsetzet, und zu Eulen, Rohrdommeln, Wiedehopfen und Rohrsperlingen degradiret, sondern auch in Unsere und des Reiches Acht und Ober=Acht also und dergestalt erklärt sein sollet, daß jeder Bube ungestraft Euch in Sprenkel und Schlingen einfangen und Eure Köpfe, statt der Raben- und Sperlingsköpfe, bei denen alljährlich abzuhaltenden Land=Wruge-Gerichten liefern könne.

Solltet Ihr etwa durch Meuterei und Rotten hiergegen obmoviren wollen, so haben Wir

3. beschlossen, tausend Strophen oder minaces jambos von unserer Land=Miliz gegen Euch zur Execution zu commandiren.

Wann auch Unser Allerhöchste Rathschluß und Wille ist, daß diese Verfügung öffentlich kund und zu Jedermanns Wissenschaft gelange, so soll dieselbe von denen Raben, als Unsere Bütteln, nicht nur von allen Galgen herab publiciret, sondern auch allen öffentlichen Orten affigiret und ausgehänget werden.

Geben auf Unserer Residenz, den erhabenen Gleichen, den 19. Tag des Monats August, nach der Geburt Christi im 1773., Unseres Con= dorthums im Ersten Jahre.

Ad mandatum Condoricum Summum proprium

Pacht

Erz = Kanzler mppr.

Den 6. September 1773.

Um's Himmels willen, theurer Boie, warten Sie mit der Lenore noch bis auf den Donnerstag. Sie wird und wird gewiß fertig. Und ich hänge mich auf, wenn sie nicht diesmal mitgedruckt wird. Nehmen Sie doch lieber einen Bogen mehr. Der Besuch hat mich verhindert. Wenn ich nun nur vier Stunden in meine Gewalt bekommen kann, so soll's gar nicht fehlen. Ich will die Nacht zu Hülfe nehmen. Wenn sie auf den Donnerstag nicht kommt, so schließen Sie in's Henkers Namen die Bude zu. Aber bis dahin bitte ich Sie fußfälligst, warten Sie. Vale!

Bürger.

Gelliehausen, den 9. September 1773.

Hier ist endlich Lenore! Ich habe das, was vorher im Anfang erzählt war, dialogirt, weil mir jenes zu schleppend, dies aber dem raschen lebendigen Ton des Stückes angemessen schien. Aber, Himmel! wie schwer ist mir der Dialog geworden! Und doch ist er mir noch nicht recht. Ich weiß zwar nicht, warum? Aber ich fühl' es. Lassen Sie es indessen nur einmal erst abdrucken, und schicken Sie mir vorher den Bogen; dann wird's mir wohl in die Augen fallen. Fragen Sie auch die Andern um Rath. Ich wollte, Sie convocirten ein Concilium, und nähmen das Stück recht fleißig und collegialiter in Untersuchung. Aber die Untersuchung muß nicht allgemein sein, sondern in's Detail gehn. Auch hab' ich die liebe Zeit von aller Eurer Weisheit, wenn Ihr mir nicht, bei aufstoßendem Fehler oder Mangel, das Fleckchen zeigt, wo ich Eurer Meinung nach hätte hintippen sollen. Einige Stellen, wo ich Ausdruck und Versifikation verbessert haben möchte, hab' ich mit diesem Zeichen ℈ bemerkt. Vale!

Bürger.

Apropos! Wenn Ihnen und Consorten der Dialog zwischen Mutter und Tochter nicht gefallen sollte, so geb' ich anheim, ob man ihn nicht gar weglassen könnte? Und zwar folgt dann auf die Strophe:

> Und taumelte zur Erde
> Mit wilder Angstgeberde,

gleich die zwölfte Strophe, welche dann so gelesen werden müßte:

> Nun wüthete Verzweiflung
> Ihr in Gehirn und Adern.
> Sie hub mit Gottes Fürsehung
> Vermessen an zu hadern;
> Zerschlug den Busen, und zerrang
> Die Hand bis Sonnenuntergang,
> Bis auf am Himmelsbogen
> Die Sternenheere zogen.

Quid vobis videtur? Alsdann wäre vielleicht nichts Mattes und Ueberflüssiges im ganzen Stücke mehr.　　　　**Bürger.**

Gelliehausen, den 16. September 1773.

Einige Veränderungen zur Lenore hab' ich gemacht. Die übrigen mögt Ihr selbst machen. Ihr Herren, das ist keine Kunst, daß Ihr blos sagt, das und das taugt nicht. Das seh' ich oft, leider Gottes! selbst wohl. Aber anders machen sollt Ihr! Und das wird einem Fremden oft leichter, als dem Verfasser selbst. Bei einigen ist es geschehn. Wir wollen also Pünktchen für Pünktchen durchgehen. Zuvor aber noch etwas Allgemeines! Die tiefe Frau, welche unter Rabnern noch studirt hat, und ehe sie nach Göttingen gekommen, ihren Vers verstanden hat, soll die Nase gewaltig gerümpft haben. Dergleichen nun sind mehrere. Alle beaux esprits à la mode, die ein Collegium über den Batteux gehört, oder etwa Gellerts Fabeln, den Hagedorn und Jacobi gelesen haben, und sich nun zu Kennern und Kunstrichtern sattsam qualificirt halten, die Alles über den ihnen bekannten Leisten schlagen, und nicht begreifen können, daß es außer diesem noch hundert andere stattliche Leisten in rerum natura geben könne, alles dies Gesindel wird Maul und Nase aufsperren, und ein entsetzliches Zetergeschrei anheben: Wehe mir! wenn ein Journalist von dieser Façon zuerst ins Horn stößt. Wie, wenn er parodirt:

> Haho! haho! ha hop hop hop!
> Der Unsinn reitet im Galopp.
> Bald wird das Tollhaus volle;
> Wie dichten die Dichter so tolle!

Mein liebster, liebster Boie! was meinen Sie, wenn so ein Kritikaster anhebt, werde ich mit meinem besten Stücke nicht das Märchen des Landes werden? — Es geht zwar Jedem so, der eine neue Bahn betritt; und wie ist's nicht Klopstock gegangen, dem wir doch Alle nicht werth sind die Schuhriemen aufzulösen. Aber es ist doch ärgerlich.

Sollte man dem nicht durch einen tüchtigen Trumpf zuvorkommen können? Wie, wenn man zum Motto darüber setzte:

> Deß spott' ich, der's mit Klüglingsblicken
> Richtet, und kalt von dem Batteux triefet.

Oder wie, wenn man im Register die Note anhängte: „Vor den Kennern, auch vor den bloßen Natursöhnen fürchtet sich der Verfasser dieses Stücks nicht sonderlich; aber vor den Kunstrichtern und beaux esprits à la mode ganz entsetzlich." —

So weit hatt' ich gestern geschrieben. Ueber Nacht, Freund, bin ich des heiligen Condorgeistes voll gewesen, und habe drei so herrliche Strophen zugemacht, daß Ihr vor Freude mit den Flügeln klappen werdet. Es kam kein Friede in meine Gebeine die ganze Nacht, und selbst im Traume dichtete ich. Eure Idee, die weite Reise anzudeuten, konnte schwerlich besser hineingewebt werden. Aber, Leutchen, nun bitt' ich Euch auch, helft mir noch zu einigen kleinen Veränderungen, die mir schlechterdings nicht glücken wollen. Wohlan! laß uns Eure Kritiken durchgehen.

Str. 4. Gottlob ꝛc. Wenn's nicht anders seinkann, so nehmen Sie Weib und Mutter.

Str. 3. Nicht Einer, so da kamen. Wenn die Ellipse zu stark ist, so nehmen Sie die vorgeschlagene Veränderung. Statt taumelte zur Erde, will Cramer lieber und warf sich behalten, weil es mehr eine eigenmächtige Handlung sein muß. Und er hat wohl Recht!

Str. 6. Das Schleppende von: Und er erbarmt sich unser, wird vermieden werden, wenn man liest: Gott, Gott erbarmt sich unser!

Str. 9. Kein Oel ꝛc. Diese Verse haben nicht gefallen wollen. Sie sind freilich wohl zu spitzfindig und witzig. Allein die hohe Verzweiflung ist allerdings witzig. Meinethalben mögen sie wegbleiben. Ich weiß aber keine anderen. Man kann allenfalls die: Bei Gott ist kein Erbarmen! O weh ꝛc. wieder nehmen. Denn die Verzweiflung, und jeder hohe Affect ist arm an Ausdrücken, und wiederholt ein und eben dasselbe öfter.

Str. 11. Bei Wilhelm nur ꝛc. Lesen Sie: Bei ihm, bei ihm ꝛc.

Str. 15. Lies: Herzliebster! erst herein geschwind! — Herzliebster zu erwarmen.

Str. 17. Komm, komm! ꝛc. Lies: Herzliebchen, komm, der Mond scheint hell ꝛc. Das: Wir und die Todten ꝛc. tadeln Sie, däucht mir, mit Unrecht. Denn es soll eine Zweideutigkeit sein. Das Mädchen muß denken, daß wir und die Todten zweierlei sind. Sie versteht es so: Wir reiten schnell wie die Todten. Zugleich liegt mystisch in dem Wir und die Todten, daß der, welcher es sagt, ein Todter selbst mit ist. Das Hurrah! kann hier durchaus noch nicht stehn. Bevor sie nicht wirklich schon im vollen Reiten sind, hat dieser Ausruf keine Statt. Ueberdies sagt der Geist hier eine Persuasion, nämlich: Oja, wir wollen schon noch hinkommen, denn der Mond scheint hell, und wir reiten schnell, wie die Todten. Heißt es hier gleich Hurrah! so sagt er ja beinah offenbar, ich bin ein Todter, und reite schnell. Das muß aber nicht! Beherzigen Sie dies.

Str. 19. Statt: Und Liebchen, lies: Herzliebchen schürzte ꝛc. — Weil Sie doch das Haho! nicht leiden mögen, ob ich schon hier den Fuhrmannsruf nicht, sondern einen Reiterruf höre, so lesen Sie in dieser Strophe: Und als sie saßen, hop! hop! hop! Ging's fort ꝛc. Was ich aber mit den beiden letzten Zeilen: Der volle Mond schien ꝛc. machen soll, weiß ich nach meinem neuen Einschiebsel noch nicht. Sed videamus infra! Nach dieser 19. Strophe schieben Sie ein:

> Zur rechten und zur linken Hand,
> Vorbei vor ihren Blicken,
> Wie flogen Anger, Heid' und Land!
> Wie donnerten die Brücken! —
> „Graut Liebchen auch? Der Mond scheint hell!
> Hurrah! die Todten reiten schnell! —
> Graut Liebchen auch vor Todten?" —
> „Ach, nein! Doch laß die Todten!"

Nun weiter:

> Was klang ꝛc.

Str. 22. Statt Haho! ꝛc. lies: Und immer weiter, hop! hop! hop! Ging's fort ꝛc.

Nach dieser Strophe schieben Sie ein:

> Wie flogen rechts, wie flogen links
> Die Hügel, Bäum' und Hecken!
> Vorbei im Nu des Augenwinks
> Die Dörfer, Städt' und Flecken!
> „Graut Liebchen auch? Der Mond scheint hell!
> Hurrah! die Todten reiten schnell!
> Graut Liebchen auch vor Todten?" —
> „Ach! Laß sie ruh'n, die Todten!"

Wenn die dritte Zeile nicht populär genug wäre, so wiederholen Sie die erste noch ein Mal: Wie flogen rechts, wie flogen links ꝛc. Wird sich nicht übel ausnehmen. Oder: Wie flogen links, und rechts und links. Wahrlich! dies scheint das Beste. Ja! Ja! dies müssen Sie durchaus nehmen.

Str. 24. Statt Haho! ꝛc. lies: Und weiter, weiter, hop! hop! hop! Ging's fort ꝛc.

Nach dieser Strophe schieben Sie ein:

Wie flog, was { unten / rund der } Mond beschien,
Weit hinten }
Wie flog es } in die Ferne!

Wie flogen oben überhin
Der Himmel und die Sterne(†)!
„Graut Liebchen auch? — der Mond scheint hell!
Hurrah! die Todten reiten schnell! —
Graut Liebchen auch vor Todten?" —
„O weh! Laß ruh'n die Todten!"

†) Ist diese Stelle nicht stark und groß? Bei einem menschlichen Ritte wäre sie wohl zu übertreiben; aber bei einem Geisterritt, wo in einer Stunde hundert Meilen zurückgelegt werden, ist sie trefflich. Ich thue mir nicht wenig darauf zu Gute.

Leutlein! was sagt Ihr zu diesen Einschiebseln? Sind sie nicht überköstlich? Und konnte Eure Idee vollkommener ausgedrückt werden? Ich muß für Euren mir gegebenen Wink von Herzen danken. Im Uebrigen bin ich mit Ihren Vorschlägen zufrieden; als z. E. statt Juchhei! Sieh da! Sieh da! 2c. Aber, statt gurgle, ist singe zu schwach. Der Geist muß eine eigene, gräßliche Sprache führen, und das Gurgeln klingt mir gräßlich. Eben weil kein anderer lebendiger Mensch so spricht, so muß ein Gespenst so sprechen. Auch muß der Küster, der ein Gespenst ist, nicht singen, sondern gurgeln. Beherzigen Sie dies; und dann machen Sie, wie Sie wollen. Ich bin ganz und gar auf meine Meinung nicht erpicht.

Aber nun, Freund, was machen wir mit den Zeilen: Der volle Mond schien helle; Wie ritten die Todten so schnelle? Die können nun gar nicht bleiben. Und doch martere ich mich vergebens, andere an die Stelle hinzuschaffen. Sollten etwa die nun Platz finden: Durch Korn und Dorn und Wälder, — Durch Wiesen, Thal' und Felder! — Gar sonderlich auch nicht. Kurz, ich weiß mir hier weder zu rathen, noch zu helfen. Himmel! Ihr Adler dort, sind eurer so viel, und euer Name heißt Legion! Könnt ihr mir denn allzusammen mit nichts unter die Arme greifen? Ich dächte, ihr müßtet es können. Die Idee, welche darin liegen muß, ist schneller Ritt, oder doch, was auf's Reiten sich bezieht: vom Pferde, vom Sporn, oder von so etwas. Versucht es doch! Ihr werdet ja so viel in meine Seele dichten können. Wenn's auch nur taliter qualiter ist. Einige unvollkommene Stellen werden nicht so bemerkt werden. Ist doch das Meiste, das Größte, das Ganze gut. Opere in longo fas est obrepere somnum. Und Lenore ist doch wirklich ein longum epos. Der Henker! Zwei und dreißig Strophen nunmehr! — O, wenn ich das Werklein nur erst gedruckt sähe! Leben Sie wohl, mein lieber Boie, und thun Sie als ein Vater an meinem Kinde! Vorjetzt muß ich die Hand abziehen, ich bind' es nun auf Ihre Seele. Vale faveque!   Bürger.

Gelliehausen, Morgens den 19. September 1773.

Sieh da! Sieh da! Ihr Bote mit der Lenore. O wie haben Sie mich ergötzt! Indessen für Lenoren würd' es, glaub' ich, vortheilhafter gewesen sein, wenn ich sie gestern schon bekommen hätte. Ich war in sehnlicher und begeisternder Erwartung, und siehe! als sie außen blieb, ward Alles wieder schlaff. Wir wollen seh'n, was noch daran zu thun ist. Zum Henker! müßt Ihr denn auch immer Recht haben. So wahr der Herr und meine Seele lebt! ich dacht's lange, daß zwischen die 11. und 12., auch zwischen die 27. und 28. Strophe etwas eingeschoben werden müßte. O heiliger Conborgeist, laß dich doch diese Nacht wieder auf mich herab. Vale! Bürger.

Gelliehausen, den 20. September 1773.

Kurz, ich habe weder gestern noch heute Zeit gehabt, was zu emendiren. Meine Hand ist lahm von allem Schmieren, und an der Brust ist mir ganz übel von allem Sitzen. Spr. und Tr. sind da; vielleicht schicke ich morgen noch etwas durch diese.

Str. 3. Kind und Mutter ist gut. Str. 4. Meinetwegen taumelte, oder warf sich. Statt der Angstgeberde nehmen Sie wüthender oder schrecklicher. Str. 8. Meinethalben: Deß hat er nimmer mehr Gewinn. Str. 9. Was fehlt dem Nacht und Graus? Str. 11. Ich finde nicht, daß die Recapitulation unrecht ist. Ich dachte eine Strophe zwischen zu schieben, daß Lenore wäre nach Haus transportirt worden; finde es aber in der That unnütz. Es würde weiter nichts, als lang gedehnte Kauerei und Erzählung sein, die nichts Interessantes hätte. Immerhin mag man die Scene, wo die Worte der Verzweiflung ausgestoßen werden, nicht wissen. Was liegt dran, zu wissen, ob die Scene unter freiem Himmel, oder in der Kammer ist? Das macht nichts zur Sache. Auch ist Lenore unstreitig, da es nun nachtschlafende Zeit ist, in ihrer Schlafkammer; und warum soll man dem Leser den Transport hierher sagen? Das kommt mir vor, als wie: den Ersten erhoben sich Ihre Kaiserliche Majestät nach Wetzlar; den Zweiten brachen sie von da wieder auf, und erhoben sich nach . . .

Str. 11. muß es heißen:

Bei ihm, bei ihm ist Seligkeit,
Und ohne Wilhelm Hölle.

Sonst kommt ist, ist, zu oft. Herzliebster ist, däucht mir, recht balladisch und gut. Str. 15. Nicht 'rein. Str. 16. Klirrt der Sporn, habt Ihr Alle, so viel Eurer tadeln, brevi manu, Unrecht. Nicht des Reims, sondern der Sache wegen ist's da. Man muß sich in den Spornen eines Gespenstes eine magische Kraft vorstellen. Alles erinnert ihn, zu eilen, der Rappe, der Sporn fängt von selbst an zu klirren, als wär' er begierig, wieder zu stacheln. Ach! ich merke, Ihr seht und begreift die tiefe Vortrefflichkeit noch nicht allenthalben.

Was soll ich aber mit den beiden Zeilen Str. 19 anfangen? Ich weiß bis jetzt noch nichts. Vielleicht morgen durch Cr. Glaubt mir, es würde immer noch am besten sein:

> Der volle Mond scheint helle;
> Wie ritten die Todten so schnelle!

Ich weiß nicht, ich habe mir dies nicht erkünstelt, sondern gleich anfangs hat mir's vorgeschwebt, daß es so sein müßte. Der jüngste Graf Stolberg hatte accurat mein Gefühl. —

In dem Folgenden aber: Graut Liebchen auch, denke ich doch immer, meins muß bleiben. Denn es wird mit dem: Nein, ich bin ja bei Dir, ein Mal nichts, und zweitens ein Widerspruch gesagt. Soll sie alle drei Mal sagen: Nein, mich graut nicht? Und doch sagt sie das zweite Mal: Ach! laß sie ruhn, und zum dritten: O weh! laß ruhn die Todten, wodurch sie bekennt, daß sie sich allerdings und immer mehr fürchtet. Str. 28 ist freilich der Uebergang zu rasch, und der Reiter spricht zu schnell auf einander; aber noch weiß ich nicht zu helfen. Morgen oder gar nicht.

Str. 26. Prasseln oder rasseln hab' ich freilich nur aus Noth damals genommen. Eigentlich wäre in der vierten Zeile wühlet das rechte Wort:

> Im dürren Laube wühlet.

Aber woher der erste Reim?

> Warb hinten nach gefühlet?

Geht auch nicht. Also etwa so:

> Warb hinten nach gehöret, —
> Das dürre Land durchstöret, oder
> Durch dürre Blätter fähret.

Aber fähret ist doch auch nichts; müßte fährt heißen.

Lesen Sie doch Str. 3: Und überall all überall. Das ist recht gute, expressive Volkssprache. —

Fähret geht, Str. 26, doch wohl an. Denn man sagt: Der Wind fähret, wo er will, du hörest sein Sausen ꝛc.

Wenn nichts anders morgen kommt, so macht es, wie ich hier meinen Willen erklärt habe. Es muß ja gerade nicht Alles exquisit sein, sonst bliebe ja gar nichts zur zweiten Edition übrig. Vale! — Das heißt geschmiert!   Bürger.

Gelliehausen, den 27. September 1773.

Nun fange ich nach und nach an, für Lenorens Schicksal ruhig zu werden. Denn Griechen und Ungriechen bewundern sie. Sie schweift jetzt schon auf dem Eichsfelde bei dem Eichsfeldischen Adel umher. Ich recitirte sie vorige Woche in Sennickerode, und hatte das Vergnügen, daß jede Stelle, die ich bewundert haben wollte, schon beim Hersagen mit Verzückung und applaudirendem Ausruf bemerkt

wurde. Alle diese Beispiele werden mir Bürge dafür, daß Be=
wegung drinnen ist. Auch muß Natur und Deutlichkeit genug für
das Volk drinn sein, weil sie gleich, ungeachtet der Sprünge und des
abwechselnden Dialogs, ganz verstanden wird. Nächstens will ich nun
auch die Probe bei unsrer Christine machen. Vor Keinem fürcht'
ich mich nun noch, als vor den Batteuxianern, oder den tiefen Leuten,
die unter Gellert und Rabener studirt haben. Vale!

Bürger.

Mein Dichterruhm hat das ganze Eichsfeld bereits durchdrungen,
und die dortigen Beamten, z. E. Herr von Z., fangen auch an, aus
Eifersucht Verse zu machen, die aber kein Mensch bewundern will.
Seht, Herr Boie, wie berühmt wir werden!

Bürger.

Gelliehausen, den 11. October 1773.

Kund und zu wissen männiglich, insonderheit, denen es zu wissen
vonnöthen, daß ich wieder ein rasches muthiges Gefieder ausgebreitet
habe. Es hat scharfe Fänge, einen gierigen Schnabel, und sein Geschrei
verräth nicht wenig innerlichen Grimm. So bald ihm noch einige
Schwungfedern gewachsen sein werden, soll's zu Euch fliegen.

Bürger.

Den 29. September 1776.

„Aber um Gotteswillen, was stellt denn das wie Verse aussehende
Ding Nr. 14 vor? Ist das zum lachen? oder zum weinen? Doch sind
einige schöne einzelne Bilder darin, um die es Schade ist, daß sie darin
sind, als: Die Segel blähn in die Höhe. — Aber aus der ec. — Drückt
die Vögel nieder auf's Gewässer. — Das letztere ist übrigens kein
nagelneuer Gedanke.“

Den 11. October 1776.

„Nachdem Du mir das Verständniß wegen Nr. 14 im September=
heft des Museum eröffnet hast, gefällt es mir mehr als vorher. Auch
erkenne ich Göthens Geist darin, wenn auch wol leider! mit Zeichen der
Erschlaffung. Wäre er doch nur der alte Doctor Wolfgang Göthe zu
Frankfurth a. Main!

Den 29. September 1777.

Ach, Boie, Du meine liebe, alte Hebamme! was thust Du mir jetzt
noth! Ich muß hin zu Dir, um mein Kindlein in Deinen Schooß ab=
zulegen.

Den 6. April 1778.

Du wirst manchmal über das Datum lächeln, das über jedem Stück
steht. Ich konnte mir nicht helfen, ich mußte bisweilen lügen oder nach
bloßem Ohngefähr dasselbe bestimmen, weil ich die Stücke, woran
Kupfer zu stehen kommen, verhältnißmäßig durch das ganze Werk ver=

theilen mußte. Indessen sind sie doch ohngefähr größtentheils in der Ordnung verfertigt, wie sie dastehen. Wer kann mich außer Dir groß Lügen strafen? Wir wollen uns an den ästhetischen Narren belustigen, die aus dieser Chronologie den Fortschritt meines Geistes darzuthun sich bemühen werden.

Den 30. April 1778.

Nun muß ich mit einigen der besten Strahlen meiner Glorie zu Haus bleiben, als da sind: Der wilde Jäger!!! eine große, neue Ballade Ines von Kastro! Frau Schnips! Eine neue äußerst schaurige Romanze: Der Hechelträger, Weiberkeuschheit und — Dein Denkstein, betitelt: Das Reiten! Ist das nicht ärgerlich? Doch! der Himmel wird uns ja Zeit und Kräfte zu einem baldigen zweiten Bande geben. Roher Stoff ist überflüssig vorhanden.

An Dieterich.

W., den 5. Mai 1778.

Der bekränzte Titel ist ein Scheistitel, monsieur Superklug! Der mit diesem Zeichen ♯ sähe viel gescheidter aus. Meinethalben, du alberner Geselle! Um des Ducatens willen ersuche ich Herr Stöckern nochmals, an der Subscr.-Liste das beste zu thun. Ich wünschte, daß die Einlage (Entschuldigung) hinter dem Subscr.-Verzeichniß angehängt werden könnte.

Die Kupfer kommen paginirt zurück. Ich höre von Sprengel, daß Ihr schon paginirt habt. Da sollte euch der T. holen. Denn ich habe, um die Kupfer nicht alle auf einen Klump zu stellen, eines auf eine andre Pagina verlegt, als wovor es anfangs als Vignette stehen sollte. Zu Pag. 29 schickt sich's sehr gut. Um Gotteswillen! macht mir auf die letzte keinen Schweinkäse.

Den Revisionsbogen will ich Herr Stöckern auch noch einmal bestens empfehlen, denn der wilde Sprengel macht mir so viel Spectakel, daß ich nicht weiß, ob ich einen Kopf habe oder nicht. Adio!

G. A. B.

An Boie.

Den 7. November 1778.

Ein geheimer Kummer belastet mein Herz schon seit Jahren ... Gott stehe mir bei, daß die Verzweiflung mich nicht eher überrasche, als bis ich mein Haus bestellt habe. Ich bin jetzt meistens wie ein Schlaftrunkner und es fehlt mir fast an aller Besonnenheit.

Den 3. December 1778.

Unbeschreiblich wollüstig hat sich meine Fantasie an Sulzers Ge=
mälde der reizenden Schweizergegenden gelabt, und mir deucht, ich
werde nicht eher wieder gesund, als bis mich ein günstiges Schicksal
dorthin führt. Dürfte ich aber hernach nur nie in diesen umnebelten,
mit erbärmlichen Rauchhütten und knietiefen Morast umgebenen Winkel
zurückkehren! Es ist entsetzlich, hier an Geist und Leib so verkümmern
zu müssen.

<hr>

An seinen Schwager.

Göttingen, den 20. December 1785.

Weh thun, mein lieber . . . ., muß es mir allerdings, daß Du mich
seit Deiner ganzen Abwesenheit auch nicht eines einzigen Briefes ge=
würdigt hast. Aber zürnen kann ich dennoch nicht mit Dir, ob ich gleich
sehr wohl weiß, daß Dein wirklich mir abgeneigtes Herz schuld an
diesem Stillschweigen ist. Und warum kann ich denn nicht zürnen? —
weil ich Dein Herz besser kenne, als Du das meinige; weil ich weiß,
daß es Deine Schuld nicht ist; wenn Du mich und meinen Charakter
verkannt hast, weil mein Gewissen mir Zeugniß giebt, daß kein Edler,
der mich kennt, mich zu hassen oder zu verachten im Stande sei. Zwar
könnte ich wohl über Deine allzu große Leichtgläubigkeit ein wenig mit
Dir hadern, nach welcher Du manchen Zahlpfennig für ein ächtes voll=
wichtiges Goldstück, selbst wider die Absicht desjenigen, der ihn Dir
aufschwatzte, annahmst. Es mag wohl an manchem Orte Deines
letzten Aufenthaltes in Deutschland arg genug über mich hergegangen
sein. Ich weiß das Meiste davon fast buchstäblich. Und was ich nicht
weiß, das kann ich mir gar leicht aus dem unbesonnenen, unstäten, win=
digen und charakterlosen Leichtsinn, aus welchem Dieser und Jener zu
schnacken pflegt, hinzu denken. Doch — wozu frische ich unangenehme
Bilder der Vergangenheit auf? Vergessen sei und bleibe, was irgend
wer mir jemals zu Leide redete oder that, so wie es schon längst in
meinem Herzen vergraben war! Wenn auch sonst überall nichts Gutes
an mir wäre, so ist es doch das, daß ich keinem Beleidiger Haß oder
Rache nachzutragen im Stande bin. Gegen diejenigen, die es nun
vollends nicht aus bösem Vorsatze sind, kann ich auch keinen Augen=
blick zürnen.

Diese Gesinnungen hätte ich schon eher gegen Dich geäußert, wenn
nicht Kränklichkeit und tausendfache Zerstreuungen meiner letzten
Lebensjahre, insonderheit aber die Besorgniß, daß es für kriechende
Heuchelei genommen werden möchte, meinem Vorsatz, an Dich zu schrei=
ben, in den Weg getreten wären. Jetzt aber, da unser George auf
einige Wochen zum Besuche bei mir ist, und ich ihn so emsig an Dich
schreiben sehe, werde auch ich dazu ermuntert, besonders da ja nun alle
Fehde ein Ende haben wird, und keine Ursache mehr vorhanden ist,

6 *

mir eine neue anzukündigen. Du alter, ehrlicher Don Quixote kannst nun Schwert und Lanze getrost ruhen lassen, brauchst auch keine Andern mehr in Harnisch zu jagen; denn was Du nur jemals gesehen und für Riesen gehalten haben magst, waren weiter nichts, als Windmühlen, und auch diese Windmühlen sind nun sammt und sonders zusammenge= stürzt. Der alte Windmüller in B . . . verdiente nun zwar wohl, ein Bischen dafür gehetzt zu werden, daß er Dir so manches gräßliche Gaukelspiel vormachte; allein wenn es die vergeltende Gerechtigkeit des Schicksals nicht thut, so will ich mich gewiß damit nicht befassen. Denn aus des Herzens=Bosheit hat er wohl auch eben nicht gewindmüllert, wie= wohl freilich der Leichtsinn und Muthwille oft eben so viel Böses, als die Bosheit, stiften. Doch genug hiervon!

Gern theilte ich Dir nunmehr Eins und das Andere von der Ge= schichte meiner letzten Lebensjahre mit, wenn ich nur wüßte, was Du bereits davon weißt oder nicht weißt. Denn Einerlei vielleicht zwei und mehr Mal nach Ostindien zu schreiben, ist doch des weiten Weges kaum werth. Gleichwohl darf ich voraussetzen, daß Dir Dies und Jenes schon von Andern berichtet sein werde. Doch dem sei, wie ihm wolle, so will ich das Hauptsächlichste, wiewohl freilich nur kurz, berühren. — Daß ich vor anderthalb Jahren meine Amtmannsstelle niedergelegt habe, wirst Du wohl längst wissen. Es war in dem elenden Edel= manns=Dienste nicht mehr auszuhalten. Es ging dabei nicht nur alle mein Armüthchen, sondern auch Gesundheit und fast das Leben zu Grunde. Die beständigen Händel und Zänkereien, die ich besonders mit dem General v. Uslar in Gelliehausen, und der Widerwille, den ich gegen Alle mit diesem Amte verbundenen, nichtswürdigen Plackereien hatte, ließen mich meines Lebens nicht voll und nicht froh werden. Ich gerieth mit dem General, auf dessen Hungergute Appenrode ich einige tausend Thaler zugesetzt habe, endlich sogar in Proceß, welcher mich denn so aufbrachte, daß ich etwas that, was ich schon vor zehn Jahren hätte thun sollen, nämlich, daß ich kurz und gut die elende Stelle auf= gab, da ich auf andere Art mich wenigstens eben so gut durchbringen konnte.

Das letzte halbe Jahr, ehe ich das Gericht Gleichen verließ, wohnte ich nach meinem Abzuge von Appenrode in Gelliehausen. Hier starb mir am 30. Juli 1784 meine gute Dorette an eben der langwierigen, auszehrenden Krankheit, woran der selige Karl gestorben ist. Das schwere und kostbare Hauskreuz, unter dessen Last ich da länger als ein halbes Jahr geseufzt habe, kann und mag ich Dir jetzt nicht mehr schil= dern. Mehrere Monate lang sah ich sie täglich dahin sterben, ohne ihre Wiederherstellung auch nur hoffen zu dürfen. Ihre Krankheit hatte sich während ihrer letzten Schwangerschaft mit einem elenden, anfangs gar nicht geachteten Schnupfen und Husten angefangen. Die Nieder= kunft mit einem Mädchen ging dessenungeachtet glücklich von Statten. Auch war sie bereits vom Wochenbette wieder aufgestanden, als das vorige hektische Fieber sich von neuem ihrer bemächtigte und sie endlich nach langwierigem Jammer dem Tode überlieferte. Das Kind starb einige Wochen nach ihr an eben der Krankheit, wozu es den Samen schon mit auf die Welt gebracht hatte. Ich brachte hierauf meine Ize nach Bissendorf, woselbst sich Gustchen seit einem Jahre wieder aufhielt, nachdem sie die vorherige Zeit nach Karl's Tode bei einer meiner Schwestern in Sachsen gelebt hatte. Ich selbst gab meinen Land-Haus-halt nun gänzlich auf, verauctionirte meine überflüssigen, mir beschwer-lichen Poltereien, und zog Michaelis 1784 nach Göttingen, wo ich mit gutem Beifalle anfing Collegia zu lesen und dabei mein hinlängliches Auskommen fand. Weil aber durch die Trübsale der letzten Zeit meine Gesundheit allzu sehr gelitten hatte, als daß ich mich von selbst hätte wieder erholen können, so mußte ich verwichene Ostern meine akade-mischen Beschäftigungen wieder aussetzen, um diesen Sommer über eine gründliche Kur vorzunehmen. Ich reiste daher nach Bissendorf, und von da nach Pyrmont und Meinberg, wo ich Brunnen und Bad ge-braucht habe. Vorher aber verband ich mich mit Derjenigen, die seit zehn oder zwölf Jahren, nach einem mir unerklärbaren Ver-hängniß, das Unglück meines Lebens gewesen war, um sie dadurch zum Glück meines noch übrigen Lebens umzuschaffen. Wenn mein fast ganz hinwelkendes Leben nunmehr allmählig wieder aufzugrünen und zu blühen anfängt, so habe ich es wohl nicht blos Brunnen, Bädern und Apotheken zu verdanken, sondern hauptsächlich ihr, ohne deren Besitz ich lieber mein Dasein gar nicht haben möchte. Seit Michaelis leben wir nun beiderseits in Göttingen, und sind erst die jetzigen Sorgen und Kosten unserer neuen häuslichen Einrichtung überstanden, so sehen wir, wenn uns sonst nur der Himmel Gesundheit bescheert, einer ange-nehmeren und gemächlicheren Zukunft entgegen, als unsere so kummer-volle Vergangenheit war. Was herzinnige, unwandelbare Liebe zum Glücke unsers Lebens nur irgend beitragen kann, das wird sie gewiß hergeben, und unser nothdürftiges Auskommen werden wir gewiß auch finden, wenn wir nur gesund bleiben. Denn ob ich gleich zur Zeit nicht Professor bin, welches ich bald zu werden hoffen darf, so denke ich doch durch Lesen und Schreiben so viel zu verdienen, daß es uns an dem Nothwendigen nicht leicht fehlen soll. Mein kleines, liebes Weib ist eine gute und fleißige Hauswirthin, und dies wird hoffentlich nicht wenig dazu beitragen, mir auf den grünen Zweig wieder hinauf zu helfen, von welchem ich durch so mancherlei Stürme meines vorigen Lebens heruntergeschüttelt war. Wenn der Himmel Dich einst gesund und glück-lich in Dein Vaterland und in unsere Arme zurückliefern wird, welches wir Alle so herzlich wünschen, so sollst Du uns, so Gott will, glücklicher und vergnügter wiederfinden, als Du uns verlassen hast. Möchte doch dieser angenehme Zeitpunkt erst da sein!

Hier hast Du nun einen Hauptumriß meiner letzten Lebens-Ge-schichte. Besonders merkwürdige Veränderungen haben sich seitdem in

unserer Familie nicht zugetragen. Die nächste Merkwürdigkeit dürfte
wohl ein junger Erbprinz für unser freilich ziemlich in Verfall ge=
rathenes Reich sein, wenn uns anders das Schicksal nicht zu ewiger
Mädchen=Autorschaft verdammt hat. Kommt, wie ich wünsche und hoffe,
ein Junge an den Tag, so sollst Du hiermit zum Gevatter erbeten sein
und dieser Brief mag statt des Gevatter= Briefes dienen. — Du wirst
es doch wohl annehmen? Oder willst Du mit uns hassens= und ver=
achtungswürdigen Ungeheuern ganz und gar keine Gemeinschaft mehr
haben? Pfui, schäme Dich, Du alter Don Quixote, daß Du Dich so
bewindmüllern ließest! Und wenn Du Dich ausgeschämt hast, so komm
wieder her und laß Dich umarmen! — Sage mir alsdann nur, um's
Himmels willen, was für abentheuerliche Vorstellungen von unserer
beiderseitigen Abscheulichkeit Du Dir hast beibringen lassen? Das
Wind= und Klappermüller=Volk in B..., mit welchem ich übrigens
von je und je recht friedlich und schiedlich zurecht gekommen bin, weil
ich's nie für etwas Höheres oder Geringeres genommen habe, als was
es ist, und mit welchem ich also auch künftig recht herzlich gut durch die
Welt kommen werde, dies Wind= und Klappermüller=Volk dürfte wohl
beinahe selbst Deiner gutherzigen Leichtgläubigkeit lachen, wenn es
wüßte, wie Du so im ganzen Ernst Windmühlen für Riesen angesehen
habest und noch bis auf den heutigen Tag bereit seist, mit Schwert und
Speer darauf los zu rennen. Nein, lieber Junge, wir waren weiter
nichts, als arme unglückliche Leute, deren Abscheulichkeit in weiter nichts
bestand, als daß wir uns liebten, ohne uns dies weder gegeben zu
haben, noch wieder nehmen zu können. Es hat darunter Keiner mehr
gelitten, als wir selbst; und hätten nicht Leute, die es nichts anging,
ganz unberufener Weise ihre Nasen dazwischen gesteckt, so würde Alles
seinen stillen und ruhigen Gang gegangen sein. Doch, es hat ja nun
alle Fehde ein Ende! Wir sind durch Alles das, was vorbei ist, um
nichts schlechter geworden, und dürfen uns rühmen, daß wir nichts
desto weniger von guten und edeln Menschen geschätzt und geliebt
werden. Mein Gewissen hat sich nicht vorzuwerfen, daß ich deswegen
ein minder guter Ehemann gegen meine verewigte Dorette gewesen sei,
als ich wohl sonst gewesen sein würde. Ich konnte sie jederzeit auf=
fordern und fragen, ob ich ihr im mindesten unwürdig und lieblos be=
gegnet sei, und das werde ich auch noch in jener Welt können, ohne eine
gerechte Anklage zu befürchten. Nun, dies ist es ja wohl Alles, was
Dein Herz gegen uns empörte. Oder hast Du auch noch sonst etwas
wider mich gehabt? Ich bin mir wenigstens nichts weiter bewußt, wo=
durch ich die Erbitterung Deines Herzens verdient haben könnte. Doch
ja, noch eins fällt mir ein. Zu der Zeit, als mir die Vormundschaft
auf eine sehr unwürdige Art abgenommen wurde, that mir das Pub=
licum, höchst wahrscheinlich durch die edle Windmüllerei veranlaßt, die
Ehre an, von mir zu glauben, daß ich gar übel mit meinen Curatel=
Rechnungen bestehen würde. Ich bin aber, Gottlob! recht gut damit

bestanden, und Niemand kann mir vorwerfen, daß ich Segen davon gehabt, indem ich keinen Heller Salarium davon genossen habe, welches gleichwohl meinem Nachfolger zu Theil werden muß. Dennoch habe ich die Last, Plackerei und Sorgen derjenigen Zeiten bestanden, da es nicht desperater ansehen konnte, als es aussah. Ich denke auch nicht, daß ich der Curatel die schlechtesten Dienste gewidmet habe, indem das Verdienst des gewonnenen Erbschafts-Processes mir ganz allein gebührt. Wie viel bequemer und ruhiger hat es nicht dagegen P... gehabt, der den argen Wust, in welchem Keiner wußte, wer Koch oder Kellner war, aufgeräumt fand, und nachher wenig mehr gethan hat, als Geld einnehmen und Geld ausgeben. Gleichwohl soll nun wohl noch manches Tröpfchen Wasser in der Leine vorüber laufen, ehe wir mit diesem auseinander kommen, und der ehrliche Windmüller, so gewaltig er's auch in Worten hat, wird gewiß mit der That desto weniger dazu beitragen, daß wir mit P... auf's Reine kommen. Du hättest daher Deine Vollmacht, die Du bei ihm zurückließest, und gleichsam in des sel. Abrahams Schooß gelegt zu haben glaubtest, nur eben so gut seinem Peter ertheilen können. Deine Angelegenheiten würden auf die Art eben so gut besorgt worden sein. Bürger.

An Boie mit Molly's Todesanzeige.

†

Auch meine zweite Gattin, meine liebenswürdige Auguste, Marie, Wilhelmine, Eva, geborne Leonhart, sie, die Ganzvermählte meiner Seele, sie, in deren Leben mein Muth, meine Kraft, mein Alles verwebt war, hat gestern, am fünfzehnten Tage nach ihrer anfangs glücklichen Entbindung von einer Tochter ein grausames, unüberwindliches Fieber getödtet. O des kurzen Besitzes meiner höchsten Lebensfreude! — Ich kann weder meine unaussprechliche, ach! so unglückliche Liebe, noch den namenlosen Schmerz, worunter nun mein armes, auf immer verwittwetes Herz erseufzt, in Worte fassen. Gott bewahre jedes fühlende Herz vor meinem Jammer! Göttingen, den 10. Januar 1786.

Ich zum Elende ausgezeichneter Mensch kann Dir jetzt und so lange ich in dieser entsetzlicher Nacht in's unerforschliche Verhängniß sinne und gedankenlos hinstarren muß, nichts weiter sagen, als daß ich unveränderlich bin

ganz der Deinige

G. A. Bürger.

Göttingen, den 16. März 1786.

Herzlichen Dank, liebster, bester Boie, für Deinen gütigen, theilnehmenden Brief! Aechtes Mitleid ist immer ein Becher, wo nicht der

Heilung, dennoch wenigstens süßer Labung für den Zerschlagenen, besonders wenn ihm eine so liebe Hand wie die Deinige darbietet. — Ich bin ein armer, unheilbarer Mensch bisher gewesen; ich bin es noch immer fort, und werde es bleiben bis an mein Grab neben der Unvergeßlichen; ein armer, an Kraft und Muth und Thätigkeit gelähmter Mensch, der zu jedem Dinge langsam und verdrossen ist. „O, das gibt sich mit der Zeit!" wirst Du mit hundert andern herzensguten Tröstern sagen. Freilich ist wohl die Zeit noch unter allen Trösterinnen die beste; allein was sich geben wollte, geben konnte, das hat sich längst und schon in den ersten zwei Tagen gegeben. Was aber nun nach zwei Monaten noch übrig ist, das giebt sich auch schwerlich mein Leben lang. Wann wird der Schwarm von tausend und abermals tausend Erinnerungen aufhören, meine Seele zu umflattern? und wann wird jede derselben bis dahin ermatten, um nicht mehr wie bisher mein Herz auf das schmerzlichste zusammen zu krampfen, wenn ich gleich vor den Leuten nicht laut dabei aufschreie? Eben so tief war einst meine unendliche Liebe, eben so tief mußte sich nun mein unendlicher Schmerz in meine Seele graben. O! wie könnte ich ihrer vergessen? Ach, ihrer, ihrer! der ich seit länger als zehn unglücklichen Jahren voll Drang und Zwang mit immer gleich heißer, durstender, verzehrender Sehnsucht nachseufzte? Ihrer, durch welche ich bin Alles, was ich bin und nicht bin! Ihrer, um welche die einst so gesunde Jugendblüthe meines Lebens sowohl als Geistes vor der Zeit dahin welkte! Ihrer, die diese verwelkte Blüthe endlich ganz wieder zu beleben versprach, die endlich die Meinige, die Meinige! — ein Wort, ein Begriff von unendlicher Kraft für mich! — die Meinige endlich ward, mich gleichsam aus der Nacht der Todten zurück rief, und in einen lichten Freudenhimmel empor zu heben anfing! — Ach und wozu? Um so schnell, so auf Ein Mal mir wieder zu entschwinden, mich mitten auf den Stufen des Hinaufgangs zum neuen bessern Leben fahren und noch tiefer in die vorige Nacht zurück sinken zu lassen! O Boie! ich liebte sie so unermeßlich, so unaussprechlich, daß die Liebe zu ihr nicht blos der ganze und alleinige Inhalt meines Herzens, sondern gleichsam mein Herz selbst zu sein schien. Wie so ganz verwittwet ich nun bin und wahrscheinlich immer bleiben werde, das kann ich Dir mit Worten nicht begreiflich machen. Freilich kann man man oft von sich und seinem Herzen, diesem Proteus, keine Stunde vorher etwas Gewisses prophezeihen; Gefühle kommen und verschwinden, wie der Dieb in der Nacht: aber das Gefühl dieser Liebe hat sich so lange und so tief mit meinem innersten Ich verwebt, daß, wenn es auch nicht unmöglich wäre, dieses mein Ich umzustimmen, dennoch dasjenige Weib, welches das Bild der einzigen und höchst geliebten Unvergeßlichen gänzlich in Schatten zurückzudrängen vermöchte, ein wahres Meister= und Schöpferwerk an mir verrichten würde.

Ach, liebster Boie, ich sage es ja nicht allein, daß sie eine der Liebenswürdigsten ihres Geschlechts war. Könntest Du die Stimmen auch der Gleichgültigsten, die sie näher kannten, sammeln: so dürfte auch nicht eine einzige zu ihrem Nachtheil ausfallen. Hat jemals die schönste Weiber= seele sich in entsprechender Leibesgestalt sichtbar offenbaret, so war es bei ihr geschehen. Die Anmuth, wenn auch gleich nicht glänzende Schönheit ihres Gesichts, ihrer ganzen Form, jeder ihrer Bewegungen, selbst des Flötentones ihrer Stimme, kurz Alles Alles an ihr mußte es Jedem, der nicht an allen Sinnen von der Natur verwahrloset war, verrathen, weß himmlischen Geistes Kind sie war. Wie nur irgend ein sterblicher Mensch ohne Sünde sein kann, so war sie es; und was sie ja in ihrem ganzen Leben Unrechtes gethan hat, das steht allein mir und meiner heißen, flammenden, allverzehrenden Liebe zu Buche. Wie wäre es möglich gewesen, dieser bei so hinreißenden Gefühlen auf ihrer Seite, zu widerstehen? Und dennoch, dennoch hat sie ihr Jahre lang unter den stärksten Prüfungen widerstanden. Dennoch ist sie ihr endlich nur auf eine Art unterlegen, die auf die höchst reinste weibliche Unschuld und Keuschheit auch nicht ein Fleckchen zu werfen vermag. Denn ich wüthender Löwe, der ich oft weder meines Menschenverstandes noch Herzens mächtig war, hätte Vater und Bruder, die sie mir hätten streitig machen wollen, mit den Zähnen zerrissen; in meinem Wahnsinne hätte ich lieber meiner ewigen Glückseligkeit, als dem Himmel ihres Genusses entsagt, so herz= lich ich es auch vor Gott betheuern kann, daß Sinnenlust der kleinste Bestandtheil meiner unaussprechlichen Liebe war. Der Allbarmherzige wird mir's um seines Lieblingswerkes willen verzeihen, was ich im höchsten Taumel der Liebe zu diesem verbrochen habe. An dieser herr= lichen, himmelsseelenvollen Gestalt duftete die Blume der Sinnlichkeit allzu lieblich, als daß sie nicht zu den feinsten Organen der geistigen Liebe hätte hinaufdringen sollen. — Doch, wo gerathe ich hin? Ich sage Dinge, die ich nicht sagen sollte. Du bist ja aber einer meiner ältesten und vertrautesten Freunde. Und am Ende, wenn ich's auch der ganzen Welt sagte? — Pah! Was kümmert mich denn nun noch die ganze Welt? Hin ist ja nun hin! Verloren ist verloren! — Niemand nehme sich's heraus, mir zu sagen: Bürger, sei ein Mann! Ich denke, ich bin einer, und zwar ein ganzer Mann, der ich so etwas und noch so zu tragen vermag, als ich's wirklich trage. Liegen nicht alle meine Wünsche, alle meine Hoffnungen, die noch vor Kurzem so schön, so früh= lingsmäßig blüheten, liegen sie nicht alle zerschmettert um mich her, wie ein verhageltes Saatfeld? Ein armer Stümper, ein Invalide an Geist und Leib bin ich freilich dadurch auf Lebenszeit geworden. Aber wer anders, als nur der todte Grenzpfahl im Felde kann eine solche Scene der Verwüstung gleichgültig ansehen lernen, wenn gleich der erste Schmerz der Verzweiflung sich bald genug austobt? Welcher Mensch, der ein Herz von Fleisch und nicht von Stein hat, kann wieder eben so fröhlich und in seinem Gott vergnügt dabei essen, trinken, schlafen und handtieren, als da noch Alles rings umher unversehrt blühte und duftete? Man wälzt sich ja freilich, nach wie vor, aus einem langweiligen Tage

in den andern fort, und der Tausendste merkt es kaum, was und wie
viel Einem fehlt. Aber . . wozu noch die Worte? — Hin ist hin! ver=
loren ist verloren! das ist die Hauptsumme von Allem. Wenn ich hier
noch etwas hoffe und wünsche; wenn ich, matt und kraftlos, wie ich bin,
mit Fallen und Aufstehen nach etwas noch strebe: so geschieht es um
meiner Kinder willen. Wären diese nicht, so würde der sehnende Wunsch,
mich, je eher je lieber neben meine Entschlafenen zu betten, mich gar
nicht mehr verlassen. Wozu sollte auch sonst der nackte, kahle, traurige
Stab noch lange dastehen, nachdem die schöne, holde Rebe, die sich um
ihn hinan schlang, herabgerissen ist? —

Ah! te meae si partem animae rapit
Maturior vis, quid moror altera,
Nec carus aeque, nec superstes
Integer? Ille dies utramque

Ducet ruinam: non ego perfidum
Dixi sacramentum: ibimus, ibimus,
Utcumque praecedes, supremum
Carpere iter comites parati.

Diese Verse, an die ich seit zwanzig Jahre nicht dachte, fielen mir
nach meinem Verluste plötzlich wie Weissagung ein, und dröhnen mir
seitdem mit ihrem Todesinhalt durch Mark und Bein.

Meine Gedichte würde ich schwerlich in meinem ganzen Leben
wieder zur Hand nehmen, wenn ich mich nicht noch für etwas mehr, als
meine eigene armselige Person, zu interessiren hätte. Die Beilage wird
Dich von der nun nahe bevorstehenden neuen Auflage weiter unterrichten.
Kannst Du etwas für mich thun, so weiß ich, Du thust es ungebeten.
Du kannst diese Ausgabe ziemlich als mein Letztes, als mein Testament
ansehen. Meine Kraft ist dahin; was mir noch übrig ist, das will ich
zur Verherrlichung meiner Unvergeßlichen zusammenraffen. Anders
kann ich ihr doch die Leiden, welche ihr meine unglückliche Liebe so viele
Jahre hindurch in den Frühlingstagen ihres Lebens verursachte, nicht
mehr vergelten.

Meine häuslichen Umstände sind erträglich, ob ich gleich harte Aus=
gaben diesen Winter über gehabt habe. Sie würden in Kurzem merklich
besser geworden, ja ich würde wieder auf einen grünen, blühenden Zweig
gekommen sein, wenn ich meine mit allen häuslichen und wirthschaft=
lichen Tugenden gezierte Auguste, und mit ihr meinen Muth und
meine Thätigkeit behalten hätte. Nun muß ich mich wieder fremden
Leuten preisgeben, so enge ich mich auch zusammengezogen habe. Meine
älteste und einzige Tochter erster Ehe, ein sehr viel versprechendes Mäd=
chen, habe ich der Frau Professorin Erxleben in Kost und Erziehung
gegeben. Den Nachlaß meiner Entflohenen nebst seiner Amme hat
meine Schwägerin mit nach Wissendorf genommen. Höchst traurig ist
es, daß ich meine lieben Küchlein nun so von mir entfernen muß. Wann
werde ich sie wieder zu mir versammeln können?

Eben laufen Briefe aus England ein, daß ich einen jungen Engländer in's Haus und unter meine Aufsicht nehmen, auch ihn von Brüssel,
wohin ihn sein Vater, Lord Lisburne, selbst begleiten will, in ungefähr drei Wochen abholen soll. Ich hoffe, diese Zerstreuung soll mir
etwas wohl thun.

Leb' wohl, mein bester Boie! Gott segne Dich nebst Deinem trauten
Weibe mit allem dem Segen, den ich einst so heiß, allein umsonst, für
mich erflehte! Unveränderlich Dein getreuer

Bürger.

Vorgefühl der Gesundheit.

An Heinrich Christian Boie.

Täuschet ihr mit eurem Wechseltanze,
Du, o Wunsch, und du, o Hoffnung, mich?
Oder naht im Purpurnelkenkranze
Frohen Trittes die Gesundheit sich?
Will sie von dem Dämon mich erlösen,
Welcher meine Kraft gefangen nahm?
Soll ich wiederum zu dem genesen,
Der ich der Natur vom Busen kam?

Laß mich dir mein Vorgefühl verkünden,
Boie, alter, trauter Herzensfreund!
Wonniglich wirst du es mitempfinden,
Wann der Dulder fessellos erscheint;
Wann er mit der angebornen Stärke
Jugendlich Apollon's Bogen spannt,
Oder rüstig zu Athenens Werke
Unter der Aegide sich ermannt.

Ha, dein Freund, einst mehr als halb verloren,
Keck verhöhnt von schnödem Uebermuth,
War zum lahmen Schwächling nicht geboren,
Ihn durchfloß kein träges, feiges Blut.
Das bezeugen ihm des Pindus Würden,
Die er in der Ohnmacht noch erwarb,
Und die Kraft, die unter allen Bürden
Nicht in zwanzig Jahren ganz erstarb.

Heil ihm! Leichter fühlt er schon die Glieder,
Und der Genius, der in ihm strebt,
Schüttelt freier, stärker das Gefieder,
Das dem schweren Nebel ihn enthebt.

Erde, dich mit allen deinen Bergen,
Allem lastenden Metall darin,
Allen Riesen drauf und allen Zwergen
Haucht er bald wie Flaum vor sich dahin.

Edle Rache beut er dann der Schande,
Die er über sein Verschulden trug,
Seit der Hypochonder dumpfe Bande
Um die reingestimmten Nerven schlug,
Wann es heller um der Wahrheit Seher,
Wärmer um der Schönheit Pfleger tagt
Und er glorreich eines Hauptes höher
Als zehntausend Alltagsmenschen ragt.

Mag es Riese dann und Drache wagen,
Gegen ihn zum Kampf heranzugehn!
Mag das Glück ihn auf den Armen tragen,
Oder er auf eignen Füßen stehn!
Neu gerüstet mit den Götterwaffen,
Die er mit gestähltem Arme führt,
Wird er sich nach Heldenrecht verschaffen,
Was sein Wunsch bedarf und ihm gebührt.

Herr des Lebens, willst du mich erhalten,
O so gieb nur eins, — Gesundheit mir!
Dankend will ich dir die Hände falten,
Aber bitten weiter nichts von dir.
Kühn durch Klippen, Strudel, Ungeheuer
Lenk' ich, allgenugsam mir, alsdann
Auf des Lebens Ocean mein Steuer.
Selbst sein Gott ist ein gesunder Mann.

An Friedrich Gottlob Born in Leipzig.

Göttingen, den 5. Februar 1788.

Wohlgeborener,
Hochzuehrender Herr Professor!

Bei Ew. Wohlgeboren gütiger Zuschrift ist mir zu Muthe, wie ungefähr dem armen Bauermädchen, dem ein reicher und vornehmer Junker die Hand anbietet. Es ist ein Gemisch von angenehmer Verwunderung über die unerwartete Ehre, aber auch zugleich von Scham aus dem Bewußtsein, daß ich sie nicht verdiene. Meine Verlegenheit dabei ist um so größer, als ich nicht nur Ew. Wohlgeboren, sondern auch in mancher Rücksicht mich selbst für zu gut achte, um in der gewöhn-

lichen Schelmhaut verborgen zu bleiben. Diese Schelmhaut ist eine Art
von Nebelkappe, wie sie weiland die Zwerge führten, um sich nach Bedürfniß entweder ganz unsichtbar, oder doch wenigstens ein falsches
Blendwerk von sich zu machen. Ob ich nun gleich eine solche Kappe in
manchen Fällen sowohl mir als andern ehrlichen Leuten gar gern
erlaube, so scheint sie mir doch vor Ihnen, und vollends nach einer so
edlen und wohlwollenden Aufforderung, durchaus nicht geziemen zu
wollen. Gleichwohl möchte ich, durch das Bekenntniß meiner Armuth
und Schwäche, die mir so behagliche Melodie Ihrer Gesinnungen gegen
mich nicht gern verstimmen.

Es ist erst seit Kurzem, etwa seit zwei oder drei Jahren, daß ich das
Studium der Philosophie mit wissenschaftlicher Ordnung und Strenge
treibe. Da ich nun noch zum Unglück viel kränkle, so ist leicht abzusehen, daß ich es wohl noch nicht so weit gebracht haben könne, um
unter die Zunftgenossenschaft mit aufgenommen zu werden. Freilich
trieb mich schon in früheren Jahren ein inneres Bedürfniß, mehr als
ein Mal, zur Speculation. Allein theils brachten andere damit unver-
einbare Geschäfte und Zerstreuungen mich immer wieder davon zurück,
theils fand ich auch in so mancher metaphysischen Stadt Gottes allzu
wenig Rath, Beihülfe und Unterstützung, welches mich dann zum Fortfahren verdrossen machte. So würde es geblieben sein, wenn ich nicht
endlich an das Buch der Bücher — Ihnen brauche ich es nicht zu sagen,
welches ich so nenne — wenn ich nicht an das heilige Buch gerathen
wäre, welches zu meiner angenehmsten Verwunderung so manche meiner
vorherigen verworrenen und dunkeln Muthmaßungen in ordentliche
deutliche und zuverlässige Erkenntniß verwandelte. Das Buch der
Bücher ist nun freilich seitdem fast mein täglicher Abend- und Morgen-
segen gewesen; allein dennoch ist es mir bei weitem noch nicht gelungen,
auch nur mit meinen Blicken alle die Höhen zu erreichen, welche die
Scheitel des riesenmäßigen Denkers berührt, überall die Tiefen zu er-
gründen, wo, wie auf unvergänglichem Granit, so unerschütterlich sein
Fuß steht, noch das All der Erkenntniß nur zu umschleichen, das Er,
wie einen Spielball, mit seiner hohlen Hand umspannt. Wahrlich, es
ist kein größerer System-Schöpfer gewesen als Kant, seitdem auf Erden
Systeme hervorgebracht worden sind!

Ob ich nun aber gleich noch lange nicht so weit bin, als ich sein
sollte, so habe ich doch in der Hoffnung, daß fortgesetzte Anstrengung
mich endlich zum Ziele bringen werde, diesen Winter Vorlesungen über
die Kant'sche Philosophie unternommen. Die Verwegenheit eines
solchen Unternehmens entschuldigte ich gegen mich selbst damit, daß ich
alsdann zu jener so nöthigen Anstrengung des ganzen Vermögens
schlechterdings gezwungen sein würde. Bis hierher ist es denn nun
ganz leidlich von statten gegangen, wie denn auch der Zuspruch der Zuhörer, troß der hiesigen Anti-Kantianischen Katheder, über alle meine
und jedes Andern Erwartung, zahlreich und anhaltend gewesen ist.

Dem Kant'schen Systeme, so weit ich es verstehe, fehlt weiter nichts, als eine faßlichere Darstellung, um Alles, was bisher metaphysicirt worden ist, noch innerhalb dieses Jahrhunderts unter die Füße zu bringen. Wenn mich nicht meine überaus elende Gesundheit daran verhindert, so ist es mein redlicher Vorsatz, hierzu beizutragen, was nur irgend in meinem Vermögen steht. Wenn ich mich in Ansehung meiner geringen Fähigkeiten nicht ganz und gar irre, so hoffe ich, gerade in diesem Stücke nicht ohne allen guten Erfolg mit zu arbeiten, sobald ich nur Alles vollkommen durchdrungen habe. Ausnehmend habe ich mich gefreut, Ew. Wohlgeboren, wo nicht auf eben demselben, dennoch auf einem mit dem meinigen so parallel laufenden Wege zu finden, so daß wir uns fast allenthalben einander absehen und abrufen können. Es ist ein ganz vortreffliches und den Dank unseres ganzen patriotisch gesinnten Publicums verdienendes Unternehmen, die „Kritik der reinen Vernunft" in's Lateinische zu übertragen. Mehr als hundert Mal habe ich dieses schon selbst still und laut gewünscht: aber immer hat mir der Wunsch bei näherer Ueberlegung unerfüllbar geschienen, woran nun wohl meine eben nicht gar große Kenntniß der lateinischen Sprache schuld gewesen sein mag. Denn wie ich nunmehr aus Ihrem vorläufigen so schön gerathenen Versuche ersehe, so läßt sich, wenn auch gleich nicht jede Wendung, dennoch der wahre Kern der Kant'schen Gedanken in eine sehr elegante ächt römische, gleichwohl aber sehr leichte und faßliche Sprache übertragen. Ich zweifle nun keinen Augenblick mehr an Ihrer glücklichen Vollendung des Ganzen, und ich stelle mir zum Voraus mit wahrem Entzücken die Wirkungen des erhabenen Buches auf die Denker des Auslandes vor. Nochmals wiederhole ich es von ganzem Herzen: Ihr Unternehmen ist ein gar herrliches.

Den Sanct Pezold haben Sie, däucht mir, mausetodt gemacht. Er wird es aber wohl, nach Art aller Aner, nicht an sich kommen lassen, daß er todt sei. In einer — freilich nur Kleinigkeit — könnten Sie ihm doch wohl zu viel gethan haben; darin nämlich: daß er keinen Andern, als Sie, im Sinne gehabt haben könne, da er über die ratio pura die Nase rümpfte. Denn Ulrich in seinen Inst. log. et met. braucht gerade eben denselben Ausdruck; wie denn auch nicht wohl abzusehen ist, welches andere gut lateinische Wort gebraucht werden könnte. Denn genuinus, welches mir sonst den Begriff auch nicht übel auszudrücken scheint, ist wohl in dieser Bedeutung kein alt römisches Wort. Uebrigens steigt mir manchmal der Zweifel auf, ob es auch ganz wohl gethan sei, in diesem Stücke überall so classisch zu verfahren. Alle ismen, die von einer neueren Sprache, besonders der deutschen, den Namen führen, müßten freilich in der Uebersetzung sorgfältig vermieden werden, wenn anders der Hauptzweck, das Werk den Ausländern verständlich zu machen, nicht verfehlt werden soll. Ob aber gerade alle Barbarismen? das ist noch eine andere Frage. Denn es giebt doch gar manchen Ausdruck latinitatis corruptae, den jetzt ein jeder Gelehrter

durch ganz Europa gar wohl verstehen mag, ob ihn gleich Cicero viel=
leicht nicht verstehen würde. Einen solchen möchte ich nun aus dem
wissenschaftlichen Latein nicht verbannt wissen, weil kein gut lateinischer
Ausdruck gerade eben dasselbe zu bezeichnen vermag. Denn wahrhaftig, es
ist nur das ästhetische Lumpen= und Bettel=Gesindel, welches da an
Wörtern nagt, wo es auf Sachen ankommt. Meinethalben — und ich
habe doch auch meine leckerhafte Zunge, so gut wie mancher Andere —
meinethalben möchte ein Buch, wie die „Kritik", mit Hahnenfüßen ge=
schrieben sein, wenn es nur sonst an Gründlichkeit und Faßlichkeit da=
durch gewänne. Lassen diese sich mit Schönheit vereinigen, gut! wo
nicht, so mag diese meinetwegen reisen, so weit sie will.

Doch beinahe möchte es scheinen, als glaubte ich Ihnen da wunder
was für wichtige Bemerkungen mitzutheilen, und dies müßte Ihnen
unstreitig noch lächerlicher vorkommen, nachdem ich die bewußte Nebel=
kappe treuherzig abgelegt habe.

Sollte es Ihnen, bei einer näheren Beziehung der Categorie Ge=
meinschaft oder Wechselwirkung auf uns Beide, auf ein beträcht=
liches Deficit in der Bilance nicht ankommen — denn Sie werden auf
alle Fälle weit mehr auszugeben als einzunehmen haben — so ist mir
die Subsumtion gar herzlich willkommen. Das hätten Sie doch wohl
nimmermehr gedacht, daß eine Categorie sich auch gebrauchen ließe,
einen Brief mit einer ganz original neuen — meinethalben auch aben=
teuerlichen — Wendung zu schließen.

Ich bin ungeachtet der fast zu leichtfertigen Laune dieses Augen=
blicks, mit der ernstlichen, wärmsten Hochachtung für Ihre Verdienste
Ew. Wohlgeboren   gehorsamer Diener
                                    Gottfr. Aug. Bürger.

An Meyer.

Göttingen, den 12. Januar 1789.

Uebrigens kommen meine Gedichte im ganzen Ernst auf Ostern
noch heraus, und zwar mit so lieblichen Vermehrungen, daß Ihr Con=
vulsionen vor Entzücken bekommen sollt. Ihr werdet glauben, daß der
selige Petrarca sei von den Todten auferstanden, wenn Ihr mein hohes
Lied und — und — meine Sonette nur von ferne werdet tönen hören;
denn Ihr sollt wissen, daß ich fast Tag für Tag ein Sonett producire.
Eine sonderbare Wuth, die auch Schlegeln angesteckt, der sich seit Eurem
Abschiede eine große Strecke dem Sonnentempel näher geschwungen
hat. — Den meisten Spaß machen mir hierbei die zukünftigen Sonetten=
Ueberschwemmungen, die ich schon im Voraus sehe und das Zetergeschrei
der Kunstrichter höre, die darin werden herumzuschwimmen haben.

Habt Ihr den letzten M. A. gesehen? Unstreitig muß Euch darin das Gedicht: An v. X. X. sehr aufgefallen sein. War's nicht so stattlich, als ob ich es gemacht hätte? Sein Verfasser ist aber Schlegel, mein poetischer Sohn, an welchem ich Wohlgefallen habe!

Ich habe ihn jetzt förmlich zu meinem Jünger auf= und ange=nommen, Zeuge dessen ist folgendes Sonett:

> Kraft der Laute, die ich rühmlich schlug,
> Kraft der Zweige, die mein Haupt umwinden,
> Darf ich dir ein hohes Wort verkünden,
> Das ich längst in meinem Busen trug.

> Junger Aar! Dein königlicher Flug
> Wird den Druck der Wolken überwinden,
> Wird die Bahn zum Sonnentempel finden,
> Oder Phöbus Wort in mir ist Lug.

> Schön und laut ist deines Fittigs Tönen,
> Wie das Erz, das zu Dodona klang,
> Und sein Schweben leicht, wie Sphärengang.

> Dich zum Dienst des Sonnengotts zu krönen,
> Hielt' ich nicht den eignen Kranz zu werth;
> Doch — Dir ist ein besserer bescheert.

Er ist sehr oft bei mir, so daß ich fast diesen ganzen Winter seit Eurem Abschied keinen andern Umgang gehabt und verlangt habe. Ich muß ihm aber auch das Verdienst um mich einräumen, daß er durch sein Anschüren und Blasen die alte, fast hinsterbende Flamme meines Busens wieder emporgebracht hat.

Göttingen, den 1. März 1789.

Daß ich's gut mit Euch im Sinne habe, das seht Ihr schon aus dem großen Quartbogen, an der Raumersparniß, womit ich anfange, und an der saubersten Perlschrift, womit meine allerfeinste Feder dies Brieflein an Eures Auges Licht zu fördern gesonnen ist. Gott gebe nur, daß es nicht, wie Tausend und Eine Nacht, nebst so manchen anderen Embryonen meines großen und schönen Geistes gleich nach dem Aver=tissement in's Stocken geräth.

Vor allen Dingen von Unserm Lebensplan. Aber, du lieber Himmel, was ist davon viel anderes zu sagen, als daß ich ein Canis pannulorum — Lumpenhund — bin und vermuthlich bleibe, ich mag es mir auch vornehmen und anfangen, so gut ich's will. Ob und wie ich noch ein=mal aus dem verfluchten Hundenest fortkommen werde, das mag der Himmel wissen. Wenigstens thürmen sich mir vor der Hand noch aller=hand Hindernisse entgegen, über welche kein Hinwegklettern ist. Erstlich sind bekanntlich, oder vielmehr Euch nur unbekanntlich, neben den Löchern, die der Zimmermann sonst wohl offen gelassen hätte, allerlei große und kleine Bären angebunden, die zwar, wenn ich mich in meinem Loche stille halte, auch ruhig sind, aber gewaltig brummen und mich zu zerreißen drohen, wenn ich Miene zu einem Seitenpaß mache. Indessen der Flötenspieler, der den Argus einschläferte, hülfe mir auch wohl, diesem so viel blauen Dunst vorzumachen, quantum satis, um durch die engen Pässe hindurchzuschlüpfen. Allein, wo nehmen wir nachher Brod in der Wüste her? Da wir's hier allenfalls auch auf's Conto finden. Der Gott Israels ist mir so grün nicht, daß er mir den Tisch durch Raben in der Wüste decken ließe. Ergo. — Doch das sind alle die Haupthindernisse noch nicht. Eine Schwester von mir hat den Einfall, einen Sohn künftige Ostern hierher zur Universität zu schicken, und meint Wunder, was für Gedeihn derselbe an Geist und Herzen bei seinem berühmten Ohm haben werde. Diesem Projekt kann ich mich nicht widersetzen, weil ich diese Schwester in der That sehr lieb habe, und ihr für viel mehr als schwesterliche Liebeserweisungen unendlichen Dank schuldig bin. Sie ist diejenige, von der ich sang:

Du bist Geist von meinem Geist.

Was soll ich denn nun machen? Wenigstens werde ich künftigen Sommer hier noch forthumpeln müssen, wenn mir nicht ein deus ex machina den Knoten lösen hilft. Zu einem solchen deus ex machina hat sich mir neulich Göcking erboten, um mir entweder durch den Kanzler von Hoffmann in H. eine Stelle auf einer Preußischen Universität oder zu einer im Rathe zu Aschersleben zu verschaffen. Allein ich bin überzeugt, daß nichts daraus wird, so wahrscheinlich er mir auch den Erfolg zu machen gesucht hat. Denn wer einmal erst zum Heller geprägt ist, wird sein Lebenlang kein Ducaten. Ein Prinz von Thurn und Taxis, der hier studirt und mich sehr in Affektion genommen hat, macht auch Pläne für meine Zukunft, allein ich traue der Metze Fortuna eben so wenig als der * * *! Wie gesagt, wenn ich noch irgendwo zu Gnaden kommen soll, so muß mich ein deus ex machina auf Knall und Fall in den Sattel heben, ehe die Metze dazwischen kommt und einen Querbalken vorschiebt. Fast vergeht mir der Muth, nur nach Etwas zu streben. Was ich etwa noch thun möchte, das wäre, aus dem abenteuerlichen Gedanken, dem König von Preußen meine Gedichte zu dediciren, Ernst zu machen. So eine Dedikation kommt mir zwar wie ein Wechselbalg, aus Lächerlichkeit und Niederträchtigkeit zusammengesetzt, vor, indessen scheint es auch auf der anderen Seite eine pure Unmöglichkeit ohne Geld edel zu sein, oder gar durch Geistes- und Herzensadel den allgemein beliebten und belobten Beuteladel zu erwerben. — Ich gehe schon damit um, die Impertinenzen, welche meine neue Vorrede enthielt, wieder auszustreichen. Ihr wundert Euch wohl, daß ich schon von Vorreden spreche? Ja, Gottlob! es ist jetzt an der Zeit; meine Gedichte werden erscheinen. In extenso wird diese neue Ausgabe zwar nicht viel Neues enthalten, aber das kann ich Euch sagen, desto mehr in intenso. Denn sie sind nun vereinigt in ein opus aere perennius, die ersten zerstreuten Klänge der göttlichsten der Liebesgesänge. Ich habe angesehen, wie

Gott, der Herr, was ich gemacht habe und siehe da! es ist sehr gut. Daher habe ich mich auch nicht entbrechen können, diesen beinahe vierzig-strophigen Burschen also zuletzt anzureden:

Ah, nun bist du mir geboren,
Schön, ein geistiger Adon!
Tanzet nun, in Lust verloren,
Ihr, der Liebe goldne Horen,
Tanzt um meinen schönsten Sohn!
Segnet ihn, ihr Pierinnen!
Laß, o süße Melodie,
Laß ihn, Schwester Harmonie,
Jedes Ohr und Herz gewinnen,
Jede Götterphantasie!

Nimm, o Sohn, das Meistersiegel
Der Vollendung an die Stirn!
Ewig, meiner Seele Spiegel,
Ewig strahlen dir die Flügel,
Wie der Liebe Nachtgestirn!
Schweb', o Liebling, nun hinnieder,
Schweb' in deiner Herrlichkeit
Stolz hinab den Strom der Zeit!
Keiner wird von nun an wieder
Deiner Töne Pomp geweiht.

Wenn Euch diese Strophen wenigstens nicht geringer als die An-fangsstrophen, wie ich hoffe, vorkommen sollten, so kann ich Euch sagen, daß gewiß auch die mittleren ihnen gleich sind, ja, daß sie sich da, wo es nöthig war, noch um ein Merkliches höher heben. Wer mich sonst nur für einen Meister der Kunst erkennen will, der soll auch hoffentlich einräumen, daß dieser, was soll ich's läugnen — mein liebster, mein theuerster Gesang, mein Meisterstück ist, daß ich nie etwas Besseres gemacht habe, nie etwas Besseres machen kann und machen werde.

Sobald nur die Gedichte ausgegeben werden, ja noch eher, will ich Euch ein Exemplar zufertigen. Denn, Gott verzeihe mir die sündliche Begierde! ich will und muß von Euch irgendwo, sei es auch wo es wolle, recensirt und — auf eine nicht so gemeine Alltagsart gelobt sein. Ich schmeichle mir, daß Eure Recension an Originalität, Kunst und Schönheit so viel als das Gedicht selbst werth sein soll. Um des Himmels willen, verbrennet diesen Brief, damit es nicht dermaleinst offenbar werde, was für drollige Hechte wir sind. Außer Euch möchte ich auch wohl so schön von Wieland recensirt sein, als er im Januarstück dieses Jahres ein Gedicht: Elysium von Mathison im Voß. Mf. Alm. 1789 recensirt hat. Das Gedicht ist sehr schön ... gleichwohl bilde ich mir ein, daß das Elysium gegen das hohe Lied doch nur ein Myrthen-bäumchen neben der Ceder Gottes sei. Haltet einem alten Kerl die Affenliebe zu seinem jüngsten, schönsten Neugeborenen zu gute! —

Ich befinde mich seit einiger Zeit in einer lebhafteren und thätigeren Geistesstimmung als seit mehreren Jahren, ob ich mich gleich körperlich fast übler befinde als jemals. Entweder ist in meinem Körper eine Revolution vorgegangen, die den Abmarsch dahin ankündiget

quo pius Aeneas etc.

oder es kommt daher, weil die Grille, ein Philosoph und gelehrtes Saumroß sein zu wollen, mich diesen Winter ziemlich ungespurrt gelassen hat. Ich bin nur allein in den anmuthigen Gefilden der Muse umher-geschlendert. Vielleicht hat das reine, milde, gesegnete Klima, das da herrscht, auf meinen Geist so gewirkt, als auf einen armen kranken Hyperboräer ein Winteraufenthalt zu Hyères. Ich habe täglich mehrere

Italiener als Ariost, Tasso, Petrarca u. s. w. von neuem und mit mehr
Aufmerksamkeit und Fleiß als sonst gelesen, und alle meine Nerven
schwirren von den himmelsüßen Tönen. Jetzt habe ich mich nach Spanien
gewendet und lese den Herrera. O glückselige Sänger, denen solche
Sprachen zu Gebote stehen! Bei Gott! ich glaube, ich wollte die Fabel-
wunder des Orpheus wahr machen, wenn eine solche Sprache meine
Muttersprache wäre. Kranke wollte ich gesund machen, Todte vom
Grabe erwecken, Furien in zärtliche Tauben der Venus verwandeln.
Wäre ich nur nicht so ein Lumpenhund, ich reiste morgen ab in diese
Götterländer, ließe nicht ab, bis ich Meister dieser Sprache wäre und
singe gern, alles meines Ruhms unter den Hühnchens vergessend, ein
neues Leben unter den Nachtigallen an! Ach! Wünsche, so fromm ihr
seid, so eitel seid ihr auch.

An Frau Professor Schütz in Jena.

Langendorf, am 6. Mai 1789.

Die Umarmungen einer vortrefflichen, höchst geliebten Schwester,
die ich in sieben Jahren nicht gesehen, von der ich zu singen und zu
sagen pflege:

> Sie ist Geist von meinem Geiste,
> Herz von meinem Herzen;
> Ist, wie ich, zur Lust gestimmt,
> Und, wie ich, zu Schmerzen.

und, was noch mehr sagen will als dieses, die Vaterfreude über einen
lieben, weder am Leibe noch an der Seele verunglückten, bald siebenjährigen Buben, im Wonnetaumel der unaussprechlichsten Liebe, einst
freilich zu großem Kummer, nun aber auch, trotz allen Fratzengesichtern
des ganzen Erdbodens, zu noch größerem Wohlbehagen erzeugt, einen
Buben, den meine Augen noch nie gesehen, meine Arme noch nie an's
Herz gedrückt hatten, und welcher eben so schnell in mir den Vater
empfand als ich den Sohn fühlte — alles dieses, liebe Frau, ließ mich
nicht eher zum Schreiben kommen. Immer zitterten mir die Hände zu
sehr vor freudiger Unruhe, als daß ich eine Zeile hätte niederschreiben
können. . . .

An Meyer.

G., den 14. März 1790.

Mechanter Land- und Weltdurchstreicher, es geschieht gar nicht
um Eurer grauen Haare willen, daß ich an Euch schreibe, sondern blos
um sagen zu können: Ich habe heute nach Rom geschrieben! — Neuigkeiten,
wenn's welche giebt, will Tatter schreiben. Daß ich vorigen Sommer
hier ein Herr Professor geworden bin und wie die Horazische scabies
extremum locum im Lectionskatalogus occupire, wird Tatter hoffentlich
mir allein zu melden überlassen haben. Uebrigens dachte ich, das deutsche
Publikum hätte etwas Ehre ihm Leibe, und kündigte daher eine neue

prachtvolle Ausgabe meiner Gedichte mit bidot'ſcher Schrift auf ge-
glättetem Papier velin à 1 Louis'dor an. Ich dachte, es ſollte wenigſtens
ſo viel Ueberſchuß heraus kommen, um Euch à la Moritz nachreiſen zu
können. Aber das deutſche Publikum iſt — experto crede Ruperto
— ein wahrer Lauſejunge, der ſich nicht ſchämt und nicht grämt.
Ungefähr hundert und dreißig Abonnenten haben ſich gemeldet; allein
damit iſt nichts anzufangen, wenn's nicht wenigſtens noch einmal ſo
viel ſind. Der Lauſejunge behilft ſich lieber mit Nachdrucken, deren
ppter ein halbes Dutzend im Gange ſein mögen. —

Habt Ihr meine Gedichte erhalten? Ich habe ſie Euch zweimal
zuſenden laſſen durch Schröder in Hamburg und dann durch Euern
Bruder. Ihr liederlicher Menſch, ich wäre doch gern von Euch recenſirt
geweſen. In den hieſigen Zeitungen hat's nun Schlegel gethan; ſonſt
ſind ſie's meines Wiſſens noch nicht, als nur zur Hälfte in der neuen
Leipziger Bibliothek B. 39. Wie das zugeht, kann ich mir ſehr wohl
erklären, die belletriſtiſchen Referenten ſind alle faule Hunde, dergleichen
ich auch bin. Denn ich ſoll ſeit zwei Jahren wenigſtens ein paar
Dutzend Recenſionen nachliefern.

Im vorigen Frühjahr habe ich an die vier Monat in Ober-Sachſen
herumgeſchwärmt und mich dabei in meiner Haut ſehr wohl befunden.
Aber hier bin ich ſeitdem wieder der alte Stümper geworden, daher
bin ich ſchon im Begriff, wieder eine Exkurſion, vielleicht — nach
Schwaben zu machen; denn in Stuttgart hat ſich ein hübſches, ſchwarz-
braunes Mägdlein von 20 Jahren dergeſtalt in mich und meine
versiculos verliebt, daß ſie öffentlich in einem gedruckten Gedicht vor
allem Volk geſagt: Ich liebe Dich! und förmlich um mich angehalten
hat. Da, ſo viel ich ex relatione weiß, das Mägdlein gar nichts
Schlechtes und Gemeines iſt, ſo würde es doch wohl der Mühe werth
ſein, ſie zu beaugenſcheinigen. Ich habe ihr, wie der König Ahasveros
der ſchönen Eſther, folgender Geſtalt meinen Scepterſtab geneigt:

> Was ſingt mir dort aus Myrthenhecken
> Im Ton der liebevollen Braut:
> Mein Herz vernimmt mit ſüßem Schrecken
> Den unerhörten Schmeichellaut.
> O Stimme, willſt du mich nur necken
> Und lachend den Betrug entdecken,
> Sobald das eitle Herz dir traut?
>
> Es ſingt: Ich bin ein Schwabenmädchen!
> Und wirbt um mich gar unbeſehn.
> O ihr Poeten und Poetchen,
> Wem iſt ein Gleiches noch geſchehn?
> Das iſt fürwahr das ſchönſte Fädchen,
> So mir auf goldnem Spinnerädchen
> Die Parzen in mein Leben drehn!
>
> O Schwabenmädchen, lieblich ſchallen
> Zwar deine Töne mir in's Ohr;
> Doch auch dem Auge zu gefallen,
> Tritt nun aus deiner Nacht hervor!

Denn ach! die Liebesgötter wallen
Zu meinem Herzen wie zu allen
Durch's Auge lieber als durch's Ohr.

Und zeigt, die Sehnsucht zu erfreuen,
Die Ferne mir dich selbst nicht klar,
So mache deine Schmeicheleien
Durch dieser Bitt' Erfüllung wahr;
Laß, ohn' ein Mißgeschick zu scheuen,
Dich von der Wahrheit conterfeien
Und stelle ganz dein Bild mir dar!

Du sollst nicht hoch in Schönheit prangen,
Denn ich bin selbst nicht jung und schön;
Das aber darf ich wohl verlangen:
Mein Auge muß mit Lust dich sehn.
Auf! Zwingt kein Fehl dich, zu erbangen,
So nimm am Tage mich gefangen!
Und dann — was sein soll, muß geschehn.

Beichte eines Mannes, der ein edles Mädchen nicht hintergehen will.

1790.

Besäße die lebhafte rasche Schwärmerinn, deren Liebe schon durch ein paar Hauche meines Geistes und Herzens angefacht werden konnte, — besäße sie auch Alles, was die kühnsten Ansprüche eines Mannes befriedigen möchte, Schönheit und Anmuth, wie des Geistes, so des Leibes, Güte und Adel des Charakters, Feinheit der Sitten, Stand und Vermögen; hätte sie auch mit allen diesen Vollkommenheiten mein ganzes Wesen längst dergestalt bezaubert und gefesselt, daß sie nothwendig das Ziel meiner heißesten Wünsche sein und bleiben müßte; so könnte, so dürfte ich dennoch dies Bekenntniß der heiligen Wahrheit nicht unterdrücken, — nein, ich dürfte es nicht unterdrücken, wenn ich auch gleich im Voraus wüßte, daß sie mir dadurch zu meinem unaussprechlichen, bis in's Grab hinab dauernden Kummer, verloren ginge. Also gebeut mir der Richter, der Gesetzgeber, der Gott, den ich in meinem Busen trage, den ich nicht verläugnen kann, den ich verehren, dem ich, troß allen widerstrebenden Neigungen gehorchen muß, wenn ich nicht unmittelbar die grausamste aller Seelenstrafen, Verachtung und Verabscheuung meiner selbst, auf mich laden will.

Theures Mädchen! so sehr ich wünsche, daß Sie die Person sein mögen, der es verliehen ist, den Nachmittag und Abend meines Lebens zu beseligen; die Person, welche nun noch auf Erden zu finden ich längst verzweifelte; so sehr ich wünschte, der einzige Mann Ihres Geistes, Ihres Herzens, Ihrer Sinne, und in allen diesen der Mann Ihrer höchsten irdischen Glückseligkeit zu sein: eben so sehr drängt mich auch die Pflicht, Sie durch dieses getreue Bekenntniß von mir selbst zur strengsten Prüfung aller Ihrer Neigungen und Ansprüche erst aufzufordern, ehe der Enthusiasmus uns Beide zu Schritten verleite, die uns in großes Unglück führen könnten. Ich will daher mein Inneres und mein Aeußeres so schildern, daß, wo möglich, ich selbst hinfort mich nicht genauer kennen will, als Sie mich kennen sollen.

Was zuvörderst meinen Geist und mein Herz betrifft, so mögen Sie zwar wohl glauben, Beides aus meinen öffentlichen Werken so hinlänglich zu kennen, um sich in Ansehung dieser Stücke volle Genüge für Ihre Wünsche versprechen zu dürfen. Allein vielleicht könnten Sie dennoch wohl irren. Ich will zwar, eben so unbefangen von Demuths= ziererei, als von Dünkel, gern zugeben, daß Einiges unter meinen Werken befindlich sein möge, das eines edeln Geistes und Herzens nicht unwürdig ist. Allein daraus dürfen Sie auf vollkommenen und unbe= fleckten Adel meiner Seele keinen Schluß machen. Es wäre sonst eben so viel, als ob sie von einigen schönen Blüthen auf gesunde und unver= dorbene Schönheit und Vollkommenheit des Baumes, welcher sie trug, schließen wollten. Auch ein wurmstichiger mehr als halb verrotteter Stamm mag, wenn er sonst nur ursprünglich guter Art ist, noch immer deren einige hervorbringen. Nun fürchte ich sehr, daß Sie und Jeder, der mich kennen lernt, trotz dem besten Vorurtheil, das er vorher für mich hegte, genöthiget sein werde, mich für einen solchen verdor= benen Stamm zu halten. Ungewitter und Stürme des Lebens haben hart in meine Blüthen, Blätter und Zweige gewüthet. O, ich bin nicht derjenige, der ich vielleicht der Naturanlage nach sein könnte, und auch wohl wirklich wäre, wenn mir im Frühlinge meines Lebens ein milder Himmel gelächelt hätte. Durch viele langwierige Wider= wärtigkeiten bin ich an Leib und Seele so verstimmt worden, daß ich oft in eine trübe melancholische Laune, und dabei in eine Ohnmacht des Geistes versinke, die mich gewiß nicht empfehlen kann. Denn ich verliere alsdann allen Muth, alles Vertrauen auf mich selbst, und halte mich für kopfleer, für herzkalt, für wortarm, kurz, für einen höchst werthlosen Stümper. Ich denke, Jeder, der mich nur ansieht, spricht bei sich: „Es ist mit dem Menschen doch gar nichts anzufangen!" weil ich dies wirklich selbst glaube. Darob bin ich mir dann selbst gram; und wenn man sich selbst gram ist, so kann man unmöglich Andern angenehm und liebenswürdig erscheinen. Da ich indessen ursprünglich gewiß mehr Anlage zum Frohmuth, als zum Trübsinn habe: so wäre ich wohl in den letzten Jahren in mein erstes Natur= Geleise zurück gelangt, wenn ich meine gefeierte Molly=Adonide behalten hätte. Denn in dem Besitze ihrer Person und Liebe fühlte ich mich sehr merklich wieder gedeihen, wie an Reichthum des Kopfes, so an Fülle, Wärme und Kraft des Herzens. Jene Laune belästigte mich damals in weit geringerem Grade, und das Weib meines Herzens erfuhr davon, wie ich glaube, gar keine Beschwerde. Wodurch hätte ich aber nach ihrem Hinscheiden genesen sollen? — Liebe, aber ungemeine Liebe brächte vielleicht jetzt noch eine volle Wiedergeburt mit mir zu Stande. Sollte sie aber wohl möglich sein, eine so gewaltige Liebe, die es der

Mühe werth hielte, ein lange verstimmt gewesenes Instrument rein
umzustimmen und mit neuen Saiten zu beziehen? Und würde hernach
das Instrument ihre Mühe und Kosten vergüten? — Ach, ich bin auch
im Stande der Gesundheit des Leibes und der Seele nur ein gewöhnlicher
Alltagsmensch, wie sie zu Millionen unter Gottes Himmel herumlaufen.
Ich erstaune, wie ein vernünftiges Publikum mich, um einiger guten
Verse willen, für etwas Besonderes halten könne.

Elise meint, weil ich nicht übel schriebe, so müßte ich auch wohl
artig sprechen. Nichts weniger. Ich bin ein erbärmlicher Sprecher.
Meine Schrift fließt mühselig und langsam, in Prose und in Versen.
Nur ein Bischen gesunde Beurtheilungskraft und Geschmack machen,
daß es bisweilen leidlich wird, was ich schreibe. Mein mündlicher
Vortrag muß daher vollends schlecht von Statten gehen. Die Gabe,
geistreich, lebhaft und witzig im Umgange zu unterhalten, mag ich,
vielleicht überhaupt nicht, oder doch nur in meinen glücklichsten, seltensten
Stunden, und auch da nur für solche besitzen, die mich sehr lieb haben
und gerade an meiner Weise Gefallen finden. Manchem mag auch blos
deßwegen etwas als schön vorkommen, weil ich, der für etwas Besondere
Gehaltene, es sage; ob es gleich etwas sehr Armseliges ist. Ich könnte
nun zwar wohl öfter und mehr mit manchem gesellschaftlichen Schwätzer
und Spaßmacher wenigstens gleichen Schritt halten. Allein ich bin zu
schüchtern und blöde, alle die leichte und blind gegriffene Münze aus-
zuspenden, die gleichwohl, wie ich an Andern täglich sehe, ohne Widerrede im gemeinen Handel und Wandel gilt. So oft ich mir auch selbst
deßfalls Muth einzusprechen suche, so tritt mir doch gemeiniglich das
Gewissen in den Weg. Aus Besorgniß, durch Zucken oder Stocken die
Unvollkommenheit meiner Waare zu verrathen, schweige ich lieber
ganz stille. Darüber mag mich wohl schon Mancher und Manche für
einen armen Schlucker gehalten und sich gewundert haben, wie ein so
langweiliger Mensch doch so leidliche Gedichte gemacht haben könne.
Nun, an echter vollwichtiger Goldmünze des Geistes bin ich auch in der
That kein Krösus, wiewohl ich an gemeinem Klappergelde nicht eben
ein Bettler bin.

Mein Charakter und meine Gesinnungen möchten zwar vielleicht
noch etwas mehr werth sein, als meine Geistes-Talente. Dennoch fühle
ich, daß ich mit jenen noch weit unzufriedener sein muß, als mit diesen.
Denn, so wie ich hier nicht nur erkenne, was zum besser und vollkommener
sein gehört, so fühle ich auch gar wohl die Möglichkeit, diese Vollkommenheit zu erreichen, wenn ich nur nicht von Trägheit, Weichlichkeit und
Sinnenlust mich so oft abhalten ließe. Dies verursacht, daß ich auch in
Ansehung dessen, worin ich vielleicht wirklich besser bin, als andere
Menschen, dennoch nicht gar viel von mir selbst halten kann. Denn, da
ich zu wenig Herr meiner Neigungen bin, um mich von ihnen loszureißen,
wenn es darauf ankommt, dem gerade gegen über liegenden, von mir
selbst erkannten, bewunderten und geliebten Guten nachzustreben: so

muß ich wohl mein wirkliches Gute nur für Product eines unterstützenden Temperaments halten. So glaube ich, zum Beispiel, nicht, daß ich grob, beleidigend, hämisch, boshaft, zänkisch, unversöhnlich, rachgierig u. s. w. bin: aber warum bin ich's nicht? Etwa weil ich das Alles für Unrecht, das Gegentheil aber für Pflicht halte? Ach, das thue ich freilich! aber darum meide ich wohl nicht jene Laster und übe die entgegengesetzten Tugenden aus, sondern vielleicht nur darum, weil mein träges und weichliches Temperament Ruhe und Frieden liebt. Wie manche meiner Tugenden mag aus Eigenliebe, Eitelkeit und Ruhmsucht entspringen!

An meiner Lebensweise und an meinen Sitten ist noch ungleich mehr auszusetzen. Ich bin kein guter Haushälter: nicht, daß ich etwa zur Verschwendung geneigt wäre, sondern weil ich ziemlich unordentlich, nachlässig, träge und leichtsinnig bin, und weder meines Geldes, noch meiner übrigen Habseligkeiten sonderlich achte. Es läßt sich daher auch kein Mensch bequemer betrügen, als ich. Denn wenn ich den Betrug auch merke, so muß er schon arg kommen, ehe ich ihn nur zur Sprache bringe, besonders auch darum, weil ich mich Niemandem gern unangenehm mache. In Essen, Trinken und vielen andern Gegenständen des Luxus kann ich mich, ohne daß es mir sauer wird, sehr sparsam behelfen. Etwas weniger vielleicht in der Kleidung, worin ich, wenn es sein kann, wohl etwas mehr, als meines Gleichen modernisire.

In dem, was die Kinder dieser Welt Artigkeit und feine Lebensart nennen, habe ich auch eben nicht viel gethan. Ich glaube, ich bin ziemlich trocken, hölzern und steif in meinem körperlichen sowohl, als geistigen Bewegungen. Durch sogenannte Galanterie und Politesse bin ich schwerlich im Stande, mein Glück zu machen. Was ich vielleicht auch leisten könnte, den Menschen angenehm und gefällig zu sein, das unterlasse ich doch, entweder aus Stolz, oder aus Nachlässigkeit und Trägheit. Des Stolzes, wie auch des Trotzes gegen fremden Stolz und Trotz ist mir überhaupt eine ziemliche Portion zu Theil geworden. Dies wäre indessen wohl noch so übel nicht. Aber das ist übel, daß ich's aus Nachlässigkeit und Leichtsinn zum Beispiel oft an Antworten auf Briefe, an Besuchen, an Ehrenbeschickungen und Befolgung mancher Vorschriften der Etiquette ermangeln lasse.

Was indessen Lebensweise und Sitten betrifft, so glaube ich, ein Weib, das ich liebte, könnte mich ohne sonderliche Schwierigkeit zu demjenigen machen, wozu sie mich nur immer gern hätte. Liebe würde meiner mächtig sein, so viel ich nur meiner selbst mächtig bin, und wohl noch mehr. Ich weiß nicht, ob es mir zum Lobe, oder zum Tadel gereichen mag, daß ich mich bei einem geliebten Weibe kaum gegen Sclaverei aufrecht erhalten würde; besonders wenn sie die Kunst zu beherrschen verstände.

Uebrigens kann ich nicht bergen, daß man mich für einen ziemlichen Libertin hält, und leider! nicht ganz Unrecht hat. Doch ist es darum, weil ich bisweilen eine unartige Zunge habe, bei weitem nicht so arg, als Mancher glauben mag. Ich bin in diesem Punkte nicht immer, und sonderlich in frühern Jahren nicht, ganz regelmäßig, aber doch nicht auf eine niedrige und schmutzige Art ausschweifend gewesen. Denn mit allen meinen Gebrechen Leibes und der Seele war ich doch jederzeit bei Weibern und Mädchen nur zu gut gelitten, ohne erst mühseliger Anwerbungen zu bedürfen. Ich fühle indessen, daß ich dem Weibe meiner Liebe ohne sehr harte und dringende Versuchung nicht ungetreu sein könnte. Ich weiß das aus Erfahrung bei dem einzigen weiblichen Geschöpfe, daß ich vor Elisen nur allein im höchsten und vollesten Verstande des Wortes geliebt habe, wovon ich hernach reden werde.

Was ich bisher, und leider! auch zu meinem Nachtheil, von mir habe bekennen müssen, könnte vielleicht noch nicht hindern, daß ein Weib, welches mich und welches ich liebte, mit mir glücklich wäre. Allein nunmehr folgt das Bedenklichste.

Wenn ich auch noch so liebenswürdig von Geist, Herz und Sitten wäre: so bin ich doch weder jung, noch schön, noch in guten häuslichen Umständen. Meine Jahre reichen völlig an das wohl bewußte — Schwabenalter hinan. Von hundert jungen, hübschen, zwanzigjährigen Mädchen dürften leicht neunundneunzig die Schultern davor zucken. Ob ich gleich an Gesicht und Figur nicht eben eine Fratze zu sein glaube: so bin ich doch wahrlich auch nie ein Adonis gewesen. Das Profil, das Elise kennt, soll, wie Viele behaupten, mir ziemlich gleichen; wiewohl Andere dies wieder läugnen. Ich kann's nicht beurtheilen, weil ich nicht die Ehre habe, mich im Profil zu kennen; indessen möchte ich doch beinahe fürchten, daß man sich darnach leicht etwas Hübscheres unter mir vorstellen könnte, als ich wirklich bin; etwas mehr Leben und Freundlichkeit allenfalls ausgenommen. Meine kleinen Kränkeleien geben mir oft ein weit hinfälligeres und abgeblaßtes Ansehen; wiewohl in den Zeiten, da ich mich gesunder und munterer an Leib und Seele fühle, die Leute mich auch wohl für zehn Jahre jünger zu halten geneigt sind. Denn in der That bin ich ursprünglich von sehr guter Constitution, und stände vielleicht jetzt noch in eben der Blüthe, in welcher Andere zwischen zwanzig und dreißig stehen, wenn ich nicht Geist und Körper mit so vielen und langwierigen Widerwärtigkeiten hätte müde ringen müssen. Ich bin am ganzen Körper weit schmächtiger und magerer, als mein Gesicht vermuthen läßt. Ich habe dunkelblondes Haar und blaue Augen. Von den letzten pflegten bisher Weiblein und Mägdlein, bei denen ich, Gott weiß warum, bis auf den heutigen Tag niemals übel gelitten gewesen bin, eben nicht nachtheilig zu urtheilen. Ueberhaupt soll ich bis unter die Nase herab, selbst nach Maler=Urtheil, nicht eben ungebildet, der Mund aber soll ganz verzweifelt häßlich sein. Das liebenswürdigste der Weiber pflegte zu sagen: „Bürger, es ist kein anderes Mittel, als man muß Dich unaufhörlich küssen, damit man nur den häßlichen Mund nicht sehe, den Du bisweilen wie ein wahrer Tropf hängen lassen kannst." — Sonderbar! Mir selbst kommt nun weder der Mund so excessiv häßlich, noch Nase, Stirn und Augen besonders schön vor.

Meine ökonomischen Umstände sind noch zur Zeit sehr schlecht. Ich habe nichts — nichts! Ja, ich würde sagen müssen: noch weniger, als nichts, wenn ich nicht noch so viel an Grundstücken besäße, daß meine Schulden damit getilgt werden können. Wenn aber auch dies geschehen ist, so wird wenig oder nichts übrig bleiben. Ich hatte ein ganz artiges Vermögen. Allein bei einer sehr wenig einbringenden Beamtenstelle auf dem Lande, wobei ich gleichwohl ziemlich viel Aufwand machen mußte, und bei einer unglücklichen Pachtung ist mein Vermögen darauf gegangen. Auch war meine erste Frau eine eben so nachlässige Haushälterin, als ich selbst. Schon vor fünf Jahren habe ich, durch unsäglichen Verdruß genöthigt, jene Beamtenstelle niedergelegt, und seitdem, freilich eben nicht im Ueberflusse, aber doch auch nicht in allzudrückendem Mangel, von meinem Kopfe gelebt. Ich bin nun zwar in diesen Jahren nicht weiter zurück, aber doch auch nicht vorwärts gekommen. Der Tod eines mir abgeneigten, angesehenen Mannes, der im Frühjahr sich ereignete, hat verursachet, daß ich endlich hier als Professor angestellt worden bin. Wäre dies, wie billig, eher geschehen, so befände ich mich wohl schon wieder in gedeihlichen Umständen. So aber eröffnet sich mir erst jetzt eine bessere Aussicht. Ich bekomme zwar noch keinen Gehalt, und muß vielleicht noch ein paar Jahre darauf warten; jedoch läßt sich hier durch Collegien-Lesen ein Ziemliches erwerben, und ich schmeichle mir, auf dem Wege zum Beifalle zu sein. Ich kann alsdann, wenn ich auch gleich noch keinen Heller fixes Gehalt bekäme, auf eine jährliche Einnahme rechnen, die auf's schlechteste nicht unter fünf hundert Thaler herab sinken, sehr wohl und leicht aber bis über tausend hinaufsteigen kann. Wenn sich nun ein gutes liebenswürdiges Weib, begabt mit etwas Vermögen und häuslichen Wirthschaftstugenden, entschließen könnte, mich armen Stümper zu heirathen, so ließen sich zwar wohl, wenn ich leben und gesund bliebe, ganz leidliche Umstände für mich, und zwar ohne des Weibes Nachtheil erwarten. Aber wie, wenn Kränklichkeit mich unthätig machte, oder gar ein früher Tod mich hinnähme? Ach, dann könnte das gute Weib vielleicht nicht einmal ihr Zugebrachtes unverkürzt zurück, geschweige denn vollends eine andere hinlängliche Versorgung erhalten. Einigen Trost hiergegen giebt jedoch unsere sehr solide Professoren-Wittwenkasse, woraus sie sich sogleich eine jährliche Pension von hundert und zehn Thalern, und sobald sie in die Klasse der sechs ältesten Wittwen gehörte, von hundert und dreißig Thalern zu versprechen hätte, mit der Freiheit, diese Pension zu verzehren, wo sie will. Gleiche Pension genießen auch die älterlosen Waisen, so lange bis das jüngste Kind das zwölfte Jahr erreicht hat.

Zu allen diesen bedenklichen Umständen kommt noch der, daß ich nicht weniger als drei Kinder, eine Tochter von elf, einen Sohn von sieben, und eine Tochter von vier Jahren habe. Nun ließe sich zwar wohl eine Einrichtung treffen, daß eine Frau wenig oder gar nicht davon belästigt würde. Denn meine älteste Tochter wird hier in einer Pension, wo sie mir aber wohl gegen hundert und zwanzig Thaler jährlich kostet, erzogen; der Sohn ist auswärts bei einer leiblichen, sehr edeln Schwester von mir, und die jüngste Tochter bei einer braven Frauen=Schwester. Jedes Kind hat es da, wo es sich befindet, sehr gut, und wird dergestalt geliebt, daß ich Mühe haben würde, es los= zureißen. Denn alle sind, Gottlob! sehr gut geartete und liebens= würdige Kinder von Kopf und Herzen. Allein, wenn ich wieder heirathe, so würde es mit darum geschehen, daß ich dadurch von dem Herzweh genäse, welches ich so oft über die Abwesenheit und Zerstreuung meiner lieben Küchlein empfinde. Ich würde sie dann wieder um mich ver= sammelt wissen wollen, theils um Kosten zu ersparen, theils um ihre Erziehung unter meinen Augen zu besorgen. Da ich aber diese Kinder alle außerordentlich lieb habe, und es bei mir sowohl Temperament, als Grundsatz ist, daß man nie gütig und liebreich genug gegen seine Kinder sein könne, so würde es mich an meiner empfindlichsten Seite schmerzen, wenn sie es bei einer Stiefmutter hart und übel hätten. Nun könnte eine Stiefmutter, wäre sie gleich sonst ein gutes Weib, die Kinder vielleicht dennoch nicht lieben, blos weil sie nicht Kinder ihres eigenen Leibes wären. Ganz unschuldiger Weise könnten sie ihr zuwider sein. Denn ich fühle, es könnte mir eben so gehen, wenn ich Stiefvater von manchen Kindern sein sollte, die ich unglücklicher Weise nicht leiden kann; und gleichwohl brauchte ich mich deßwegen nicht für schlechter zu halten, als ich wirklich bin. Dieses ist also ein höchst wichtiger Punkt, der aufmerksame Prüfung erfordert.

Nunmehr noch etwas von meiner vorigen Lebensgeschichte. Ich habe zwei Schwestern zu Weibern gehabt. Auf eine sonderbare Art, zu weitläufig hier zu erzählen, kam ich dazu, die erste zu heirathen, ohne sie zu lieben. Ja, als ich mit ihr vor den Altar trat, trug ich den Zunder zu der glühendsten Leidenschaft für die Zweite, die damals noch ein Kind und kaum vierzehn bis funfzehn Jahr alt war, in meinem Herzen. Ich fühlte das wohl; allein aus ziemlicher Unbekanntschaft mit mir selbst hielt ich es, ob ich's mir gleich nicht ganz abläugnen konnte, höchstens für einen kleinen Fieberanfall, der sich bald geben würde. Hätte ich nur einen halben Blick in die grausame Zukunft thun können, so wäre es Pflicht gewesen, selbst vor dem Altare, vor dem Segensspruche noch zurück zu treten. Mein Fieber legte sich nicht, sondern wurde durch eine Reihe von fast zehn Jahren immer heftiger, immer unauslöschlicher. In eben dem Maße, als ich liebte, wurde ich von der Höchstgeliebten wieder geliebt. O, ich würde ein Buch schreiben müssen, wenn ich die Martergeschichte dieser Jahre und so viele der grausamsten Kämpfe zwischen Liebe und Pflicht erzählen wollte. Wäre das mir angetraute Weib von gemeinem Schlage, wäre sie minder billig

und großmüthig gewesen (worin sie freilich von einiger Herzensgleich-
gültigkeit gegen mich unterstützt wurde), so wäre ich zuverlässig längst
zu Grunde gegangen, und würde jetzt diese Zeilen nicht mehr schreiben
können. Was der Eigensinn weltlicher Gesetze nicht gestattet haben
würde, das glaubten drei Personen sich zu ihrer allerseitigen Rettung
vom Verderben selbst gestatten zu dürfen. Die Angetraute entschloß
sich, mein Weib öffentlich und vor der Welt nur zu heißen, und die
Andere, in geheim es wirklich zu sein. Dies brachte nun zwar mehr
Ruhe in Aller Herzen; aber es brachte auch eine andere, höchst angst-
und kummervolle Verlegenheit zu Wege. Ein schöner talentvoller Knabe,
eben der, welchen ich unter meinen Kindern mit aufgeführt habe, wie
wohl vielleicht bis auf den heutigen Tag die meisten Menschen hiesiger
Gegend nichts Gewisses davon wissen, war die Folge jener Uebereinkunft.
Er wurde heimlich zwanzig Meilen von hier in Obersachsen geboren,
und seitdem von meiner Schwester erzogen.

Im Jahre 1784 starb meine erste Frau an der Auszehrung, die
in ihrer Familie erblich war. Im Jahre 1785 heirathete ich öffentlich
und förmlich die Einzige, Höchstgefeierte meines Herzens; allein nach
kurzem glücklichen Besitze verlor ich auch sie am 9. Januar 1786 nach
der Geburt der jüngsten Tochter an einem hektischem Fieber. Was
ihr Besitz, was ihr Verlust mir war, das sagen meine Freuden-
und Trauerlieder. Seit dieser Zeit lebe ich einsam und traurig mit
sehnendem Herzen.

Kann Elisen der Mann noch reizen, der so vor ihr dasteht? Noch
habe ich, wie mir vorkommt, mir selbst eben nicht zum Vortheile geredet.
Etwas ist indessen doch wohl demjenigen erlaubt, zu seinem Besten zu
sagen, der keinen seiner wichtigsten Fehler vorsätzlich verschwieg. Dem
Weibe, das mich, so wie ich da bin, zu lieben vermag, und welches ich
mit voller Liebe wieder liebe, darf ich ein nicht unglückliches Leben
versprechen. Ist es ihr süß, von mir geliebt, an meinem Busen gehegt
und gepflegt zu werden, so wird es ihr nie an voller Genüge ermangeln.
Denn wenn ich einmal echt und von Herzen liebe, so liebe ich gewiß
unveränderlich, und keine Fülle des Genusses kann mich des geliebten
Weibes satt und überdrüssig machen; so gemein auch die Bemerkung
ist: der Genuß sei das Grab der Liebe. Nur Afterliebe, die den
heiligen Namen nicht verdient, erkaltet im Bett der Ehe. Der wahren
Liebe, meiner wahren Liebe bleibt dies immer ein Brautbett. Auch das
Weib, welches ich unglücklich genug wäre, nach der unzertrennlichsten
Verbindung nicht mehr zu lieben, darf wenigstens keine unedle rauhe Begegnung von mir fürchten. Das bezeuge mir noch in jener Welt die, mit
welcher ich zehn Jahre ohne ein rohes unfreundliches Wort verlebte, ob
ich sie gleich nicht liebte. Eher möchte ich vielleicht fähig sein, mit der
Höchstgeliebten meines Herzens, doch nur über geargwohnten Mangel an
ihrer Gegenliebe, zu hadern. Gott bewahre mich vor einem Weibe,
das mich für meine Liebe nicht vollauf wieder liebt! Noch bin ich

in diesem Falle zwar nicht gewesen: aber mir däucht, es würde von allen möglichen der schlimmste sein. Leicht könnte ich dann der unerträglichste Mensch werden. Denn es kommt mir vor, als sei ich großer Eifersucht fähig. Freilich nicht nach gemeiner Männer Weise, zum Hüten und Auskundschaften der Schritte und Tritte meines Weibes; nicht zur Einschränkung ihrer Freiheit in irgend einer Art des Umganges: aber heimliche Verzweiflung würde mein Herz zerfleischen, und in der grausenden Gestalt eines Höllen-Verdammten würde ich vor ihrem Angesichte umher schleichen.

Nun, Elise, prüfen Sie sich und mich! Erkundigen Sie sich, wo möglich, nach mir und meinen Umständen auch bei Andern. Doch glauben Sie eher nichts, als bis ich's Ihnen selbst bestätigt habe. Denn obgleich kaum irgend Jemand mich schlimmer schildern wird, als ich selbst gethan habe, so könnte mich doch wohl ein Anderer minder wahr schildern, als ich, der ich mich selbst am besten kenne, zu thun im Stande bin.

Sie haben eine Mutter, und, wie mir versichert worden ist, eine rechtschaffene und kluge Mutter. Wenn Ihnen je in Ihrem Leben der Rath einer solchen Mutter theuer und werth war, so lassen Sie sich's in diesem Falle doppelt angelegen sein, auf ihre Stimme zu horchen. Sie wird vermuthlich diese Darlegung mit einem offnern und unbefangneren Sinne, als Sie, liebe süße Schwärmerin, aufnehmen, und der Rath des Mutter-Kopfes wird vermuthlich zuverlässiger sein, als der Rath des Tochter-Herzens. Findet die Mutter, daß der Mann, der sich mit dem Pinsel der Wahrheit hier selbst geschildert hat, ohne mit Wissen und Willen irgend einen Flecken, worauf etwas ankommen kann, auszulassen, dennoch wohl ein guter Mann für ihre Tochter sein könne: nun — so überlassen Sie sich dem vollen Zuge Ihres Herzens!

Doch nein! auch alsdann noch nicht eher, als bis Sie mich selbst gesehen haben. Meinen Sie, nach wiederholter und abermals wiederholter Prüfung dieser Beichte, daß ich, trotz Allem, was an mir auszusetzen ist, dennoch der Mann Ihres Herzens sein könne, wenn anders mein Körperliches Ihnen nicht ganz und gar zuwider sein sollte; und Sie sagen mir dieses redlich, offenherzig und unbefangen, so will ich ganz in der Stille, unerkannt und unter fremdem Namen, um weder Sie, noch mich selbst vor der Welt bloß zu stellen, zu Ihnen nach Stuttgart kommen. Auch ich selbst muß Sie erst sehen, wie Sie leiben und leben, und ob Sie diejenige wirklich sind, die ich im Geiste freilich schon längst mit hoher Liebe umfasse. Geist, Herz, Charakter, Lebensart, Sitten, Stand, Ehre, Vermögen sind zwar wichtige Ingredienzien zu einer glücklichen Ehe; allein sie machen es doch nicht immer und ganz allein aus. Wir sind insgesammt sinnliche Menschen, und auch die Sinnlichkeit will ihr Recht haben. Unsere Sinne müssen ein wechselseitiges Behagen an einander finden, welches sich nicht gerade nach Jugend und Schönheit, sondern oft nach einem unerklärbaren Etwas richtet, das sich weder malen, noch beschreiben, sondern allein im Innersten fühlen läßt. Dieses Etwas läßt sich weder geben, noch nehmen.

Nach diesen Vorbereitungen wird es sich in der ersten Stunde unserer persönlichen Zusammenkunft ausweisen, ob wir das Publikum mit der allersonderbarsten Heiraths-Geschichte zu amüsiren, — zu unserem eigenen noch größern Amüsement zu amüsiren im Stande sind oder nicht.

Elise, Elise! ich schließe mit einer theuern, feierlichen Beschwörung. Bei dem ewigen Gotte, bei ihrem eigenen Wohl und Weh, und bei dem Wohl eines Mannes, der nicht redlicher um das Ihrige besorgt sein kann, als er ist, beschwöre ich Sie: Wählen Sie mich nicht zu Ihrem Gatten, wofern Sie nicht bei sich fühlen, daß Sie sich mit voller Liebe in meine Arme werfen können. Ich schwöre Ihnen, in An-sehung Ihrer eben dasselbe zu beobachten.

Und so hoffe ich freudig, der Allbarmherzige werde unsern Bund, wenn er zu Stande kommt, mit seinem Segen krönen.

G. A. B.

An * * *

Gieboldehausen, den 22. April 1790.

— — — Ich muß dir, wiewohl für jetzt nur kurz sagen, daß mir ein junges, zwanzigjähriges, sehr hübsches, an Geist und Charakter vor-treffliches Schwaben-Mädchen, nicht ohne Vermögen, und überdies mit sehr wahrscheinlichen Aussichten zu ansehnlichen Erbschaften, einen Ring an den Finger practicirt hat. Das Mägdlein heißt Maria Christiane Elisabeth Hahn, und wohnt in Stuttgart, von wannen ich sie künftigen Michaelis heimholen werde. Diese ganze Heirathsgeschichte ist so romanhaft und originell, daß sie gewiß seit Adam die erste in ihrer Art ist. Das Mädel hat sich aus meinen Gedichten bis über die Ohren in mich verliebt. In einer lustigen Gesellschaft wird sie damit aufge-zogen. Scherzweise macht sie ein Gedicht, worin sie um mich förmlich anhält. Es ist aber natürlicher Weise kein Gedanke davon, daß das Ding gedruckt werden und in meine Hände gelangen soll. Gleichwohl geschieht dies ohne ihr Wissen und Willen durch Jemand, der eine Abschrift dieses Gedichtes zu erhaschen weiß. Ich fange diesen Winter durch an, mich nach Namen und übrigen Umständen der Verfasserin zu erkundigen. Alle Nachrichten lauteten sehr vortheilhaft. Ich gerathe durch ein poetisches Gegencompliment endlich selbst mit ihr in Brief-Wechsel; erhalte ihr Portrait, stimme den anfänglichen Scherz nach und nach in Ernst um, gebe ihr eine umständliche und getreue Schil-derung meiner innern sowohl als äußern Umstände, reise endlich selbst in diesen Oster-Ferien nach Stuttgart, und die Sache ist richtig. Un-möglich ist mir's jetzt, die höchst sonderbaren Fügungen bei der ganzen Geschichte aus einander zu setzen, wodurch sie ein solches Ansehen gewinnt, daß entweder eine höhere unsichtbar leitende Hand im Spiele sein muß, oder wahrlich, es giebt überall eine solche Hand nicht. Denn

z. B. hätte ich, wie ich Anfangs vor hatte, meine Abreise nur um einen Post-Tag verspätet, so wäre wahrscheinlich aus der Sache nichts geworden; denn da lief ein Brief ein, der meiner Kinder wegen nichts Geringeres als einen zierlichen und manierlichen Korb enthielt. Diesen Brief wartete ich nicht ab. Es mußte sich fügen, daß einer meiner Schwäbischen Kollegen, mit dem ich reisen wollte, wider Vermuthen eher abreisen mußte. Ich wollte durchaus noch nicht mit, er ließ aber nicht nach, bis er mich gleichsam bei den Ohren mit in den Wagen geschleppt hatte. Meine persönliche Gegenwart und die den spindelbeinigen Apoll umstrahlende Lieblichkeit gab der Sache nun eine ganz andere Wendung. Kurz, ich bin mit meinem Liebchen öffentlich und förmlich verlobt. Sie liebt mich und ich sie über alle Maße. Ihr Vater war Expeditions-Rath, und ist todt. Sie hat nur noch eine Mutter, die von ihren Renten lebt, und einen Bruder, der Württembergischer Offizier ist. — Kurz, ich schmeichle mir, das Mägdlein soll Euern ganzen Beifall gewinnen, denn sie darf sich sowohl im Körperlichen, als Geistigen und Moralischen vor Meister und Gesellen sehen lassen. ———

An Elisen's Mutter.

Göttingen, vom 3. bis 12. Februar 1792.

Schmerzlich, gute Mutter, schmerzlich ist es mir, daß ich Ihre Tochter so schwer anklagen, — daß ich mich von ihr scheiden muß. Sie ist ein verschwenderisches, üppiges, heuchlerisches, verbuhltes und ehebrecherisches Weib. Ich Armer bin vielleicht der letzte in der ganzen Stadt, der sie endlich, durch allzu unläugbare Proben überzeugt, dafür erkennen mußte. Hier ist ein kurzer Abriß der Geschichte meiner unglückseligen Ehe. Unter der Ausführung einer längeren würde ich erliegen.

Jahr und Tag, trotz so mancher Stimme, die mir zu Ohren drang, trotz so manchem bösen Anschein, trotz Carrikatur-Zeichnungen mit Hörnern, die von mir erschienen, Jahr und Tag sträubte sich mein Glaube an Menschenwürde, etwas Arges von ihr zu wähnen. — „Sie hat dich ja, sprach ich zu mir selbst, auf die außerordentlichste Art aus der Ferne zu sich gerufen. Wie hätte sie das gekonnt, wenn sie nicht den bessern Theil von dir, deinen Geist und dein Herz, so wie diese in deinen Werken sich abspiegeln, auf die edelste Art lieb gewonnen hätte? Du hast dich ihr hierauf von innen und außen auf das getreueste geschildert, hast nichts verschwiegen, was dir nachtheilig war, und sie hat sich dir frei, ohne allem Drang, als Gattin in die Arme geworfen. O, schon um dessen willen wird es ihr unmöglich sein, dich jemals mit Untreue zu beleidigen, wenn auch gleich das Feuer ihrer ersten Liebe nachlassen sollte. Wie viel weniger wird sie es können, wenn sie sieht, daß du ihr edel und anständig begegnest, und das grenzenloseste Vertrauen auf sie setzest? — Ja, wenn du, der abgeblühte Mann in den

Vierzigen, dich ihr, der jungen, blühenden, raschen Zwanzigjährigen,
durch einen despotischen Vater, durch eine böse drängende Mutter, durch
überredende Verwandten oder durch andere lose Künste wider Willen
aufgedrungen hättest; wenn du nun sie tyrannisirtest, sie rauh und
ungestüm behandeltest, sie lästig einschränktest, mit Argus = Augen
bewachtest, mit Argwohn und Eifersucht quältest, kurz, den Plagegeist
gegen sie spieltest: dann wäre es möglich, daß auch ein sonst gutes
Geschöpf sich einmal aus Unmuth verginge. Aber da du dir von alle
dem des Gegentheils so sehr bewußt bist, so könnte wohl nur eine Verworfene, dergleichen es vielleicht gar unter der Sonne nicht giebt, dir
so arg mitspielen." — So sprach ich zu mir selbst, und Gott ist mein Zeuge,
wie sehr ich auch den entferntesten Argwohn verabscheute, weil ich dadurch
die Menschenwürde zu beleidigen und ein Schicksal zu verdienen glaubte,
das ich nun dennoch, und der Allwissende weiß es! wie unschuldig trage.

Mit wahrer herzlicher Liebe schloß ich sie als Gattin in meine
Arme, und führte sie hierher. Wie ich unter Ihren Augen, o Mutter,
in Stuttgart war, so blieb ich von innen und von außen. Gleichwohl
gerieth sie nicht lange nach unserer Hierherkunft, ich weiß selbst nicht
wie? in heftig tragische Klagen, daß ich sie nicht, wie Molly, liebte,
— nicht so lieben könnte. Ich wußte schlechterdings nicht, woher, und
fiel dabei wie aus den Wolken. Ich suchte sie erst scherzend, und dann
zärtlich zufrieden zu sprechen. Als mir das aber durchaus nicht gelang,
wurde ich im Bewußtsein meiner so gänzlichen Schuldlosigkeit lebhaft
und ungeduldig, schlug mich unter meinen Betheurungen vor den Kopf,
und eilte auf mein Zimmer. Ich erhielt hierauf ein Billet von ihr,
das die glühendste Liebe athmete, und worin sie bereute, mich durch
ihre Leidenschaft so aufgebracht zu haben. Nach wenig Stunden schloß
ich sie wieder in meine Arme, und meiner Meinung nach war Alles
wieder gut. Es war ein Regenschauer, wie sie im Lande der Liebe zu
Tausenden fallen, und dieses Land sonst nur desto fruchtbarer und
reizender machen. — Elise wurde indessen bald nachher kalt, und
gab vor, die selige Doctorin Leß, die sie eben kennen gelernt hatte,
habe sie auf die rechte Mittelstraße einer mäßigen Liebe geleitet, die
bisher allzu heftige Leidenschaft bei ihr gewesen wäre. Nachher fielen
von Zeit zu Zeit noch einige kurze Mißhelligkeiten unter uns vor, indem
ich wohl durch ihren heftigen Widerspruchsgeist, durch ihren super-
klugen Dünkel, durch ihre Rechthaberei gegen alle gesunde Vernunft
zu lebhaften Aufwallungen gereizt wurde. Doch kam es gemeiniglich
noch in der nämlichen Stunde wieder zum Friedenskusse. Nie erinnere
ich mich, ihr dabei das kleinste unfeine, oder gar harte Wort gesagt zu
haben. Ich denke dergleichen Auftritte ereignen sich wohl in jeder, auch
in der besten Ehe. So wenig mir es deßfalls ankam, von meiner Liebe
zu lassen, oder gar auf Nebenwege auszuschweifen, so wenig ließ ich
mir dergleichen von ihr träumen. Auf diese Weise entstand unter uns
eine Art von Kälte und Entfremdung. — Ach! ich ahndete nicht,

was ich leider! nunmehr weiß, daß sich schon in dem ersten Monate unsers Hierseins ein Buhler bei ihr eingenistet hatte. Denn von dem ersten Picknick her, welches ich mit ihr besuchte, noch keine vierzehn Tage oder drei Wochen nach unserer Ankunft, schmiegte sich der Bruder der Demoiselle M. an sie, machte ihr sehr auffallend die Cour, und kam bald täglich in's Haus, ungeachtet ich und der Doctor A. ihr zu erkennen gaben, daß dieser Mensch in keinem guten Rufe, sondern als ein wollüstiger Weiberknecht bekannt sei. Folgendes ist nun von diesem ersten Buhler Elisabeth's Aussage.

„Herr Doctor M. habe eines Abends, längst vor Weihnacht vorigen Jahres (1790), die Frau Professorin B. nach Hause begleitet, und sei mit ihr auf ihr Zimmer gegangen. Elisabeth sei, ihrer Gewohnheit nach, herauf gekommen, um ihrer Frau zum Auskleiden behülflich zu sein; aber diese habe sie wieder weggehen geheißen, und gesagt: Sie wolle schellen, wenn sie ihrer bedürfe. M. sei etwa eine halbe Stunde bei ihr allein geblieben, und darauf wieder weggegangen. Der Professor B. sei selbigen Abend nicht zu Hause gewesen. Philippine, welche ihre Frau und Doctor M. zu Hause geleuchtet, habe die Bemerkung gemacht, Frau Professorin habe mit dem Herrn sehr vertraulich gesprochen, und habe sie, die Elisabeth, zugleich gefragt: Wer er wohl sein möchte?

Nach diesem Vorgange sei Doctor M. mehrere Male wieder in's Haus gekommen und Frau Professorin allein gewesen. Etwa 14 Tage darauf habe Elisabeth von ihrer Frau ein Billet und einige Bücher mit dem Befehl erhalten, selbige zum Herrn Doctor M. zu tragen, aber ihm ja selbst einzuhändigen, und besonders das Billet von Niemanden im Hause sehen zu lassen. Doctor M. werde ihr Bücher zurückgeben, und möge nur Ja! oder Nein! sagen. Er habe das Billet gelesen, ihr Bücher zurück gegeben, und gesagt: Ja, er wolle kommen. — Nachher sei Doctor M. oft und fast täglich zu der Frau Professorin B. gekommen, und zwar immer, wann ihr Mann Stunde gehabt. — Sie, Elisabeth, habe dann auf ausdrücklichen Befehl ihrer Herrschaft die Philippine beschäftigen, oder aus dem Hause schicken müssen, damit sie ihn nicht kommen und gehen sähe. Frau Professorin habe dann ihre Stubenthür vermittelst des Nachtriegels verriegelt, und der Elisabeth befohlen, wohl Achtung zu geben, daß weder ihr Mann, noch sonst Jemand herüber oder herauf käme. Oft habe der Herr Professor, wann sie um 3 Uhr den Kaffee gebracht, gefragt: Was macht meine Frau? Wobei sie immer in Verlegenheit gerathen sei, aber doch, weil es ihr ein für alle Mal so strenge befohlen worden, geantwortet habe: Sie hätte sich eingeschlossen, um zu schlafen.

Frau Professorin habe eines Tages die gegebene Instruction dahin abgeändert, daß Doctor M. nun nicht mehr um 3 Uhr, sondern um 5 Uhr kommen werde, weil er besorge, durch tägliches Kommen um dieselbe Stunde die Aufmerksamkeit des Herrn Professors zu erregen. Elisabeth habe nun ihre Aufmerksamkeit und Sorgfalt in Ansehung der kommenden Störer, so wie auch in Rücksicht auf Philippine, auf diese abgeänderte Stunde richten müssen.

Am zweiten Christtage habe Elisabeth von ihrer Frau Befehl erhalten, vor dem M . . schen Hause zu kreuzen, um sich vom Doctor M. bemerken zu lassen, und ihm dann ein Billet zu reichen. Das sei geschehen, und Doctor M. habe ihr sofort unter dem Durchgange im Collegien-Hof ein anderes Billet an Frau Professorin zurück gegeben.

Einst sei der Herr Professor bei Doctor A. gewesen und Frau Professorin habe sich des Abends als eine Mannsperson angekleidet, um dem Herrn Professor einen Spaß zu machen. Diesen ganzen Abend habe Doctor M. bei Frau Professorin zugebracht, sie verkleiden helfen, und habe sie auch in ihrer Verkleidung bis an Doctor A . .'s Haus begleitet *).

Frau Professorin B. habe dem Doctor M. zum Weihnachts= oder Neujahrs=Geschenke ein weißes, mit blauen Blumen gesticktes Halstuch, einen Geldbeutel und eine Brieftasche geschenkt.

Elisabeth habe sich einige Male, wenn Frau Professorin sich mit dem Doctor M. eingeriegelt gehabt, an die Thür geschlichen, habe aber nichts Deutliches, als nur leises Geräusch und Geflister vernommen.

Einst habe der Professor seine Frau bei einer Zusammenkunft mit dem Doctor M. überrascht, indem dieser eben in der Nebenkammer sich verstecken wollen. Es sei darauf zwischen Mann und Frau ein heftiger Wortwechsel vorgefallen. Frau Professorin habe ihr darauf vertraut, daß sie noch glücklich mit einem Vorwande durchgekommen, wie nämlich ihr Doctor M. Frankfurter Krönungs=Ducaten verschafft, und eben gezeigt hätte, welche der Herr Professor nicht sehen sollen, weil ihn Frau Professorin zu seinem Geburtstage damit anbinden wollen. Frau Professorin habe ausdrücklich gegen sie verlauten lassen: Es sei ein Glück gewesen, daß ihr dieses noch zu rechter Zeit eingefallen **).

---

*) Ueber diese Verkleidung als eine Unbesonnenheit, die leicht am hiesigen Orte als ein Verstoß gegen die Decenz angesehen werden konnte, war ich damals sehr mißvergnügt. — Meine Frau ließ sich aber nie das Mindeste merken, daß M. bei ihr gewesen sei, und sie begleitet habe. Vielmehr hat sie mehr denn ein Mal gegen mich geäußert, daß sie in meiner Abwesenheit bei Leibe keine Besuche annehme. Mein damaliges billiges Mißvergnügen nahm Madame nach ihrem Dünkel und ihrer Rechthaberei sehr übel auf.

**) Mit dieser Entschuldigung ließ ich Armer mit meinem schrankenlosen Ver= trauen, dem auf tausend Meilen weit kein böser Argwohn kommen konnte, mich in der That abspeisen. Ich ging, da der Student, den ich in dieser Stunde privatissime unterrichtet, ausblieb, aus meinem Zimmer über einen Vorsaal zu meiner Frauen Zimmer, bei welcher ich Niemanden vermuthete. Als ich an die Thür kam, hörte ich, daß darin die Kammerthür aufging. Als ich zur Thür hineintrat, eilte mir meine Frau entgegen, und eben sah ich, daß die Kammerthür zuging. Die Verlegenheit meiner Frau veranlaßte mich zu fragen: Wer sich da versteckte? und ging sogleich nach der Kammer, wo sich denn Signor M. vorfand. Ich sagte weiter nichts, als in einem kalten, verächtlichen Tone: „Ha! sind Sie es?" — und ging sogleich zurück auf mein Zimmer. Madame kam mir bald mit tragischen

Ungefähr ein Vierteljahr könne der fast tägliche Umgang und die Besuche des Doctors M. um die bestimmte Stunde fortgedauert haben, als der Herr von S.., ein Student aus Liefland, den Doctor M. verdränget habe. Mit dem Herrn von S. habe die Frau Professorin auf dem Picknick Bekanntschaft gemacht, wie sie der Elisabeth sofort erzählt habe. Daß nunmehr der Doctor M. ausgestochen worden, habe sie theils daraus schließen können, was die Frau Professorin darüber gegen sie fallen lassen, theils auch daraus, daß nun M. Anfangs seltener, und endlich gar nicht mehr gekommen sei.

Diesem Herrn von S. habe Elisabeth sehr oft, wenn der Herr Professor des Abends ausgewesen, Billete zubringen müssen, und dann habe Herr von S. einen Theil des Abends bei ihr zugebracht. Sie habe von ihm theils ein Billet, theils ein mündliches Ja! oder Nein! er könne nicht kommen, weil er selbst Besuch habe, zurück gebracht. An seinem Geburtstage habe sie ihm ein Packet bringen müssen, welches ihr Frau Professorin vorher gezeigt hätte, darin sei gewesen: 1. Ein weißes, mit Spitzen besetztes und goldenen Blümchen gesticktes Halstuch. 2. Ein goldenes oder vergoldetes Etui, worin ein Zahnstocher und Ohrlöffel an einem Stück; und 3. Ein beinerner Ring. Nummer 2 und 3 sollen vom Kaufmann O. gekauft sein, und 1 Louisd'or gekostet haben, wie Frau Professorin ihr erzählt.

Herr von S. sei einst nach Cassel verreiset gewesen. Während dieser Abwesenheit habe sie täglich mit Billet und Büchern in seine Wohnung gehen, und sehen müssen, ob er noch nicht zurückgekehrt sei. Dem Aufwärter habe sie dann sagen müssen: Sie müßte Herrn von S. selbst sprechen, um Bücher zurück zu bekommen. Es könnte ihr also nichts helfen, wenn sie die Bücher dort ließe.

Als Herr von S. schon im D..schen Hause gewohnt, habe sie ihm abermals ein Billet gebracht, nach dessen Lesung Herr von S. sich in's

---

Geberden und Exclamationen nachgelaufen: „Hältst du mich für dein Weib? Hältst du mich für dein rechtschaffenes treues Weib? Ist dir's möglich, arg daraus zu denken?" — Ich erwiderte kalt: „Beinahe sollt' ich es!" ob ich's gleich im Herzen für weiter nichts, als eine große Unbesonnenheit hielt, wozu irgend Etwas, wiewohl nichts weniger als eine vorgehabte Untreue, Anlaß gegeben. Ich stellte mich ein Weilchen allarmirter, als ich in der That war, und sie trat mit ihrer Beschönigung hervor. Ich sagte: „Wozu war es nöthig, mit einem paar elenden Ducaten in die Kammer zu flüchten, um sie zu verbergen? Ihr konntet ja nur die Hand zumachen, oder die Hand darüber halten, oder euch sonst davorstellen, und zu mir sagen: Wir haben da etwas, Lieber, das Du nicht sehen sollst, und so konntet Ihr die Sache über die Seite, und mich zur Thür hinaus scherzen!" — Dies mußte sie nun freilich einräumen, entschuldigte sich aber damit, daß ich so plötzlich gekommen, und in der Uebereilung wäre der dumme, unbesonnene Verstedungsstreich gespielt worden. — So schlecht die ganze Entschuldigung war, so ließ ich sie doch ohne den mindesten Argwohn gelten, und gab nur mit aller Sanftmuth mein Mißfallen über die Unbesonnenheit des gewählten Mittels zu erkennen. Die Krönungs=Ducaten, gab sie vor, hätte sie mir zum Geburtstage als Whist=Marken bestimmt gehabt, weil ich die meinigen vorher verloren gehabt hätte. Dies fiel vor Weihnacht vor. Sehen Sie, gute Mutter, so früh bin ich schon hintergangen worden! Elisabeth fahre nun weiter fort.

8*

Fenster gestellt und geweint habe. Als sie ihn um Abfertigung gebeten, habe er geantwortet: Sie solle nur sagen, er könne nicht kommen. Auf die fernere Frage: warum er weine? habe er erwidert: Ach! er wolle es ihr aufrichtig sagen: Er trage Bedenken, seine Besuche fortzusetzen, und dadurch, wenn der Herr Professor B. einmal etwas davon erführe, sich selbst, die Frau Professorin und den Herrn Professor unglücklich zu machen u. s. w.

Ehe ich melde, was diese am 5. December v. J. geschehene Aussage auf mich gewirkt, muß ich mit meiner Erzählung wieder in frühere Zeiten zurückgehen.

Denken Sie nicht, gute Mutter, daß diese Beiden etwa die einzigen Gäste in meinem Hause gewesen. Nein! zu ganzen Dutzenden zog ihre Koketterie sie in's Haus. Wir waren keine zwei Monate hier, als kein Tag verging, da nicht der Eine oder der Andere Cour machte, und an jedem Donnerstage in der Woche war große volle Assemblee bei uns, zu welcher auch eins und das andere Frauenzimmer, besonders solche, die ihre Anbeter hier wußten, mitkamen. Da ging es mit Blindekuh und allerlei andern Spielen sehr laut zu. Es wurden auch Sprichwörter gespielt, und aus diesen Spielen entstanden endlich gar Komödien, worüber sich die Stadt sehr scandalisirte, weil Madame durch ihre Nase= weisigkeit, durch ihre Koketterie und Eroberungssucht sich sehr früh eine Menge Feinde und Feindinnen machte. Ich armer Mensch, der in der Hauptsache ein unerschütterliches Vertrauen auf sie setzte, konnte durch sanft gewendete Vorstellungen gegen diese Begierde nach lärmenden Ergötzlichkeiten nichts ausrichten, und mit Gewalt und Trotz mich da= gegen zu stemmen, war meiner Gutmüthigkeit unmöglich. Ich dachte, nach und nach würde schon Alles in ein ruhiges Geleise kommen, und freute mich auf die Zeit, da ein Kind ihren Trieben eine andere Richtung geben, und sie zu häuslicher Stille gewöhnen würde. Ich glaube nun zwar nicht, daß die Uebrigen, die mein Haus beschwärmten, lauter Näscher waren. Indessen war doch besonders noch Einer darunter, auf welchen Madame es offenbar angesehen hatte, und welchen sie unstreitig in dem ersten Winter zum dritten Buhler erhoben haben würde, wenn der Mensch dem Anscheine nach nicht eine zu gutmüthige, ehrliche Haut gewesen wäre. Es war ein Herr von B. aus Hannover. Er kam sehr fleißig, wurde von ihr auf das auffallendste distinguirt, so daß die ganze Stadt voll davon war; und nach seinem Abzuge von hier, verwichene Ostern, hat sie bis auf die letzten Zeiten ununterbrochen mit ihm wöchent= lich correspondirt. Der Briefwechsel mit ihm, den sie mir zum Theil gezeigt, enthielt nun zwar meines Wissens nichts, als bloß freundschaft= liche Unterhaltung. Indessen kommt es mir vor, als ob es nur an dem gutmüthigen B. gelegen, daß nicht eine Liebescorrespondenz hieraus erwachsen. Dem sei indessen, wie ihm wolle, so hätte sie doch auch mit diesem Menschen nicht solchergestalt meine und ihre Ehre vor dem Publikum compromittiren sollen.

Daß bei einem solchen tagtäglichen Commers eben nicht viel Schmeicheleien für den armen Ehemann abfielen, das ist sehr begreiflich, besonders da derselbe, entweder aus Mißvergnügen, oder seiner Geschäfte halber, sehr wenig Theil daran nahm, und mehrentheils auf seinem Studierzimmer blieb. Ich läugne gar nicht, daß ich dabei immer kälter und trockener wurde, besonders da auch bald der ungemeine Aufwand, und die von Madame ganz vernachläffigte Hauswirthschaft zum allgemeinen Stadtgespräch wurden, und keine Winke dagegen etwas fruchteten. Dennoch kann ich vor Gott betheuern, daß ich, trotz meiner äußerlichen Kälte und Trockenheit, nie den brummischen Ehemann gegen sie gespielt habe. Ich suchte Erbitterungen auszuweichen, verschlang manchen und manchen gerechten Verdruß im Stillen, um nicht über die unsinnigsten Widersprüche, die ich überall befürchten mußte, mich sowohl, als sie selbst, die schwanger war, zu empören. — Gerade fällt mir von Hunderten nur Eins zur Probe ein. Frau Elisabeth, wie ich Ihnen schon einst gemeldet habe, führte das ganze Hausregiment. Einst saßen wir Mittags am Tische bei der Suppe. Madame schickte meine Tochter hinunter, um Elisabeth zu fragen: Was für Gemüse sie gekocht hätte? — Als meine Tochter zur Thür hinaus war, sagte ich: „Mein Kind, daß dieses ja Niemand erfährt, daß du bei der Suppe noch nicht weißt, was für Gemüse auf den Tisch kommen wird.“ — Hier dächte ich denn doch, würde man sich ein wenig geschämt und mir Recht gelassen haben. Aber Sie hätten nur hören sollen, mit welcher Superweisheit mir vordemonstrirt wurde, daß nichts natürlicher und gewöhnlicher in der ganzen Welt sei, als daß die Hausfrau um das Gemüse, das auf den Tisch kommen solle, sich gänzlich nicht zu bekümmern pflege, sondern solches lediglich der Köchin überlasse, und daß sich's auch gar nicht anders verhalten könne. — Ich schwieg demnach, würgte die ekelhafte Vertheidigung, so gut ich konnte, hinunter, und hütete mich in den meisten Fällen, etwas zu sagen.

Trotz dem täglichen Anlaß zur Unzufriedenheit, trotz dem täglichen gerechten Tadel der Stadt, der mir zu Ohren kam, trotz der gehörnten Carrikatur-Zeichnung von mir, die schon um Ostern aus zum Vorschein gekommen war, bin ich ihr während ihrer ganzen Schwangerschaft sanft und sorglich begegnet, habe mich freundlich und zärtlich während ihres Wochenbettes gegen sie geäußert, und sie nach demselben öfter wieder umarmt.

Meine tröstenden Hoffnungen, daß sie sich als Mutter ganz anders und besser, als bisher, benehmen würde, wurden leider! nicht erfüllt. Die üppige, auf Wollüste und Vergnügungen erpichte Mutter, die doch gleichwohl den Namen haben wollte, daß sie ihr Kind selbst stillte, legte Alles so an, daß ihr nach ungefähr 6 bis 8 Wochen die Milch ganz verging. Das Kind wurde nur selten an die Brust gebracht, dagegen schon in den ersten 8 oder 14 Tagen wider meinen und aller vernünftigen Aerzte willen mit Brei gestopft, diesen infamen Buchbinder-Kleister, den Gott verdammen wolle, trotz allen Vertheidigungen, die er unter unwissenden, vernunftlosen Menschen findet, weil auch viele Kinder dabei leben, gesund bleiben und groß werden sollen.   Die ungleich größere Zahl von Kindern, die dieser Kleister tödtet oder auf ihr Leben lang elend macht, wird von der blinden Unvernunft nicht gerechnet.   Die Folge von jenem Verfahren war, daß das von einer kerngesunden Mutter, kerngesund und stark geborene Kind, nach 3 bis 4 Monaten ein elender Schwächling war und blieb, und Runzeln hatte, wie ein alter Mann. Erst, nachdem endlich der verfluchte Brei abgeschafft, und das Kind bloß mit Milch, Wasser und Zwieback genährt worden, hat es sich zu benehmen angefangen; dennoch aber ist es für sein Alter noch sehr weit zurück. Hätte die Mutter nicht auf ihre Vergnügungen, auf ihre Excursionen zu mehr als halben Tagen, und auf die Winter-Lustbarkeiten gerechnet; hätte sie nicht zum Voraus den Plan gemacht, sich nicht nur ihr Stillen so bequem als möglich zu machen, ihre Mutter-Pflicht mit ein oder zwei Malen des Tages abzuthun, und das Kind nach 4 oder 5 Monaten sich ganz vom Halse zu schaffen: so würde ihre Milch, nach des ehrlichen und einsichtsvollen Doctors A. Urtheil, ganz allein hinreichend gewesen sein, das Kind bis jetzt davon zu ernähren, und ihm alles Wohlsein und Gedeihen zu verschaffen.   Da nun der Mutterstand im mindesten keine Besserung hervor brachte, vielmehr der alte Jubel wieder angestimmt wurde, inmittelst der Tadel der ganzen Stadt über die auf das enormste vernachlässigten Pflichten der Gattin, der Hausfrau und Mutter immer öfter und lauter mir zu Ohren drang, so sah ich mich gedrungen, endlich ein ernsthaftes Wort zu sprechen.   Ich wollte dieß bei Gelegenheit mündlich thun, und machte an ihrem Geburtstage, den 17. November, mit folgendem Briefe dazu die Einleitung.

,,Am 17. November 1791.

Deinen Geburtstag, mein liebes Kind, habe ich nicht vergessen, wenn ich ihn gleich nicht mit Banketten bei Trompeten und Pauken, nicht mit stattlichen Geschenken, auch nicht einmal mit Versen feiere. Bankette, mit und ohne Trompeten und Pauken, ziemen unserer Lage, ziemen unseren Umständen nicht.   Ein kleines Geschenk, wie es die Armuth zu geben vermag, hätte ich wohl darbringen mögen, wenn ich nur gewußt hätte, was Dir angenehm sein könnte. Erführe ich dieß, so könnte ja noch Rath dazu werden. — Aber nicht einmal Verse? — Ach, nein! Eher wären noch Bankette mit Trompeten und Pauken, eher stattliche Geschenke möglich, als Verse aus einem Geiste und Herzen, deren Schwungkräfte von so manchem und manchem Steine nieder gedrückt werden.

Ich habe also Deinen Geburtstag mit Gebet und Thränen zum Regierer aller Dinge begonnen; mit Gebet und Thränen, daß er Dich nicht nur willig und bereit, sondern auch thätig machen und erhalten

wolle, jene Steine von meinem Geiste und Herzen zu unserm beider=
seitigen Wohlsein abzuwälzen. Würde dieses Gebet von Gott und von
Dir mit Erhörung gekrönt, o, so würde meine Feier mit den besten
Geburtstagsfeiern um den Vorzug wetteifern.

Für heute will ich nichts mehr hinzufügen. Ich wünschte nur aber
wohl einmal ein Stündchen, da Du mir ein offenes und ruhiges Ohr,
einen offenen und ruhigen Geist, ein offenes und ruhiges Herz verleihen
könntest, welchen aber auch ein unwandelbarer guter Wille, und That=
kraft mit nimmer auszuleerendem Köcher nachtreten müßten. Da wir
nun einmal bestimmt sind, m i t einander zu leben, o, so laß uns auch
f ü r einander leben! B.

Um Gelegenheit zu einer mündlichen Unterredung, die ich wünschte,
um mein Herz auszuschütten, schien sich Madame mehrere Tage hindurch
ganz und gar nicht zu bekümmern. Warum nicht? Vermuthlich, weil
gerade der Hauptbuhle unter allen bisher gehabten, ein junger Graf
von H. aus der Nachbarschaft, mehrere Tage hindurch in der Stadt sich
aufhielt, und täglich Vor= und Nachmittags im Hause war. Ich ergriff
also endlich beinahe 14 Tage darnach die Feder, und ließ unter'm
30. November folgendes lange Schreiben an sie ergehen.

„Am 30. November 1791.

Es hat, wie ich mit tiefem Kummer wahrnehme, auch nicht den
mindesten Eindruck auf Dich gemacht, was ich Dir neulich an Deinem
Geburtstage (den 17. November) zu verstehen gab. Ich klagte über
Steine, die meinen Geist und mein Herz niederdrückten. Ich sprach von
thränenvollen Gebeten zum Himmel, daß er Dich willig und thätig
machen wolle, diese Steine von mir abzuwälzen. Ich wünschte mir eine
ruhige Unterredung mit Dir, um zu unserm beiderseitigen Wohlsein
mein Herz ganz ausschütten zu können.

Wäre mir, oder irgend Jemanden, der nicht ganz und gar gefühl=
los, oder im allerhöchsten Grade leichtsinnig ist, so etwas von einer
Person zu verstehen gegeben worden, der ich hohe und heilige Pflichten
schuldig bin; wäre mir's vollends so zu verstehen gegeben worden, daß
ich nothwendig mich für die Ursache jener Beschwerden ansehen müßte:
o, so würde ich keine ruhige Stunde haben verleben können, bis ich Alles
gewußt, und mich entweder entschuldigt, oder zur Abstellung des Druckes
auf das Ernstlichste anheischig gemacht hätte. Von allen dem hat sich
nun seit mehreren Tagen nicht das Mindeste bei Dir geäußert. Es sieht
Deinem beispiellosen Leichtsinn ganz und gar nicht an, ob ich aufgeräumt,
oder versunken in traurigem Ernste vor Dir erscheine. Es fällt Dir
nicht ein, zu fragen: „Lieber, was fehlt Dir, was mißfällt Dir an mir?
Wie soll ich es machen, daß Du zufriedener und vergnügter werdest?"
Von Allem, was nur irgend eine rechtschaffene und gute Frau ihrem

Manne unter solchen Umständen gewiß sagen und thun würde, komint
Dir schlechterdings nichts in den Sinn.   Und doch dächte ich, wäre der
Mann ja wohl nicht von Bärennatur, und dürfte sich einer liebevolleren
Bekümmerniß um ihn wohl werth halten.   Dein Leichtsinn spielt Tag
für Tag lustig und guter Dinge sein frivoles Spiel fort, ohne sich durch
den schwermüthigen Mann irre machen zu lassen.

Nun wohlan denn!   Wenn Du keinen Sinn für die stille Sprache
meines Kummers hast, so muß ich laut und deutlich durch Worte mit
Dir reden zum einzigen und letzten Versuch, ob es denn ganz und gar
nicht möglich sei, Dich weise zu machen, und zur Beobachtung solcher
Pflichten zurückzuführen, die Dir allein meine Werthschätzung erwerben,
und in dieser Werthschätzung meine fast ausgelöschte Liebe wieder an-
fachen und lebendig erhalten können.

Wisse denn, daß Dein Lebenswandel ein Gegenstand der allgemeinen
Mißbilligung des ganzen hiesigen Publikums ist, und zwar nicht bloß
des Widriggesinnten, sondern auch, ja noch mehr desjenigen, welches
uns gewiß nicht übel will.   So unangenehm es nun schon jedem rechtschaffenen Manne seyn muß, in seiner Frau das Ziel des allgemeinen
Tadels zu erblicken: so ist es doch noch unendlich kränkender, gestehen
zu müssen, daß leider! das Publikum in den meisten Stücken Recht
habe.   Denn in der ganzen Stadt giebt es keine Frau, so reich und angesehen sie auch immer sein mag, welche die Pflichten der Hausfrau,
der Mutter, der Gattin schlechter erfülle, als Du.   Siehe, ich will Dir
einen Spiegel vorhalten, worin Du Dich und Deinen Wandel in wahrer
Gestalt erblicken sollst.   Und wenn, wie allerdings zu befürchten ist, Dein
heilloser, seelenverderbter Dünkel Dich bereden sollte, diese Gestalt gleiche
Dir nicht: so nimm den Spiegel und gehe Haus bei Haus, zu Feind
und Freund, und frage: Ihr Leute, ich beschwöre Euch bei Gott und
der Wahrheit, sagt mir, ob ich getroffen bin?   Und wenn eine einzige
vernünftige und rechtschaffene Seele, die Dich und Deine Lebensweise
kennt, nein sagt, so möge der Werkmeister des Spiegels öffentlich von
dem Pöbel mit Koth beworfen werden.

Laß uns erstlich Dich als H a u s f r a u betrachten, laß uns Deinen
täglichen Lebenslauf untersuchen, und sehen, ob Du etwas, und w i e
v i e l Du thust, was wahre Achtung, und mithin auch Liebe verdient.

Des Morgens stehst Du selten vor 9, öfters kaum erst um 10 Uhr
aus dem Bette auf.   Was geschieht hernach in den wenigen Stunden
bis zur Tischzeit?   Du nimmst das Frühstück, ziehst Dich an, und —
treibst Frivolitäten.   Denn sage: ob ein großer Theil Deiner Correspondenz, die Dir so viel Zeit wegnimmt, etwas anders als Frivolität ist?
Hernach setzest Du Dich an den Tisch, und nimmst eine Mahlzeit ein,
an deren Zubereitung Du nicht den mindesten weiteren Antheil genommen, als daß Du das Geld dazu ausgezahlt hast, das ich, oder
andere gutwillige Narren Dir gegeben haben, die sich für vieles Geld
einen sehr kärglichen Tisch gefallen lassen.   Was kannst Du Dich rühmen,

nach Tische bis um 5 Uhr Nützliches zu thun? Was, außer Deinen Lappalien-Briefen an Hanns und Kunz *) und Greten, oder was außer der Zubereitung Deines Putzes, worin Du Visiten empfangen und geben, worin Du in Concerten, Assembleen und Picknicken glänzen willst? Denn, beiläufig, Visiten nehmen und geben, Concerte, Assembleen und Picknicke besuchen, treibst du so unausgesetzt und regelmäßig, als nur irgend ein gewissenhafter Professor seine Lehrstunden abwarten mag. Damit werden dann nun die Stunden von 5 bis 8 Uhr ausgefüllt. Um 8 Uhr setzest Du Dich wieder, wie Mittags, zu Tische, und alsbann wird der so würdig vollbrachte Tag mit einer angenehmen Ruhe beschlossen. Wenn man einen täglichen Lebenslauf so in einem Romane oder in einer Comödie geschildert fände, so würde man die Schilderung für über- trieben halten. Aber dennoch ist hier leider! das Urbild in der Natur.

Am 21. dieses Monats (denn Du mußt wissen, daß ich Dein Thun und Lassen mit meinem Tagebuche belegen kann), traf ich Dich des Morgens nach 10 Uhr noch im Bette an. Meiner Verwunderung kamst du mit vorgeblichem Mißbefinden und einer gar elend hingebrachten Nacht entgegen. Mittags bei Tische ächztest Du mit kindischen Geberden. Abends warest du lustig und fröhlich in großer Theegesellschaft, und nach Tische wälztest Du Dich bei'm Blindekuhspiel mit unsern Tisch- genossen, die Du gleichsam dazu aufzerrtest, bis nach 11 Uhr, da ich mich schon weg und nach Bette geschlichen hatte, herum.

Daß ein solches Leben nicht das Leben einer guten Hausfrau sein könne, das leidet wohl nicht den mindesten Zweifel. Einer guten Haus- frau gebührt es durch die ganze Welt, auf Küche, Keller, Vorraths- kammer, kurz, auf Alles zu achten, was sie im Hause hat, damit sowohl die Consumtibilien gehörig zu Rath gehalten, als auch andere Sachen so lange erhalten werden, wie möglich. Es liegt der Hausfrau nicht sowohl ob, Geld zu erwerben, als vielmehr, deß vom Manne erworbenen Geldes in allen, auch noch so geringfügigen Stücken möglichst zu schonen. Zu dem Ende geht nicht leicht ein Tag hin, da sie sich nicht fast überall im ganzen Hause, zum mindesten in Küche, Speise- und Vorraths- kammer mehr als ein Mal sehen ließe. Sie läßt keineswegs das Gesinde für sich und allein schalten, sondern geht dem Gesinde überall nach, und sieht auf alle sein Thun und Lassen. Es giebt sehr reiche und vornehme Hausfrauen, die dieses befolgen, und sie werden deßwegen von der ganzen vernünftigen Welt nur desto höher geachtet. Du aber, wie oft bist Du seit 13 Monaten deines Hierseins in Küche, Speise- und Vorrathskammer und in der Gesindestube gewesen? Mein Leben will ich verloren haben, wenn 13 Male herauskommen, da doch wahrlich noch 13 Mal 13 Male nicht hinreichend sein würden. Die schönen Früchte dieser enormen Nachlässigkeit liegen nunmehr am Tage, und die ganze Stadt schlägt dabei die Hände über'm Kopfe zusammen. Trotz einer Einnahme von

---

*) Ich dachte damals noch nicht, daß Liebesbriefe darunter wären.

gewiß weit mehr als 1200 Thalern, wovon ich ungefähr 300 Thaler
voriger Schulden abgetragen habe, und das Uebrige im Haushalte auf=
gegangen ist, sind doch aus diesem verwichenen Jahre leicht noch einige
hundert Thaler Schulden zu bezahlen übrig. Wenn ich mir die Mühe
geben will, Alles gegen einander zu rechnen, so bin ich gewiß, daß zum
allerminbesten 1000 Thaler darauf gegangen sind *).

So gewiß, als ich selig zu werden wünsche, bin ich überzeugt, daß
bei einer rechtlichen, ihren Pflichten getreuen Hausfrau wenig über die
Hälfte darauf gegangen sein würde. Aber wie konnte es anders kommen,
da liederliche Mägde das Hausregiment führten? Da Mägde Zucker,
Kaffee, Milch, Butter, Eier, Speck ꝛc., kurz Alles, Alles unter ihrer freien
Disposition hatten? Da keine Hausfrau sich unter ihnen sehen ließ?
Da sie Tag und Nacht nach Belieben wirthschaften, da sie schlampampen,
Kerle tractiren, und mit ihnen ganze Nächte durchfressen und durchsaufen
konnten nach Herzenslust.**)

Wie konnte es anders kommen, da Mägde zwischendurch sogar die
Einkaufskasse führten, und wenn das Geld alle war, nur frisches fordern
durften? Wie konnte es anders kommen, da alles vernünftige und
bescheidene Warnen gegen das blinde Vertrauen auf Mägde schlechter=
dings in den Wind geschah? Wie konnte es anders kommen, bei den
öftern und zahlreichen Gesellschaften von 20 und 30 Personen, welche
die Hausfrau nach eigenem Belieben einlud? Wie anders bei den un=
zähligen kleineren Zusammenkünften, wenn auch weiter nichts als Thee,
Butterbrod oder Zwieback gegeben wurde? Ich wünschte, daß Du die
Summe im Ganzen erblicken könntest, die solche auch nur kleine Schlam=
pampereien an Thee, Zucker, Butterbrod, Lichtern, Obst ꝛc. das Jahr
hindurch betragen. Und dann, was wird nicht versäumt? Was für
Anlaß wird nicht dadurch auch den Mägden zur Versäumniß und
Schlampamperei gegeben? Was wird nicht Alles ruinirt! — Etwas,
dessen sich in der ganzen Welt auch die Damen vom besten Weltton nicht
schämen, habe ich Dich nie thun sehen, z. B. Thee= und Kaffeezeug spülen,
die es nur meist mit eigenen Händen handhaben, nicht aber den rohen
Fäusten der Mägde überlassen, nur damit es in gutem Stande erhalten
werde! Wie oft habe ich die wackersten Damen sich hiermit nach ge=
endigtem Trinken, wo nicht selbst noch in der Gesellschaft, doch unaus=
bleiblich nachher beschäftigen, sich Wasser bringen lassen, das Geschirr
ausspülen, abtrocknen und wegsetzen sehen! Auf diese Art ist denn
auch etwas, was im ersten Ehejahre angeschafft ist, oft noch im dreißigsten

---

*) So rechnete ich damals in Bausch und Bogen. Allein ich habe bei weitem zu
wenig gerechnet. Ich wage es nicht, alle noch aus dem verwichenen Jahre rückständigen
Conte mit 400 Thalern zu tilgen.

**) Diese Dinge sind öffentlich bei Rathhause in Elisabeth's H.... = Proceß=
Geschichte an den Tag gekommen, so daß das ganze Rathscollegium vor Erstaunen sich
nicht zu fassen gewußt hat.

unversehrt vorhanden. Nie aber sah ich noch dergleichen von Dir. In Mägdefäusten muß Alles herumfahren. Es sieht aber auch darnach aus. Das grüne, doch eben nicht unfeine Kaffeegeschirr, war bis auf fehlende 2 Paar Tassen in gutem Stande, und sah sehr honett aus. Es hat mich 40 Louisd'or gekostet, und konnte in jeder Gesellschaft mit Ehren erscheinen. Wie sieht es aber nun aus, von Mägdefäusten zerschmissen und zerstoßen! — Ach! — als ich ehemals in meinem Wittwerstande über manchen weit geringeren Ruin mißvergnügt war, dachte ich, eine rechtliche Frau würde Alles weit besser in Ordnung und gutem Stande zu erhalten wissen. Aber, — nun muß ich sogar erleben, daß der herrlichen Wirthschaft in meinem Hause ein öffentliches und dauerndes Denkmal in Raths=Protocollen gestiftet wird. Das, ja, das! ist in Elisabeth's H....proceß geschehen, und zwar so geschehen, daß das ganze Gerichts= Collegium Maul und Nase darüber aufgesperrt hat. O der großen Ehre für die Hausfrau, wenn auf die Frage des Richters an die als Zeugin abgehörte Philippine: Warum sie denn eine so treulose Wirthschaft einer Mitmagd, nicht der Hausfrau angezeigt? geantwortet wird: „O, die Elisabeth durfte Alles thun; die hatte Alles unter Händen; gegen die durfte man der Frau Professorin nichts anbringen, u. s. w." O, der großen, übergroßen Ehre! — Vermuthlich wird dieß Ehrendenkmal noch nicht das letzte sein. Denn über die neuen Mägde führt die Hausfrau eben so wenig die Aufsicht, als über die alten. Sie kommt weder in die Küche, noch in die Speise= und Vorrathskammer, noch in die Gesinde= stube. Neulich brachte mir Christine einen Borstorfer Apfel der schönsten und ersten Größe unten aus dem Bettstroh der Mägde, und sagte: „Es ist doch Sünde und Schande, wie es da unten zugeht." — Ich erwiderte: Warum sagt sie das nicht der Frau? — „Ach!" hieß es, „der Frau Professorin darf man ja gar nit so was nicht kommen. Die Leonore gilt bei ihr Alles, die kann über Alles kommen, und die Frau sollte es nur wissen, wie sie sich das zu Nutze macht, und wie es unten zugeht." Also setzest Du nun eben das unbesonnene, ja wirklich wahnsinnige Vertrauen auf Leonoren, das Du ehemals auf die schändliche, liederliche Elisabeth setzest. Großer Gott! helfen denn bei Deinem nahmenlosen Dünkel, bei Deiner heillosen Superklugheit, bei Deiner oft so ganz vernunftlosen Eingenommenheit für Personen, die Deine Gunst haben, ganz und gar keine vernünftigen Warnungen zur Vorsicht? Darf man's nicht einmal wagen, Dir damit zu nahe zu kommen? — Es kann sein, daß Christine eben nicht aus dem besten Herzen redet; aber es kann doch auch wohl sein, daß nicht Alles Gold ist, was ein wenig glänzt. — Gesetzt aber auch, Du bekämest Mägde, wie man sie nur immer wünschen kann, so müssen sie unter einer Hausfrau wie Du bist, in Kurzem bis auf den Grund und Kern verderbt werden.

So schlecht Du nach dem allgemeinen, und leider! gegründeten Urtheile der Stadt, die Rolle der Hausfrau spielst, so schlecht spielst Du auch nach dem Urtheil eben derselben zweitens die Rolle der Mutter.

Ach! ich wünschte einst so herzlich die Zeit herbei, da Du ein Kind auf dem Schooße haben könntest. Ich Thor wähnte ja, wenn auch sonst über nichts, dennoch über einem Kinde könnte eine zwar leichtsinnige, aber doch sonst gut geartete Mutter, wofür ich Dich hielt, an mancher Frivolität den Geschmack verlieren, und eine stille, vernünftige Häus= lichkeit lieb gewinnen lernen. Aber, wie sehr habe ich mich betrogen! Mit tief, tief fressendem Kummer nehme ich wahr, daß Dir fast alle wahre echte Mütterlichkeit fehlt. Nichts, nichts hast Du für den armen verwahrlosten Agathon, als jene elende vornehme Weiberweise aus der entarteten Welt, die höchstens einmal von Zeit zu Zeit ein paar Minuten mit dem Kinde tändelt, aber übrigens auch nicht die mindeste Ungemäch= lichkeit seinetwegen zu dulden im Stande ist. Großer Gott! was habe ich nicht oft andere, so gut, wie Du, Gemächlichkeit und Vergnügen liebende Mütter ihren Kindern aufopfern sehen! Dir aber darf das Kind ja nicht die mindeste Beschwerde machen; Dir darf es an Deinen hundert Frivolitäten nicht den mindesten Abbruch thun. Aber eben daher ist nun auch ein von einer kerngesunden Mutter gesund und stark gebornes Kind nach 4 Monaten noch ein beklagenswürdiger Schwächling, und ein Gegenstand des allgemeinen Mitleids oder Spottes. Selbst gute und billige Personen, die Dir alle Deine übrigen Thorheiten zu übersehen geneigt sind, können Dir doch d a s nicht verzeihen, daß Du Dein erstes und einziges Kind so Deiner unerhörten Eitelkeit, so Deinem übermäßigen Hange zu schwärmenden und lärmenden Vergnügungen aufzuopfern im Stande wärest. Ein Kind, das bis jetzt ganz allein von der Milch einer gesunden und starken Mutter hätte genährt werden, und dabei auf das Beste hätte gedeihen können, das sollte sich schon wenige Wochen nach seiner Geburt an Kleister gewöhnen, damit die üppige Mutter nur seiner bald los werden, und desto ungehinderter sich auf dem Tummelplatze wilder Vergnügungen herumwälzen könnte. Daß Dir die Milch darüber vor der Zeit vergehen mußte, das war wohl kein Wunder. Denn so wie die Milch desto häufiger sich einstellt, je mehr dem Kinde die Brust geboten wird; so muß sie auch desto mehr ver= gehen, je seltner das Kind daran kommt. Ha! Warum sagtest Du mir denn nicht früher, daß Du Deinem Kinde auch nicht einen elenden Walzer aufopfern könntest? Ich würde dann mit Gewalt auf einer Amme be= standen haben, um doch nun ein gesundes und wohl genährtes Kind vor mir erblicken zu können, anstatt daß nunmehr der Anblick des armen Wurmes mein Herz verwundet. Denn entweder stirbt der arme Junge vor der Zeit hin, und darum möchte ich schier Gott bitten, — oder er erwächst zu einem immer siechen und kränkelnden Leben.

Und nun, wie oft siehst Du auch nur des Tages Dein Kind? Von selbstmütterlicher Pflege und Wartung will ich gar nicht einmal etwas sagen. Wenn Du im mindesten fähig wärest, zu thun, was andere Mütter, trotz allen Beschwerden, oft bis zur Uebertreibung zu thun so geneigt sind: so würdest Du um des Kindes willen nicht die dritte Magd brauchen, sondern die Wartung desselben füglich unter zwei Mägde, Dich und Marianchen, vertheilen können. Dann könnte aber freilich nicht tagtäglich Besuch gegeben, oder von jungen Herren angenommen, und mit diesen so laut herumgelärmt werden, daß die Menschen auf dem Collegien=Hofe mit Erstaunen stehen bleiben. Bei anderen Müttern ist es oft nöthig, sie gleichsam mit Gewalt zu Beobachtung der Pflichten gegen sich selbst zu nöthigen, wenn mütterliche Zärtlichkeit sie über die Schranken hinaus reißt. Und das ist Mutternatur, selbst in ihren Ausschweifungen noch herzrührend und ehrwürdig! Von Dir aber besitze ich einen merkwürdigen Brief, worin mit sophistischer Spitzfindigkeit die Mutterpflichten und die Selbstpflichten gar pünktlich abgewogen werden. Und wie soll man das nennen? Etwa Mutterkunst? O Kunst, und hättest Du auch noch so haargenau gemessen und gewogen, mein Herz versagt Dir dennoch alle Achtung. — Ha, es ist sonst ganz und gar nicht in der Vaternatur, sich mit kleinen Kindern abzugeben. Aber bei'm höchsten Gott! wenn ich so wenig zu thun hätte, als Du, ich könnte des Kindes bei Tag und bei Nacht wie ein Kindermädchen warten und pflegen; und gar arg müßte mir's kommen, wenn ich über der Beschwerde ungeduldig werden sollte. Mehr als ein Mal schwillt mir den Tag über das Herz vor Sehnsucht nach dem armen verlassenen Kinde; aber ich muß mir's versagen, weil ich so wenig Zeit dazu habe. —

Auch in Rücksicht auf Deine Stieftochter spielst Du, trotz aller läppischen Zärtlichkeit zwischen Euch Beiden, Deine Mutterrolle so, daß ich die traurigsten Folgen vorahnden muß. Was soll aus einem jungen vierzehnjährigen Mädchen werden, das an Dir ein solches Vorbild hat?

Wie beträgst Du Dich endlich, in der That sowohl, als nach dem Urtheile des Publici, als Gattin? Was für Erleichterung meines mühseligen Lebens habe ich von Dir? Worin richtest Du Dich nach meinen Wünschen, wenn sie nicht gerade auch die Deinigen sind? Wie nimmst Du meine Erinnerungen über das auf, was mir etwa mißfällt? Giebt es einen dünkelhafteren, superklügeren, eigenliebigern, prätensionsvolleren Haberecht als Dich? Und das wahrlich selbst in Dingen, worin mich vielleicht ganz Deutschland zum kompetenten Richter annehmen würde. Eben deßwegen, und weil das selbst am allergrünsten Holze geschieht, muß ich bei'm etwas dürren mein Mißvergnügen gewöhnlich in mich verschließen, und mir davon das Herz abnagen lassen. Denn ich muß jederzeit superkluge, rechthaberische Einwendungen erwarten, wenn ich auch gleich behaupte, daß 2 Mal 2 unmöglich zu 5 werden können. Worin zeigst Du Dich sonst für meine Bedürfnisse aufmerksam? Ein Handtuch muß ich zehn Mal fordern, anstatt daß es ungefordert gereicht werden sollte. Wie oft mußte ich neulich an die Stachelleuchter erinnern. Ob ich Vorrath an reiner Wäsche habe, und ob davon etwas schadhaft ist oder nicht, darnach fragst Du nicht, darum bekümmerst Du Dich nicht anders, als höchstens durch Mägde. Freilich, wer so den Kopf voll Picknick, voll Concert, voll Assemblee, voll Visiten,

voll jungen Herren, voll Joujou, und an wie viel Ellen Schnur der
Herzog von York oder von Braunschweig, und ob sie das Joujou mit
den Zähnen oder mit dem Hintern spielen, — kurz, wer den Kopf so
voll von hundert und abermal hundert Frivolitäten und Kindereien hat,
kann freilich an den verdrießlichen Mann nicht denken. Aber eben deß=
wegen kann auch der Mann nicht anders, als kalt und steif bei Deinem
Gruß und Kuß sein. Eben deßwegen, und weil Du ihm zu so vielem
Mißbehagen gerechten Anlaß giebst, muß er's lieber sehen, wenn Du
gehst, als wenn Du kommst. Wahrlich, eine Liebe, die wie der Vesuv
brennte, müßte endlich auslöschen, wenn der Mann bei allem jenen Miß=
fallen, das über seine Liebe wie Meeresfluth herströmt, nun noch hören
muß, daß die ganze Stadt ihn obendrein für einen ausgemachten Hahnrei
hält. Und das thut sie. Schon von dem kleinen Doctor J. mußte ich's
hören, daß sogar ein Kupferstich oder eine Karrikatur=Zeichnung von
mir zum Vorschein gekommen, worin ich mit Hörnern erscheine. Nun
glaube ich zwar gern, daß Du mir noch wirklich keine Hörner auf=
gesetzt hast, und ich habe mich jene Nachricht auch eben nicht anfechten
lassen; aber verdenken kann ich es dem Publikum im mindesten nicht,
wenn es mich für einen armen Hörnerträger hält. Denn wenn das Haus
einer jungen Frau und eines bejahrten Mannes ein solcher Taubenschlag
ist, wie das unserige, wo Tag für Tag zu allen Zeiten die jungen Laffen
aus= und einfliegen; wo man sich so oft und so laut mit den jungen
Laffen herumwälzt; wenn die junge Frau alle Wochen Briefe an junge
Laffen, und darunter auch an solche nach der Post schickt, mit welchen
sie schon bei deren Hiersein im Gerede war*): wenn sich dieß von der
Post aus in der Stadt umher verbreitet; wenn endlich die allerliebsten
Mägde, denen man so sorglos alle seine Ehre, so wie sein Habe und
Gut anvertraute, von bald diesen, bald jenen Billet=Bestellungen an
bald diesen, bald jenen jungen Herrn ihr Geschwätz treiben**) — wie
kann das Publikum nach allem diesen Scheine anders urtheilen? Ich
wiederhole es: mir ist zwar bei allem Deinen bisherigen Beginnen bis
jetzt noch kein Argwohn gegen Deine eheliche Treue angekommen; aber
daß nichts desto weniger solche Dinge meiner Liebe zu Dir endlich nach=
theilig werden müssen, das ist wohl sehr natürlich. Denn durch Deine
Unbesonnenheiten, durch Deinen Leichtsinn, durch Deine thörichte Eitel=
keit giebst Du zu so schändlichen Vermuthungen Anlaß. —

Heucheln kann ich nicht. Getreu und offenherzig ging ich von jeher
und längst vor unserer Verbindung mit Dir um. Offenherzig und gerade
heraus muß ich's Dir auch jetzt sagen: so wie Du bist, kann ich Dich
weder achten, noch lieben. Wenn Du meine, Dir nach Stuttgart
geschriebenen Briefe noch besitzest, so schlage sie nach, und Du wirst irgend

---

*) Ich meinte hier B.; denn von den übrigen wußte ich noch nichts.
**) Ich hatte nämlich nur erst im Allgemeinen gehört, daß Elisabeth, nachdem sie
unser Haus verlassen hatte, schlecht von meiner Frau spreche.

wo eine Stelle finden, wo ich sagte: wenn Du meiner andauernden Liebe
versichert sein wolltest, so solltest Du Dich nur meiner Hochachtung
bemächtigen. Meiner Hochachtung für Dich würde auch Liebe unzer-
trennlich nachfolgen. Diesen Rath hast Du bisher schlecht befolgt, wie
denn überhaupt guter Rath an Deinem Eigendünkel selten haftet. Unmöglich, unmöglich kann ich für eine so kindische, läppische, frivole, die
wichtigsten und ehrwürdigsten Pflichten so vernachlässigende, und daher
von Feind und Freund allgemein und mit Recht getadelte, ja ver-
schrieene Frau Hochachtung hegen. — Wenn ich sie vollends noch dazu
von Eigendünkel, von Selbstgenügsamkeit, von Superklugheit, von
Rechthaberei, von egoistischen Ansprüchen, von vornehmer Kostbarkeit
strotzen sehe, so gehört in der That ein geduldiges Phlegma, wie das
meinige, dazu, um sie nicht ganz und gar zu verachten. So lange Du
so bist und bleibst, kann ich Dich nicht lieben. Alle meine Liebe hängt
sich nur an Hochachtung, selbst sogar meine sinnliche. Und wenn ich
die Sinnlichkeit selbst wäre, so würden die heftigsten Triebe vor einem
Gegenstande erschlaffen, den ich nicht achten kann. Erobere meine
Achtung wieder, wenn Dir an meiner Liebe etwas gelegen ist! —

Mich wundert, wie Du nicht das mindeste Arg daraus haben kannst,
daß selbst alle Deine hiesigen Freundinnen sich ganz sichtbar von Dir
zu entfernen suchen. Mir kommt es wenigstens gar deutlich vor, als ob
eben kein sonderlicher Drang mehr zu Dir wäre. Außer Einladungen
und Besuchen der kahlen Höflichkeit nehme ich nichts mehr wahr. Solltest
Du in Deinem Taumel hieran noch nicht gedacht haben, so muß ich Dich
aufmerksam darauf machen. Ja, ich muß Dir noch mehr sagen. Aus
mehr als einer zuverlässigen Quelle weiß ich es, daß alle Deine Freundinnen ohne Ausnahme Dein Wesen und Deine Handlungen mißbilligen,
und sich Dir daher möglichst zu entziehen suchen. Das erklären Sp.:
das erklären G.; das erklären S.; kurz, das erklären Alle, sogar M.!
Sollte etwa Eine oder die Andere Dich einmal wieder zu einer Liebes-
Intrigue nöthig haben, so dürfte sich die freilich wieder herzudrängen,
weil sie es Dir leicht abgemerkt haben kann, daß Du Dich mit blindem,
unbesonnenen Wahnsinn für diejenigen in Worten und Werken zu verwenden pflegst, die sich bei solchen Gelegenheiten unter die Flügel Deiner
Gunst begeben. Sonst aber werden auch diejenigen, die in Ansehung
ihres guten Rufes eben nichts zu verlieren haben, Dich so viel wie
möglich meiden, um dieses ihr Nichts nicht durch Deinen Umgang zu
verlieren.*)

---

*) Diese Prophezeihung ist bereits in ihrer ganzen Fülle eingetroffen. Sie spielte
in den Liebes - Intriguen der Demoisellen M., trotz aller meiner Warnungen, zum
Skandal der Stadt die Unterhändlerin. Jetzt wird sie von keinem mehr, als von
diesen, auf das Schändlichste durchgenommen. Sie erklärten längst ohne Hehl, daß
sie um ihres guten Namens willen den sonst täglichen Umgang abgebrochen hätten.
Und gleichwohl ist das M.. sche Haus die erste Klippe, woran meiner Frau guter
Name scheiterte. Ich warnte genug; aber was half es?

Junge Laffen werden sich freilich noch immer, und zwar um so lieber um Dich versammeln, je mehr Du Diejenige bist und bleibst, die Du bisher warest. Denn wo fänden sie wohl sonst ein Haus, und in dem Hause eine Frau, die es ihnen besser böte, als Du? Wohin es aber endlich mit der öffentlichen Achtung für Dich kommen werde, das ist leicht abzusehen. Und die jungen Herren, — Du glaubst wohl Wunder, wie Du von ihnen gefeiert werdest? — Natürlich! Wie könnte ein so selbstgenügsames, in sich selbst so seliges Herz daran zweifeln? Ich aber kann und muß Dir sagen, daß sogar verschiedene von denen, die hier Höflichkeiten genießen, Deiner Affectation, Ziererei, Kostbarkeit, Vornehmthuerei u. s. w. spotten. Auch sehe ich gar nicht, daß Du sie in gehöriger Reverenz gegen Dich erhältst. Sollte wohl noch eine andere Dame hier in der Stadt sein, auf deren Zimmer sie sich herausnehmen dürften, so studentisch zu schreien und zu lärmen, als auf dem Deinigen? Mit Erstaunen höre ich oft, wie sie die Treppe heraufpoltern, an die Thür schlagen, und herein fahren, nicht anders, als auf eine Studenten- stube. —

Das Ende von diesem ganzen traurigen Liede ist, daß es so, wie bisher, nicht bleiben kann, wenn ich nicht an Leib und Geist, so wie an Vermögen zu Grunde gehen soll. Du mußt entweder schlechterdings Deinen Pflichten als Hausfrau, als Mutter, als Gattin, sowohl durch Thun, als durch Lassen, Genüge leisten, oder es muß auf einem andern Wege aus der höchsten Noth eine Tugend gemacht werden. Eine so ansehnliche Einnahme, als in dem verwichenen Jahre, ist ohne besondere Glücksfälle, auf welche doch vernünftiger Weise nicht gerechnet werden kann, künftig nicht zu erwarten. Wäre im verwichenen Jahre besser gewirthschaftet worden, so hätte leicht dieß fette ein oder zwei magere Jahre mit übertragen helfen können. Da ich mit einiger Wahrschein- lichkeit auf eine stärkere Einnahme als 500 Thaler, auf das alleräußerste 600 Thaler für's erste nicht rechnen kann, so muß man damit auszu- kommen suchen, es gehe auch, wie es wolle. Daß dieses bei plan- und regelmäßiger Wirthschaft möglich sei, davon bin ich vollkommen über- zeugt. Es muß, es muß gehen, wenn es auch noch ein paar 100 Thaler weniger wären. O, es giebt Leute genug, und auch völlig unsers Standes, die nicht mehr, ja nicht einmal so viel haben, und doch auskommen. Hat man keine lange Decke, so muß man sich nach einer kürzern strecken. Ich halte dieß immer für weit ehrenvoller, als die elenden Kriechereien und Hofierungen um Besoldung, Recommandation u. s. w., die am Ende dennoch ohne Erfolg bleiben. Seit 7 Jahren habe ich nunmehr ohne Besoldung, ohne Vermögen, mit allen Ehren gelebt, und es hat mir nicht an der Nothdurft, ja nicht einmal an Wohlgenüssen gefehlt. Ich habe meine alten Schulden seitdem nicht vermehrt, sondern eher ver- mindert. Es kann also auch ferner so gehen, wenn nur darnach gewirth- schaftet wird.

Ich weiß wohl, wie Du es mir zur Last legst, daß ich mir nicht die

Beine ablaufe, und bald um Hans, bald um Kunz herumschwänzele, um auf diese Art etwas zu erschnappen. Du bedenkst aber dabei nicht, wie weit mehr ich mich über Dich zu beschweren habe, daß Du dasjenige, was ich doch wirklich, und gewiß sauer erwerbe, nicht besser zu Rathe hältst. — Und wenn ich denn nun auch wirklich eine Besoldung von 1 oder 200 Thalern (denn mehr würde es doch wohl vor der Hand nicht sein) erhielte; was würde dieser Tropfen auf Deinem heißen Steine sein? Ja, wenn ich 1000 Thaler Besoldung erhielte, so würden auch die bei einer Hausfrau, wie Du bisher warest, nicht flecken.

Als ich mit meiner seligen Augusta 14 Tage nach Michaelis hier einzog, hatten wir gerade noch 6 Louisd'ors übrig. Denn so weit hatten wir uns für unsere häusliche Einrichtung ausgegeben. Mit dieser Kleinigkeit reichten wir bis an Weihnacht, ohne Schulden zu machen. Wir hatten aber auch nur eine einzige Magd, lebten still und häuslich mit einander hin, und befanden uns ungemein wohl. Ihre hohe Schwangerschaft und ungleich zartere Constitution, als die Deinige, hinderten sie nicht, sowohl Mittags, als Abends, die Küche persönlich zu besorgen. Dabei nähete sie alle Fenster- und Bett-Gardinen, sowie Ueberzüge über Canapee und Stühle mit eigenen Händen, und die Magd spann ihr zur Seite. Gleichwohl war sie aus einem Hause, worin ein gar großer Herrenaufwand gemacht wurde. Sie liebte auch Gemäch= lichkeit und Vergnügungen, und welcher sinnliche Mensch liebt die nicht? Aber die Stärke ihrer Vernunft siegte über die Sinnlichkeit. Ich bin überzeugt, daß ich mit ihr keine 400 Thaler jährlich gebraucht haben würde. —

Wenn jedes von uns seine Pflicht thut, so können wir ehrlich und honett auskommen, ohne uns zum Herumschwänzeln und Kriechen zu erniedrigen. So wenig Zulauf ich auch bisher gehabt habe, so hat mir doch mein Unterricht noch kein einziges Jahr unter 600 Thaler ein= gebracht. (Daß dieser Zulauf nicht stärker ist, dafür kann ich nichts. Ich bin mir bewußt, meine Pflicht nach Vermögen so gut zu thun, als jeder andere Professor, dem Hunderte zuströmen.) Ich wende Zeit, Fleiß und Kräfte, so viel in meiner Gewalt sind, auf meine Lehrstunden, und suche sie sowohl angenehm, als nützlich zu machen. Hilft das nichts, so ist es freilich schlimm genug; allein ich kann doch mir keinen Vor= wurf darüber machen. In der Vermuthung, daß der schwache Zulauf an den Gegenständen liege, welchen ich meine Bemühungen widme, habe ich mir nun auch andere zum Augenmerk genommen, die ich täglich vom frühesten Morgen an bis Abend, mit Aufopferung fast aller Ruhe und Erholung studire. Da ich aber, um nur einige Louisd'ors zusammen zu kratzen, die meiste Zeit und Kraft noch immer an die alten Gegen= stände verschwenden muß, so kann ich freilich in Ansehung der neuen so schnell nicht vorrücken. Ob es mir nun dereinst mit diesen besser, als sonst, gelingen werde, das muß ich dahin gestellt sein lassen. Es gelinge nun aber, oder nicht, so kann ich mir doch nicht vorwerfen, daß ich's an mir fehlen lasse; ob ich gleich gar wohl weiß, daß Du selbst mich gegen manche Personen in den nachtheiligen Verdacht eines unthätigen Mannes zu bringen, — Dich nicht entstehest. Deß solltest Du Dich doch wahrlich schämen! Welche andere Thätigkeit verlangst Du von mir, als die meinige, die von früh Morgens 6 Uhr, bis Abends 8 Uhr, Tag für Tag unausgesetzt im Gange ist? Etwa die Thätigkeit der Herum= schwänzelei und Kriecherei vor vermeinten Gönnern und Patronen? Diese Thätigkeit verachte ich, und traue ihr auch wenig oder gar keinen soliden Erfolg zu. — Sage mir doch, was für Nutzen Dein ewiges Herumfahren, Dein Visiten=Geben und Nehmen bisher gestiftet hat? Aller dieser Abhängigkeit von Menschen, die doch am Ende einen Quark einbringt, können wir sehr füglich entübrigt sein, wenn wir unsere Pflicht thun. Wir hätten gar nicht nöthig, uns um Tischgänger so erniedrigend zu bewerben, wovon der Nutzen ohnehin mir eben noch nicht einleuchten will. Was wir doch Beide einen so gar verschiedenen Ehrbegriff haben! Du kannst bei aller Deiner hochstrebenden Hoffart Schritte thun, wozu ich mich mit aller meiner schlichten Demuth nicht entschließen könnte. Ich hielte es für weit rühmlicher, mit demjenigen, was ich erwerbe, wenn auch noch so kärglich, auszukommen. So wenig auch mein Mund ein gutes Gericht verschmähet, wenn es ihm geboten wird, so gern kann ich es doch entbehren, wenn die Vernunft es auf dem Tische zu haben verbietet. Unter uns kann ich mir das magerste Gericht gefallen lassen. Aber wenn auf einen, mit Kostgängern besetzten Tisch, die ein großes Kostgeld bezahlen, unansehnliche, abgeschabte Brocken von einigen Mahlzeiten, abgenagte Gänsegerippe, von denen wenig oder nichts mehr herunter zu bringen ist, oder Gemüse ohne eine überall gebräuchliche Zuthat gebracht werden; dann wünsche ich, mich vor Scham entfernen, ja, ganz mein Bewußtsein verlieren zu können. Freilich muß es eine schlechte Wirthin so machen, um nur einigermaßen dabei zu recht zu kommen.

Unter uns allein bringe mir hingegen nach hiesiger Art Alles, selbst das Geringste und Wohlfeilste, nur aber Eßbare und für meinen freilich schwächern Magen Verdaubare auf den Tisch, und ich will gern damit zufrieden sein. Verschone mich nur mit Deinen Mehlgerichten und sogenannten süßen Gemüsen, an welche mein Mund so wenig, als mein Magen gehörig gewöhnt sind, und die mir auch nicht gerade die wohl= feilsten zu sein scheinen. Alle übrige Hausmannskost ist mir vollkommen recht. Gute Bouillon=Suppen mag ich freilich wohl; aber, bei Gott! unter uns kann ich sie entbehren, wenn sie nicht anders, als durch große theure Stücke Rindfleisch zu Stande gebracht werden können. Ja, ich will lieber alle Suppen aufgeben, so sehr ich auch von Jugend auf daran gewöhnt bin, als durch Befriedigung meines Gaumens mein Gemüth in Unruhe und Mißvergnügen über einen Aufwand setzen, den meine Casse nicht zu bestreiten vermag. Auch meinen paar Gläsern Wein kann ich in dieser Rücksicht gar leicht entsagen. O, mein Gott! ich wollte ja gern Alles, woran ich von Jugend auf gewöhnt bin, aufgeben und mich nur auf das schlechterdings Unentbehrliche einschränken, wenn ich nicht anders, als auf diese Weise bei Ehre und Reputation bleiben könnte.

Doch, so weit hätten wir's gar nicht nöthig, zu treiben. Wir brauchten uns noch lange nicht alle Wohlgenüsse, geschweige denn die Nothdurft zu entziehen. Wir brauchten noch lange nicht wie ganz armes Lumpengesindel zu leben. Aber wahrlich, es geziemet uns auch nicht, ein Haus, wie kaum die Reichsten und Angesehensten der Stadt, zu machen. Ich bin noch lange kein geheimer Justiz-, kein Hofrath, kein Professor ordinarius, der Tausende einzunehmen hat. Ich bin nur ein armer Professor extraordinarius ohne Besoldung, der sich seine paar hundert Thälerchen Einnahme mühsam erquälen muß, der weiter kein Vermögen, ja, sogar noch Schulden hat, und Du bist um kein Haar mehr, als was Dein Mann ist. Nie habe ich mich nur um einen Heller höher, als ich werth bin, vor Dir ausgegeben. Wolltest und konntest Du Dich dem Range und den Einkünften eines solchen Mannes nicht gemäß fügen, so mußtest Du ihn nicht heirathen. Nun Du ihn aber einmal genommen hast, nun ziemet es sich schlechterdings nicht, Dich über Deine und Deines Mannes Sphäre zu erheben, und die hohe kost= bare Dame zu spielen, wie sie kaum irgend eine Andere in Göttingen spielt. Dieses erwirbt Dir so wenig die Achtung vernünftiger und guter Menschen, daß es Dich vielmehr lächerlich und verächtlich macht. Jedermann kennt meine Umstände, ja, man hält sie wohl gar für schlimmer, als sie wirklich sind; Jedermann weiß, daß Du mir kein Kaiserthum zugebracht hast, so gern ich auch sähe, daß es die Leute zu Deiner Entschuldigung glaubten: und gleichwohl willst Du ein glänzen= des Haus machen, und einen Schwarm gehorsamer Diener und Diener= innen um Dich her haben. Anstatt den Kreis Deiner Bekanntschaften einzuschränken, breitest Du ihn täglich weiter aus. Alles ist Dir will= kommen, was sich nur irgend an Dich hängen, oder wie es in der lächer= lichen Sprache vornehmer Thorheit heißt, was sich Dir präsentiren lassen will. Du denkst wohl Wunder, wie sehr Dich das Alles ver= herrliche. O, ich wollte nur, daß Du diese Verherrlichung in den Herzen selbst derer lesen könntest, die äußerlich die Rollen der gehorsamen Diener und Dienerinnen spielen. Wie weit mehr Ruhm und Werthschätzung der Vernünftigen und Guten würdest Du Dir ohne eine solche Hof= haltung durch stille häusliche Eingezogenheit und gute Wirthschaft erwerben, wenn man sagen müßte: mit einer solchen Frau, wenn je mit Einer, muß Bürger auf einen grünen Zweig kommen, er mag wollen, oder nicht. O, wie liebenswürdig würdest Du mir unter einer solchen Nachrede erscheinen! Statt dessen aber wird von guten Leuten Ach und Weh über den Unstern geseufzt, der mich nach Schwaben geführt hat, und die Uebelgesinnten halten mich für einen schwachen Pinsel, weil sie wähnen, ich sehe das Unwesen so ruhig mit an, und hege wohl gar daran Wohlgefallen.

9 *

So stark ich, Gottlob! bin, ungegründete, unverdiente Urtheile der Welt mit verachtendem Gleichmuth zu tragen, so wenig kann und will ich hinfort mich und die Meinigen gerechtem Tadel bloßgestellt wissen. Was dagegen in meinen Kräften steht, und mit der Würde eines recht= schaffenen und edlen Mannes vereinbar ist, das will ich thun. Die Vor= haltung dieses Spiegels war das Erste, was mir rathsam schien. Hilft dieses nichts, so sehe ich nur noch zwei Mittel, um nicht zu Schanden zu werden. Entweder ich muß die ganze Lage der Sachen, wie sie ist, Deiner Mutter entdecken, muß sie bitten, daß sie zu uns ziehe, und das ausgeartete Kind wieder in Aufsicht und Zucht nehme; oder ich muß Dich auf ein oder zwei Jahre wieder zu Deiner Mutter nach Schwaben schicken, und nicht eher wieder holen, als bis Du weiser geworden bist. Gern will ich Dir daselbst zwei Drittel meines Ein= kommens zum Unterhalt zukommen lassen, und mich mit dem dritten Theile, wäre es auch noch so kümmerlich, behelfen, um nur auf diese Art bei Ehren zu bleiben. — —

Nunmehr weißt Du, was mich drückt; wenigstens der Hauptsache nach. Denn noch mehr Partikularitäten könnte ich, ohne mir lahme Finger zu machen, nicht aufzeichnen. Aber in der That könnte ich noch genug anführen. So sagt Dir z. B. das Publikum nach, Du vertrödeltest meiner seligen Frauen Kleider zum offenbaren Nachtheil der Kinder, die sie weit besser nützen könnten. Ob dieß wahr sei, und ob es zum Nach= theil geschehe, lasse ich zwar dahin gestellt sein. Ich traue Dir auch allerdings wohl zu, daß, wenn dergleichen vorgefallen, Deine Absicht wohl nicht gerade sträflich gewesen sein möge. Aber auch gute Absichten erfordern in der Wahl der Mittel mehr Ueberlegung und Besonnenheit, als Du gemeiniglich anzuwenden pflegst. Ein Publikum, das so, als es von Dir denkt, zu denken genöthigt wird, kann auch manche Deiner, an sich nicht unrechten Handlungen nicht anders als mit Argwohn an= sehen. Doch, genug!

Ich füge nur noch dieß hinzu, daß ich von diesem Briefe Abschrift behalte, um mich, wann und wo es nur immer nöthig sein kann, zu legitimiren, daß ich es an mir nicht habe fehlen lassen, Dich auf einen bessern Weg zu führen. Gott gebe, daß meine rechtschaffene Absicht gelinge, damit ich im Stande sei, Dich wieder zu achten und zu lieben!

B."

Dieß, gute Mutter, schrieb ich. Die Arzenei ist, wie ich gern gestehe, stark und kräftig; aber bei dem allmächtigen Gott! sie war nöthig. O, Sie sollten nur eine unsichtbare Zeugin von den Begeben= heiten dieses Jahres gewesen sein! Möchten Sie nur als fremde, un= bekannte Person sich Haus bei Haus in der ganzen Stadt erkundigen, und die Urtheile sowohl, als Zeugnisse von ihrer Tochter einsammeln können! — Und was meinen Sie nun wohl, was mir darauf zur

Antwort wurde? — Stellen Sie sich als vernünftige, rechtschaffene Frau an die Stelle ihrer Tochter, einem Manne, wie ich, gegenüber, mit dem unumgänglichen Bewußtsein, daß der Mann Recht habe! Entwerfen Sie darnach Ihre Antwort, und dann halten Sie selbige mit derjenigen zusammen, die ich wirklich erhielt! — Hier ist sie wörtlich.

Den 30. früh.

Ich werde Dir mit wenigern Worten antworten, als Du gebraucht hast, — das arme Geschöpf vollends hinzuwerfen, das so nur die Mittel der Verzweiflung brauchte, sich aufrecht zu halten. Es geschieht mir sehr schwer, Dir eben so mit **derben Worten**, wie Du mir Deine Meinung gesagt hast, die meinige zu sagen. Aber gute Beispiele verlangen gute Nachfolge; — also:

Als ich Vaterland und Freunde verließ, um Dir hierher zu folgen, da war mein ganzes Wesen auf die Freuden einer glücklichen und liebevollen Ehe gesteuert. Mit Gewalt verdrängte ich Alles, was in mir, bald nach unserer Verheirathung, mir sagte: Du hast dich getäuscht; ganz ist der Mann nicht, wie du ihn dir schildertest nach seinen Briefen. Aber er ist doch gut, sagt' ich mir; er wird dich recht von Herzen lieben, und Du wirst Alles thun, auf daß er froh sei. Wir kamen hierher*).

Manches, was mir da gleich Anfangs von Leuten gesagt wurde, die ich nie nennen werde, die aber besser gethan hätten, wenn sie geschwiegen hätten, war sehr unangenehm für mich*).

---

*) Also schon in Stuttgart kam die Gemüthsveränderung. Gute Mutter, Sie wissen's, wie ich unter Ihren Augen betragen habe; der bin ich auch hier geblieben: nur endlich aus angeführten Ursachen trüber und kälter.   B.

**) Mutter, ich schwöre Ihnen bei dem allmächtigen Gott, an den ich glaube, bei der ewigen Seligkeit, die ich nach diesem elenden Leben wünsche und hoffe, daß Niemand mit Grunde der Wahrheit mir etwas Nachtheiliges nachsagen kann, was ich nicht offenherzig vor unserer Verbindung entdeckt habe. — Meine ehemalige Libertinage hatte ich, wie Sie wissen werden, nicht vergessen, ob es gleich unmöglich und wahrlich überflüssig war, alle einzelnen Facta in meiner bewußten schriftlichen Beicht anzugeben. Aber mit der liebevollsten Offenherzigkeit eröffnete ich ihr mündlich, was mir nur bei dieser oder jener Gelegenheit einfiel. Alles, was nachher sowohl ich, als mein Freund, Doctor A., über die angeblichen unangenehmen Entdeckungen von ihr haben herausbringen können, besteht in einem ehemaligen vertrauten Umgange mit einer hiesigen verheiratheten anrüchigen Dame, deren Umgange ich aber schon vor fast vier Jahren gänzlich entsagt, nachdem ich überzeugt wurde, daß sie eine liederliche Frau war, die im Stande war, ein halbes Dutzend Liebes-Intriguen zu gleicher Zeit zu erhalten. Ich selbst entdeckte ihr dieß offenherzig zuerst, und zeigte ihr sogar, was ich noch von schriftlichen Urkunden darüber besaß. Hat ihr sonst Jemand etwas davon, und mehr gesagt, als wahr ist, so habe ich gegründeten Verdacht, daß dieses Niemand anders, als der erwähnte liederliche M. gewesen sei. Urtheilen Sie aber selbst, ob dieser Umstand eine solche Aenderung des Gemüths und Betragens bei ihr rechtfertigen kann. Auf Doctor A..'s Einwendung, daß ich ihr ja von meiner ehemaligen Libertinage selbst und früh genug hinlängliche Auskunft gegeben, hat sie erwidert: Das wäre wohl wahr; aber einen Umgang mit einer Ehefrau hätte sie sich nicht vorgestellt. Das wäre gar zu arg. O, die Heuchlerin, die, selbst Ehefrau, im ersten Ehejahre nicht ein, sondern drei bis vier Mal wenigstens schon das Nämliche that! — Auch hat sie wohl gegen A.

Hunderterlei in Deinem Benehmen gegen mich und andere Leute spannte die hohen Begriffe ab, die ich noch immer von Dir hatte; dennoch blieb ich gefällig; — einige Auftritte, die damals zwischen uns vorfielen, weißt Du. Ich habe darüber nichts zu sagen nöthig, als daß ich glaubte, einen Mann zu finden, der mich gütig und liebevoll behandeln würde, und dafür einen Mann hatte, der meine kleinen Schwachheiten, statt sie mit liebender Güte zurecht zu bringen, mit auffahrender Hitze zu vertreiben suchte. Diese Hitze wurde mir allein Schuld gegeben; — und, kurz, ich fand mehr, als zu deutlich, daß unsere Charaktere nicht zusammen paßten, und daß also Glück der Liebe und der Ehe für uns verloren war. Wäre ich 10 Jahre älter gewesen, so hätte mich's vielleicht schwermüthig gemacht; — jetzt, bei meinem lustigen Temperamente, das ich nicht ändern kann, machte mich es leichtsinnig. An meinem Hause fand ich kein Vergnügen; daß heißt, bei dem, der das Haupt desselben ausmachte; also suchte ich's in andern Dingen. Dabei ist es, dünkt mich sehr natürlich, daß ein junges Weib von 21 bis 22 Jahren nicht immer allein zu Hause sitzen kann, besonders, wenn nichts ist, was sie an das Haus fesselt, — aus Liebe fesselt. Dann kam meine annähernde Niederkunft. — In den letzten drei Monaten fast immer zu Hause*), arbeitete ich gewiß sehr fleißig**), was Jedermann an mir rühmte; nur bei Dir war kein Beifalllächeln, kein aufmunternder Blick zu finden. Als ich mein Kind geboren hatte — da war mein Hauptaugenmerk dieses. Das arme Weib glaubte denn doch einmal aus deinem Munde zu hören: — „Ich danke Dir, mein Weib, für den Sohn, den Du mir gebarst!" Freude über den Sohn war wohl da, egoistische Freude; aber kein Wort für's arme Weib***)!

Was die Nahrung meines Kindes betrifft, — so konnte bei dem wenigen Appetit, den ich hatte, keine Milch sein, und zwang ich mich zum Essen, so war der Ekel so stark, daß ich's ausbrach, was ich gegessen hatte. Hadere darüber mit der Vorsehung, die mir's, wie vielen tausend

---

Dieß und Jenes von ungleichem Alter fallen lassen, welches mit ein Hinderniß der ehelichen Harmonie sei. „Man hätte es ihr wohl vorher gesagt; sie hätte guten Rath annehmen müssen u. s. w." — Allein, mein Alter und meine Jahre hat sie ja genug vorher gekannt. Soll ich sagen, wie die Sache eigentlich ist! Madame liebt Veränderung. Dem jüngsten und schönsten Manne wäre es mit ihr nicht besser ergangen. Der Beweis liegt, leider! in dem Buhlerwechsel am Tage. — Ich fahre fort, abzuschreiben.   B.

*) Erlogen!   B.
**) Ich habe wenig davon gesehen.   B.
***) Sollte man sich's vorstellen, daß die Eigenliebe so weit überschnappen könnte? — Es ist wahr, ich habe einige Male in Gegenwart dieser oder jener Wochenbesucherin nach meiner Art narrirt, und behauptet, das Hauptverdienst an einem solchen Producte gebühre dem Vater. Meiner Meinung nach kann ein vernünftiger Mensch so etwas von einem vernünftigen Menschen für nichts anders, als gewöhnlichen Alltagsscherz nehmen. Denn bei Licht besehen, können sich weder Vater noch Mutter vor der Geburt irgend ein Verdienst beimessen. Verdienste um ihre Kinder können sich Aeltern hernach erst durch Erziehung und Ausbildung derselben erwerben.   B.

Weibern schon geschah, an der Milch fehlen ließ *), und glaubst du, daß mir's gleichgültig sei, so frage die Hofräthin R., die letzthin ihr Kind bei M. stillte, und wo ich die heißen Thränen nicht verbergen konnte, daß mir diese Mutterfreude versagt ist. Jetzt kann ich mit Agathon nichts weiter thun, als daß ich ihm eine verständige Wärterin gab. Ist er erst das halbe Jahr alt, dann kommt er zu mir, und ich will sehen, ob mir Jemand sagen wird, ich liebe mein Kind nicht. Affenliebe und wahre Liebe ist ein Unterschied. Nach meinem Wochenbette warst Du immer derselbe, der Du, seit wir hier sind, bist; — einige Male wollt' ich mich hinein drängen in Deine Liebe; die Versuche waren frucht= los **). Jetzt mach' ich keine mehr; — Liebe habe ich nicht mehr für Dich ***).

Freundschaft hab' ich für Dich; — die wird immer bleiben, selbst, wenn Du mich ganz niederdrückst. Auch sei ruhig, daß ich Dir Schuld gebe, in irgend etwas, — das lügt jeder außer A. —; dem habe ich wohl gesagt, daß ich Dich für nachlässig hielte, sonst Keinem †).

Jetzt kommt es also darauf an, was ich aus Freundschaft und Pflicht, die ich einmal auf mich genommen, zu Deiner Zufriedenheit thun muß. Du willst, ich soll mich einschließen; — nachdem ich auf unsere ehelichen Freuden Verzicht gethan, soll ich auch auf alle gesell= schaftlichen es thun. Gut, Du sollst befolgt werden. Ich will nirgends hin, Niemand annehmen. Sitzen will ich in meinem Zimmer in meinem

---

*) Doctor A. ist anderer Meinung. B.

**) Davon weiß ich nichts; es müßte denn einmal ein muthwilliges Heranhüpfen sein, welches ich freilich nicht eben so erwidern konnte, da mein Herz so schwere Steine drückten, deren Last mit jedem Tage sich mehrte. Indessen, obgleich ernsthaft, bin ich doch immer still und sanft gewesen! Ja, ich habe sie auch verschiedene Male, wenn ich der Grillen vergaß, umarmt. B.

***) Sondern nur für den Grafen H., hätte sie nur hinzusetzen müssen; denn wenige Tage vorher war Picknick, und dieser Graf hier gewesen. Des Nachts zwischen 1 und 2 Uhr, da ich wegen meiner frühen Geschäfte längst zu Bette liegen mußte, hatte sich Madame von dem Grafen zu Hause bringen lassen, und beim Thee noch Stunden lang mit ihm conversiret. Den andern Morgen nach 7 Uhr schon wurde der liebe Herr wieder mit einem Frühstück von Chokolade bewirthet, ohne daß ich noch ein Wort davon wußte. Man denke doch, was manches Mal auch Leute können, die sonst unter solchen Umständen gewiß eine Bettruhe bis 11 Uhr für unumgänglich nothwendig gehalten haben würden! Gegen 9 Uhr höre ich Jemanden aus meiner Frauen Stube nach der meinigen kommen, und siehe da! es ist Graf H., der sich gehorsamst empfiehlt, und sagt: daß Madame noch so gütig gewesen ist, ihn vor seiner Abreise mit einem Früh= stück zu bewirthen. Womit er sonst noch bewirthet worden sein mag, das wird der Erfolg lehren. Madame bekam ich diesen Tag nicht eher, als bei Tische zu sehen, wobei man sich auch nicht einmal nur die Mühe nahm, dieses sowohl nächtlichen, als frühen Morgenbesuches zu erwähnen, und demselben einen Anstrich zu geben. Doctor A. kam diesen Vormittag, und ging auch auf meiner Frauen Zimmer, als das Geschirr noch nicht wieder weggeräumt war. Es war ihm sehr auffallend, Madame noch im tiefsten Negligé zu sehen, so wie man nur aus dem Bette aufstehet. B.

†) Ist erlogen! Wann manche andere Leute sie zu warnen, ihr gute Lehren zu geben gesucht haben u. s. w., so hat sie meine Unthätigkeit auf das Tapet gebracht, und mir dadurch einen übeln Namen gemacht; hat sich auch wohl des Aufwandes wegen auf meine Lederzunge berufen. B.

Haufe, wie es Deiner Haushälterin ziemt, wirthschaften, was zwar schon
seit mehrern Wochen pünktlich geschieht, denn die Christine, — dieser
Teufel, dem es Gott verzeihe, wie sie an mir handelt, lügt, wenn sie
sagt, daß ich auf Leonore traue; ich hab' alle Schlüssel, und ich und
Marianne geben meistens selbst heraus. Ich will Deine Magd sein, im
eigentlichen Sinne des Wortes *).

Nur erspare meiner armen alten Mutter, der ich das Glück der
Liebe, welches ich genieße, in jedem Briefe vorlüge, um ihr Alter nicht
mit Kummer und Jammer unter die Erde zu bringen, das Elend unserer
Verfassung zu wissen. Sie hat genug gelitten, mich genug gewarnt; —
ich habe mich muthwillig hineingestürzt in dieses Land, wo Neider meine
Ruhe untergraben **).

Doch genug! Ich werde also Niemand mehr sehen, kein Lärm
wird mehr hier sein, — und ich werde dies Leben ohne Liebe und
Freude hinschleppen, bis es anders wird. Dir soll nichts mehr vernachlässigt werden. Mag die Welt über dies sagen, was sie will; vermuthlich wird's heißen, Du hast mich im Arme eines Liebhabers angetroffen,
und daher kommt diese Veränderung. Was schadet das? Hält man
Dich für einen Hörnerträger, so ist's ja ohnedem einerlei ***). Armer
Mann! Traue Deinen falschen Freunden, die dieß wirklich zu sehen
wünschten, mehr, als dem Weibe, — das ohne Liebe feste Treue
zu geben vermag, die als Mädchen und als Weib immer jeder Versuchung widerstand, — und wiederstehen wird, so lang Athem und Leben
in ihr ist†).

---

*) Urtheilen Sie, Mutter, ob diese Tirade zu meinem Briefe paßt!   B.
**) Da kommen wir her! Die Mutter soll nichts davon wissen. Ob aus den an-
geführten, oder aus andern Ursachen, darüber ist auch wohl eine Austern-Vernunft zu
entscheiden im Stande. — Neider untergrüben die Ruhe? — Allerdings giebt es hier
Neider und schlechte Leute, wie überall; aber nie ist wohl ein fremdes Frauenzimmer
in einer fremden Stadt mit einer ehrenvollern Distinction aufgenommen worden, als
Ihre Tochter; und hätte sie ihre Rolle mit Vernunft und Tugend gespielt, so würde
sie noch jetzt die Krone der Stadt sein, da sie jetzt, — es ist entsetzlich, daß der Gatte
das der Mutter sagen muß, — das Scandal der Stadt ist, und nur um deßwillen vielleicht nicht in's Angesicht beschimpft wird, weil sie die Gattin eines Mannes noch heißt,
den man bedauert, den man zu schonen sucht. Es giebt einige andere liederliche Weiber
hier, die das meinige längst alle verdunkelt hat. Man hörte längst nichts mehr von
ihnen, weil man in allen Kaffee-Visiten von dieser zu viel zu singen und zu sagen hatte.
Ach! ich sage nicht mehr, als was ich aus mehr als einer echten Quelle weiß.   B.
***) Ist das die Sprache einer rechtschaffenen Frau von Ehrgefühl, wenn sie
weiß, daß man so über sie urtheilt, und mit Recht urtheilen muß?   B.
†) Das Ende der Geschichte wird's ausweisen, was von dieser Versicherung
gehalten ist. Hier pocht sie unstreitig auf ihren Widerstand, den sie einem Herrn
von L., der unser Kostgänger war, angeblich geleistet hat, von dessen Versuchen, sie
zu erobern, sie mir immer, ohne daß ich sie fragte, ein Langes und Breites vor-
schwatzte. Allein diese Herr behagte ihr gerade nicht. Ueberhaupt hat sie mich
nur immer von den Anwerbungen derer unterhalten, die ihr Latein bei ihr verloren. Die übrigen, die besser fortkamen, wurden mir als die sittsamsten, beschei-
densten Menschen geschildert, die sie auch nicht zu berühren, ja, nur verliebt an-
zublicken wagten. — „Ja, wenn sie sich so was unterstünden, wie würde sie selbige
abfenstern!"   B.

Aber noch einmal genug! Ich werde ein freudenloses Leben hin=
schleppen; meine Jugend habe ich Dir geopfert; — mein Ersatz dafür —
ist: behandelt zu werden, wie es eine F... oder G... verdient*).

Ich verlange nun nichts mehr, als Deine Befehle, ob ich den Tisch
aufsagen soll. — Meinen armseligen Thee, dies einzige Labsal soll auf=
gegeben werden**). —

Kurz, befiehl, wie Du willst, daß ich leben soll. — Ich will Alles
thun, um Dich zufrieden und Dein Hauswesen in Ordnung zu setzen.
Auch meine einzige Ergötzlichkeit, die ich mir noch vorbehalten wollte,
der Tanz, — auch er sei Dir hingegeben. —

Nur kränke meine arme Mutter nicht; ich bitte und beschwöre Dich
mit Thränen darum. —

Ich kann Alles tragen, nur den Gedanken nicht, sie, die mich warnte
und liebte, zu morden.

Befiehl also; — ich werde gehorchen.   E.‟

---

*) Die Jugend geopfert? — Das ist noch eine große Frage? — Gute Mutter,
ich sehe, Sie empören sich bei diesem Zweifel. Ich höre Sie rufen: Nein! das muß
ich besser wissen; ich habe sie zu sorgsam bewacht! — Gemach, gute Mutter! Wissen
Sie denn auch, daß sie noch in dem Brautsommer mit dem Herrn von R. Briefe
gewechselt? Wissen Sie denn, daß dieser R. zu der Briefbestellerin Elisabeth gesagt:
„Nun, Elisabeth, wenn ich einmal nach Göttingen komme, da will ich aus dem
Professor einen rechten Schafskopf machen?‟ — Wissen Sie denn auch, daß sie den
Herrn von R. des Nachts, wann Sie fest geschlafen haben, zu sich hat in's Haus
kommen lassen? — Noch sehe ich, Sie sind geneigt, Elisabeth für eine infame Ver=
läumderin zu erklären. Ach! auch ich möchte dieß gern, wenn nicht so viele andere
Umstände und Combinationen Elisabeth's Aussage Glaubwürdigkeit verschafften;
ob ich gleich mit Ihnen einstimme, daß sie aus Rache eine verrätherische Bestie ist.
Die Billette und das nächtliche Rendez-vous werden von ihrer Tochter selbst ein=
geräumt; allein mit der Beschönigung, daß es geschehen, um Abschied von einander
zu nehmen, und daß Elisabeth nicht weit davon Wache gestanden, mithin Zeugin
der Scene gewesen. Elisabeth sagt auch selbst nicht mehr. — Als wir einst noch in
Stuttgart des Morgens im Bette lagen, zeigte sie mir ein paar gleichgültige Billette
von R., die sie angeblich den letzten Sommer von ihm erhalten hätte. Auch erzählte
sie mir, wie er ihr noch einmal ein letztes Rendez-vous zum Abschied abgenöthigt
hätte, welches aber, NB. nicht solchergestalt des Nachts (welches mir gewiß gar
sehr auffallend gewesen sein würde), sondern auf einem Spaziergange gegeben
worden. Auf meinen neulichen Vorhalt mußte sie das nächtliche Rendez-vous ein=
gestehn, behauptete mir aber schlechterdings in's Gesicht, daß sie mir dieß selbst
damals schon in Stuttgart gesagt hätte. Denn bei der argwöhnischen Aufsicht,
welche Sie über sie geführt, wäre ja kein anderer Weg, ihn zu sprechen, möglich
gewesen. Ich füge nun nur noch die Frage hinzu: War denn ein solches Rendez-
vous, schuldig oder unschuldig, wohl noch schicklich? Noch muß ich bemerken: daß
ich aus mehreren Quellen weiß, wie man von der ehemaligen Jungfer Hahn schon
in Stuttgart nicht zum Besten gesprochen. Unter andern hat dieß Einer von den
Reisenden aus Oldenburg, die ich einst zu Ihnen schickte, zum Doctor A. gesagt,
wie mir derselbe erst vor Kurzem entdeckt hat. Das ist mir auch, trotz Ihrer
mütterlichen Wachsamkeit, gar sehr begreiflich. Denn man müßte staarblind sein,
wenn man nicht sähe, daß Madame zu verliebten Ausschweifungen inclinirt.
Doch, alles dieß ist hier bloß gelegenheitliches Raisonnement, dessen Gründlichkeit
ich keineswegs zu verfechten gemeint bin. Aber die Facta sind alle strenge wahr
und richtig. — Die F... und G... sind ein Paar der liederlichen Weiber, die jetzt
durch sie verdunkelt worden.   B.

**) Wo verlangte ich dieses?   B.

Nun, Mutter, glauben Sie denn wohl, daß dies eine Antwort sei, wie sie auf meinen Brief gebührte? Und glauben Sie wohl, daß die in der Erbitterung ausgestoßenen Angelobungen länger, als zwei Tage Ernst blieben? Man bedachte bald ganz anders. Doctor A., der einzige Freund und Vertraute meines Kummers, erstarrte bei dieser Antwort. Er nahm es auf sich, den andern Tag mündlich, als Freund von uns Beiden, mit ihr darüber zu reden. Allein er brachte mir wenig Trost zurück. „Es ist umsonst,“ sagte er; „du wirst sie nicht bessern!“ Schon bei dieser Unterrednng hatte sie Vieles von den Versprechungen, entweder ganz zurückgenommen, oder anders mobificirt. Z. B. sich eingezogen zu halten, keinen Besuch mehr von jungen Herren anzunehmen, nicht mehr die Picknicke, die Assembleen, die Concerte zu frequentiren, u. s. w. Das Einzige, so sie noch versprach, war bessere Hauswirthschaft. Er tröstete mich daher, und sprach mich freundschaftlich zufrieden, indem er sagte: „Wenn sie denn nur dies wenigstens hält, so gieb Dich zufrieden, und tröste Dich mit hundert andern guten Männern, denen es auch so geht. Schlage den übrigen Schnickschnack der Stadt aus dem Sinne! Wie vielen Männern sagt man nicht nach, daß sie Hörner tragen? Wer weiß denn, ob’s wahr ist, oder nicht u. s. w.“

Ich selbst gab ihr auf diese schnöde Antwort keine andere, als diese Replik zurück:

„Den 30. November 1791.

Eine solche Antwort!! — Nun, ich will nicht darauf repliciren, wie sie es vor Gott und der ganzen vernünftigen und billigen Welt, die die Lage der Sachen kennt, verdienet. Selbst die gerechten Empfindungen will ich unterdrücken, die sie in meinem Innern aufregt. Ich will vielmehr glauben, daß ein zwar äußerst krankes, aber doch im Grunde noch gut geartetes Herz nur in der ersten Empörung nach einer angreifenden moralischen Arzenei einen Unrath von sich geben konnte, wie ihn nur immer das verworfenste, an welchem alle Hoffnungen verloren ist, von von sich zu geben im Stande sein kann. Hoffen, ja hoffen will ich, daß die Zeit nicht ausbleiben werde, da Du Dich dieser Antwort mit tiefer Reue von selbst schämen wirst, ohne daß ich nöthig habe, ihre schimpflichen Blößen aufzudecken. Wenn dieser Vorbote Deiner Genesung sich gezeigt haben, und mein Auge durch seine stillen Thränen hindurch an Deinem ganzen Betragen es wahrnehmen wird, daß Du der Wohlthat werth warst, meine Meinung in so derben Worten, wie Du sie nennst, zu vernehmen, so wird alle meine Achtung und Liebe zu Dir wiederkehren, und ich werde mit Bräutigams-Zärtlichkeit um die Deinige werben. Wenn ich diese dann auch nimmermehr erwerben sollte, so will ich doch meinem Gewissen das volle Zeugniß, Ihrer werth zu sein, zu erwerben trachten.

Wofern aber von allem dem, was ich hoffe, nichts sich ereignen

sollte, so ist das Bekenntniß Deiner Nichtliebe ein Balsam für mein ver=
wundetes Herz.
B."

Von ihr bekam ich Tages darauf folgendes Billet.

„Den 1. December 1791.

Die Eintheilung meiner Zeit soll in Zukunft folgende sein: Um
8 Uhr werde ich aufstehen. — Mein Frühstück, eine Schale warme Milch,
werde ich einnehmen, und dann meine ökonomischen Geschäfte besorgen.
Um 10 Uhr hat Marianne Stunde bei B. — Ich nehme sie mit, wenn
ich Zeit habe. Von 11 bis 12 Uhr werde ich wieder dasjenige thun,
was ich nöthig weiß. — Von 12 bis 1 Uhr wird gegessen. Von 1 bis
4 Uhr wird gearbeitet, was es sein muß. Dann werde ich mich an=
ziehen, und meinen Abendtisch besorgen bis 5 Uhr; alsdann entweder zu
Hause sein, und dann vielleicht bei der Arbeit Jemand annehmen, —
oder allein sein, oder auch ausgehen. Um 8 Uhr wird gespeiset. Von
9 bis 10 Uhr gebe ich Marianne französische Stunde. Von 10 bis 12 Uhr
werde ich meine Briefe schreiben, weil sie des Tags keine Zeit weg=
nehmen dürfen. Zu allen diesen Stunden steht es Dir frei, mein
Lieber, herüber zu kommen, und Augenzeuge zu sein, was vorgeht. Des
Sonnabends werde ich in's Concert gehen, dies kostet nichts. — In die
Assembleen selten, weil dies meistens eine Portechaise kostet. Auf's
Picknick soll es von Dir abhängen, wenn ich hingehen soll. Kaffee=
Visiten, wie sie hier Jedermann hat, hab' ich längst abgestellt. Theebe=
suche werde ich freilich manchmal haben müssen; aber sonst, ohne Frauen=
zimmerbesuch, werde ich nie Thee trinken oder geben. Auch kommen ja
jetzt die Herrn meistens erst nach 6 Uhr. Zu andern Tageszeiten
kommt Niemand zu mir, als höchst selten B. Lärm oder rauschende
Spiele sollen vermieden werden. Ich würde sogar, meinem ersten Vor=
satze gemäß, alle Gesellschaften aufgeben, fühlte ich nicht die Unschicklichkeit,
die bald Jedermanns Aufmerksamkeit auf sich ziehen würde*).

Ich werde gewiß alle Kräfte aufbieten, zu ersparen; und ich hoffe,
es soll mir gelingen**).

* Mutter, fühlen Sie als rechtschaffene, ehrliebende Frau diese Unschicklichkeit
auch? — Ich dächte, gerade eine eclatante Unterlassung alles dessen, was zum Ver=
lust des guten Namens bisher so vieles beigetragen, wäre dienlich gewesen, die
Stimme des Publikums umzuwandeln. Ich, an der Stelle eines edeln, mit Ehr=
gefühl begabten, unschuldigen Weibes, würde ohne Bedenken sogar öffentlich erklärt
haben: „Da ich sehe, daß man hier auch aus unschuldigen Dingen Gift sauget, um
gute Namen zu beflecken, so muß ich mich auch des Unschuldigen enthalten. Meine
Herren, ich bitte Sie daher, mich künftig auch mit Ihren unschuldigen Besuchen zu
verschonen. Ich will die Ehre und das Vergnügen, welches Sie mir sonst damit
erwiesen haben würden, für genossen annehmen." — Irre ich, oder habe ich Recht?
Zu so etwas aber ist freilich nur ehrliebende Unschuld fähig. B.
**) Ja, ersparen! Sie sollten nur die Garderobe der galanten Frau, und die
Laußbeo von Kaufleuten, Galanterie=Händlern, Schneidern u. s. w. sehen. Nach
dem Urtheile des Publikums kleidet sich Niemand übermäßiger als Mad. Bürger.
B.

Gäste haben wir eigentlich in ewiger Zeit nicht gehabt, und auch
in Zukunft soll Niemand gebeten werden.   Bis Ostern, bälder geht es
ja wegen dem Lohn nicht, soll ein Mädchen abgeschafft werden, und ich
will mit zwei auskommen.

Findest Du demungeachtet noch etwas zu erinnern, so theile mir
Deine Meinung mit, und ich werde sie pünktlich befolgen.

Dagegen bitte ich Dich aber auch, kein gefälliges Ohr dem Schnick=
schnack falscher Freunde, oder gar Domestiken zu leihen.   Denn Trotz
allem, was ich auch thun werde, wird man immer etwas über diejenige
wissen, die nun einmal ein Dorn im Auge ist.   Aber beobachte mich,
mit vorurtheilfreiem Blick, — und meine Aufführung soll mir Deine
Achtung gewiß gewinnen.   Die will ich mir erwerben.   Ich werde
vielleicht nie fehlerfrei sein; und ich rufe den auf, der sich fehlerfrei weiß,
den ersten Stein auf mich zu werfen! aber Deine Haushaltung soll
darunter gewiß nicht mehr leiden.   Ich will Alles thun, um sie in Auf=
nahme zu bringen.   Mehr fordere für jetzt nicht.   Hab' ich das erst zu
Stande, dann wollen wir sehen, wie es weiter geht.   Herzliche Freund=
schaft und Theilnahme werd' ich Dir immer gewähren.   E."

Von meinem ersten Briefe an verliefen einige Tage, ohne daß wir
uns weiter sahen und sprachen, als öffentlich bei Tische.   Da ich indessen
wahrnahm, daß Madame im Hause mit den Schlüsseln mehr, als sonst,
auf = und abwirthschaftete, so fing schon dies erste Gute an, mein Herz
wieder zu ihr hinzuneigen, und ich hoffte, daß wohl noch alles gut
werden würde.   Schon hatte sich ein freundlicher Umgang wieder
zwischen uns hergestellt, als die schädliche Nachrede der Elisabeth, die ich
zwar schon vorher, jedoch nur im Allgemeinen gehört, und ihrer Rach=
sucht, aus dem Hause gemußt zu haben, zugeschrieben hatte, mir von
mehreren Seiten her weit näher und bestimmter zu Ohren drang.   Durch
verbrüderte Freunde wurde mir es so nahe gelegt, der Sache auf den
Grund zu gehen, um, wo möglich, wenn das Mensch ohne Grund
lästerte, ihr öffentlich das Maul zu stopfen, daß ich mich nicht mehr ent=
brechen konnte, das Mensch für's erste in geheim strenge und ausführlich
abhören zu lassen.   Da kam denn nun die schöne Aussage zum Vorschein,
welche Sie oben gelesen haben.   Wie mir dabei zu Muthe wurde, das
läßt sich denken.   Glauben maß ich ihr freilich bei weitem noch nicht bei;
aber sie setzte mich eben daher in eine noch peinlichere Lage der Unge=
wißheit.   Das Zuströmen von hier und von dort nahm kein Ende, und
quälte mich von Tag zu Tag immer mehr.   Ich behielt zwar meine
liebreiche Begegnung gegen meine Frau, die sich wieder angefangen
hatte, ohne Nachlaß bei; allein dabei konnte ich's nicht hindern, in eine
merkliche Leibes = und Seelen=Ermattung zu fallen.   Dies erregte die
Aufmerksamkeit meiner Frau so weit, daß sie Unrath merkte, und mit
dem liebreichsten, theilnehmendsten Anscheine in mich drang, ihr zu

sagen, was mir doch fehlte. — Da kam es denn am 10. December vorigen Jahres unter uns zu einer Scene, da ich Gott zum Rächer und Richter zwischen mir und dem ungetreuen Weibe anrief, wenn sie mich hinterginge. O, wenn der Allbarmherzige nicht durch Reue und Buße versöhnt, Gnade vor Recht ergehen läßt, so muß das Schicksal der heuchelnden Betrügerin dereinst schrecklich sein!

Ich that ihr Vorhalt von dem, was ich wußte, und unter der Maske himmlischer Wahrhaftigkeit und Unschuld suchte sie mir allen Argwohn von irgend einem verdächtigen Verkehr mit M. und S. auszureden, und erklärte Elisabeth für eine schändliche Verläumberin. Da gleichwohl gar zu Vieles für die Wahrheit von Elisabeth's Aussage sprach, so ich unmöglich auseinandersetzen kann, wenn ich nicht ein unendliches Buch schreiben will, so konnte ich mich lange bei ihrer Vertheidigung nicht beruhigen.

Wenn Elisabeth bloß verläumden wollte, so konnte sie es ganz anders angreifen, und weit wahrscheinlicher machen. Sie konnte nur B. in's Spiel mischen. Ich habe ihr diesen vorschieben lassen, weil der öfter, als irgend ein Anderer, in's Haus kam. Allein sie blieb dabei, von B. wisse sie nichts, so oft er auch in's Haus gekommen sei. Auch glaube sie nicht, daß mit diesem eine Intrigue gespielt worden, weil sie das wissen würde. In den Stürmen von Zweifeln, die mein ganzes Wesen wie das heftigste Fieber bei jener Scene hin und her schüttelten, that ich alles, was in solchen Fällen nur irgend auf die Menschen zu wirken vermag, um die Ungetreue zu einem freien und edlen Geständniß ihrer Vergehungen zu bringen. Aus der erschütterten Tiefe meines Herzens bat, beschwor ich sie mit heißen Thränenströmen, mich doch nur jetzt nicht zu hintergehen. Ich gelobte ihr sogar heilig, alles Geschehene, was es auch immer sei, zu vergessen und zu vergeben; nur sollte sie mir jetzt ihre Fehltritte frei und offenherzig gestehen, und den Mann nicht gar zu schändlich betrügen, der wenigstens das um sie nicht verdient hätte. Ich rief feierlich und schrecklich Gott an, Richter und Rächer zu sein zwischen ihr und mir, wenn sie jetzt heuchelte und die Wahrheit zurückhielte. Ich erinnerte sie an ein heiliges Versprechen, das sie mir ehemals gethan, wenn ihr jemals eine Schwachheit des Herzens ankommen sollte, wofür man nicht immer stehen könnte, so sollte ich der erste sein, der es erführe, und von welchem sie Beistand und Rettung gegen jede Verirrung suchen wollte, welches ich ihr auch heilig zugesagt hatte. Dieser Vorhalt wirkte endlich, um — dem schwärzesten Betruge das Siegel aufzudrücken. Von M. und S. wollte sie zwar dennoch nicht das Mindeste an sich kommen lassen: „Allein fuhr sie fort, das will ich nicht leugnen, daß mir während unserer Ehe, wie sie nun beschaffen war, bei einem und dem andern artigen jungen Manne der Gedanke aufgestiegen ist, wie ich mit so einem wohl glücklicher sein könnte. Das ist aber auch alles. Von jeder wirklichen und wesentlichen Untreue weiß ich mich frei." — Noch immer

wüthete der Sturm meiner Zweifel, und mehr als ein Mal rief ich
Gott um Licht in dieser peinlichen Nacht und Ungewißheit an.   Dies
brachte sie endlich zu der Aeußerung: „Auch will ich dies nicht läugnen,
daß noch jetzt ein junger liebenswürdiger Mann vorhanden ist, von
welchem sich mein Herz angezogen fühlt, und der auch nicht gleichgültig
gegen mich zu sein scheinet.   Ich bitte Dich daher, treibe mich nicht
auf das Aeußerste, stoße mich nicht länger von Dir, unterstütze mich in
meiner Schwachheit, gieb mich mir selbst wieder, ehe es vielleicht zu
spät ist, und ich verloren gehe, u. s. w. —" Ich fragte: Wer ist es? —
Da wollte sie erst nicht mit dem Namen heraus.   Sie bat, ich möchte
ihr das nicht zumuthen.   Ich erinnerte sie aber an das obige Gelübde,
und warf ihr vor, daß sie es schon dadurch verletzt hätte, daß sie mir
nicht längst freiwillig mit diesem Geständniß entgegengekommen wäre.
Sie entschuldigte sich mit meiner bisherigen zurückschreckenden Laune.
Ich fragte wieder: Ist es der Herr von L.?   Denn dieser ist seit
Michaelis ein nagelneuer Anbeter, — „Nein!" sagte sie; „das ist ein
Laffe, der mir zwar oft auf dem Halse liegt, aus dem ich mir aber gar
nichts machen kann." — Nun sagte ich, so ist es Graf H.   Und — nach
einiger Zögerung kam es heraus: Ja, der sei es! — Nun fragte ich
zwar fest und ernsthaft, aber doch gütig: ob es schon zu Erklärungen
zwischen ihnen gekommen sei?   Das wurde nun durchaus geläugnet.
Mit der Miene der höchsten Unschuld und Redlichkeit, an welcher nur
ein teuflischer Argwohn noch hätte zweifeln können, sagte sie: Er habe
bisher nur, wann ein Gespräch von ihrer häuslichen und ehelichen Lage
auf das Tapet gekommen, von fern darauf gebitten (gedeutet;)
sich auch dann und wann wohl durch einen sanften Händedruck verrathen. —

Sie versprach hierauf freiwillig, sie wolle ihn nicht wieder sehen.
— Ich fragte: „Kann ich mich auf die Wahrheit alles dessen, wie auf
Gott selbst verlassen?" — Sie versicherte es. — „Kannst Du mir
schwören, fragte ich ferner, daß Du mich nicht hintergehst, daß Du sonst
nie eine eheliche Untreue an mir begangen hast?" — Sie behauptete
das fest. — „Soll Dir Gott, fuhr ich fort, nimmermehr gnädig sein,
wenn Du mich hintergehst?   Willst Du, daß dieser Schwur als die
frevelhafteste Lästerung seines allerheiligsten Namens angesehen werde?
Willst du das?   Sage! — Sie zögerte etwas, und sagte endlich: „Das
sind schreckliche Worte: aber wenn's Dich beruhigen kann, ich will
es: Ja!"

Ich armer, schmählich Getäuschter schloß hierauf die Meineidige
mit der höchsten Inbrunst in meine Arme, überhäufte sie mit thränenvollen Küssen und Liebkosungen, und gelobte in meinem Herzen, ihr
ferner zu vertrauen, sie zu lieben, wie es nur immer der beste und zärt-
lichste Gatte vermag.   Wie hätte ich glauben können, daß bei und nach
einer so erschütternden Scene, die den Teufel selbst hätte entteufeln
müssen, der mindeste Unrath auf einem nur einigermaßen empfindlichen

Gewissen heimlich sitzen geblieben wäre? Wenn das unredliche Heuchelei ist, sprach ich zu mir selbst, so ist kein Gott mehr im Himmel, und keine Tugend mehr auf Erden.

Und dennoch, — o du großer und gerechter Gott! — dennoch stand die verbuhlte, ehebrecherische Heuchlerin nicht nur längst mit diesem H. in einem buhlerischen Briefwechsel, sondern trieb ihn auch nachher noch unausgesetzt fort, und übersandte ihm Geschenke! — Kann ich ihn anders nennen, als buhlerisch, wenn man bis zum Du herabgesunken ist?

Diese schändlichen Urkunden sind nunmehr in meinen Händen; aber glauben Sie deswegen nicht, Mutter, daß Sie nun das Aergste schon wissen. Das Alles ist noch reiner klarer Wein gegen die Hefe, die nun kommt!

Einige Tage und Wochen nach jener Beschwörungs=Scene war ich wieder ein glücklicher und seliger Mensch; ich umfing die Ungetreue mit Bräutigams=Zärtlichkeit und Inbrunst. Aber ein so schändlicher Betrug des verächtlichsten aller Weiber mußte wohl dem Himmel allzu= sehr ein Greuel sein, als daß er ihn länger verborgen lassen konnte. Das allgemeine Geschrei des Publici ließ nicht nach, und drang mir zu Ohren; ich wurde durch namenlose Briefe gewarnt; es wurde mir ver= sichert, daß schier posttägige Briefe nach Hannover abgingen, und von dort her an sie ankämen. Auch hatte sie mit der Schwester dieses H., einer Frau v. M. in Braunschweig, im verwichenen Spätjahre eine sehr trauliche Verbindung geschlossen, und einen Briefwechsel errichtet, den sie mit der ängstlichsten Sorgfalt vor mir zu verbergen suchte, ob ich gleich nichts weniger, als eine unbescheidene und ungestüme Neugier darnach blicken ließ. Immer hieß es bei ihr: „Fremder Leute Ange= legenheiten, mein Lieber, mußt Du nicht zu wissen verlangen. Die Meinigen stehen Dir immer zu Dienste. Da habe ich nichts Geheimes vor Dir.“ Gleichwohl war sie in Angelegenheiten der Frau v. M. nichts weniger, als discret gegen mich; und Frau v. M. konnte ihr wohl kaum mehr anvertraut haben, als sie mir, ohne sich erst die Daumen= schrauben anlegen zu lassen, mündlich verriet. Dazu kommt noch der Umstand, daß mir seit geraumer Zeit die ankommenden Briefe gar nicht mehr, wie sonst, von dem Briefträger geradezu gebracht, sondern diesem solche durch sie selbst, oder durch ihre vertraute Magd, Leonore, abgenommen wurden.

Alles das, und noch weit mehr, kam bei mir nach und nach in Gährung. Ich ermattete an Leib und Seele, wurde nach Neujahr 8 bis 14 Tage hindurch krank und bettlägerig, wobei sie sich jedoch über= aus zärtlich und theilnehmend anstellte, so, daß ich der Liebe und des Vertrauens gegen sie von neuem mich nicht erwehren konnte. Einst aber sagte sie mit allem Scheine der Unbefangenheit: „Gieb Dich zu= frieden, mein Lieber; es ist ja jetzt alle Welt krank. H. liegt seit seinem letzten Hiersein eben so krank; wie mir die M. schreibt.“ — Dies: Wie mir die M. schreibt, konnte ich nicht verdauen, da mir die un=

mittelbare Correspondenz auch nach jener Beschwörungs = Scene gar zu
gewiß versichert worden war.   Ich beschloß also, auf Wegen, die auch
einem minder bedrängten Ehrenmanne endlich wohl gut geheißen
werden müssen, zu erforschen, ob ich denn in der That ein so heuch=
lerisches, verbuhltes Weib hätte, welches auch durch mein freundlichstes,
liebreichstes Betragen, durch meine feurigsten Umarmungen nach jener
Beschwörungs = Scene nicht dahin gebracht werden konnte, ihre Treu=
losigkeit entweder reuevoll zu gestehen oder wenigstens im Stillen davon
abzulassen.   Durch meine leisen, behutsamen Nachforschungen wurde ich
denn freilich mehr, denn allzu sehr überzeugt, wie sehr ich betrogen
wurde, indem mir der Inhalt manches Briefes bekannt ward.   Dennoch
konnte sich mein anhängliches Herz ihrer, und der Hoffnung noch nicht
sogleich gänzlich und auf immer entschlagen, so empörend auch der
heuchlerische Betrug war.   Wochen lang entschuldigte ihn noch mein
billiges und nachsichtiges Herz mit der menschlichen Schwachheit.   Es
ist doch möglich, dachte ich, daß dies nur ihre erste und einzige wahre
Liebschaft ist.   Vielleicht ist es noch nicht zum Aergsten gekommen, wenn
du künftigen Gelegenheiten Hindernisse in den Weg legst. — So dachte
ich, und beschloß, trotz dem innerlichen Aufruhr, heiter freundlich und
liebreich gegen sie zu bleiben; aber dabei auch meine sorgfältigsten Be=
obachtungen fortzusetzen.

So blieb ich, ob ich gleich von Zeit zu Zeit erfuhr, was für schänd=
liche Dinge im Publicum gesprochen wurden, wovon nur Folgendes
zum Beispiel dienen mag.   Ich war vor ungefähr 8 Tagen zu einem
Abendschmause, den die dänische Landsmannschaft am Geburtstage ihres
Königs gab, nebst vielen andern Professoren eingeladen worden.   Sämmt=
liche Hüte der Gäste waren unter einander in ein Zimmer geworfen
worden.   Als ich bei'm Weggehen meinen Hut suchte, war er ver=
schwunden, indem ihn einer der früher Weggehenden aus Versehen auf=
gesetzt hatte.   Bei meinem Suchen hatten draußen auf der Hausflur
Lakaien und Aufwärterinnen laut gespottet: „Ha! ha! ha! Professor B.
hat seinen Hut verloren.   Die Hörner sind vermuthlich zu schwer ge=
wesen.   Die haben ihn vom Kopf gezogen.“

Solche und hundert ähnliche scandalöse Anecdoten wurden an
öffentlichen Traiteur = Tischen erzählt, worin ich nicht nur als ein heil=
loser Pinsel, sondern sogar als ein niederträchtiger Hahnrei erschien. —
Mutter! Mutter! ich fühle es, wie ich Sie martere.   Aber Sie sind
kaum im Stande, zu fühlen, welche Martern mein Herz seit Jahr und
Tag erduldet hat, und wie es gleichsam an einem langsamen Feuer ge=
röstet worden ist.   Gern wollte ich Ihrer schonen, beste Frau.   Die
nunmehr schrecklich Entlarvte dringet auch selbst in mich, daß ich dies
thun soll.   Allein nach allem Hin= und Herüberlegen finde ich, daß ich's
Ihnen nicht verschweigen kann und darf, wie die Sache beschaffen ist.
Es ist Pflicht dies zu thun, damit ich als redlicher Mann vor Ihnen er=
scheine, der an dem Verderben Ihrer sonst so geliebten Tochter un=

schuldig ist. Es ist Pflicht, damit auch Sie sich beruhigen, und nicht etwa heimlich wähnen, wenn Sie diese Heirath nicht zugegeben, und Ihre Tochter an einen jungen, schönen und blühenden Mann verheirathet hätten, so würde es wohl anders ergangen sein. Denn Sie müssen durch das, was nun folgt, überzeugt werden, daß bei einem solchen Ge= schöpfe jeder andere Mann das nämliche Schicksal erfahren haben würde, wenn auch er ein Adonis oder Herkules gewesen wäre. Es ist endlich Pflicht, daß ich Ihnen Alles entdecke, wenn etwa Ihr mütterlich liebendes Herz noch Mittel wüßte und anwenden wollte, das verlorene Geschöpf wenigstens von einem abscheulichen Schicksale noch zu retten, welches ihr, wie ich mit Grausen fürchte, noch bevorsteht, indem sie zwar von hinnen, aber nicht zu Ihnen gezogen ist. Mutter, Mutter, ich fürchte, Ihre Tochter streicht auf Wegen, die zuletzt ins Lazareth führen. —

Vernehmen Sie den letzten schändlichen Ausgang! Während ich so Vieles wußte und hörte, gleichwohl freundlich und liebreich blieb, und es ihr an keiner Freude fehlen ließ, bemerkte ich Folgendes: Ein junger Nieder= länder, Baron v. R., war seit dem Herbste nebst seinem Hofmeister unser Kostgänger gewesen. Lange Zeit hatte ich nicht bemerkt, daß weder R. sich um meine Frau, noch diese sich um jenen bekümmerte. Ungefähr seit 14 Tagen erst oder 3 Wochen kam es mir vor, als ob er ihr nachschleiche und sie sich von ihm nachschleichen lasse. Indessen dachte ich: Das ist Schein, und da geht gewiß nichts vor, weil Madame zu sehr in ihren H. verliebt ist. Sie selbst äußerte auch, daß die Langeweile den R. zu ihr triebe, und sie sich oft recht herzlich mit ihm ennuyirte. Himmel! Wie hätte ich das nach der Lage ihres Herzens nicht glauben sollen? Ich ließ das zwar gut sein; indessen war mir doch sein öfteres Kommen und Beisammen= sein mit meiner Frau um deßwillen zuwider, weil es neuen Anlaß zu scandalösen Urtheilen und Anecdoten geben konnte. — Am 24. und 25. Januar hatte Madame ein kleines Schnupfenfieber, hatte sich die Betten auf ihr Sopha in die Stube legen lassen, und lag fast den ganzen Tag im Bette. Mehrere der ihr bekannten jungen Herren hatten sie besucht, und dabei dicht vor ihrem Sopha gesessen. Schon vor 4 Uhr war auch Herr v. R. gekommen, und saß eben so. Ich ging darauf um 5 Uhr hinunter in mein Collegium. Nach meiner Zurückkunft um 6 Uhr ging ich wieder in ihr Zimmer und fand meinen jungen Herrn noch an eben der Stelle. Nach einigem Verweilen ging ich auf mein Zimmer, studirte bis nach 7 Uhr, und mein R. war indessen nicht weggegangen. Zum Henker! dachte ich, was mögen die wohl treiben und parlieren? Halb neun Uhr essen wir zwar und Herr v. R. ißt dann mit. Nun kann ich mir wohl vorstellen, daß Herr v. R. eine halbe oder ganze Stunde vorher kommt, um zu sehen, was seine kranke Tischwirthin macht; aber ein Besuch von 4 bis 5 Stunden ist doch höchst sonderbar, zumal, da sich die Kranke sehr wohl zu befinden scheint. Ich mache mich also leise an die Zimmerthür meiner Frau, und sehe und lausche, nicht etwa Minuten, sondern Viertelstunden lang. Während dieser ganzen

Zeit höre ich nicht ein Wörtchen fallen. Ich mache also auf, und trete in's Zimmer. Da sehe ich, ist das Licht wenigstens in einer Stunde nicht geputzt, und brennt so dunkel, daß man kaum etwas erkennen kann. Der junge Herr sitzt zwar noch, wie vorher, auf seinem Stuhle, liegt aber mit seinem Leibe und Gesichte so nach dem Gesichte der darin Liegenden hinüber gebogen, daß sie keine Viertelelle von einander entfernt waren. Indessen Keines von Beiden fuhr, so viel ich nämlich bemerken konnte, zusammen. Man hielt ziemliche Contenance, und blieb in seiner Stellung. Indessen ein Wort mußte doch auch Keines von Beiden hervorzubringen. Ich, nicht wenig frappirt, schwieg auch, putzte schweigend das Licht, und faßte mich während dessen so weit, daß ich gleichgültig zu reden anfing; und, siehe da! Beide, sich von ihrer Verlegenheit erholend, wurden so redselig, daß es eine Lust war. Ich ging nach einiger Zeit, ganz ruhig und unbefangen scheinend, wieder fort, und dachte: Bürgerchen, merk' auf! Hier ist's nicht richtig. — Nach dem Abendessen, da alle Tischgenossen fort waren, fing Madame an: „Herr Gott, was hat mich der N. heute mit langer Weile gequält! Denke dir, Liebchen, seit vier Uhr sitzt er da, den Arm auf den Rand des Bettes legend, und spricht kaum alle Viertelstunde ein paar langweilige Worte." — Ich sagte dazu ganz gleichgültig: „Seine Stellung war aber nicht dem Wohlanstande gemäß." — Sie antwortete: „Freilich nicht! Aber was sollte ich machen?" — Ich hütete mich gar sehr, ihr vorzudemonstriren, daß eine ehrbare Frau sehr füglich einem jungen Laffen so etwas hätte untersagen können und müssen, um nicht vor der Zeit den Knittel unter die Vögel zu werfen, die man fangen will. Madame sowohl, als Herr v. N. trieben's daher die folgenden Tage lustig und unbefangen fort. Von 11 bis 12 Uhr, da Tischzeit ist, lese ich ein Collegium. So bald ich eine Viertelstunde auf dem Catheder gestanden hatte, so kam mein Herr v. N. wider alle ehemalige Gewohnheit vor den Fenstern meines Auditorii vorbeigestrichen, und jedes Mal streckten meine Zuhörer die Köpfe flüsternd zusammen. Sonst kam er immer in Gesellschaft seines Hofmeisters erst ein Viertel, oder gar um halb ein Uhr an. Des Abends von 5 bis 6 Uhr lese ich wieder ein Collegium; und auch da merkte ich immer, daß mein Herr v. N. vorbeistrich. Ich konnte, wann ich herauf und auf mein Zimmer kam, nichts weiter, als horchen. Die Worte, die das Pärchen wechselte, waren eben nicht verständlich. — Was war zu thun? Verschiedene Versuche, sie auch mit den Augen zu belauschen, mißlangen, und einer einmal so sehr, daß die Vögel unstreitig auf immer hätten auffliegen müssen, wenn sie der rächende Gott nicht blind und heillos unbesonnen gemacht hätte, um endlich den so schmählich zum Besten gehabten Vogelsteller Genugthuung zu geben. Ich verschaffte mir einen Bohrer, und bohrte an einer bequemen, nicht leicht bemerklichen Stelle der Thür ein solches Löchlein, daß ich dadurch das ganze Sopha übersehen konnte. Bis den 3. dieses Monats dauerten die Besuche des jungen Herrn zu den bequemen Stunden fort, und außer denselben schien man nichts Merkwürdiges vorzunehmen, so ich hatte beobachten können. Um wenigstens das Scandal des Kommens unter den Lehrstunden vor meinen Zuhörern abzustellen, sagte ich, wie schon mehrmals geschehen war, zu Madame: „Aber gieb doch dem N. und Allen, die Dich sonst besuchen, zu verstehen, daß sie nicht gerade unter meinen Lehrstunden kommen. Heiß sie entweder vorher, oder nachher sich einstellen. Du glaubst nicht, was für ein Flüstern immer ist. Schone doch Deine und meine Ehre. Du kannst das mit weit mehr Anstande thun, als ich; denn von mir sieht es aus, als traute ich Dir nicht und wäre eifersüchtig. Dies aber bringt uns Beiden keine Ehre." — Dies denke ich, hätte doch wohl sapienti sat sein können. Allein, was erwiederte, was that Madame? „Mein Kind, hieß es, so was muthe mir nicht zu. Ich kann nichts dafür, daß der langweilige Mensch um diese Zeit kommt. Sage Du es ihm: denn ich bin weder mit ihm, noch den Andern, welche mich besuchen, so bekannt und vertraut, daß ich ihnen so was sagen könnte." — Ha! Schlange! dachte ich. — Das nächste Mal, es war am 2. dieses, da N. auf dem Zimmer von Madame war, vernahm ich lauschend, daß Madame allerdings vertraut genug mit ihm war, ihm zu sagen: Morgen doch vor 11 Uhr zu kommen. Und so geschah es auch am 3. dieses in der That. Kurz vorher, ehe ich hinunter in's Auditorium ging, kam Madame noch auf mein Zimmer, etwas mit mir zu reden. Ich fragte beiläufig: „Wer ist vorhin zu Dir gekommen?" — „N." sagte sie. — Ich: „Gott! ist denn der schon wieder und immer da? — Sie, unwillig:" „Mein Kind, ich sage Dir's Ein für alle Mal, daß ich nichts dafür kann. Ich kann ihn ja doch nicht fortgehen heißen, wenn sich der Mensch da gegen mir über setzt, und ich mich weiter um ihn nicht bekümmere, sondern meine Geschäfte fort thue." — Und hiermit ging sie trotzig auf ihr Zimmer zurück. — Welche Winke und Warnungen, wenn Gott gewollt hätte, daß sie etwas helfen sollten! — Lesen Sie weiter, Mutter, und erkennen sie die unsichtbare, furchtbare Hand des strafenden Richters!

Ich ging hinunter in's Auditorium, und fing an, zu lesen. Eine Heiserkeit der Brust, die ich schon seit einigen Tagen gehabt, war heute so stark, daß mir fast jedes laute Wort versagte. Das Lesen griff mich gewaltig an. Dennoch hielt ich's aus bis gegen ¾ auf 12 Uhr. In meinem Vortrage hatte ich verschiedene Stellen aus Dichtern als erläuternde Beispiele zu declamiren. Dies erschöpfte mich vollends. Das letzte Beispiel war ein Monolog eines eifersüchtigen Ehemannes, der auf seinen Eheschänder Jagd macht, aus einem Schauspiele. Darin kommen unter anderen folgende Worte vor: — „Jetzt will ich ihn haschen, den Eheschänder! Er ist unter meinem Dache; er kann sich doch nicht in einen Pfennig-Beutel, oder in eine Pfefferbüchse verkriechen. Aber damit ihm nicht etwa der Teufel aushelfe, so will ich ihn auch an unmöglichen Orten suchen. Wenn ich gleich nicht vermeiden kann, das zu sein, was ich schon bin, — denn welcher ehrliche

10*

Mann kann für ein liederliches Weib? — So soll mich doch das nicht zahm machen, daß ich bin, was ich nicht sein will. Bald, bald, bald soll sichs des Herrn Ford ausgespottet haben. Und gewissen Buben sollen die Knie schlottern, vor Schrecken, daß Herr Ford mehr weiß, als man ihm ansieht. Herr Ford ist ein guter Mann, aber kein Pinsel. Und wer ihn dafür hält, den wird er zu malen wissen, daß er sich über das Portrait nicht freuen soll."

Nach der Recitation dieser Worte verging mir wegen ihrer nahen Beziehung auf mein pochendes Herz die Stimme fast gänzlich. Wie ein Blitzstrahl schlug in meine Seele der Zuruf: Schließe hier die Vor- lesung, denn du hast ja den besten Vorwand von der Welt! Ich thats voller hochwogenden Vorahndungen, ging behende und leise zur Treppe hinauf, trat vor die Thür und das Loch. Es war, als hätte man gerade bis jetzt warten müssen. Ich sah . . . . Jetzt, dachte ich, ist es Zeit, und brach wie ein Wetterstrahl zur Thür herein auf die Schändlichen zu. — Indem Herr v. N. aufsprang, erhielt er ein paar Faustschläge mit meiner Rechten, und Madame ein paar dito mit meiner Linken in's Gesicht, die mit offenem Munde erstarrt da lag. Er nahm Reißaus, und ich konnte ihm nur noch einen Fußtritt nachgeben. Denn mir war es mehr um die Brieftasche der Ehebrecherin zu thun, die sie immer auf dem Leibe trägt, und worin ich Merkwürdig- keiten im Original zu finden hoffen durfte. Im Hui riß ich ihr die Taschen vom Leibe. Jetzt erhob sie sich, und strengte ihr Aeußerstes an, mir die Taschen wieder zu entreißen. Wir kämpften und stürzten zu Boden. Ueber ihr hielt ich mit den Knieen ihre Arme am Boden fest, und gab ihr ein Dutzend derjenigen Ohrfeigen, die sie zu Tausenden verdiente. Als sie nun sah, daß sie jetzt ganz verloren war, so hatte sie der frechen Fassung genug, zu sagen: „Nun, nun, laß nur gut sein! Wir müssen uns scheiden; das leidet keinen Zweifel. Allein bedenke nur jetzt Deine eigene und meine Ehre vor den Leuten, und laß uns vernünftig zu Werke gehen!" — Ich: „Von Ehre kannst Du noch sprechen, Du schändliche Bübin, die nicht einmal dem Liebhaber, geschweige denn dem Gatten getreu bleibt? Als ob Deine Ehre nicht längst das besch. . . . Kleid wäre! Und was die meinige betrifft, so kann ich die gerade nicht anders wieder reinigen, als wenn ich Dich sogleich auf die Straße hinaus peitsche!" — Sie bat, sie flehte hierauf, sie nicht auf ihr Leben lang durch einen raschen Eclat unglücklich zu machen, da ja alles, was ich zu meiner Satisfication verlangen könnte, die Scheidung wäre. Nachher müßte sie ja selbst für ihr Glück sorgen. Ich möchte ihr doch das nicht ver- derben, u. s. w. Ich faßte mich nach und nach wieder, ging mit ihr in eine entlegene Kammer, und donnerte ihr ihre ganze Abscheulichkeit vor, konnte aber nicht weit kommen, weil mir Stimme und Athem fehlten. Sie, anstatt gleichsam vernichtet zu sein, gab mir ganz frech und unbe- fangen zu erkennen: „Nun ja, ich habe gefehlt; allein alle Dein Declamiren kann doch nun nichts helfen. Genug, wir trennen uns;

aber laß uns das vernünftig und mit Ueberlegung angreifen, daß es nicht zu früh ein Aufsehen giebt." — „Gut", sprach ich, „ich will Deine Vorschläge hören, und sie überlegen. Aber, komm sogleich auf mein Zimmer, und bekenne in einem eigenhändigen Reverse Deine ganze Schande, und sage, daß Du Dich unwürdig achtest, meine Gattin ferner zu sein, und zu heißen, und daher auf alle Rechte und Ansprüche einer solchen Verzicht leistest." — Hierzu bequemte sie sich. Hierauf gestand sie denn mit ihrer ganzen frechen Gelassenheit, daß sie mit M., (denken Sie, Mutter, im ersten Monat unsers Hierseins) nachher mit S., dann mit H., und nun mit N. ihr Spiel getrieben hätte. Nachdem sie den Revers ausgestellt hatte, konnte sie selbst erst nicht mit sich einig werden, was sie nun thun wollte. Nach Stuttgart und zur Mutter könne sie nimmermehr zurückkehren. Gleich anfangs im Tumult, und ehe wir noch zu Unterhandlungen kamen, bat sie nur, daß H. doch nichts davon erfahren möchte. Ich erwiderte: „Du bildest Dir doch wohl nicht ein, daß Dich dieser zur Gräfin machen wird?" — Sie: „O nein! Das möchte ich nicht, wenn er auch wollte. Sondern H. darf es nur nicht erfahren, wegen der Pläne und Aussichten, die ich auf die M. habe." — N. sollte hernach wieder nichts von dem Verhältnisse mit H. wissen. Kurz, es schien, daß sie nicht wisse, welchem von Beiden sie sich an den Hals hängen solle. Erst wollte sie mit N., der sogleich vermuthlich aufpacken würde, wegreisen. — „Ich will mit nach Brüssel gehen, mir von ihm einen Vorschuß geben lassen, und eine Marchande de modes werden." —

Dies Projekt, mit N. zu reisen, ist nach Hin= und Herschreiben und Unterhandeln wieder aufgegeben worden. Hernach wollte sie erst von hier bis nach Cassel allein, und von da, ich weiß nicht, wohin? reisen. Auch dies ist wieder aufgegeben, weil N., der die Sache vorgeblich seinem Hofmeister nicht anvertrauen mag, ihr hier nicht das erforderliche Geld dazu geben, sondern solches erst von seinem Banquier in Mainz erhalten könne. Nun projectirt sie, künftigen Dienstag, den 7. d., zuerst nach Braunschweig zur Frau v. M. zu reisen. Heute, Sonntags den 5., ist N. abgereist, und es bleibt dabei, künftigen Dienstag, den 7., unter meinem Namen noch, mit ihrer Leonore nach Braunschweig zu gehen. (Dort will sie so lange bleiben, bis entweder von N. ein Wechsel aus Mainz eintrifft, oder die M. sie mit Gelde versieht.) Dann will sie unter einem fremden Namen weiter, sie weiß aber selbst noch nicht, an welchen Ort? gehen, und sich daselbst planmäßig fixiren. Zu dem hat sie es von meiner Gutmüthigkeit erbettelt, daß ich mit der gerichtlichen Ehescheidungsklage so lange anhalten soll, bis sie mir von Braunschweig aus meldet, daß sie abgereist sei. Da ich mich gegen das lügende, trügende und heuchelnde Geschöpf nicht genug verwahren kann, so hat sie mir nachher drei verschiedene Bekenntnisse ausstellen müssen. Ich habe ihr unter diesen die Wahl gelassen, auf welches ich klagen soll; und sie hat das auf Graf H. lautende gewählt. So bald ich nun das Ehescheidungs = Decret ausgewirkt haben werde, mache ich von den übrigen weiter keinen Gebrauch, sondern schicke ihr diese Urkunden ihrer Schande zurück. Wofern sie mir aber von nun an noch irgend eine Art schlechter Streiche spielt, so mache ich von allem Gebrauch, und erzähle die Geschichte meiner dritten unglückseligen Heirath der Welt und Nachwelt. Sie hat auf Zurückforderung ihres Einge= brachten Verzicht gethan, da sie ohnehin desselben schon den Rechten nach verlustig ist, und mich an Vermögen gegen meinen Zustand vor dieser Heirath gewiß um wenigstens 1500 Thaler zurückgesetzt hat. Ihre Kleider und Leibwäsche, und was ganz besonders ihre Sache gewesen ist, lasse ich ihr verabfolgen.

*   *   *

Nun, theure, unglückliche Mutter, kann Ihr unglücklicher Schwieger= sohn nichts mehr hinzufügen, als den Wunsch, daß Ihr armer verwaister Enkel Agathon in Ihnen eine bessere Großmutter haben und behalten möge, als er in Ihrer verlorenen Tochter eine Mutter hatte. Denn, trotz ihrer Floskeln, hat diese so wenig Mutterliebe für ihr eigenes Kind, daß sie es bisher manches Mal in mehreren Tagen auch nicht einmal gesehen, oder zu sehen verlangt hat. — Sie wird, so bald sie fort ist, seiner nicht mehr gedenken, und wahrscheinlich wird sie auch nichts dafür thun können. Denn hätte sie auch nur ein wenig Mutternatur, so müßte der Gedanke an das Kind ganz allein sie zerknirschen und zermalmen. Allein das ficht sie im Mindesten nicht an. — Ich werde freilich nach meinem ganzen Vermögen des schuldlosen Säuglings hegen und pflegen, mag er nun der meinige sein oder nicht; (denn ein solches Weib entschuldigt endlich noch wohl die unsinnigsten Zweifel.) Noch halte ich ihn indessen für mein Fleisch und Blut, weil er doch wahrscheinlich zu einer Zeit empfangen worden ist, da ich die Ungetreue noch Tag und Nacht gleichsam in der Tasche herumtrug, und noch kein fremder Buhler sich angesiedelt hatte. Ob ich seiner aber noch lange werde pflegen können, das steht bei Gott. Ich fürchte, daß die großen Leiden dieser Ehe den Samen des baldigen Todes in mir be= fruchtet haben. Sowohl am Leibe, als an der Seele fühle ich mich mehr ermattet, als jemals. Ich kannte nie Husten und Brustbeklemmungen; jetzt kann ich beides nicht mehr los werden. — Auch sehe ich keine Freuden des Lebens mehr vor mir. Der bittere Nachgeschmack der bis= herigen Leiden wird sich nun und nimmermehr verlieren. — Recht= schaffene Großmutter des armen Kindes! Sollte Gott Ihnen das Leben länger fristen als seinem unglücklichen Vater, so darf ich Sie wohl nicht erst bittend um etwas beschwören, was Sie von selbst zu thun geneigt sein werden. Nehmen sie sich des armen Wurmes an. Und wenn Sie es nicht können, so erstehen Sie ihm in L . . . H. gute Pflege=Eltern.

Nun lassen Sie uns unsere bitteren Zähren zusammen mischen, aber sie auch mit dem Troste versüßen, daß wir Beide an diesem Unheil un= schuldig waren.

Ich werde bis an mein Ende, so wenig Zeit und Lust ich auch zum Briefschreiben habe, dennoch gern mit Ihnen in Correspondenz bleiben, und Ihnen melden, was ich erfahre. Mein Herz bleibt Ihnen in kindlicher Ergebenheit zugethan; und ich schmeichle mir dagegen Ihrer fortdauernden Mutterhuld.

Die Wahrheit von allem Wesentlichen, was ich Ihnen gemeldet habe, betheure ich Ihnen schließlich bei dem höchsten Gotte, dem gerechten Richter über alle Bösen und Guten. Was Ihre Tochter Ihnen schreiben wird, weiß ich nicht. Daß sie ihre Schande nicht in's Licht stellen werde, das ist sehr natürlich, weil sie bereits bei mir so dringend darauf angetragen hat, dieß nicht zu thun. Indessen bin ich ruhig, und gewiß, daß sie auf mich keinen gegründeten Vorwurf wird bringen können. Ich werde vielleicht in der Folge mich noch durch mehr schriftliche Urkunden legitimiren können, daß ich es an mir nicht habe fehlen lassen, sie sowohl auf gutem Wege zu erhalten', als sie auch wieder darauf zu leiten, als sie davon gewichen war. Alles ist vergeblich gewesen: und, bei Gott! ich bin überzeugt, es würde vergeblich sein, wenn ich auch alles Geschehene vergessen und vergeben könnte, und sie mit Engels-Weisheit und Güte zu leiten verstünde. Alles, was mit der Würde eines edlen, gesitteten Mannes bestand, habe ich mündlich und schriftlich mehr als ein Mal versucht. Donnernde und blitzende Worte, Einsperrungen, Karbatschenhiebe u. s. w. lagen außer meiner Sphäre.

Nachschrift vom 12. Februar 1792.

Wie Vieles fällt mir zur Erläuterung und Erweiterung noch ein, indem ich meinen langen Trauerbrief wieder überlese! Es wird aber heute unmöglich sein, Vieles noch nachzutragen. Wie viel Schändliches habe ich nicht noch diese Woche über in Erfahrung gebracht, seitdem sie weg ist! Mutter, ich hab neben diesem unnatürlichen Weibe wie an einer Schandsäule bisher gestanden.

Montags, am 6. dieses, früh 7 Uhr, ist sie mit zwei Extrapost-Pferden in einer Chaise von hier ab über Hannover, um dort H. noch zu sprechen, nach Braunschweig zur Frau v. M. gereiset. Ein Umstand beschleunigte diese Abreise, weil sie sonst leicht hätte Gefahr laufen können, öffentlich vom Pöbel prostituirt zu werden. Die Geschichte mit N. war durch dessen Bedienten einem seiner Freunde erzählt, und theils auch durch unsere Domestiken, die von dem Lärm etwas gehört haben mochten, u. s. w., sofort mit allen Umständen ausgekommen, und hatte sich wie ein Lauffeuer in der ganzen Stadt ausgebreitet. Dazu kam noch dies: Sie hatte längst einen abenteuerlichen Menschen, Namens B., Hofmeister allhier bei einem jungen Herrn v. W., und Romanenschriftsteller zu ihrem Vertrauten gemacht, und durch ihn ihre buhlerische Correspondenz mit H. getrieben. Dieser Mensch bemengte sich entweder wider besser Wissen und Gewissen mit ihren sträflichen Angelegenheiten, oder, welches mir fast wahrscheinlicher ist, sie wußte ihn durch ihre schändliche Heuchelei, Lügen und Verstellungskunst so einzunehmen, daß er sie für einen Tugendspiegel hielt, weil es ihr an Beschönigungen nie fehlt, die sie auch so leicht beschwören kann, — wie man ein Glas Wasser trinkt. Dieser jämmerliche Donquixote warf sich für sie zum Ritter auf, um 'mich auf eine Art in's Bockshorn zu jagen, wie sie kaum bei einem Schulknaben anwendbar ist. Er schrieb mir am Sonntag Abend einen Brief, der das non plus ultra der Impertinenz und Unbesonnenheit ist. Dies empörte mich so entsetzlich, daß ich die Schändliche augenblicklich dem Gerichte überliefern wollte. Doctor Althof kam noch dazwischen, und vermittelte Alles so weit, daß sie mit nächstem Morgen in aller Frühe abreisen konnte. Sie stellte mir freiwillig und vor zwei unverwerflichen Zeugen noch einen neuen Revers aus, der zwar auf den Mann H., aber nicht auf seinen N a m e n lautete, um sich die angesehene Familie nicht auf den Hals zu laden. Hierin hat sie denn nun noch ein Mal das Geständniß des vollen Ehebruchs wiederholt, und will mir schreiben, wie sie wünscht, daß ich in Ansehung der Ehescheidung agiren soll. — Die Magd Leonore hat sie nachher nicht mit genommen; sondern ist allein gereist. Den Donquixote B. habe ich geschüttelt, wie sich's dem Manne mit der gerechten Sache gegen den mit der stinkenden geziemt. Er muß froh sein, wenn ich ihn nicht öffentlich als Kuppler und Ehebruchs = Vermittler an den Pranger stelle. —

Nicht genug, daß die Ehrlose die heilige, mir am Altare gelobte Treue schon im ersten Monate unserer Ehe durch Handlungen grober Wollust befleckte, und hernach unter der Heuchelmaske himmlischer Unschuld und Tugend fortfuhr, zu beflecken; nicht genug, daß sie mich, der so redlich gegen sie dachte, empfand und handelte, durch ihre Thaten so gewissenlos entehrte, sie suchte mich auch sogar durch die schändlichsten Lügen verächtlich und meines Schicksals werth darzustellen, bloß, um ihre unverantwortlichen Ausschweifungen zu beschönigen. Und das selbst ohne die mindeste weibliche Delicatesse. Nicht etwa vertrauten Freundinnen, sondern jungen Kerlen hatte sie mich als einen widerwärtigen, an Geist und Leib abgeschwächten Ehemann dargestellt. — Daß ich nicht jung und schön bin, das weiß ich wohl. Aber sie kann das im mindesten nicht entschuldigen, weil sie mich durchaus vorher kannte, und dennoch die glühendste Liebe gegen mich vorgab. Ich hatte sie ja bei Gott und Allem, was heilig ist, zum Voraus beschworen, mich ja nicht zu wählen, wofern ihr an vollkommener Liebe, oder auch an sinnlichem Wohlgefallen an meiner Person nur das Mindeste abginge. Sie wählte mich dennoch. Vermuthlich hat sie schon damals den Plan gehabt, unter der Firma eines solchen Mannes nur ihren Wollüsten desto ungehinderter zu fröhnen. Das ist doch eine entsetzliche Behandlung der bescheidenen Redlichkeit und Treue, womit ich mich ihr weihte. Stand meine Person ihrer Sinnenlust nicht an, o, so durfte sie ja, wenn sie auch nur einen Funken von Rechtschaffenheit besaß, mich nicht wählen. — Kaum noch am 26. Januar konnte sie an die Frau v. M. schreiben:

„Ach, holde Seele, wie hängt man am Leben, wenn man fürchten muß, Liebende und Geliebte zurückzulassen! Ich danke Dir für die Nachricht von Fritz. Wann werde ich ihn wiedersehen? Sieh, Lotte, wenn ich Dich und Ihn zugleich, und ohne Vorbereituug sehen sollte, ich stürbe vor Uebermacht der Freude. O, Ihr, in meine Seele eingewebt, wie in mein Schicksal, wie unaussprechlich liebe ich Euch!"

Solcher Aeußerungen hat sie mehr gethan. Allein in eben den Tagen, da sie dies an ihren H. schrieb, trieb sie mit N. volle Unzucht. — Pfui! der Unnatürlichen! des Ungeheuers! — Bei einem solchen Weibe kann es wohl für keinen Mann entehrend sein, zum Hahnrei gemacht zu werden. Ha, wenn ich die Elende in diesem Lichte der Welt zur Schau stellte? Denn mit nichts, mit nichts hat sie auch nur die mindeste Schonung verdient. — Graf H. ist ein schöner, blühender, wohlgewachsener Mann von 21 Jahren. N. ist ein käsebleicher, mit Finnen im Gesichte besäeter Knirps, eines holländischen Käses hoch. Und dennoch! — M. ist eine lang aufgeschossene Hopfenstange, mit Armen und Beinen gleich einer Maispinne, mit einem Kopf, nicht größer, als ein Gänsekopf, in welchem auch nicht viel mehr befindlich ist, als in einem Gänsekopfe. Mit seinem ellenbreiten Munde spricht er, als hätte er ihn voll Brei, und was er spricht, ist ein abgeschmackter Brei, der sich widerwärtig heraushaspelt. — S. ist im Körperlichen ein ganz ordinärer Mensch: am Geist und im Umgange ist er ein schwacher Tropf. Gleichwohl hat sie ihn bei der zweiten Zusammenkunft schon Du genannt. Ha, wäre H. der Einzige, so wollte ich für die Ehebrecherin noch Hochachtung hegen. — —

* * *

So eben erhalte ich einen Brief von der Unglücklichen, den ich Ihnen noch abschreiben, und dann für heute schließen will. — Gott gebe, daß es der Unglücklichen bei diesem Briefe Ernst gewesen sein, und auch bleiben möge; wiewohl ich, leider! daran zweifeln muß.

Die möglichste Schonung habe ich ihr angelobt, und werde sie halten. Nur, leider! kann ihr meine Schonung nichts mehr helfen; mir aber kann sie gleichwohl nachtheilig sein.

Was sie in Ansehung der Entdeckungen gegen Sie verlangt, konnte ich ihr auch oben angeführten Gründen nicht gewähren; auch habe ich ihr desfalls nichts versprochen. Nicht wahr, Mutter, so schrecklich und so scheußlich es auch ist, was ich habe Ihnen entdecken müssen, so danken Sie mir's doch, daß ich's geradezu und offenherzig gethan habe.

Der Herr walte über Ihnen mit seiner stärkenden Gnade!

B.

An Meyer.

G., den 12. August 1792.

Wie klatrig es mit meiner poetischen Heirath abgelaufen, davon werdet Ihr wohl die Vögel auch in der Ferne haben singen hören. Millionen Männer sind zwar schon in der Welt durch Weiber angeführt worden und Millionen werden es noch, allein keiner schändlicher als ich, und dies trotz aller Vorsicht und Rechtschaffenheit, womit ich von Anfang bis zu Ende dieses Romans zu Werke gegangen bin. Gottlob, ich bin seit dem März d. J. von dieser ***, gegen die alle andern Susannen sind, durch Urtel und Recht geschieden. — — — Hätte ich das Weib nur noch ein Jahr auf dem Halse behalten, so wäre ich an Geist, Leib und Vermögen rein zu Grunde gegangen und man hätte dann singen können:

> Und Deutschland soll zu zürnen haben,
> Daß dies prostibulum aus Schwaben
> Einst Bürgers Gattin war.

Der beträchtliche Verlust an Gesundheit des Lebens und der Seele, den ich erlitten habe, scheint sich doch nun nach und nach wieder zu ersetzen. Und die paar Tausend Thaler, um die ich in meinem Vermögen durch diese üppige Verschwenderin zurückgekommen bin, habe ich am ersten verschmerzt. Ich wünsche, nur einmal einen Abend mit Euch zusammen zu sein, um Euch hiervon mehr zu erzählen. Adio, ein andermal mehr.

B.

An das Ministerium.

Königl. Großbritannische zur Churfürstl. Braunschweig-
Lüneburgischen Landesregierung Hochverordnete
Herren Geheime Räthe,
Hochgeborne Reichsgraf und Freiherren,
Hochgebietende Gnädige Herren!

Die mir vor viertehalb Jahren gnädigst aufgetragene außerordentliche Professor der Philosophie auf der hiesigen Universität habe ich zwar damals ohne Gehalt, jedoch nicht ohne die billige Hoffnung dazu übernommen, und bis hierher nach dem Maße meiner Kräfte verwaltet. Weil ich unter allen Diensten, welche die hiesigen Lehrer der Universität leisten, auf die meinigen gewiß selbst den geringsten Werth lege, so habe ich mich bisher nicht nur dabei beruhigt, daß ich vielleicht unter allen der Einzige bin, der ganz ohne Gehalt dient, sondern wurde auch ferner, wenn gleich noch so lange, in bescheidener Stille gewartet haben, bis Euer Excellenzen aus eigener hoher Bewegung meine Hoffnung einmal zu erfüllen geruhet hätten. Allein Umstände nöthigen mich jetzt, meinem Charakter selbst Gewalt anzuthun, um Hochdero Großmuth mit einer unterthänigen Bitte anzugehen, die den Verdacht einer unbescheidenen und lästigen Andringlichkeit erwecken könnte, wenn nicht eine unbefangene Darstellung meiner Lage mir dagegen das Wort reden müßte.

Das Glück ist mir in meinem ganzen Leben gar wenig günstig gewesen. Zwölf Jahre lang habe ich bei einer sehr magern Gerichtshalterstelle

auf dem Lande ein ansehnliches ererbtes Vermögen zusetzen und nachher
wieder beinahe neun Jahre ohne alle Besoldung, ohne Vermögen, von
geringem Erwerb aus academischen und literarischen Arbeiten mich
durchbringen müssen. Ich enthalte mich, andere unverschuldete, meinem
Vermögen, sowie meinem geistigen und leiblichen Wohlsein höchst nach-
theilige Lebensbegebnisse zu erwähnen.

Hätte ich Niemand weiter als blos meine eigene Person zu ver-
sorgen, so würde ich, so lange mir nur noch eine einzige Kraft zu irgend
einem Geschäft übrig bliebe, nicht leicht einem Sterblichen mit meinen
Bedürfnissen beschwerlich fallen. Allein ich habe vier unerzogene
Kinder, ohne deren Versorgung, und obendrein noch Schulden, ohne
deren Bezahlung es mir bitter ist, zu leben und noch bitterer dereinst
sein würde, aus der Welt zu scheiden. Die letzteren sind zwar nicht so
beträchtlich, daß ein Mann, der nur ein- bis zweihundert Thaler jährlich
erübrigte, sie nicht in wenigen Jahen tilgen könnte. Weil ich aber in
meiner jetzigen Lage gar nichts zu erübrigen vermag, so müssen mir
auch unerhebliche Schulden zu einer großen und drückenden Last gereichen. Tägliche sowohl als nächtliche Sorgen und Unruhen, die mir
hieraus erwachsen, zehren an meinen edelsten Kräften, die ich doch wohl
weit würdiger zum Nutzen der Universität und der Literatur unsres
Vaterlandes verwenden könnte.

Diese Lage scheint es nicht nur zu entschuldigen, sondern mir es
sogar zur Pflicht zu machen, daß ich zu Euer Excellenzen hoher Gnade
meine Zuflucht nehme und unterthänig bitte, mich baldmöglichst mit
einem nur einigermaßen unterstützenden Gehalte zu erfreuen. Auch
darf ich wohl nicht fürchten, daß diese Bitte ihre Wirkung auf Hochdero
vorsorgende Großmuth verfehlen werde, wenngleich Schüchternheit und
Delicatesse mich abhalten sollten, dieselbe künftig eben so oft, als vielleicht
andere, anders als ich organisirte Bittsteller zu wiederholen. Gesetzt
daher auch, die Umstände gestatteten es nicht, mein Gesuch sogleich zu
erfüllen, so würde mir doch schon eine gnädige Hoffnung gebende Reso-
lution von großem Werth sein und ich würde glauben, Eure Excellenzen
Huld durch nichts würdiger ehren und das Gefühl meiner Dankbarkeit
durch nichts mehr adeln zu können, als durch das stille Zutrauen und
die bescheidene Geduld, womit ich einer gewissen Erfüllung zu gelegener
Zeit entgegensähe. In diesen Gesinnungen ersterbe ich mit tiefer
Ehrfurcht   Euer Hochgräfl. und Hochfreiherrl. Excellenzen
                          ganz unterthäniger Diener
Göttingen, am 6. März 1793.   Gottfr. Aug. Bürger.

An **

Göttingen, den 14. März 1794.

Ihren mir sehr willkommenen Brief vom 26. v. M. will ich noch
eher, als Herr ** hier wieder eintrifft, mit der mir möglichsten Umständ-
lichkeit beantworten, so beschwerlich auch das Schreiben meiner großen
Schwachheit noch fällt. Die Freude aber über die Morgenröthe, die

ihrem Hause nach so finstern Tagen wieder zu leuchten anfängt, stärkt
mich nicht wenig zu meinem Vorhaben. Von ihren großen Trübsalen
hatte ich schon vorher durch die Schwester in Langendorf das Hauptsächlichste vernommen, und dadurch das Gewicht meiner eigenen Leiden
verdoppelt gefühlt. Auch von mir hat sie ihnen meine erste Lebens-
gefahr vor Weihnachten gemeldet; aber von der zweiten weit größeren
erhalten Sie vielleicht erst durch die gegenwärtigen Zeilen Nachricht.
Wann ich das erste Mal dem Tode nur vor dem Rachen war, so steckte
ich das zweite Mal den ganzen Monat Februar mitten darin, und
mußte gleichsam mit Zangen wieder herausgeholt werden. Erst seit
etwa 14 Tagen bin ich auf entschiedener, obgleich sehr langsamer
Besserung.

Schon seit verwichenem Frühjahr 1793 fingen mancherlei Beschwerden, die sich bis dahin nur leise geäußert hatten, stärker an zu regen, und
wiewohl ich Molken, Brunnen und andere Arzneimittel, lange und sorgfältig gebrauchte, so entstand doch eher Vermehrung als Verminderung
des Unfugs in meinem Unterleibe. Ich wurde mager, matt, elend und hinfällig. Von Zeit zu Zeit hatte ich leise Fieberanfälle, die aber doch wieder
vorüber gingen. Im Spätsommer schien ich ein wahres kaltes Fieber
bekommen zu haben, und freute mich, nebst meinem Arzte, dieser einem
Hypochondristen so selten widerfahrenden heilsamen Krankheit. So
sorgfältig aber auch mein Arzt dies vermuthete kalte Fieber zu hegen
und zu pflegen suchte, so blieb es doch bald nach drei oder vier ganz
regelmäßigen Anfällen ganz aus; ich wurde wieder etwas leidlich besser,
und mochte daher freilich wohl wider Rath und Willen meines Arztes,
der auf eine fortgesetzte Kur drang, der Schule etwas zu früh entlaufen
sein. Nach einigen Wochen leidlichen Befindens hub die alte Leier, besonders mit den leisen Fieberanfällen wieder an. Inmittelst traten die
Ferien ein; ich machte verschiedene Excursionen zu Wagen, zu Pferde
und zu Fuß, dadurch hielt ich mich hin bis zum 20. October, da ich mich
zu den neuen Wintergeschäften anschicken, mithin mehr wieder sitzen,
schreiben und studiren mußte. Jetzt war es nicht länger mehr auszuhalten; ich mußte zu Arzt und Apotheker meine Zuflucht nehmen, gleichwohl wurde es von Tage zu Tage schlimmer, bis sich eine förmliche
Leberentzündung offenbarte. Diese, die gleich einer hartnäckigen Fliege,
die nach zehnmaligen Streichen, die sie nicht recht treffen, immer wieder
kommt, wurde denn doch endlich glücklich todt geschlagen. Inmittelst
zeigte sie mir sowohl als dem Arzte, so lange sie anhielt, nichts anders
als ein Lebergeschwür, und dann eine Leberschwindsucht, endlich aber
einen häßlichen lebernen Tod im Prospect. Nach völlig gehobener Ent-
zündung wich auch mein Fieber, ich kam wieder etwas empor, so daß
ich ausfahren und ausreiten konnte, welches ich dann sehr oft thun
mußte, wenn die Witterung nur irgend es erlaubte. Letzteres bekam
mir ungemein, doch wurde dabei beschlossen, dies Mal der Schule nicht
so bald wieder zu entlaufen, sondern den Gebrauch auflösender und ab-

führender Mittel so lange fortzusetzen, bis die schon ziemlich in Be=
wegung gesetzten infarctus der zweiten Wege vollends aufgelöst und
ausgetrieben wären, um hernach desto sicherer das Werk mit Stärkungs=
mitteln krönen zu können. Das ging auch ganz gut bis in den Januar;
da fiel schlechte Witterung ein, die mich an meinen Motionen lange ver=
hinderte. Ich konnte mich schon vorher wieder einige Stündchen des
Tages, theils sitzend, theils stehend, mit Schreiben beschäftigen. Dieß
mochte ich wohl während der schlechten Witterung, die mich zu Hause
hielt, wider Wissen und Willen zu viel gethan haben, weil ich gerade
Dinge vor mir hatte, woran ich con amore arbeitete. Kurz es ging
mit meinem Befinden wieder den Krebsgang. Ich dachte: Motion!
Motion! das Wetter sei auch wie es wolle. Allein ein paar Versuche
brachten mir Schnupfen und Zahnschmerzen zuwege, die durch nichts
weichen wollten. Es offenbarte sich bald, daß die Luft wohl mit einem
Miasma verpestet sein mußte, welches eine böse Wirkung auf mich
gehabt hatte, weil sich eine Menge gastrischer Fieber in der Stadt
hervorthaten. Ich verfiel in den letzten Tagen des Januars ebenfalls
in ein beträchtliches Fieber, welches aber anfangs für ein bloßes
heftiges Schnupfenfieber gehalten wurde, weil man aus mehr als einem
Grunde sich kaum ein anderes vorstellen konnte. Allein es zeigte sich
nach wenigen Tagen, da das Uebel fürchterlich zunahm, und mich ganz
kraftlos auf das Krankenbette warf, daß ich das bösartige gastrische
Fieber, und zwar von verwickelter Art am Halse hatte. Denn obgleich
Galle und Schleim die Hauptrolle spielten, so kamen doch noch mancherlei
Unregelmäßigkeiten hinzu, die den erfahrensten Arzt wohl hätten irre
machen können. Mein vieljähriger Arzt, und was noch mehr sagen
will, vertrautester Freund, der Doktor und Professor Althof, ein sehr
talentvoller, gelehrter, junger 36jähriger Mann, der seit 12 Jahren
die glücklichste Praxis hier treibt, war von Anfang an unstreitig den
richtigsten Weg mit mir gewandert, und verließ ihn auch jetzt nicht.
Er behandelte mich mit auflösenden und abführenden Mitteln, und ließ
mich sonderlich Tamarinther Molken zu vier bis fünf Quartier täglich
trinken, und achtete es nicht, wenn auch gleich, trotz meiner totalen
Ermattung 24 bis 30 Ausleerungen täglich erfolgten. Er demonstrirte
mir sehr einleuchtend, die Kräfte wären nichts weniger, als gewichen,
sie wären nur unter der ungeheuren Menge des beweglich gewordenen
Unraths verschüttet, und würden sich unfehlbar wieder von selbst
erheben, sobald nur einige Erleichterung beschafft sein würde. Allein
diese Erleichterung blieb Tage, ja mehrere Wochen lang aus, und mein
Zustand schien eher trost= und hoffnungsloser, als besser zu werden.
Nun kam bei diesen bedenklichen Umständen noch folgender sonderbare
Umstand mit ins Spiel. Ein anderer hiesiger berühmter Arzt, mein und
meines Arztes gemeinschaftlicher Freund, der mich verschiedentlich
während meiner Krankheit schon von Anfang her besucht, und das
Verfahren meines Arztes mit angesehen hatte, wollte mit diesem

Verfahren nie recht zufrieden sein, und äußerte sowohl gegen mich, als auch Prof. Althof beständige Bedenklichkeiten. Er meinte, alle meine Unheile rührte von weiter nichts als großer Schwäche her, und wenn er mich in der Kur gehabt hätte, so wäre er mir schon seit dem Herbst mit Quassia, Eisen, Stahl u. s. w. zu Leibe gegangen. Althof wider= legte ihn aus Gründen, die mir völlig Genüge thaten, und gegen die er auch endlich schweigen mußte, weil sie bei dem ersten Tomus meiner Krankheit durch den guten Erfolg bestätigt wurden. Unter den neuesten kritischen Umständen fing er indessen wieder an, den Kamm gewaltig empor zu heben, und brachte sowohl meinen Althof als mich auf eine Zeitlang außer Fassung. So groß auch das Vertrauen auf meinen Arzt bisher gewesen war, so konnte ich doch nicht umhin zu fragen: Sollte er wohl wirklich nicht ganz Unrecht haben? Ich glaube freilich, erwiederte dieser noch immer, daß der Mensch Unrecht hat; indessen leugne ich nicht, sein Geschrei und die verwickelte Natur deiner fatalen Krankheit haben meine sonst muthigen und festen Schritte wankend gemacht, und ich bin unruhig deinethalben. Laß uns lieber den Dritten mit in den Rath nehmen; sechs Augen sehen doch mehr als zwei, wenn diese auch noch so richtig zu sehen glauben. Es wird zu unserer beider= seitigen Beruhigung dienen. Ich ließ mir das Ding gern gefallen, und der dritte medicinische Kernbeißer wurde herbeigeholt. Nachdem ich ein langes und breites beschauet, betastet und ausgefragt war, gingen die Herrn in ein Nebenzimmer zu Rathe, wurden aber bald so lebhaft und so laut, daß ich die ganze trostreiche Consultation mit anhören mußte. Mein Althof legte sein ganzes Verfahren vor, und unterstützte es mit Gründen, die mir noch immer hinreichend zu sein schienen. Allein das verfing bei den Andern alles nichts. Der zuletzt Herbeigerufene erklärte mich fast für nichts mehr als conclamatum, für einen Candidatum mortis, dem der Reisepaß nur unterschrieben werden könne, der den Guckguck nicht mehr rufen hören würde u. s. w. denn es wäre das völlige hektische Fieber; die Kräfte wären unwider= bringlich verloren; hier wäre nichts weiter zu thun, als dem armen Kranken seine übrigen Tage und seine Abfahrt so leidlich zu machen, als möglich u. s. w. Der andere hielt nun zwar den Prozeß noch nicht für ganz verloren, meinte aber doch, das bisherige Verfahren dürfte durchaus nicht fortgesetzt werden. Dieser hatte nichts, wie die Schwäche im Kopfe, meinte das Fieber sei nervöser Art, woraus freilich bei der bisherigen Methode das hektische Fieber entstehen müßte. Vergebens vertheidigte Althof seine Sache auf die beste Art; jedoch konnte er manche Steine des Anstoßes, worauf die andern hinwiesen, nicht ableugnen, wiewohl er behauptete, daß dieß alles nur Nebendinge wären, daß sie nicht die Hauptindicationen ausmachten, nach denen man sich hier vorzüglich und fast allein, ohne Rücksicht auf die Incident= punkte zu richten hätte.

Man ward endlich über eine neue Methode einig, die vermuthlich für's erste ein Mischmasch von beiden und von der dritten vielleicht noch dazu war, ließ mir Recepte zurück, empfahl sie sogleich machen zu lassen, und zu gebrauchen, und ging, da es schon ziemlich spät war, von dannen. Diese Recepte aber zerriß sogleich ein gewisser Jemand, und dieser Gewisse war kein anderer, als ich. An meinem höchst mißlichen und gefährlichen Zustande konnte ich freilich nicht mehr zweifeln; indessen hatte mich die Consultation im mindesten nicht alterirt, denn ich kann ohne Prahlerei sagen, daß ich mein Lebelang eben keine sonderliche Todesfurcht gehegt habe; außer wenn ich mir in gesunden Tagen bisweilen vorgestellt, daß ich gar zu plötzlich und unverwarnt davon müßte, ohne mein Haus, besonders meinen Schreibtisch und mein Archiv zuvor gehörig bestellt zu haben, so wandelte mich wohl ein widriges Gefühl an. Das abgerechnet, konnte der Tod mir in jeder Stunde kommen, und er fand mich gleich unverzagt. Ich dachte zwar immer, in dem Falle, da es einmal wirklich gälte, konnte es doch wohl anders sein und der Muth des gesunden Mannes sinken. Allein ich war jetzt gleichgültiger und ruhiger gegen den Tod, als zu irgend einer andern Zeit. Man hätte mir es bis zur Evidenz darthun können, daß ich nicht den kommenden Morgen erleben würde, und ich würde mich in die bequemste Lage gerichtet, und den Tod ruhig erwartet haben, wie den Schlaf. Nach mehr als dreiwöchiger Schlaf- und Appetitlosigkeit, beständig von den beschwerlichsten Krankheitsgefühlen gepeinigt, war ich ganz in mein leidendes Selbst zusammengeschrumpft, und hatte an allen Dingen außer mir das Interesse verloren. Das Schicksal meiner armen Kinder hatte mich wohl sonst beunruhigt; indessen für die drei ältesten wußte ich drei edle Schwestern, die sich ihrer gewiß annehmen würden. Der kleine Junge machte mir vorher immer den meisten Kummer. Ich habe ihn lieb, recht sehr lieb, welches ich mit unter die großen Wohlthaten des Himmels rechne.

Alles dieses, ja selbst meine gar nicht vollbrachte Archiv- und Büreaubestellung beunruhigte mich in jener Situation wenig oder gar nicht. Hast Du noch so viel Zeit und Kräfte, dachte ich, so willst Du von Deinen Papieren, welche die Nachwelt nicht zu beschnobern braucht, verbrennen lassen, was Du habhaft werden kannst, oder Dein Freund Althof soll den ganzen Wust einstweilen zusammenraffen, und nach Deinem Tode thun, was Du nicht mehr thun konntest. So war ich nun ganz zufrieden; ja es erhub sich sogar eine Art freudigen Dankgefühles gegen meinen unbekannten großen Urheber für das so wohl angelegte und verwahrte Seelenorgan, welches er mir verliehen. So niedergesunken auch alle meine ästhetischen Seelenkräfte waren, so hielten sich dennoch die logischen bei allem Aufruhr in meinem Körper rein und unverstimmt. In der Vernunft war volles Licht, wie sonst; meine Ueberzeugungen waren mir gegenwärtig, und galten mir in Ansehung der wichtigsten Dinge noch eben das, was sie mir in den Tagen der besten Kraft galten. Hätten mich aller Welt Theologen und Philosophen zu andern bekehren wollen, sie würden es schwerlich vermocht haben, sie müßten denn anders im Stande gewesen sein, meiner Vernunft durch baare und reine Vernunft beizukommen. In dieser Fassung erwartete ich die Wiederkehr des Tages uud meines Arztes.

Er kam und fragte sogleich: ob ich mich der neuen Recepte schon bedient hätte? O ja, sagte ich, und wies ihm die zerrissenen Stücke. Gottlob! rief er freudig aus, daß ich Dich so für mich gestimmt finde. Dein Mißtrauen war meine noch einzige Besorgniß. Ich fragte: Hältst Du mich auch für conclamatum? Schenke mir reinen unverfälschten Wein ein. (Wohl zu merken: ich habe zu wiederholten Malen auch in gesunden Tagen mit ihm fest ausgemacht, mir in solchen Fällen nie die Gefahren meines Zustandes, so weit nur immer seine Einsichten reichten, zu verhehlen. Er wußte, wen er vor sich hatte, und hielt jetzt ehrlich Wort). Nein! sprach er, mir bist Du keineswegs conclamatus. Ich kann Dir zwar noch zur Zeit weder Dein Leben noch Deine völlige Wiederherstellung verbürgen; denn es können sich Localfehler in irgend einem Theile Deiner Eingeweide offenbaren, an denen die menschliche Kunst scheitern muß. . . . . .

Ueber Volkspoesie.

———

Aus Daniel Wunderlichs Buche.

Vorrede.

Ich verstehe mich nicht darauf, aus Nichts Etwas, oder aus Etwas Viel zu machen. Ich verstehe mich nicht darauf, mit einem Goldkörnchen Roß und Reiter zu übergolden, und daher glänzen zu lassen, als wär' Alles eitel gediegenes Gold. Dennoch möcht' ich das Körnchen, so bisweilen durch Ungefähr oder Suchen mir in die Hand fiele, nicht gern wieder wegwerfen.

Dies ist verdolmetscht in Prose: Ich verstehe nicht die Kunst derjenigen drei tausend deutschen Büchermacher, welche in drei Jahren vier tausend sieben hundert und neun Bücher verfertigen konnten *): nicht die Macherkunst, aus Nichts ein dickes Etwas von vielen Alphabeten, oder von einer kurz an den Mann zu bringenden Wahrheit lange, schimmernde Abhandlungen herauszuspinnen. Und doch ist mir, als wüßt' ich manches Ding, das nicht Jedermann weiß; ist mir, als fühlt ich Elasticität des Geistes, Muth und Kraft genug, ein Ding zu packen, zu halten, zu schleudern und in die Luft empor zu reißen; ist mir, als umgäbe mich ein Licht, das die Dinge, nah' und fern, mehr als andere, mir aufhellt; ist mir, als ob ich wohl fähig sei, Manches, indem ich meinen Lebensgang so dahin schlendere, zu erfahren, zu denken, und zu empfinden, das nicht unwerth der Mühe wäre, auch von Andern erfahren, nachgedacht und nachempfunden zu werden.

Wirf nichts mehr weg, sprach ich einst zu mir selbst, wie du vorhin gethan hast! Nichts ist so schlecht, es ist wozu gut. Heben doch wohl viele der drei tausend Büchermacher Papierschnitzel sorgfältig auf. — Ich ging hin, und ließ mir ein Buch von weißem Papier zusammen heften, und schrieb auf, was ich erfuhr, dachte und empfand. Dies mein Aufgeschriebenes kann ich um so füglicher mein Buch nennen, als ich nie sonst ein Buch geschrieben habe, noch eins schreiben werde. Den Titel gebar also nicht der Original-Kitzel, sondern die Nothdurft. Mir selbst dünkt nichts abgeschmackter, als mit unerhörten Titeln frappiren zu wollen, wiewohl dies oft der armselige Behelf mittelmäßiger Büchermacher ist.

---

*) S. Gatterers Historisches Journal. Th. 1. S. 266.

Ich schrieb ohne alle anderen Bücher, aus eigenem Kopfe und Herzen. Dennoch gebe ich mich eben so wenig für einen absoluten Selbstdenker, als meine Gedanken für neu und eigen aus. Manches mag ich vorhin gelesen, Manches mag ich von gescheidten Leuten gehört, Manches auch selbst geschaffen haben. Aber auch nicht Alles, was man selbst erschafft, ist eigen und neu. Hundert Köpfe können, ohne alle fremde Zuthat, oft einerlei Ding ersinnen.

Sehr unbesonnen wird oft der Mangel an Neuheit und Originalität gerügt. Gerade als ob Alles, was geschrieben wird, neu und unerhört sein müßte. Was ist ganz neu unter der Sonne? — Nicht Alle lesen alle Bücher. Wenn daher Jener dem ersten Tausend von Lesern geschrieben hat, warum sollte Dieser nicht das Nämliche dem zweiten Tausend schreiben dürfen? —

Wahrheit! Unerforschliche, ewige Gottheit! Nach dir gehen meine Blicke aus. Noch nie hat dich ein sterbliches Auge ganz erblickt; nimmer werden dich aller sterblichen Augen zusammen in deiner vollen schönen Gestalt schauen. Der scharfsichtigste Weise entdeckt an dir nur einzelne kleine Theile. Thun sie sich zusammen, und sagt einer dem andern: „Das sah ich! — Und ich das!" — so ist vielleicht am Ende der Welt möglicher, als jetzt, das erhabenste schwerste Abbild der Aehnlichkeit einigermaßen näher zu bringen.

I. Von der Eintheilung des Schauspiels.

Trauerspiel, — Freudenspiel, — rührendes, weinerliches Lustspiel, — Possenspiel, — heroisches, bürgerliches, bäuerisches, schäferliches, — und der Himmel weiß! was noch sonst für Spiele die Theoreienmacher uns herrechnen! Und doch thun sie der Sache noch lange nicht genug, wenn sie Alles, was sich nach ihrer Weise theilen läßt, bis an's Ende forttheilen wollen. Daß sie doch alle der Battcur holte! Und ihren Verstand weit droben im ariostischen Monde in tausend Fläschchen vertheilte, und jedes dicht und fest zupfropfte! Schauspiel ist — Schauspiel, und damit gut! Jene Theilung gemahnet mich nicht anders, als wenn man die liebe Mutter Natur in die lachende und weinende, tragikomische und komischtragische tabelliren wollte, da sie doch das Alles in Einer, und Eine in dem Allen ist. Wisset Ihr nicht, daß sie Freud' und Leid, Krieg und Frieden, Ruh' und Aufruhr, Haß und Liebe, Versöhnung und Rache, Tod und Leben in Einem Neste brütet? Warum zimmern also wohl die kindischen Kinder der Kunst so viel hundert Kästchen und Fächerchen, alles das aus einander zu sondern? Wie mögen sie ihr wohl vorschreiben, wie sie das all? ob sie's einzeln, oder paarweise? oder die ganze Hecke auf ein Mal ausfliegen lassen soll? Was Mutter Natur thut, das ist recht; was sie paart, das ist wohl gepaart. Daß euch die Hand nicht aus dem Grabe wachse, weil ihr euch an der Mutter vergreift! Wisset ihr nicht, was Sokrates sagte, daß Schmerz und Wohllust an ihren Enden zusammen geknotet wären?

Da meinen sie nun, verbieten zu können, daß das Komische etwas Tragisches, und das Tragische etwas Komisches begleite, und bedenken nicht, wie sehr einem mit dem andern oft aufgeholfen werden könne. Hat nun erst einmal ein Junker solch Sprüchlein auswendig gelernt, so spricht er darnach frisch vom Munde weg, ohne das Gefühl der Natur zu Rathe zu ziehen. Freilich hat dies auch die leidige Theorei ersäuft. Also meinst Du aber doch, Menschchen, daß die volle Lache, in einem und eben demselben Nu, nicht manchmal eben so durchschauern könne als der grimmigste Blick des Wütherichs? Ei, Lieber! wie, wenn der Teufel zu Dir träte, und Dich bei voller Lache zum höllischen Tanz aufforderte? Dann würdest Du ja wohl zum Teufel sagen: Dein Anstand ist komisch, und schickt sich nicht für diese tragische Situation! Oder würdest Du verlegen sein, wie Du diesen Act nennen solltest? Nenn' ihn doch Tragikomödie! —

Darum kenn' ich nur ein Spiel; und das heißt Schauspiel. Das sei, wie es wolle! Nur gefalle es den Kindern der Natur.

II. Herzensausguß über Volks-Poesie.

Warum haben Apoll und seine Musen bloß auf dem Gipfel des Pindus ihr Wesen? Warum entzückt ihr Gesang bloß die Ohren der Götter, oder der Wenigen, welche Athem und Kraft genug hatten, die steilen Zinnen des Olymp zu erklettern? Sollten sie nicht herunter kommen und auf Erden wandeln, wie Apoll vor Zeiten unter den Hirten Arkadiens that? Sollten sie nicht ihre Strahlengewänder, bei deren Anblick so oft das irdische Auge erblindet, droben lassen, und die Natur der Menschen anziehen? Unter den Menschenkindern, sowohl in Pallästen, als Hütten, ein- und ausgehen, und gleich verständlich, gleich unterhaltend für das Menschengeschlecht im Ganzen dichten? Das sollten sie freilich! Aber wie wenig noch haben's die deutschen Musen gethan!

Unsere Nation hat den leidigen Ruhm, — nicht gerade die weise, — sondern die gelahrte zu heißen. Der Ruhm möchte ganz schätzbar sein, wenn's nur nicht gar zu viel Quisquilien-Gelahrtheit wäre. Dieser Quisquilien-Gelahrtheit haben wir's guten Theils zu verdanken, daß bei uns die Poesie des allgemeinen Eingangs in Ohren und Herzen sich nicht rühmen kann, den sie bei mancher andern Nation schon fand, weil wir so hoch und tief gelahrt sind, daß wir schier aller Völker Sprachen reden können, ihre Handlungen, Sitten und Gebräuche, all ihre Weisheit und Thorheit auswendig wissen, in ihren Feldern und Wäldern, Städten und Dörfern, Tempeln und Pallästen, Häusern und Ställen, in ihren Küchen, Kellern, Boden und Zimmern, in Garderoben, Kisten und Kasten, und der Himmel weiß, wo alle noch sonst? bekannt und bewandert sind. So sind wir auch in unserm Dichten und Trachten, Reden und Thun

so fremd und ausländisch, daß der Ungelehrte unserer Landsleute selten
klug aus uns werden kann. Das Schlimmste ist, daß wir das Alles
lernen, blos, um es zu wissen und dadurch zünftig zu sein. Es bleibt
meistens todtes Capital. Und wie kann auch Münze coursiren, die oft
gar keinen innerlichen Werth hat, und deren Gepräge längst aus der
Mode gekommen ist?

Dies möchte meinetwegen überall so seinen alten Gang hingehen,
nur nicht in der Poeterei. Die deutsche Muse sollte billig nicht auf
gelehrte Reisen gehen, sondern ihren Natur=Katechismus zu Hause aus=
wendig lernen. Wo steht aber im deutschen Natur = Katechismus
geschrieben, daß sie fremde Phantasien und Empfindungen einholen,
oder ihre eigene in fremde Mummerei hüllen solle? Wo steht's ge=
schrieben, daß sie keine deutsche Menschensprache, sondern vel quasi
eine Göttersprache stammeln soll? — Göttersprache? — Daß es dem
lieben Gott erbarme! — Diese Göttersprache, die viele unserer Musen=
säuglinge lallen wollen, ist oft nichts anders, als rauhes Löwen= und
Stiergebrüll, Roßwiehern, Wolfsgeheul, Hundegebell und Gänse=
geschnatter. Anstatt den Strom des Gesangs vom mähligen Abhange,
mit distinctem, vernehmbaren Wohlgetön dahin strömen zu lassen, stellt
man sich auf eine schroffe Felsenspitze, wirft, unter gräßlichen Ver=
zuckungen, den Kopf in den Nacken, verdreht die Augen, und stürzt sein
Krüglein, mit unvernehmlichem, verwirrenden Geräusche, hurlpurl hinab,
und am Ende ist's doch wohl nicht so viel, daß eine Mücke sich daraus
satt trinken kann.

Man will keine menschlichen, sondern himmlische Scenen malen;
nicht wie seines gleichen, sondern wie Völker anderer Zeiten, anderer
Zonen; man will oft gar, wie der liebe Gott und die heiligen Engel
empfinden. Hieran, ihr deutschen Dichter, nicht aber an dem kalten
und trägen Publicum, wie ihr falsch wähnet, liegt es, daß eure Gedichte
nicht durch das ganze Volk gäng' und gebe sind.

Diesem Unheil abzuhelfen, ist freilich kein kräftigeres Mittel, als
das so oft beschrieene und citirte, aber so selten gelesene Buch der Natur
zu empfehlen. Man lerne das Volk im Ganzen kennen, man erkundige
seine Phantasie und Fühlbarkeit, um jene mit gehörigen Bildern zu
füllen, und für diese das rechte Caliber zu treffen. Alsdann den Zauber=
stab des natürlichen Epos gezückt! Das Alles in Gewimmel und Auf=
ruhr gesetzt! Vor den Augen der Phantasie vorbeigejagt! Und die
güldenen Pfeile abgeschossen! Traun, dann sollt's anders gehen, als es
bisher gegangen ist. Wer's dahin bringt, dem verspreche ich, daß sein
Gesang den verfeinerten Weisen eben so sehr, als den rohen Bewohner
des Waldes, die Dame am Putztische, wie die Tochter der Natur hinter
dem Spinnrocken und auf der Bleiche, entzücken werde. Dies sei das
rechte Non plus ultra aller Poesie.

Hier, däucht mir, seh' ich manche Vers= und Theoreien=Macher
mit weiser Miene mir entgegen lächeln. Sie wollen sagen: Daß doch

nicht alle Gegenstände, sonderlich die Belustigungen des Verstandes und
Witzes, so allgemein verständlich und behaglich sich behandeln ließen.
Mir däucht, das liebwertheste Lehrgedicht, das Epigramm und manche
andere ihres Gelichters, die in den poetischen Theoreien auch ihr Stühl=
chen haben, wollen soeben aufspringen und Lärmen machen. — Liebe
Leute, eure Theorei irret die Theorei der Natur ganz und gar nicht.
Die Natur, wenn ich nicht gewaltig irre, weiset der Poesie das Gebiet
der Phantasie und Empfindung, hergegen das Reich des Verstandes
und Witzes einer andern Dame, der Versmacherkunst, an. Jede soll sich
vornämlich auf ihrem angewiesenen Grund und Boden herumtummeln.
Doch will sie beide keineswegs gänzlich trennen, und Hader unter ihnen
stiften. Sie mögen, als verträgliche Nachbarinnen, neben einander
hausen; mögen sich auch wohl hier und da freundnachbarlich an Hand
gehen; mögen einander Schüssel, Topf, Besen und Elle borgen; mögen
endlich auch einerlei Sprache, die nur gleichsam im Dialect sich unter=
scheidet, reden! Im Grunde aber bleiben sie doch von einander gesondert.
Durch diese Grenztheilung soll die Versmacherkunst an ihren Ehren
und Würden im geringsten nicht gekränkt sein. Sie mag eine artige
Frau, und ihr Reich ein schönes Reich sein. Welche von Beiden aber
den Vortritt habe, und zu haben verdiene? wäre unpolitisch zu ent=
scheiden, da die Mitglieder beider Staaten bis hierher öfters so hübsch
friedlich und schiedlich hinüber und herüber zu lustwandeln pflegten.
Immer bleib' es auch künftig bei dieser Weise.

Mit den Angelegenheiten der Versmacherkunst hab' ich hier nichts
zu schaffen. Mir liegt das Wohl und Wehe der Poesie am Herzen.
Ihre Producte wünsch't ich insgesammt volksmäßig zu machen. Zunächst
ist hier von der lyrischen und epischlyrischen Gattung die Rede.

Aber der Zauberstab des Epos, der den Apparatus der Phantasie
und Empfindung beleben und in Aufruhr setzen soll, ist nur in wenigen
Händen. Viele suchten und fanden ihn nicht, weil er wirklich nicht leicht
zu finden ist, und sie ihn nicht am rechten Orte suchten. Wo er noch am
ersten und leichtesten zu finden ist, das sind unsere alten Volkslieder.
Seit Kurzem erst sind einige echte Söhne der Natur ihm hier auf die
Spur gerathen.

Diese alten Volkslieder bieten dem reifenden Dichter ein sehr
wichtiges Studium der natürlich poetischen, besonders der lyrischen und
epischlyrischen Kunst dar. Sie sind meist, sowohl in Phantasie, als
Empfindung, wahre Ausgüsse einheimischer Natur. Freilich hat die
mündliche Tradition oft Manches hinzugethan und weggenommen, und
dadurch viel lächerlichen Unsinn hinein gebracht. Wer aber das Gold
von den Schlacken zu scheiden weiß, wird wahrlich keinen verächtlichen
Schatz erbeuten. — Und wär's denn wohl der Mühe nicht werth, daß
ein Mann, mit Hemsterhuysisch kritischer Nase, sich darauf beflisse, den
heterogenen Anflug wegzunehmen, und die alte verdunkelte, oder gar
verlorene Leseart wieder herzustellen? —

In jener Absicht hat öfters mein Ohr in der Abenddämmerung dem Zauberschalle der Balladen und Gassenhauer, unter den Linden des Dorfs, auf der Bleiche, und in den Spinnstuben gelauscht. Selten ist mir ein sogenanntes Stückchen zu unsinnig und albern gewesen, das nicht wenigstens etwas, und sollt' es auch nur ein Pinselstrich des magisch rostigen Colorits gewesen sein, poetisch mich erbauet hätte. Gar herrlich, und schier ganz allein läßt sich hieraus der Vortrag der Ballade und Romanze, oder der lyrischen und epischlyrischen Dicht= art — denn Beides ist eins! und alles Lyrische und Epischlyrische sollte Ballade oder Volkslied sein! — gar herrlich, sag' ich, läßt er sich hier= aus erlernen.

Freilich kommt mir hier wieder die sogenannte höhere Lyrik, die unter dieser Gattung nicht stehen will, und sich wohl recht was dünkt, quer in den Weg gelaufen. Ich kenne Werke von dieser höhern lyrischen Gattung, die bei alle dem sehr volksmäßig sind. Jene, die nicht für's Volk ist, mag hinlaufen, wohin sie will. Mag sie doch für Götter und Göttersöhne den erhabensten Werth haben! Für das irdische Geschlecht hat sie nicht mehr, als der letzte Firstern, dessen Licht aus tiefer dunkler Ferne zu uns her flimmert. Dies Urtheil würde ich aussprechen, wenn ich auch selbst ein solcher Göttersohn wäre, denn es ist mir hier mehr für's liebe Menschenvolk, als für Götter und Göttersöhne zu thun. —

Durch Popularität, mein' ich, soll die Poesie das wieder werden, wozu sie Gott erschaffen, und in die Seelen der Auserwählten gelegt hat. Lebendiger Odem, der über aller Menschen Herzen und Sinnen hinweht! Odem Gottes, der vom Schlaf und Tod' aufweckt! Die Blinden sehend, die Tauben hörend, die Lahmen gehend und die Aus= sätzigen rein macht! Und das Alles zum Heil und Frommen des Menschengeschlechts in diesem Jammerthale!

Von der Muse der Romanze und Ballade ganz allein mag unser Volk noch einmal die allgemeine Lieblings = Epopöe aller Stände, von Pharao an bis zum Sohne der Magd hinter der Mühle, hoffen! Unbe= greiflich ist mir's, wie einige Leute diese Muse zu einer Aftermuse, oder zur Zofe einer von den neun Pierinnen machen, und ihr kein anderes Instrument als den Dudelsack in die Hand geben mögen, da sie doch das ganze unermeßliche Gebiet der Phantasie und Empfindung unter sich hat, da sie es doch ist, die den rasenden Roland, die Feen=Königin, Fingal und Temora, und — sollte man's glauben? — die Jlias und Odyssee gesungen hat? Wahrhaftig! Alle diese Gedichte waren den Völkern, welchen sie gesungen wurden, nichts, als Balladen, Ro= manzen und Volkslieder. Eben daher erhielten sie den allgemeinen National=Beifall, der so vielen Leutlein unbegreiflich ist. Uns Deutschen sind sie freilich nicht mehr volksmäßig; aber wir sind auch nicht die Griechen, nicht die Italiener, nicht die Briten. Deutsche sind wir! Deutsche, die nicht Griechische, nicht Römische, nicht Allerweltsgedichte in deutscher Zunge, sondern in deutscher Zunge deutsche Gedichte, verbaulich und nährend für's ganze Volk machen sollen. Ihr Dichter, die ihr ein solches nicht geleistet habt, und daher wenig oder gar nicht gelesen werdet, klaget nicht ein kaltes und träges Publicum, sondern euch selbst an! Geb' uns Einer ein großes National=Gedicht von jener Art, und wir wollen's zu unserm Taschenbuche machen. Steiget herab von den Gipfeln eurer wolkigen Hochgelahrtheit, und verlanget nicht, daß wir Vielen, die wir auf Erden wohnen, zu euch Wenigen hinauf klimmen sollen.

Daß Volks=Poesie bisher vernachläßigt, daß Ballade und Romanze schier verächtlich und poetisches Spielwerk worden, daran sind wohl hauptsächlich mit die nackigen Poetenknaben Schuld, die sich einbilden, sie könnten auch wohl Balladen und Romanzen machen, und diese Dichtart gleichsam für das poetische A=B=C halten. Da nehmen sie das erste das beste Historchen, ohne allen Endzweck und alles Interesse, leiern es in langweiligen, gottesjämmerlichen Strophen, hier und da mit alten Wörtchen und Phrasen läppisch durchspickt, auf eine drollig sein sollende Art, mit allen unerheblichen Nebenumständen des Historchens, von Kopf bis zu Schwanz herab, und schreiben darüber: Ballade, Romanze. Da regt sich kein Leben! Kein Odem! Da ist kein glücklicher Wurf! Kein kühner Sprung, so wenig der Bilder, als Empfindungen! Nirgends etwas Aufrührendes, so wenig für den Kopf, als für's Herz! — O, ihr guten Poetenknaben, nehmts von nun an zu Ohren und zu Herzen, daß Volks=Poesie, eben deßwegen, weil sie das Non plus ultra der Kunst ist, die allerschwerste sei. Laßt uns nicht ferner durch das: Ut sibi quivis speret idem, verführen, um die sprödeste aller Musen zu buhlen!

Ich hemme meine Herzensergießung mit dem Wunsche, daß doch endlich ein deutscher Percy aufstehen, die Ueberbleibsel unserer alten Volkslieder sammeln, und dabei die Geheimnisse dieser magischen Kunst mehr, als bisher geschehen, aufdecken möge. Oefters hab' ich zwar schon mündlich diesen Wunsch meinen Freunden geäußert, und gesagt, er sollte weiter fortgepflanzt, und irgend Wer veranlaßt werden, ihn auszuführen. Allein bisher noch vergebens! Unter unsern Bauern, Hirten, Jägern, Bergleuten, Handwerksburschen, Kesselführern, Hechelträgern, Bothsknechten, Fuhrleuten, Trutscheln, Tyrolern, und Tyrolerinnen coursiret wirklich eine erstaunliche Menge von Liedern, worunter nicht leicht eins sein wird, woraus der Dichter für's Volk nicht wenigstens etwas lernen könnte. Manche davon, so ich gehört, hatten im Ganzen, viele in einzelnen Stellen wahres poetisches Verdienst. Ein Gleiches versprech' ich mir von weit mehrern, so ich nicht gehört habe. So eine Sammlung von einem Kunstverständigen, mit Anmerkungen versehen! — Was wollt' ich nicht dafür geben! — Zur Nachahmung im Ganzen und gemeinen Lectüre wäre sie freilich nicht; aber für die Kunst, für die einsichtsvolle Kunst würde sie eine reiche Fundgrube sein. Nur die Poetenknaben müßten vor allen Andern ihre Alles betappenden

Fäuste davon lassen, oder mit dem güldenen Plectrum eins drauf
haben.

III. Zur Beherzigung an die Philosophunculos.

Ihr weisen ästhetischen Fliegen, die ihr auf Shakspeares göttliche
Stirn euch setzet, euern Rüssel putzet, und nie wieder wegflieget, ohne
ein kleines Denkmal eurer Unart hinterlassen zu haben, meint, ihr hättet
ihm großes Recht widerfahren lassen, wenn ihr ihn wegen seiner abenteuerlichen Zauber- und Gespenster-Scenen mit der Barbarei seines
Zeitalters höchstens entschuldiget habet. In einem Zeitalter, sagt ihr,
da Gelehrte und Ungelehrte, Vornehme und Niedere an Hexen, Gespenster und ihre Alfanzereien, wie an ein Evangelium, glaubten, waren
diese Vorstellungen ernsthaft und erhaben, und erschütterten, wie Religion, das Herz; aber in unserm erleuchteten philosophischen Jahrhunderte sind sie abgeschmackt, und dienen mehr zum Lachen, als zum
Schrecken. Sonderbar! Da doch ihr nämlichen Herrn den Zeus, die
Juno, den Mercur, die Venus, den Amor, den Apoll, die Musen, die
Minerva mit allen ihren Schulfüchsereien in andern Gedichten herum-
spuken lasset, ohne nur ein Wort dagegen einzuwenden.

Mein freundlichgeliebter Herr Vetter Daniel Säuberlich*)
nimmt das Ding gar von einer sehr ernsthaften und religiösen Seite,
und meinet, daß die poetische Bearbeitung der Hexen- und Gespenster-
Geschichte den leidigen Aber- und Köhlerglauben wieder auf den Thron
helfen würde. Sollte dies eine natürliche Folge davon sein, so wundert's
mich sehr, daß in Berlin das Heidenthum noch nicht wieder in Schwang
gekommen ist.

Aber, liebe Herren, ist es denn wirklich wahr, daß euer Verstand
wie Cherub mit flammendem Schwerte so aufmerksam vor euerm
Herzen Wache hält, daß kein Eindruck von jenen Dingen eindringen
kann? Ich bilde mir doch auch ein, einen solchen nicht ganz und gar
finstern schlafenden Wächter zu haben; dennoch gehet mein Herz in
Sturm und Aufruhr über, wann Bankos Geist Macbeths Stuhl bei
Tische eingenommen hat, oder das Gespenst Hamlets das schrecklichste
Geheimniß um Mitternacht entdecket, oder Macbeths Hexen im unter-
irdischen Gewölbe um den Kessel voll Gräuel den Höllentanz tanzen
und schauderhafte Geistergestalten aus dem Abgrunde herauf rufen.
Um des Himmels willen! wie geht das zu? —

Ihr, die ihr den Wust der leidigen Natur durch Polychrest-Pillen
der Philosophei wegpurgirt habt, werdet bei mir dies Phänomenon
den Dünsten eines verschleimten Magens vermuthlich zuschreiben. Und
in der That habt ihr nicht Unrecht. Da habe ich unglücklicher Weise
einmal ein Shakspearisches Sprüchlein:

There are more things in heaven and earth, —
Than are dreamt of in your philosophy,

---

*) S. die Vorrede zu Nicolais Feynem kleinen Almanach. Berlin 1777.

verschluckt, welches noch diese Stunde unverdauet, wie Blei, mir im
Magen liegt, und die Wirkung aller eurer philosophischen Wunder-
Elixire zu Schanden macht. —

Wie, wenn nun unten im Abgrunde des Meeres Völkerschaften
und Philosophen es gäbe, welche läugneten, daß auf der trockenen Ober-
fläche der Erde Menschen wohnten, und mitleidig auf Diejenigen herab
sähen, welchen etwa einmal ein Taucher und Perlenfischer unten
erschienen? Diese Instanz rühret euch freilich nicht. Denn ihr seid
gleich mit der Antwort: Da unten gibt's keine Gelehrten, keine Philosophen, denn sie haben ja weder Bibliotheken, noch Tinte, Feder und
Papier, und wie die Werkzeuge der Gelahrtheit weiter heißen. O, daß
ihr doch aber nie aufhöret, fremde Dinge in euerm bekannten Maß und
Scheffel zu messen! Kennet ihr denn nur die sichtbare Körperwelt ganz?
Ich geschweige der unsichtbaren Körperwelt. Müßt ihr denn bei Hexerei
und Gespenstern gerade an Geister gedenken? Wie könnet ihr mit Zu-
versicht verneinen, daß es unter der Erde oder über der Erde und ihrer
Atmosphäre körperliche Geschöpfe noch gebe, die dort so gut ihr Element,
als wir auf Erden und in der gröbern Luft, oder die Bewohner des
Wasserreichs haben? Und ist es denn unmöglich, daß nimmermehr ein
solches Wesen aus Zufall oder aus Endzweck dessen, dem kein Ding
unmöglich ist, sich eben so in die niedere Sphäre herablasse, wie der
Taucher hinunter in den Ocean? Ihr räsonnirt gemeiniglich, als ob
ihr glaubtet, daß außer dieser sichtbaren Körperwelt, außer Gott und
seinen heiligen Engeln und abgeschiedenen Seelen schlechterdings kein
anderes lebendes und vernünftiges Wesen existirte, und höret nicht auf,
Alles κατ᾽ ἄνθρωπον beständig zu modeln. Muß denn gerade Alles,
was körperlich ist, mit den derbesten Püffen eure Sinne berühren? Ihr
wisset, daß Glas und Wasser Körper sind; doch könnt ihr mitten durch-
hinschauen, und werdet sie kaum gewahr. Ihr wisset, daß die Luft und
der feinste Aether Körper sind; dennoch fühlet ihr oft an keinem einzigen
eurer Sinne die Berührung. Wiederum meinet ihr, Alles, was Körper
ist, müsse euch die Fäuste füllen. Daher lachet ihr, wenn die Einfalt
euch erzählet, sie habe in ihrer Kammer bei fest verrammelten Thüren
und Fensterladen eine Gestalt erscheinen und wieder verschwinden sehen,
und krähet: eine so große Gestalt müsse denn also durch das Schlüssel-
loch herein gekommen sein! Lieber, schaut doch einmal in den Spiegel!
Ihr sehet euer zweites Ich! Ist das Nichts, oder ist es Etwas! Nichts
kann eure Sinne nicht berühren. Ihr wisset, daß es ein Etwas von
zurückprallenden Lichtstrahlen, daß es Körper ist; könnet es aber mit
keinem einzigen Sinne, als euern Gesichte fühlen.

Ist es etwa Weisheit, Alles zu läugnen, was über die Kräfte und
Wirkungen der euch bekannten Natur hinausgeht? Ihr hacket ja sonst
so unbarmherzig auf einen Freigeist los, der die Dreieinigkeit Gottes,
oder die Transsubstantiation und andere Mysterien eurer Religion
unbegreiflich oder widernatürlich findet, und krähet: Ja übernatürlich

ist nicht widernatürlich! Wie viel soll man nun von euerm Glauben an Religions-Geheimnisse halten, wenn ihr die anderen, weil ihr sie nicht verstehet, für Undinge ausgebet? Warum sollen euch die Gestalten abgeschiedener Menschen oder überirdischer Wesen nicht erscheinen können, da ihr an die Fortdauer der Seelen der ersten, und Wiederauferweckung ihrer Leiber glaubet? Warum soll es keine Wirkungen aus Ursachen geben, deren Zusammenhang nicht in einer dicken schweren Hemmkette oder einem Ankerseile euern groben Sinnen betastbar ist? Ihr habt die Gestalt des Magneten-Ausflusses nie mit euern Sinnen wahrgenommen; dennoch sehet ihr, daß er das Eisen an einem sinnlichen Nichts in die Luft empor zieht.

Bis hierher habe ich euch gezeigt, daß es selbst aus Gründen gesunder Vernunft nicht abgeschmackt sei, an ein auf dem Theater erscheinendes Gespenst oder eine Bezauberung zu glauben. Aber ich will einmal annehmen, ihr hättet euch durch Gegengründe trotz Allem von der Nichtigkeit solcher Erscheinungen überzeugt, sollten alsdann Shakspeares Zauber- und Gespenster-Scenen abgeschmackt und lächerlich sein? Ich sage nein! Selbst den Wenigsten unter euch, so sehr auch euer Eigensinn oder eure Vernunft von der Nichtigkeit überzeugt sein mag.

Gottlob! Des Menschen Herz ist stärker, als seine Vernunft. Trotz allen Philosophemen eures Kopfes bangt es euch die Herzgrube, durchschauert es alle eure Gebeine, wann ihr um Mitternacht auf einem Gottesacker wandelt. — — —

Uebersetzungen aus Ossian.

1. Karrik-Thura.

Ein Gedicht.

Inhalt.

Fingal, auf der Rückkehr von einem Zuge in die römische Provinz, beschloß, dem Kathulla, König von Inis = Thore, und Bruder Komaleus, deren Geschichte Ossian in einem dramatischen Gedichte behandelt, einen Besuch zu machen. So bald ihm Karrik= Thura, der Pallast des Königs, in die Augen fiel, sah er auf demselben eine Flamme, welches in diesen Zeiten ein Zeichen der Noth war. Der Wind trieb ihn in einen Meerbusen, in einiger Entfernung von Karrik=Thura, und er sah sich gezwungen, die Nacht am Ufer zuzubringen. Am folgenden Tage ergriff er das Heer Frothals, des Königs von Sora, an, welcher den Kathulla in seinem Pallast belagert hielt, besiegte Frothal in einem Zweikampfe, und nahm ihn gefangen. Die Befreiung von Karrik= Thura ist der Gegenstand dieses Gedichts, in welches jedoch einige Episoden eingewebt sind. Nach der Ueberlieferung war dies Gedicht einem Kulbee, oder einem der ersten christlichen Missionarien zugeeignet, und Ossian führte darin den Geist des Loba, wahrscheinlich des scandinavischen Odin, zum Gegensatze der Lehre des Kulbee auf. Dem sei, wie ihm sei, es leitet uns in Ossians Vorstellungen auf ein höheres Wesen, und zeigt, daß er dem Aberglauben nicht ergeben war, der vor Einführung des Christenthums die ganze Welt beherrschte.

„Hast du vollendet deine blaue Bahn, goldlockige Tochter des Himmels! Der Abend schließt die Pforten auf. Hier ist dein Ruhe-gemach. Die Meereswogen umringen dich, in deiner Schöne dich zu schauen. Sie richten die bebenden Häupter empor; betrachten deinen holden Schlaf; und fahren zagend zurück. Ruh' in deiner schattigen Grotte, ruh', o Sonne, sanft und kehr' in Wonne zurück!

Doch zündet nun tausend Kerzen an, zu den Harfengesängen von Selma! Der Glanz erfülle die Halle umher! Denn wiedergekehrt ist der Wirth des Muschelfests. Der Krieg von Krona ist aus, wie ein ausgesungenes Lied. Beginnt, ihr Barden, den Sang! Der König ist wiedergekehrt mit Ruhm*)." —

---

*) Das Lied Ullins, mit welchem das Gedicht anfängt, ist in einem lyrischen Versmaße. Fingal pflegte, wenn er von seinen Zügen zurückkehrte, seine Barden singend vor sich her zu senden. Diese Art des Triumphs heißt beim Ossian das Lied des Sieges.

So ſang Ullin, als Fingal zurück vom Kriege kam; als er kam
in ſchönem Jugendroth, in ſeiner Locken Fülle. Die blaue Rüſtung
hüllt' ihn ein, wie die Sonne ein leichtes Gewölk, wenn einher ſie wallt
im Nebelgewand, und halb ihr Licht nur zeigt. Dem Könige folgt ſein
Heldenheer; man bereitet das Muſchelmahl. Fingal blickt die Barden
an, und fodert ihren Geſang.

„Stimmen des hallenden Kona, ſpricht er, Barden des Alterthums!
Ihr, in deren Seelen die blauen Heere unſrer Väter auferſtehn! Schlagt
die Harfen in meiner Halle! Laßt mich hören euern Geſang! Lieblich
iſt die Wonne der Wehmuth. Dem Frühlingsregen gleichet ſie: er
ſchmeidiget den Eichenaſt, und lockt die grünen Köpfchen des jungen
Laubes hervor. Wohlan, ihr Barden ſingt! Denn morgen erhöh'n wir
die Segel. Mein blauer Lauf geht durch das Meer, zu Karril=Thura's
Burg; zu Sarnos mooſiger Burg, von wannen Komala entſprang.
Dort ſpendet der edle Kathulla das Muſchelmahl. Voll Eber iſt ſein
Waldgehege; ertönen ſoll die Jagd.“

„Kronnan*), Sohn des Geſangs!“ ſprach Ullin, „Minona, holde
Harfenſchlägerin! Hebt an die Sage von Schilrik, den König von
Morven zu erfreun. Führt Vinvela hervor in ihrer Schöne, gleich dem
träufelnden Bogen der Luft, wann ſein liebliches Haupt leuchtet über
dem See, und die ſinkende Sonne ſtrahlt. Sieh, o Fingal, ſie kommt!
Traurig iſt ihr Ton, doch ſanft.“ —

Vinvela.

Mein Liebſter iſt des Hochlands Sohn. Er verfolgt den flüchtigen
Hirſch. Die grauen Hunde umkeuchen ihn. Im Winde ertönt ſeine
Bogenſchnur. Ruhſt du am Felſenborn? Oder beim Rauſchen des
Bergſtroms? Im Winde ſchwankt des Baches Rohr; der Nebel huſcht
über die Berge. Ich will mich ungeſeh'n ihm nah'n; ich will ihn
betrachten vom Felſen herab. Bei Brannos**) alter Eiche zuerſt erblickt'
ich dich in deiner Lieblichkeit. Du kehrteſt ſchlank von der Jagd zurück,
der Schönſte deiner Geſellen.

Schilrik.

Weß war der Ton, den ich vernahm; der Ton, wie Sommerwind?
Ich ſitze nicht bei dem ſchwankenden Rohr, noch hör' ich den Felſenborn.
Weit weg, Vinvela, weit geh' ich zu Fingals Kriegen weg. Mir folgen

---

*) Kronnan und Minona ſtellten vermuthlich Schilrik und Vinvela vor. Alle
dramatiſchen Gedichte Oſſians ſcheinen vor Fingal bei feierlichen Gelegenheiten auf=
geführt zu ſein.
**) Bran, oder Branno, bedeutet einen Bergſtrom, hier einen Fluß, der zu Oſſians
Zeiten dieſen Namen führte. Noch jetzt nennt man verſchiedene Flüſſe im nördlichen
Schottland Bran, beſonders einen, der bei Dunkeld in den Tab ſich ergießt.

nun meine Hunde nicht mehr; ich betrete nicht mehr das Gebirge; erblicke nicht mehr dich von oben herab, hold wandelnd am Strome des Thals, hell glänzend, wie der Bogen der Luft, und auf westlicher Woge der Mond.

Vinvela.

So bist Du denn fort, mein Schilrik! Und verlässest mich auf dem Gebirge allein! Der Hirsch erscheint auf der Höhe, und graset furchtlos umher. Ihn schreckt nun weder der Wind, noch das rasselnde Laub. Der Jäger ist fern von hier; im Gefilde der Gräber fern! Fremde! Söhne der Wogen! Ach, schont mir den lieblichen Schilrik!

Schilrik.

Wenn in der Schlacht ich fallen muß, so erhebe, o Vinvela, hoch mein Grab! Graue Steine bezeichnen mich und ein Hügel von Erde der Zukunft! Sitzt dann an dem Haufen der Jäger einst, und genießt sein Mittagmahl, so spricht er: „Hier ruht ein Held!" und belebt meines Namens Ruhm. Gedenke mein, Vinvela, wann tief ich ruhe in der Gruft!'

Vinvela.

Ja, ich gedenke dein! Ach! Fallen wird mein Schilrik! Was, o Geliebter, fang' ich an, wann du auf ewig dahin bist! Um Mittag irr' ich durch dieses Gebirge; durchirre die stumme Heide. Da betracht' ich deinen Ruheplatz, wann von der Jagd du kamst. Ach! Fallen wird mein Schilrik! Ich aber gedenke sein. —

„Auch ich gedenke des Helden, rief der König des waldigen Morven. Er verschlang die Schlacht in seinem Zorn. Doch nun erblickt ihn mein Auge nicht mehr. Ich traf ihn einst auf der Höh' mit bleicher Wang' und finstrer Stirn. Oft seufzt' er vom Busen herauf, und schritt der Wüste zu. Nun fehlt er in meiner Helden Gewühl, wann der Hall meiner Schilde erwacht. Wohnt er in dem engen Gemach*), der Fürst des hohen Karmora?"

„Kronnan, sprach Ullin, der Barde des Alterthums, beginne das Lied von Schilrik, als er heim auf seine Berge kam, und hin Vinvela war. Gelehnt an ihren grau moosigen Stein, wähnte er, sie lebe noch. Hold wandelnd**) erblickte er sie auf der Aue; doch die Lichtgestalt zerschwand. Der Sonnenstrahl entglitt der Flur, und sie ward nicht weiter geseh'n. Vernehmt nun Schilriks Lied! Traurig ist es, doch sanft." —

---

*) Im Grabe.
**) Der Unterschied, den die alten Schotten zwischen guten und bösen Geistern machten, bestand darin, daß die ersten zuweilen bei Tage an einsamen unbesuchten Oertern, die andern niemals, als bei Nacht und in düstern fürchterlichen Gegenden erschienen.

„Ich sitze am moosigen Quell, hoch auf dem Berge des Sturmes.
Ein einzelner Baum rauscht über mir. Dunkle Wogen rollen die Heide
entlang. Empört ist unten der See. Der Hirsch entsteiget dem Berge.
Kein Jäger erscheint von fern. Mittag ist es, doch Alles ist still umher.
Einsam trauert mein Sinn. Möchtest doch du mir erscheinen, o Liebe,
wallend über das Heidekraut! Mit wehenden Locken hinter dir her,
mit schwellendem Busen von vorn, und Augen voll Zähren für die
Deinen, welche der Nebel des Hügels barg. Ich wollte dich trösten, du
Liebe, dich führen in deines Vaters Haus. — Aber ist sie es, die dort
auf der Heid' erscheint, wie ein Strahl des Lichts? — Glänzend, wie
der Mond im Herbst, wie die Sonne im Sommersturm, kommst du, o
Mädchen, über Felsen und Berge zu mir! — Sie redet! — Aber wie
schwach ist ihr Laut! Wie das Lüftchen im Schilfe der See." —

„Kommst du glücklich vom Siege zurück? Wo, Lieber, sind deine
Gesellen? Ich hörte von deinem Tode im Gebirge; ich hörte es, und
trauerte um dich, mein Schilrik." —

„Ja, du Holde, ich komme zurück; doch der Einzige meines Geschlechts. Du wirst sie nimmer wieder seh'n; ich begrub sie dort auf der
Aue. Doch warum bist du in der Bergwüstenei? Warum auf der Heide
allein?" —

„Allein bin ich, o Schilrik, allein in der Winterbehausung! Ich
sank aus Gram um dich; und liege, o Schilrik, bleich in der Gruft."

„Sie gleitet, sie segelt von hinnen, wie Nebelgewölk vor dem
Winde. Und willst du nicht harren, Vinvela? O harre, mich weinen
zu sehn! Wie schön erscheinst du, Vinvela! Im Leben auch warest du
schön. —

Sitzen will ich am moosigen Quell, hoch auf dem Berge des
Sturmes. Wann umher der Mittag schweigt, dann rede mit mir, o
Vinvela! Komm auf dem leicht beflügelten West, auf dem Lüftchen der
Wüste komm! Laß mich hören deinen Laut, wann vorüber du wallst,
und umher der Mittag schweigt."

So klang Kronnans Lied in der Nacht der Freuden zu Selma.
Doch in Osten brach der Morgen an. Die blauen Gewässer rollten in
Licht. Fingal hieß die Segel spannen. Den Bergen entsausten die
Winde. Und sieh, empor stieg Inis=Tore, mit Karrik=Thura's moosiger
Burg. Doch eben erschien das Zeichen der Noth, die warnende Flamme,
mit Rauch besäumt. Der König von Morven schlug sich an's Herz, und
faßte plötzlich den Speer. Bald streckt' er seine verfinsterte Stirn nach
der Küste voran; bald blickt' er nach den trägen Winden zurück. Ver-
worren flog im Nacken sein Haar. Das Schweigen des Königs war
schrecklich.

Die Nacht sank auf das Meer, und Rotha's Bucht empfing das
Schiff. Ein Fels hängt das Gestad' entlang mit hallenden Wäldern

herab. Auf ſeinem Haupt iſt Lodas Rund*), und der mooſige Stein der Kraft. Darunter ſenkt ſich ein Thal, mit Gras und alten Bäumen beſtreut, welche die Stürme der Mitternacht in ihrem Zorn dem rauhen Felſen entrafft. Blau wandelt hier ein Strom. Einſam treibt der Odem des Meeres den Bart der Diſtel vor ſich hin. — Drei Eichen flammten empor; man ſetzte das Muſchelmahl auf. Doch traurig blieb des Königs Sinn um Karril-Thura's bedrängten Gebieter.

Der bleiche kühle Mond ſtieg in Oſten heran. Der Schlaf ſank auf die Jünglinge. Die blauen Helme flimmerten im Strahl. Die ſinkende Flamme verloſch. Den König nur umfing kein Schlaf. In voller Rüſtung ſprang er auf, und erhob ſich langſam auf den Berg, der Flamme auf Sarno's Thurme nachzuſpäh'n.

Die Flamme war trüb und fern. Der Mond verbarg in Oſten ſein rothes Geſicht. Vom Gebirge fuhr ein Orcan. Auf ſeinen Schwingen ſaß Loda's Geiſt. Mit Grauſen kam er heran zu ſeinem Heiligthum, und ſchwang den düſtern Speer. Wie Flammen blitzten die Augen ihm in ſeinem finſtern Geſicht. Dem fernen Donner glich ſein Ruf. Fingal ſtreckte den Speer voran in die Nacht, und rief mit mächtiger Stimme:

„Von hinnen, Sohn der Nacht! Rufe deinen Stürmen, und fleuch! Was trittſt du vor meinen Blick mit deinen ſchattenden Waffen? Schreckt deine Nachtgeſtalt mich, unſeliger Geiſt? Schwach iſt dein Wolkenſchild, und ſchwach der Flammenſchweif, dein Schwert. Ein Windhauch rollet's in Eins: und du zerſchwindeſt in Nichts. Von hinnen, Sohn der Nacht! Rufe deinen Stürmen, und fleuch!" —

„Drängſt du aus meinem Heiligthum mich? verſetzt es mit dumpfem Ton. Die Völker knieen vor mir. Ich lenke die Schlacht im Felde der Starken. Völker vernichtet mein Blick. Tod hauch' ich aus meiner Naſe. Auf Stürmen fahr' ich einher. Gewitter rollen voran. Doch friedlich über den Wolken iſt mein Aufenthalt, und lieblich das Geſilde meiner Ruhe."

„So bewohne denn dein liebliches Geſilde, und vergiß hier Kom-hal's Sohn! Steig' ich von meinen Bergen hinan in deinen friedlichen Aufenthalt? Droht dir entgegen mein Speer auf deinen Wolken, unſeliger Geiſt? Was runzelſt denn du mich an? Was ſchwingſt du den luſtigen Speer? Du runzelſt umſonſt! Nie wich ich dem Starken im Streit. Und ſchrecken ſollten den König von Morven die Söhne der Luft? Nimmer! Er weiß, ihre Waffen ſind ſchwach."

„Fleuch in dein Land! verſetzte die Geſtalt; nimm an die Winde, und fleuch. Sie wohnen in meiner hohlen Hand; ich lenke den Flug des Sturms. Der Fürſt von Sora iſt mein Sohn; er neigt ſich vor dem Steine meiner Kraft. Sein Heer umringt jetzt Karril-Thura, und

---

*) Lodas Rund, oder der Zirkel von Loda, vermuthlich ein Ort, wo die Scandinavier ihren Odin verehrten.

ich gewähre ihm Sieg. Fleuch, Komhal's Sohn, zurück in dein Land!
Sonſt fühle die Gluth meines Zornes!"

Hier erhob er den ſchattenden Speer, und ſtreckte ſich fürchterlich
mit ſeiner ganzen Länge voran. Fingal entgegen zückte ſein Schwert,
die Klinge des dunkelbraunen Luno *). Der blitzende Schwung des
Stahls durchhieb den düſtern Geiſt. Geſtaltlos zerfiel die Erſcheinung
in Luft, wie ein Pfeiler von Rauch, entſteigend verlöſchender Eſſe,
welchen der Stecken des Knaben zerſtöret.

Mit Geheul zuſammen ſich rollend, erhob auf dem Sturme ſich
Loda's Geiſt. Ganz Inis-Tore durchdröhnte der Laut. Ihn vernahmen
die Wogen des Abgrunds, und ſtockten erſchrocken im Lauf. Hui! fuhren
Fingal's Gefährten empor, und ergriffen die mächtigen Lanzen. Der
König ward vermißt. Voll Zorn erhuben ſie ſich in lautem Waffen-
geklirre. —

Der Mond ging im Oſten hervor. In blinkender Rüſtung kam
Fingal zurück. Groß war die Wonne der Seinen. Ihre Seelen beruhigten
ſich, wie nach dem Sturme das Meer. Ullin ſtimmte ein Freudenlied
an. Die Hügel von Inis-Tore frohlockten. Die Flamme der Eiche
wuchs an; und Heldenſagen wurden erzählt. —

Doch Frothal, Sora's zorniger Fürſt, ſaß harmvoll unter einem
Baum. Sein Heer umſtrömte Karrik-Thura. Ergrimmt blickte er die
Mauern an, und lechzte nach Kathulla's Blut, der einſt im Streit ihn
bezwang. Als Frothal's Vater, Annir, noch in Sora gebot, da erhob
ſich ein Sturm auf dem Ocean, und verſchlug den meerdurchſtreifenden
Frothal nach Inis-Tore. Drei Tage gaſtete er hier in Sarno's Burg,
und erblickte die langſam rollenden Augen Komala's. Schnell liebt' er
ſie mit jugendlicher Gluth, und ſtrebte nach dem Genuß des Mädchens
mit den weißen Armen. Kathulla befehdete ihn drob; es erhub ſich ein
grimmiger Kampf. Frothal ward in Bande gelegt. Drei Tage mußt'
er büßen dafür in der Halle allein. Am vierten ſandte ihn Sarno auf ſein
Schiff; und er kehrte zurück in ſein Land. Nun ſchwärzte ſeine Seele
der Zorn gegen den edeln Kathulla. Als Annir's Denkſtein erhoben
war, kam Frothal in ſeiner Kraft. Die Fehde loderte um Karrik-Thura
und Sarno's mooſige Mauern.

Der Morgen graute auf Inis-Thore. Frothal ſchlug ſeinen
ſchwarzbraunen Schild. Die Helden fuhren beim Klange empor. Sie
ſtanden, die Augen gewandt nach dem Meer; und ſieh! in ſeiner Kraft
ſchritt Fingal heran. Der edle Thubar rief zuerſt! „Wer kommt, wie
der Hirſch der Wüſte daher, ſein Rudel hinter ihm drein? Frothal, es
iſt ein Feind! Ich ſehe den vorwärts drohenden Speer. Vielleicht, daß
der Fürſt von Morven, daß Fingal, der Erſte der Helden, es iſt. Seine
Thaten ſind in Gormal kund. Das Blut ſeiner Feinde trieft in Sarno's

---

*) Fingal's berühmtes Schwert, die Arbeit des Lun, oder Luno, eines Schmiedes
zu Lochlin.

Hallen. Soll ich um Königsfrieden*) ihn fleh'n? Ein Wetterstrahl ist
sein Schwert." —

„Sohn des schwachen Arms, rief Frothal, soll so mein Leben in
Wolken aufgeh'n? Ergeben soll ich mich schon, o Fürst des strömenden
Tora, bevor ich nur ein Mal gesiegt? Ha! spotten würde in Sora das
Volk: „„Frothal flog aus, wie ein Flammengebild; jedoch die Nacht
verschlang's, und vernichtet ist sein Ruhm."" Nein, Thubar, nimmer
ergeb' ich mich! Mein Ruhm soll mich umgeben, wie Licht. Nein, Fürst
des strömenden Tora, nein, ich ergebe mich nie!"

Drauf stürzt' er voran mit dem Strome seines Volks. Doch er
traf auf einen Felsen. Fingal stand ohne Wank. Zertrümmert prallten,
links und rechts, die Wogen der Schlacht von ihm ab. Doch harmlos
flohen sie nicht. Hinterdrein war des Königs Speer. Das Feld ward
mit Kriegern bedeckt. Ein steigender Hügel nur rettete noch den Rest.

Frothal sah der Seinigen Flucht. Hoch schwoll sein Herz vor
Wuth. Er senkte zu Boden den Blick, und rief den edeln Thubar:
„Thubar, mein Heer ist gefloh'n. Nicht fürder hebt sich mein Ruhm.
Nun will ich allein dem Könige stehn; denn ich fühle mein glühendes
Herz. Sende einen Barden, den Zweikampf zu fodern! Wende dagegen
nichts ein! — Doch, Thubar, ich lieb' ein Mädchen. Sie wohnt an
Thano's Strom; es ist die weißbusige Tochter Hermans, Utha, mit den
sanft rollenden Augen. Sie scheute die tief begrab'ne Komala. Geheime
Seufzer entfliegen ihr, als ich die Segel erhob. Melde du dem Harfen=
mädchen, daß nur sie mein Herz entzückt."

So sprach er, entschlossen zum Kampf. Doch Utha's sanfter Seufzer
war nicht fern. Sie war ihrem Helden in männlicher Rüstung gefolgt.
Sie rollt' ihr Aug' insgeheim auf den Jüngling, tief unterm Stahl
hervor. Sie sah den Barden gehn, und drei Mal entsank der Speer
ihrer Hand. Im Winde zerflattert' ihr loses Haar. Von Seufzern
schwoll ihr weißer Busen. Sie erhob nach dem König ihr Auge. Sie
wollte reden; doch drei Mal gebrach ihr der Laut.

Fingal vernahm des Barden Ruf, und kam in der Kraft seines
Stahls. Zusammen klirrten die tödtlichen Lanzen. Dann blitzten hoch
die Schwerter empor. Fingal's Schwert fuhr herab, und zerspellte
Frothals Schild. Entblößt ward seine schöne Seite. Halb gekrümmt,
erwartet er seinen Tod. — Nacht umzog die Seele Utha's. Die Zähr'
entstürzt' ihren Wangen. Sie sprang den Helden zu decken mit ihrem
Schild herbei. Ein liegender Eichbaum hemmt' ihren Lauf. Sie fiel
auf ihren Arm von Schnee. Weit stoben Schild und Helm von ihr ab.
Und sieh, entblößt wallt' ihre weiße Brust; ihr dunkelbraunes Haar lag
zerstreut auf dem Boden umher.

Fingal erbarmte sich des Mädchens mit den weißen Armen, und
hielt an das erhobene Schwert. Die Thräne stand in seinem Auge, als

---

*) Frieden unter anständigen Bedingungen.

voran ſie neigend, er ſprach: „König des ſtrömigen Sora, fürchte nicht
Fingal's Schwert! Noch nie befleckt' es das Blut des Beſiegten, und
nie durchbohrt' es den liegenden Feind. Jauchze an den heimiſchen
Strömen dein Volk! Frohlocken die Mädchen deiner Liebe! Sollteſt
alſo du fallen in deiner Jugend ſchon, du König des ſtrömigen Sora?"
— Frothal hörte Fingal's Worte, und ſah das empor ſich raffende
Mädchen. Schweigend ſtanden Beide*) jetzt in ihrer Schönheit da;
wie zwei junge Bäume der Aue, wenn ihr Laub von Frühlingsregen
trieft, und der laute Sturm nun ſchweigt.

„Tochter Herman's, ſeufzte Frothal, kamſt du von Tora's
Strömen, kamſt du in deiner Schönheit her, um deinen Helden ſo tief
erliegen zu ſeh'n? Doch er lag ſo tief vor dem Starken, Mädchen des
langſam rollenden Auges. Kein Schwacher bezwang den Sohn des
erlauchten Annir. — Furchtbar, o König von Morven, biſt du im
Lanzengefecht! Doch im Frieden gleichſt du der Sonne, durchblickend
ein ſtilles Regenſchauer. Die Blumen erheben die ſchönen Häupter vor
ihr, und ſäuſelnd ſchüttelt die Flügel der Weſt. O, daß du in Sora
nun wärſt, und aufgeſetzt wäre mein Mahl! Sora's künftiges Königs=
geſchlecht, mit Wonne würd' es deine Waffen einſt ſchau'n. Ergötzen
würd' es ſeiner Väter Ruhm, welche den mächtigen Fingal ſah'n."

„Sohn Annir's, verſetzte der König, erſchallen ſoll der Ruhm von
Sora's Geſchlecht. Iſt der Held im Kriege ſtark, dann preiſt ihn Geſang.
Doch ſchwinget er über den Schwachen ſein Schwert, hat das Blut des
Feigen ſein Rüſtzeug befleckt, dann verſchweigt ihn der Barden Geſang,
und vergeſſen wird ſein Grab. Der Fremdling kommt, und bauet darauf,
und zerſchaufelt den Hügel umher. Ein halb verroſtetes Schwert taucht
vor ihm auf; er neigt ſich herab, und ſpricht: „„Sieh da, ein altes
Heldenſchwert! Doch den Namen des Helden meldet kein Sang.""
Nun, Frothal, komm zum Feſt von Inis=Tore! Das Mädchen deiner
Liebe begleitet dich! Freude erhelle nun jedes Geſicht!"

Hier nahm Fingal den Speer, und ſchritt voran in ſeiner Kraft.
Weit thaten Karril=Thura's Pforten ſich auf. Das Muſchelmahl ward
aufgeſetzt. Dazu erhob ſich der ſanfte Klang der Muſik. Freude durch=
glänzte die Halle. Ullin's Stimme erklang; gerührt ward die Harfe
von Selma. Utha ergötzte ſich dran, und foderte ein Trauerlied. Die
volle Zähre hing von ihrer Wimper herab, als die ſanfte Krimora
ſprach. Krimora, Rinval's Tochter, wohnte an Lotha's brauſendem
Strom. Die Sage war lang, doch lieblich, und gefiel der erröthen=
den Utha.

Krimora.

Wer kommt von dem Hügel herab, wie die Wolle, getaucht in den
weſtlichen Strahl? Weß iſt die Stimme, laut wie der Wind, doch
anmuthsvoll, wie Karril's Harfe? Es iſt mein Liebſter im Schimmer

---

*) Frothal und Utha.

des Stahls; der Gram umwölkt ſeine Stirn. Lebt Fingal's Helden=
geſchlecht? Oder was verdunkelt Konnal's Geiſt?

Konnal.

Es lebt. Es kehrt von der Jagd zurück, wie ein Strom von Licht,
mit ſonnevergoldeten Schilden. Gleich feuriger Furche ſteigt es vom
Hügel herab. Laut tönt die Stimme der Jugend. Der Krieg iſt nahe,
du Liebe! Morgen kommt der ſchreckliche Dargo, zu prüfen unſ'res
Stammes Kraft. Er trotzet Fingal's Geſchlecht, dem Geſchlechte der
Schlachten und Wunden.

Krimora.

Ich ſah, o Konnal, ſeine Segel, dem grauen Nebel gleich auf
dunkelbrauner Fluth. Langſam kamen ſie an's Land. Viel, o Konnal,
ſind, der Krieger Dargo's ſind viel!

Konnal.

So hole den Schild deines Vaters mir! Rinval's gewölbten
eiſernen Schild! Den Schild, wie der volle Mond, wann verfinſtert
durch den Himmel er wallt!

Krimora.

Ich bringe, o Konnal, den Schild. Doch meinen Vater ſchützte er
nicht. Er fiel durch Gormal's Speer. Auch du kannſt fallen, o Konnal.

Konnal.

Fallen kann ich! Alsdann erhebe, o Krimora, mein Grab! Graue
Steine und ein Hügel von Sand verkünden der Zukunft meinen Namen.
Krimora ſenke ihr rothes Auge hernieder auf mein Grab, und ſchlage
an den Buſen, ſchwellend vor Gram! Biſt du gleich ſchön, wie Licht,
du Liebe, und ſchmeichelnder, als des Hügels Lüftchen, ſo bleib ich den=
noch nicht hier. Erheb', o Krimora, mein Grab!

Krimora.

So reiche denn die blinkende Rüſtung auch mir! Auch mir das
Schwert und den ſtählernen Speer! Auch ich will Dargon entgegen,
und Konnal'n helfen im Streit. Lebt wohl, ihr Felſen von Ardven!
Ihr Hirſche! Ihr Ströme der Berge, lebt wohl! Nie kehren wir wieder
zurück. Denn unſere Gräber ſind fern! —

„Und kehrten ſie nun nicht wieder zurück? brach Utha ſeufzend aus,
und fiel ihr Held in der Schlacht? Und überlebte ihn Krimora? Sie
wankte wohl einſam nach! Wie betrübt war ſie wohl um ihren Konnal!
Denn war er nicht jung und hold, wie der ſinkenden Sonne Strahl?"
Ullin ſah des Mädchens Zähre, und nahm die ſanft erbebende
Harfe. Lieblich war ſein Lied; doch traurig. Ganz Karrik=Thura
ſchwieg umher.

„Der Herbst umschwärzt das Gebirge; der Nebel grauet die Hügel.
Die Heide durchheult der Wirbelwind. Schwarz rollt der Bach durch's
enge Thal. Ein Baum dort einsam auf der Höhe bezeichnet Konnal's
Ruhestatt. Im Winde kreiset das Laub umher, und bestreut des Er=
schlagenen Grab. Zu Zeiten erscheinen hier die Geister der Todten,
wann sinnig der Jäger allein langsam über die Heide schleicht.

Wer erreicht, o Konnal, den Urquell deines Geschlechts? Wer
nennet deine Väter alle? Dein Geschlecht wuchs auf, wie die Eiche des
Gebirgs, die ihr luftiges Haupt dem Sturm entgegen hebt. Nun aber
ist sie entwurzelt! Wer füllet nun Konnal's Platz? Hier war das
Waffengeklirr, und hier des Sterbenden Röcheln. Wie triefen die
Schlachten Fingal's von Blut! O Konnal, hier fielest du! — Wie der
Sturm war dein Arm; dein Schwert, wie Gewitterstrahl. Du erhubst
dich, wie vom Thal ein Fels. Wie die Esse glühte dein Blick; und
lauter, als Sturm, war dein Ruf in den Schlachten deines Stahls.
Die Starken erlegte dein Schwert, wie Disteln der Stecken des Knaben.
— Dargo, der Starke, kam an, finster in seiner Wuth. Ihm krampfte
der Zorn die Augenbrauen zusammen. Zwei Felsenhöhlen glich sein
Augenpaar. Hoch blitzten die Schwerter empor in jegliches Helden
Hand, und laut umher erklang ihr Stahl.

Nicht fern war Rinval's Tochter, im Schimmer männlicher Rüstung.
Ihr goldnes Haar flog ungebunden ihr nach. Sie folgte, den Bogen
in ihrer Hand, dem Vielgeliebten zur Schlacht. Sie schnellte die Sehne
nach Dargo ab. Doch irrend durchbohrte sie ihren Konnal. Er fiel,
wie die Eiche im Thal, wie ein Fels vom rauhen Gebirge. Das arme
Mädchen! Was soll es nun thun? Er blutet, ihr Konnal, und stirbt!
Sie wimmert die ganze lange Nacht, sie wimmert den ganzen Tag:
„„O Konnal, mein Lieber, mein Freund!"" Vor Schmerzen stirbt die
arme Leidende hin. — Nun birgt der Erde Schooß des Hochlands
lieblichstes Paar. Nun wuchert das Gras um ihres Grabes Steine.
Oft sitz' ich hier traurig im Schatten. Der Wind durchseufzet das Grab,
und ihr Gedächtniß säuselt durch meinen Geist. Ungestört schlummert
ihr nun zusammen; einsam ruht ihr im Grabe des Gebirgs!" —

„So ruht denn sanft, rief Utha; unglückliche Kinder des strömen=
den Lotha! Mit Thränen will ich eurer gedenken, und mein geheimes
Lied euch weih'n. Wann der Wind durch Tora's Haine rauscht, und
neben mir brauset der Strom, dann sollen sie meiner Seele sich nah'n,
in aller ihrer lieblichen Wehmuth." — —

Drei Tage lang währte der Könige Fest. Am vierten schwollen
die Segel. Der Nordwind trieb in sein waldiges Land den König von
Morven zurück. Doch Frothal's Schiffen fuhr auf seiner Wolke der
Geist von Loda nach. Windschnaubend neigt er sich voran, und schwellt
empor die weißen Busen der Segel. Unvergessen blieben ihm die
Wunden seiner Gestalt. Noch immer scheut' er des Königs Hand.

2. Komala.

Ein dramatisches Gedicht.

Personen.

Fingal.
Hidallan.
Komala.

Melilkoma,
Dersagrena, } Morni's Töchter.
Barden.

Dersagrena.

Die Jagd ist aus, und auf Ardven kein Laut, als das Brausen des Stroms. — Komm, Morni's Tochter, von Krona's Strand. Leg' ab den Bogen! Die Harfe nimm! mit Sange nahe die Nacht. Laß hoch uns frohlocken auf Ardven!

Melilkoma.

Und sie naht, die Nacht, du himmeläugiges Mädchen, die graue Nacht umdämmert die Flur. Ich sah einen Hirsch an Krona's Strom. Er schien mir im Dunkel ein moosiger Horst. Hui! sprang er dahin. Ein Luftbild umspielte sein ästiges Geweih. Die ernsten Gesichter der Vorwelt blickten von Krona's Wolken herab.

Dersagrena.

Die deuten Fingal's Tod. — Der König der Schilde ist hin; und Karakul hat gesiegt. O Komala, komm vom Felsen herab, komm Sarno's Tochter, und weine. Der Jüngling deiner Liebe ist hin! Sein Geist umschwebt schon uns're Hügel.

Melilkoma.

Wie Komala dort so verlassen sitzt! Zwei graue Hunde neben ihr schütteln die zottigen Ohren; und lechzen dem fliehenden Lüftchen nach. Ihre rothe Wange ruht auf ihrem Arm; der Wind des Gebirges zerwehet ihr Haar. Ihr blaues Auge gleitet hin nach der Gegend seiner Verheißung. Wo weilst du, o Fingal, denn rund herum dämmert die Nacht?

Komala.

O Karuns Strom! Warum rollt dein Wasser in Blut? Vernahm dein Strand das Getöse der Schlacht, und schläft der König von Morven? Erhebe dich, Mond, du Himmelssohn! Durchblicke dein Gewölk! Laß mich schauen den Schimmer seines Stahls im Gefilde seiner Verheißung. Oder vielmehr du, o Luftgebild, du Fackel unsrer geschiedener Väter durch die Nacht, erscheine mit deinem rothen Strahl, daß ich finde den

Weg zu meinem gefallenen Helden. Wer schützt mich nun vor Gram? Wer vor der Liebe Hidallan's? Umher wird lange nun Komala schauen, bevor sie Fingal'n erblickt im Getümmel seines Heers, hell, wie der Morgenstrahl auf der Wolke des frühen Regens.

Hidallan.

Verhülle, du Nebel des düstern Krona, verhülle des Jägers Pfad. Verbirg vor meinen Augen seinen Gang, und laß mir den Feind ver=gessen sein. Die Reihen der Schlacht sind zersprengt. Kein Drang ist mehr um seinen tönenden Stahl. O, Karun, rolle in Blut dahin; denn der Fürst der Schaaren erlag.

Komala.

Wer fiel an Karun's grausigem Strand, o Sohn der wolkigen Nacht? War er weiß, wie Ardvens Schnee? Und blühend, wie der Regenbogen? Glich sein Haar dem Nebel des Hügels, sanft gekräuselt im Sonnenglanz? War er gleich dem Donner des Himmels im Kampf? Schlank, wie das Reh der Wüste?

Hidallan.

O, möcht' ich erblicken sein Liebchen, hold vom Felsen herab sich lehnend! Ihr Aug' in Thränen röthlich und trübe, und halb in den Locken die blühende Wange verhüllt! Erhebe dich, liebliches Lüftchen, die schweren Locken aufzuweh'n, daß mir glänze ihr weißer Arm, und die Wange, so lieblich in Gram!

Komala.

Und fiel denn Komhal's Sohn, du Mann der traurigen Botschaft? Der Donner umrollt die Gebirge! — Auf freurigen Schwingen fliegt der Blitz! Doch Komala schrecken sie nicht; denn ihr Fingal erlag. Sprich, Mann der traurigen Botschaft, fiel der Zertrümmer der Schilde?

Hidallan.

Das Volk ist umher in's Gebirge zerscheucht. Der Ruf des Feld=herrn sammelt's nicht mehr.

Komala.

Schrecken verfolge dich über die Flur; Verderben ergreife dich, König der Welt! Und schnell erschreite dein Grab! Dein Mädchen bejamm're dich! In Thränen verblühe ihre Jugend, wie Komala's! — Warum sagtest du mir's, Hidallan, daß mein Held erlag? Ein Weilchen noch hätt' ich seiner geharrt, und geglaubt, ihn am fernen Felsen zu seh'n. Mich hätte vielleicht ein Baum getäuscht. Der Berg=wind hätte meinem Ohr wie sein Horn ertönt. O, wär' ich an Karun's Gestade, daß meine Thränen seine Wangen erwärmten!

Hidallan.

An Karuns Gestade liegt er nicht. Auf Ardven erheben die Helden sein Grab. Leucht' ihnen, o Mond, aus deinem Gewölk; hell sei dein Strahl auf seiner Brust; daß Komala im Schimmer der Rüstung ihn sehe.

Komala.

Haltet ihr Söhne des Grabes, bis ich meinen Liebsten erblicke. Er ließ mich allein auf der Jagd. Ich wußte nicht, daß er zu Kampfe ging. Er verließ mir, wiederzukehren mit der Nacht; und der König von Morven ist wiedergekehrt, warum verschwiegst du mir seinen Fall, du bebender Felsensohn? Du sahst ihn in seinem Jünglingsblut! und thatest es mir nicht kund!

Melilkoma.

Was hallt auf Ardven's Flur? Wer ist der Blinkende dort im Thal? Wer wandelt daher in der Kraft des Stroms, deß Wogengetümmel im Mondstrahl blinkt?

Komala.

Wer anders, als Komala's Feind, der Sohn des Königs der Welt? Geist Fingal's, richte aus deiner Wolke Komala's Bogen! Laß ihn stürzen, wie den Hirsch der Wüstenei! — es ist Fingal im Geistergetümmel! — Warum kommst du, Geliebter, zu schrecken und freu'n mein Herz?

Fingal.

Singt, Liederbarden, den Krieg am strömenden Karun! Vor meinen Waffen floh Karukel das Gefilde seines Stolzes entlang. Fern sinkt er nun, wie ein Luftgebild, das ein Nachtgespenst verbirgt. Der Sturm trieb's über die Heide dahin. Die dunkeln Wälder flimmerten umher.

Ich hörte eine Stimme, gleich dem Lüftchen meines Hügels. Ist's Galmal's Jägerinn? Die Tochter Sarno's mit der weißen Hand. Blicke herab vom Felsen, o Liebchen! Laß Komala's Stimme mich hören!

Komala.

Nimm mich ein in die Höhle deiner Ruhe, du lieblicher Sohn des Todes! —

Fingal.

Komm ein zur Höhle meiner Ruhe! Der Sturm ist vorüber, und die Sonne glänzt über der Flur. Komm ein zur Höhle meiner Ruhe, Jägerin des wiederhallenden Kona!

Komala.

Er kehrt mit seinem Ruhme zurück; ich fühle die rechte Hand seiner Schlachten. — Doch, erst muß ich hinter dem Felsen ruh'n, bis meine Seele vom Schrecken sich faßt. Mit der Harfe heran! Ihr Töchter Morni's, beginnet Gesang!

Derſagrena.

Komala hat drei Hirſche auf Arbven erlegt. Die Flamme lodert vom Felſen empor. Komm zu Komala's Gaſtmahl, König des waldigen Morven!

Fingal.

Singt, Lieberbarden, den Krieg am ſtrömenden Karun, daß mein weißarmiges Mädchen frohlocke, während ich ſehe das Mahl meines Liebſten!

Barden.

Nun rolle Karun's Strom, in Freuden rolle dahin, denn die Söhne der Schlacht ſind entfloh'n! Das Roß graſt hier im Felde nicht mehr. Die Schwingen ihres Stolzes flattern auf fremder Flur. In Frieden wandelt die Sonne empor, in Freude ſinken die Schatten hernieder. Ertönen wird nun die Stimme der Jagd; in der Halle werden die Schilde ruh'n. Uns wird ergötzen des Ocean's Schlacht; und röthen wird unſ're Hände Lochlin's Blut. Nun rolle, Karun's Strom, in Freuden rolle dahin, denn die Söhne der Schlacht ſind entfloh'n!

Melilkoma.

Sinket, ihr leichten Nebel, herab! Erhebt, Strahlen des Monds, ihren Geiſt! Erblaßt am Felſen liegt das Mädchen. Komala iſt nicht mehr!

Fingal.

Iſt Sarno's Tochter todt? Todt der weiße Buſen meiner Liebe? — O, walle mir entgegen, Komala, auf meiner Heide wann ich einſam ſitze bei den Strömen meiner Hügel.

Hidallan.

Verſtummte die Stimme der Jägerin Galmals? O, warum foltert' ich die Seele des Mädchens? Wann erblick' ich dich nun wieder in Freude auf der Jagd des dunkelbraunen Gewildes?

Fingal.

Jüngling der düſtern Stirn! Gaſte von nun an in meiner Halle nicht mehr. Meide fortan meine Jagd! Keiner meiner Feinde falle durch dein Schwert. — Führt mich zum Lager ihrer Ruhe, daß ich ſie noch betrachte in ihrer Schöne. — Bleich liegt ſie am Felſen. Ihr Haar empört der kalte Wind. Die Sehne ihres Bogen tönt im Sturm. Im Fallen zerbrach ihr Pfeil. Stimmt an das Lob der Tochter Sarno's! Uebergebt ihren Namen den Stürmen der Hügel!

Barden.

Siehe! Flammen der Luft umlodern das Mädchen; auf Mond-glanz erhebt ſich ihr Geiſt! Rund um ſie herum aus ihrem Gewölke

neigen die ernſten Geſichter ihrer Väter ſich nach ihr hin. Sarno, mit
dämmernder Stirn, und mit roth funkelnden Augen, Hidallan. Wann
ſchimmert deine weiße Hand nun auf? Wann tönt von unſern Felſen
deine Stimme herab? Dich werden die Mädchen ſuchen auf der Heide,
doch nimmermehr finden. In Träumen wirſt du zu Zeiten dich nahn,
und Ruh in ihre Seele träufeln. Deine Stimme wird fort tönen in
ihrem Gehör, und mit Wonne werden ſie denken an die Träume ihres
Schlafs. Flammen der Luft umlodern das Mädchen, auf Mondglanz
erhebt ſich ihr Geiſt!

---

3. Kath-Loda.

Ein Gedicht.

Erſter Duan.

Von alten Thaten ein Sang!
Warum, du unſichtbarer Wandrer, der du Lora's Diſteln beugſt,
warum, o Lüftchen des Thals, verließeſt du mein Ohr? Ich höre nicht
mehr das ferne Brauſen des Stroms, noch den Laut der Harfe vom
Felſen herab. Komm, Lutha's Jägerinn, Malvina, und rufe dem
Barden die Seele zurück!
Ich blicke nach Lochlin's See'n hinaus, nach der dunkelwogigen
Bucht von U-Thorno, wo Fingal den Wogen und brauſenden Winden
entſtieg. Klein iſt die Zahl der Helden von Morven auf unbekannter Flur!
Starno ſandte zu Fingal'n einen Bewohner von Loda, und lud ihn
zum Feſte. Aber eingedenk des Vergangenen, entbrannte der König in
vollen Zorn. „Weder Gormal's mooſige Burg, nach Starno ſollen
Fingal'n ſeh'n. Mordgedanken gleiten, wie Schatten, über ſein glühendes Herz. Sollt' ich vergeſſen jenen Morgenſtrahl, die Königstochter
mit blendender Hand? Geh', Loda's Sohn! Sein Wort iſt Fingal'n nur
ein Hauch, ein Windhauch, welcher hin und her die Diſtel ſchwenkt im
trüben herbſtlichen Thal. Duth-Maruno, Todesarm! Krommaglas,
Held mit eiſernem Schild! Struthmor, du Schweber auf dem Fittich
der Schlacht! Kormar, deſſen Geſchwader das Meer durchtanzt, ſorglos,
wie des Flammenballs Schwung den ſchwarzen Wolkenſtrom! Auf,
Heldenſöhne, rund um mich herum auf fremder Flur! Jeglicher blicke
auf ſeinen Schild, wie Trenmor, der Führer der Schlacht. Herab, ſprach
Trenmor, der du zwiſchen den Harfen wohnſt! Wälze mir dieſen Strom
zurück, oder verweſe im Grabe mit mir!“
Rund um den König herum erhoben ſie ſich im Zorn. Kein Wort
brach aus; und Jeder ergriff den Speer. In ſich hinein war jedes
Seele gehüllt. Doch endlich, horch! erwacht der Klang auf ihren hallen-

den Schilden umher. Jeder wählt ſich ſeinen Hügel bei Nacht. Ge-
ſondert in Finſterniß, hielten ſie Stand. Zu Zeiten durchbrach ihr
dumpfer Sang das Brauſen des Sturms.

Der volle Mond ging über ihnen auf.

Gerüſtet kam der ſchlanke Duth = Maruno, des Ebers wilder Verfolger, von Kroma's Felſengebirgen herab. Im dunkeln Nachen fuhr
er die Wogen hinan, wann Krum = Thormo's Wald ſich erhob. Er
ſtrahlte auf der Jagd hervor im Getümmel der feindlichen Schaar.
Duth = Maruno, du kannteſt keine Furcht!

„Sohn des kühnen Komhal, hub er an, ſoll mein Schritt voran
durch die Nacht? Soll über dieſen Schild hinweg mein Blick ſich ſpäh'n
in ihren glänzenden Stämmen umher? Starno, der König der Seen,
hält vor mir, und Swaran, der Fremden Feind. Nicht eitel war ihr
Schwur bei Loda's Zauberſtein. — Kehrt Duth = Maruno nicht zurück,
ſo ſitzt ſein Weib zwar einſam heim auf Krathmo=Kraulo's Plan. Zwei
brauſende Ströme begegnen ſich hier; Gebirge lagern ſich und hallende
Wälder umher; und der Ocean woget nicht fern. Mein Sohn, ein
junger Springer in's Feld, verfolgt noch die kreiſchenden Vögel
der See. Doch bringe du ihm des Ebers Haupt; Kandona vernehme
von dir ſeines Vaters Luſt, wann er die borſtige Kraft I=Thorno's
ſträubend auf der Lanze ſchwang. Melde ihm, was ich im Kriege that!
Meld' ihm, wo ſein Vater fiel!"

„Eingedenk meiner Väter, ſprach Fingal, durcheilt' ich das Meer.
Sie lebten die Zeit der Gefahr, in den Tagen des Alterthums. Auch
in den Locken der Jugend wird's mir vor dem Feinde nicht ſchwarz.
Mir, Fürſt von Krathmo=Kraulo, gebühren die Thaten der Nacht."

Er raſſelt' in ſeinen Waffen dahin, weit ſprang er über Turthor's
Strom, der dumpf bei Nacht hinunter ſcholl durch Gormal's Nebelthal.
Hier ſlimmert' ein Fels im Mondenſtrahl, drauf ſtand ein ſtattliches
Gebilde, ein Gebilde mit wallendem Haar und weißer Bruſt, den Mädchen Lochlin's gleich. Kurz und wankend iſt ihr Schritt. Sie ſtößt in
die Luft gebrochenen Laut und ſchlägt die weißen Arme zuſammen;
denn Gram bewohnt ihr Herz.

„Torkul = Torno, mit grauem Haar, erſeufzte ſie, wo wandelſt du
nun bei Lulan? An den eignen dunkeln Strömen ſankſt du, Konban=
Kargla's Vater! Jedoch ich erblicke dich, Fürſt von Lulan, ſcherzend in
Loda's Halle, wann die dunkel umſchleierte Nacht ſich unter dem Himmel
dahin wälzt. Zuweilen verbirgt dein Schild den Mond. Ich habe ihn
verfinſtert am Himmel geſehen. Dein Haupthaar lodert ein Feuer-
gebild; ſo ſegelſt du durch die Nacht. Warum muß ich vergeſſen ſein in
meiner Höhle, o König der borſtigen Eber? Schaue aus Loda's Halle
herab auf deine verlaſſene Tochter!"

„Wer biſt du, rief Fingal, Stimme der Nacht?"

Sie erſchrak, und wandte ſich weg.

„Wer biſt du im Finſtern dort?"

Sie fuhr in die Höhe zurück.

Der König löste die Band' ihrer Hand. Er fragte nach ihrem Geschlecht.

„Torkul-Torno, sprach sie, wohnt' an Lulan's schäumendem Strom; er wohnte — jedoch in Loda's Halle schenkt er die tönende Muschel nun. Er stritt mit Starro von Lochlin, und lange währte der finsteräugigen Könige Streit. Mein Vater erlag, der blaubeschildete Torkul-Torno fiel in seinem Blut. Ich hatt' am Felsen bei Lulan's Strom ein hüpfendes Reh durchbohrt. Kaum sammelte meine weiße Hand mein Haar umher aus wehender Luft, so vernahm ich Lärm, fuhr auf mein Blick, schlug hoch empor mein weiches Herz, und eilte nach Lulan, dir entgegen, o Torkul-Torno. Mir begegnete Starno, der schreckliche Fürst! Sein rothes Auge entbrannt in Liebe zu mir. Verdunkelnd nickte sein borstiges Wimpernhaar auf sein versammeltes Lächeln herab. — „„Wo ist mein Vater, rief ich, der so mächtig im Kriege war?"" — „„Nun bist du zwischen Feinden verwaist, du Tochter Torkul-Torno's!"" — Er ergriff meine Hand; er spannte die Segel, und barg mich in diese finstere Gruft. Zu Zeiten kommt er in Nebelgestalt. Doch oft wallt auch ein Jugendstrahl nicht fern vor meiner Höhle vorbei. Vor meinem Blick geht Starno's Sohn. Er bewohnt meine Seel' allein."

„Mädchen von Lulan, sprach der Held, schwanenbusige Tochter des Grams! Eine Wolke, mit Flammen bestreift durchwallt jetzt deine Seele. Sieh dem dunkelverschleierten Monde nicht nach, noch den Feuerzeichen der Luft. Dich vertritt der Schrecken der Feinde, mein blinkender Stahl. Kein Schwacher führet diesen Stahl, kein finstersinniger Mann. Wir verschließen die Mädchen in triefende Höhlen nicht. Sie zerringen die weißen Hände bei uns nicht in der Einsamkeit. Sie neigen in ihrem Lockenschmuck sich auf Selma's Harfen herab. Ihre Stimme verhallt in der Wüste nicht. Uns schmelzt ihr süßer Gesang." . . . .

Und Fingal schritt noch weiter voran, tief durch den Busen der Nacht, bis Loda's Hain, von triefenden Winden gepeitscht. Dort sind drei Steine mit Moos bekrönt; dort stürzt sich schäumend ein Strom; und dunkelroth wälzt rund herum die schreckliche Wolke Loda's sich. Hoch oben herunter schaut' ein Geist, halb ausgebildet von schattendem Dampf. Er goß zu Zeiten seine Stimme in den brausenden Strom hinab. An einem verwitterten Baume nicht fern vernahmen gebückt zwei Helden sein Wort, Swaran, der König der Seen, und Starno, der Fremden Feind. Sie standen finster gelehnt ein Jeder auf seinen schwarzen Schild. Die Speere starrten voran in die Nacht. Hell gellend pfiff der Hauch der Nacht durch Starno's wehenden Bart.

Sie vernahmen Fingal's Tritt; und sprangen in Waffen empor. „Swaran, strecke den Schwärmer zu Boden, rief Starno in seinem Stolz. Nimm deines Vaters Schild. Er ist ein Fels im Streit." — Swaran warf den blanken Speer. Er fuhr in Loda's Baum. Die Gegner rückten mit Schwertern heran. Zusammen klirrte der Stahl.

Das Schildgehänge Swaran's hieb die Klinge Luno's durch. Zu Boden
rollte der Schild. Zerspalten flog der Helm erab. Zurück hielt Fingal
den drohenden Stahl. Voll Grimm stand Swaran entwehrt. Stumm
rollte er sein Auge, und warf zu Bodensein Schwert. Dann schritt
er langsam über den Strom, und wandelte pfeifend dahin.

Nicht verborgen dem Vater bleibt Swaran. Starno wendet sich
grimmig hinweg. Verdunkelnd nicken die borstigen Wimpern auf seine
versammelte Wuth herab. Er zersplittert Loda's Baum mit dem Speer.
Er beginnt zu summen ein Lied. Sie kommen zurück in Lochlin's Heer,
Jeder durch seinen dunkeln Pfad, zwei beschäumten Strömen durch
zwei Regenthäler gleich.

Zu Turthor's Ebene kehrt Fingal zurück. Schön hob sich das
Morgenroth. Es beglänzte die Beute von Lochlin in Fingal's Hand.
Hervor aus ihrer Höhle trat in ihrem Reiz die Tochter Torkul-Torna's.
Sie sammelte ihr Haar aus wehender Luft. Wild stimmte sie an ihr
Lied. Das Muschellied von Lulan, wo einst ihr Vater gewohnt. Sie
erblickte Starno's blutigen Schild; und ein Freudenstrahl erhellt' ihr
Gesicht. Sie erblickte Swaran's gespaltenen Helm; und verfinstert fuhr
sie vor Fingal'n zurück. — „Bist du gefallen bei deinen hundert Strömen,
Geliebter des trauernden Mädchens?“ . . . .

U-Thorno, entsteigend den Wogen, umschwebt von Flammengebilden
der Nacht! Ich sehe des Mondes-Niedergang im Rücken deines rauschen-
den Hains. Dein Haupt bewohnt der neblige Loda. Hier ist der Helden-
geister Sitz. Aus der Tiefe seiner Wolkenhalle winkt Kruth-Loda, der
Gott der Schwerter, hervor. Dort dämmert seine Gestalt durch wallen-
des Nebelgewölk. Mit der Rechten hält er den Schild; in der Linken
halb sichtbar die Muschel. Das Dach der entsetzlichen Halle blinkt von
den Flammen der Nacht.

Das Geschlecht Kruth-Loda's rückt heran, ein Schwarm gestaltloser
Schatten. Er reicht die tönende Muschel herum, an die, so da glänzten
im Streit. Doch ihn und den Feigen sondert sein Schild, sein düsteres
Scheibenrund. Er ist ein stürzendes Zeichen der Luft dem Schwachen
im Streit. Glänzend wie der Regenbogen über den Strömen, kam
Lulan's weißbusiges Mädchen.

Zweiter Duan.

„Wo bist du, Sohn des Königs? rief der dunkellockige Duth-Maruno.
Wo schwandest du hin, o junger Strahl von Selma? Er kehrt nicht
zurück aus dem Busen der Nacht. Der Morgen umschimmert U-Thorno.
In ihrem Nebel hält die Sonne auf ihrem Hügel schon. Hebt, Krieger,
die Schilde vor mir. Er darf nicht fallen, wie Feuer der Luft, deß
Spur am Boden verlischt. Doch, da kommt er her, wie ein Aar, vom

Saume des träufelnden Sturms, die Beute des Feindes in seiner Hand. O König von Selma, die Seelen der Deinigen trauerten schon."

„Die Feinde sind nahe, Duth=Maruno! Sie rücken heran, wie im Nebel die Wogen des Meers, wenn über den flach hinsegelnden Duft sie bisweilen die schaumigen Häupter erhöh'n. Zusammen fährt der Waller auf seiner Bahn, und weiß nicht, wohin er soll flieh'n. Doch bebende Waller sind wir nicht. Zückt, Heldensöhne, den Stahl! Soll Fingal's Schwert, oder ein andrer Krieger voran?"

„Die Thaten des Alterthums, sprach Duth=Maruno, sind wie Pfade vor unsern Blicken, o Fingal. Stets glänzt der breitbeschildete Trenmor aus seiner dämmernden Zeit hervor. Auch war des Königs Muth nicht schwach. Damals schlich keine düstre That geheim. Von ihren hundert Strömen her versammelten die Geschlechter sich im grasigen Kolglan=Krona. Die Führer zogen voran. Jeglicher wollte Feldherr sein. Oft wurden die Schwerter halb bezückt. Roth funkelten ihre Augen vor Wuth. Getrennt stand Einer vom Andern, und Jeder sumsete trotzig sein Lied. Was sollten sie weichen einander? Die Väter waren im Kriege sich gleich."

Dort hielt auch Trenmor mit seinem Volk, mit den Locken der Jugend geschmückt. Er sah den nahenden Feind. Vor Kummer schwoll sein Herz. Er rieth den Fürsten, zu wechseln; sie wechselten mit dem Gebot, und wurden zurück gedrängt. Vom eignen moosigen Hügel kam der blaubeschildete Trenmor herab. Er führte die weitbeflügelte Schlacht, und die Fremden wurden besiegt. Rund um ihn herum versammelten sich die düsteräugigen Krieger nun, und schlugen den Freudenschild. Wie ein holder Frühlingshauch entrauschte dem Fürsten von Selma das Machtgebot. Nun führten die Fürsten wechselnd den Streit, bis größere Gefahr sich erhob. Dann war die Stunde des Königs da, zu ersiegen das Feld der Schlacht.

„Die Thaten unsrer Väter sind kund, sprach Kromma=Glas mit dem eisernen Schild. Doch wer führt heut die Schlacht vor diesem Königssohn? Nebelgewölk hüllt hier vier dunkle Hügel ein. Drin schlage ein Jeder seinen Schild. Vielleicht kommt dämmernd ein Geist herab, und wählet Einen zur Schlacht."

Seinen Nebelhügel stieg Jeder hinan. Barden bemerkten das Hallen der Schilde. Dein Schildbauch klang am lautesten, o Duth=Maruno! Du führst das Heer zur Schlacht.

Wie Wassergetöse kam das Geschlecht U=Thorno's herab. Swaran, der Fürst der stürmischen Inseln, und Starno führten das Heer. Sie blickten über ihre eisernen Schilde, wie Kruth=Loda mit feurigen Augen, wenn er hinter dem verfinsterten Monde hervor blickt, und Flammen in der Nacht herunter streut. Sie fielen sich an bei Turthor's Strom; und schwollen empor, wie Wogengetümmel. Zusammen schollen die Streiche; und hin und her flog schattender Tod. Sie glichen dem

Hagelgewölk, den Schooß voll träufelnder Stürme. Es raſſelt heulend
herab; aufſchwillt der dumpf aufdonnernde Abgrund.

Schlacht des trüben U-Thorno! Was thu' ich deine Wunden kund!
Du biſt bei den Jahren der Vergangenheit! Du welkſt in meiner Seele.

Starno führte das Herz der Schlacht, und Swaran die dunkeln
Flügel. Kein harmloſer Strahl war Duth-Maruno's Schwert. Lochlin
wird zurück gewälzt über ſeine Ströme. Die zornigen Könige ſtehn in
Gedanken vertieft. Sie rollen ihre Augen ſtumm, ob der Flucht ihres
Volks. Und Fingal's Horn erſcholl; die Söhne des waldigen Albion
kehrten zurück. Viel aber lagen an Turthor's Strom, verſtummt in
ihrem Blut.

„Fürſt von Krathmo, ſprach der König, Duth-Maruno, du Eberſchütze! Nicht harmlos kehrt mein Aar zurück vom Felde der Schlacht!
Deß wird die ſchwanenbuſige Lanul an ihren Strömen ſich freu'n! Deß
wird frohlocken Kandona, wenn er durch Krathmo's Gefilde dahin hüpft.“

„Kolgorm, verſetzte der Held, war der Erſte meines Geſchlechts in
Albion, Kolgorm, der Reiter des Meers durch ſeine fluthenden Thale.
Er erſchlug ſeinen Bruder in J-Thorno; und verließ ſein Vaterland.
Er erkor ſich heimlich ſeinen Sitz am ſelſigen Krathmo-Kraulo. Sein
Geſchlecht wuchs mit den Jahren heran, es wuchs zum Kriege heran,
doch immer wurde es beſiegt. Die Wunde meiner Väter iſt mein, o
König der hallenden Inſeln.“

Er zog einen Pfeil aus ſeiner Bruſt. Bleich fiel er auf fremder
Flur. Sein Geiſt flog ſeinen Vätern zu in ihren ſtürmiſchen Inſeln.
Dort verfolgten ſie Eber von Nebel die Säume des Sturms entlang.
Die Fürſten ſtanden verſtummt umher, wie Loda's Stein' auf ihrer
Höhe. Durch's Zwielicht erblickt ſie der Waller von ſeiner einſamen
Bahn. Er hält ſie für Geiſter der Alten, entwerfend künftigen Krieg.

Die Nacht ſank auf U-Thorno herab. Still ſtanden die Fürſten
in ihrem Gram. Abwechſelnd pfiff der Hauch der Nacht durch jedes
Kriegers Haar. Zuletzt riß Fingal ſich los von den Gedanken ſeiner
Seele. Er rief den Harfner Ullin herbei, und begehrte von ihm ein
Lied. „Kein fallendes Feuer, das man kaum erblickt, und dann in
Nacht verliſcht, kein ſchwindendes Meteor war er, der, ach! ſo tief nun
liegt. Er glich der mächtig ſtrahlenden Sonne, die froh auf ihrem
Hügel weilt. Rufe die Namen ſeiner Väter herab von den Höhen des
Alterthums!“

„J-Thorno, hub der Sänger an, entſteigend dem Wogengetümmel
des Meers! Warum verdunkelt ſich ſo dein Haupt im Nebel des Oceans?
Aus deinen Thalen entſprang ein Geſchlecht, furchtlos, wie deine ſtark-
beflügelten Adler. Das Geſchlecht von Kolgorm mit eiſernem Schild,
des Bewohners von Loda's Halle.

In Tormoth's hallender Inſel erhob ſich Lurthan, ein ſtrömender
Berg. Er neigte über ein ſchweigendes Thal ſein waldiges Haupt.
Dort wohnte an Kruruth's ſchäumendem Quell der Eberſchütze Rurmar.

Seine Tochter war ſchön, wie ein Sonnenſtrahl, die ſchwanenbuſige Strina-Dona.

Wie mancher Heldenfürſt, wie mancher Held von eiſernem Schild, wie mancher ſchwerlockige Jüngling kam zu Rurmar's hallender Burg! Sie kamen und warben um ſein Kind, des wilden Tormorth's ſtattliche Jägerinn. Doch ſorglos gingſt du deinen Gang, hochbuſige Strina-Dona!

Wenn ſie die Haide beſchritt, war weißer ihr Buſen, als Kana's Flaum, und der Schaum des wogenden Oceans, wenn am meerbeſpülten Geſtade ſie ging. Ihre Augen waren zwei Sterne des Lichts. Ihr Geſicht war der Bogen des Himmels im Regen. Wie ſtrömende Wolken floß ihr dunkles Haar herum. Du warſt die Bewohnerinn jeder Bruſt, weißarmige Strina-Dona!

In ſeinem Schiff kam Kolgorm an, und Korkul-Suran, der Muſchelfürſt. Von J-Thorno kamen die Brüder her, zu werben um des wilden Tormoth's Sonnenſtrahl. Sie ſah ſie in ihrem tönenden Stahl. Ihr Herz hing an dem himmeläugigen Kolgorm. Ul-Lochlin's nächtliches Auge ſah das Hänneringen von Strina-Dona.

Die Brüder runzelten die Stirnen ergrimmt; beſchoſſen mit feurigen Blicken ſich; und wandten ſich weg. Und Jeder ſchlug auf ſeinen Schild; und Jedes Hand bebt' an dem Schwert. Sie klirrten in den Heldenkampf für dich, langlockige Strina-Dona!

Korkul-Suran fiel im Blut. Auf ſeinem Eiland wüthete der Vater in ſeiner Kraft. Er bannte Kolgorm von J-Thorno, zu irren nach allen Winden. Auf Krothmo-Kraulo's felſiger Flur wohnt' er an fremdem Strom. Doch lebte der König nicht trüb' allein, denn du warſt nahe, o Strahl des Lichts, du Tochter des hallenden Tormuth, weißarmige Strina-Dona!"

Dritter Duan.

Von wannen kommt der Strom der Jahre? Wohin entrollen ſie? Wo bergen ſie in Nebelgewand die mannigfarbigen Seiten?

Ich blick' in's Alterthum hinauf, doch trüb' erſcheint es Oſſian's Blick, wie Mondenglanz, zurück geworfen vom fernen See. Hier ſteigen die rothen Strahlen des Kriegs. Dort wohnt im Stillen ein feiges Geſchlecht! Es zeichnet die Jahre mit Thaten nicht. In Trägheit ſchleicht's dahin. Geſellin der Schilde! die du den ſinkenden Geiſt erhebſt! Steige herab von der Wand, o Harfe von Kona, mit deinen drei Stimmen! Komm mit jener, die das Vergangne belebt! Rühr' empor die alten Geſtalten über ihrer dunkelgrauen Zeit!

U-Thorno, Gebirge des Sturms! Ich erblick' an dir mein Geſchlecht. Fingal neigte ſich bei Nacht über Duth-Maruno's Grab. Um ihn ſind die Tritte der Helden, der Jäger der Eber. An Turthor's Strome liegt Lochlin's Heer in Schatten vertieft. Die zornigen Könige ſtanden auf zwei Hügeln, und blickten über ihre gewölbten Schilde. Sie ſchauten

hinauf nach den Sternen der Sternen der Nacht, roth wandernd geg'n
Weſten. Kruth-Loda neigt ſich herab, wie ein Meteor in den Wolken
ohne Geſtalt. Er läßt die Stürme los, und bezeichnet ſie mit Flammen.
Starno ſah den Sieg des Königs von Morven voraus.

Zwei Mal ſchlug er den Baum in Zorn. Er rauſchte nach ſeinem
Sohne hin. Er ſummte trotzig ſein Lied und hörte den Wind in ſeinem
Haar. Sie ſtanden von einander gekehrt, wie zwei Eichen, von zwei
verſchiedenen Stürmen gekrümmt. Jede hangt über ihren lauten Bach,
und ſchüttelt ihr Gezweig im Zuge des Sturms.

„Annir, ſprach Starno vom Seereich, war vor Alters ein verzehren-
des Feuer. Aus ſeinen Augen ſchoß er Tod das Gefilde der Schlacht
entlang. Verderben der Menſchen war ihm Luſt. Blut war ihm, wie
ein Sommerbach, der Wonne ſtrömt in's welkende Thal vom mooſigen
Felſen herab. Er begab ſich zu Luth-Kormo's See, entgegen dem
ſchlanken Kormon-Trunar, dem Helden von Urlor's Strömen, dem
Schweber auf dem Fittich der Schlacht.

Zu Gormal's Flur kam Urlor's Fürſt auf dunkelbuſigen Schiffen.
Er ſah die Tochter Annir's, die ſchwanenartige Foina-Bragal. Er ſah
ſie. Auch rollt' ihr Auge nicht unbeſorgt auf den Reiter der ſtürmen-
den Wogen. Sie entfloh nach ſeinem Schiff in der Nacht, wie ein
Mondſtrahl durch ein nächtliches Thal. Annir berief die Winde der
Luft, und verfolgte ſie durch das Meer. Der König war nicht allein.
Starno war ſein Gefährte. Wie U-Thorno's junger Aar, wandt' ich
nach meinem Vater den Blick.

Wir rauſchten dem brüllenden Urlor zu. Der ſchlanke Korman-
Trunar kam mit ſeinem Volk. Wir fochten, und wurden beſiegt.
Mein Vater ſtand in ſeinem Grimm. Er ſchälte die jungen Bäume
mit ſeinem Schwert. Roth funkelten ſeine Augen vor Wuth. Ich merkte
des Königs Sinn, und entfernte mich bei Nacht. Vom Felde nahm ich
einen zerbrochenen Helm, und einen Schild, von der Lanze durchbohrt.
Spitzlos war der Speer in meiner Hand. Ich ging, und ſuchte den
Feind.

Am Felſen bei brennender Eiche ſaß der ſchlanke Korman-Trunar;
und neben ihm unter einem Baum ſaß die tiefbuſige Foina-Bragal. Ich
warf vor ſie hin den zerbrochenen Schild. Ich ſprach die Worte des
Friedens: „„An ſeinem wogenden Meere liegt Annir, der König der
See'n. Der König ward im Gefecht durchbohrt; und Starno will ſein
Grab erhöh'n. Mich einen Sohn von Loda, ſchickt er her zur ſchwanen-
armigen Foina-Bragal, und fleht um eine Locke ihres Haars, mit
ihrem Vater im Grabe zu ruhn. Und du, o Fürſt des brüllenden
Urlor, laß ruh'n das Gefecht, bis Annir von dem feueräugigen Kruth-
Loda die Muſchel empfängt.““

Zerfließend in Thränen ſtand ſie auf, und riß eine Locke von ihrem
Haupt; eine Locke, flatternd in der Luft um ihre ſchwellende Bruſt.
Korman-Trunar reichte die Muſchel, und hieß ihm fröhlich ſein vor ihm.

Ich ruht' im Schatten der Nacht, und verbarg mein Geſicht tief in den Helm. Der Schlaf ſank auf den Feind herab. Ich erhob mich, wie ein ſchleichendes Geſpenſt. Ich durchbohrte Korman-Trunar's Bruſt. Auch Joina-Bragal entging mir nicht. Sie wälzt' ihren weißen Buſen in Blut.

Warum, o Heldentochter, erweckeſt du meinen Zorn?

Der Morgen ſtieg, die Feinde waren, wie ſchwindender Nebel, entflohn. Annir ſchlug den gewölbten Schild. Er rief ſeinen dunkel-lockigen Sohn. Ich kam mit triefendem Blut beſtreift. Drei Mal erhub er Freudengeſchrei, wie wenn ein ſtürmender Regenguß die nächt-liche Wolke zerſprengt. Drei Tage frohlockten wir über den Todten, und riefen die Geier der Luft. Sie kamen von allen Winden herbei, zu weiden an Annir's Feinden. Swaran! Fingal iſt allein auf ſeiner nächtlichen Höhe. Dein Speer durchbohr' ihn in geheim; deß wird, wie Annir, mein Herz ſich freu'n."

„Sohn Annir's, erwiederte Swaran, ich mord im Dunkel nicht. Im Lichte ſchreit ich einher. Die Geier rauſchen von allen Winden herbei. Sie pflegen meinem Gange nachzuſpäh'n. Er iſt nicht blutlos durch das Geſilde der Schlacht."

Der König lodert' in Grimm empor, und hob drei Mal den blinken-den Speer. Doch ſtarrt' er zurück, und ſchonte den Sohn, und ſprang hinweg in die Nacht. Bei Turthor's Strom iſt ein dunkles Gewölbe, die Wohnung Konban-Kargla's. Hier legt' er ab den Königshelm, und rief das Mädchen von Lulan. Sie aber war ſchon weit entfernt in Loda's tönender Halle.

Er ſchwoll vor Wuth, und ſchritt dahin, wo Fingal einſam lag. Der König lag auf ſeinem Schilde auf ſeiner geheimen Höhe.

Wilder Schütze des borſtigen Ebers! Kein feiges Mädchen liegt vor dir, kein Knab' auf ſeinem Farrenbette, an Turthor's murmelndem Strom. Hier ſpreiten ihr Lag die Starken aus, und ſpringen davon zu Thaten des Todes empor. Jäger des borſtigen Ebers! Erwecke den Schrecklichen nicht!

Starno kam murmelnd heran. Fingal ſprang gewaffnet auf: „Wer biſt du, Sohn der Nacht?" Schweigend warf er den Speer. Sie kämpften zuſammen den nächtlichen Kampf. Entzwei geſpalten fiel Starno's Schild. Er ward an eine Eiche geſchnürt. — Das Morgen-roth ging auf. Da erkannte Fingal den König. Er roll' eine Weile ſchweigend ſein Auge, und gedachte jener Zeit, da die ſchwanenbuſige Agandeka einher trat wie Geſangmelodie! — Er löſte die Riemen von ſeiner Hand. — „Sohn Annir's, rief er, entweich'! Entweiche zu Gormal's Muſchelhalle. Ein erloſchner Strahl glimmt wieder empor. Ich gedenke deiner weißbuſigen Tochter. — Schrecklicher König hinweg! Fort zu deiner unruhigen Wohnung, wolkiger Feind der Lieblichen! Dich vermeide der Gaſt, düſtrer Wirth der Halle!"

Von alten Thaten ein Sang!

4. Klage um Karthon.

Wer kommt so finster vom brausenden Meer
Wie die schattende Wolke des Herbst's?
Er schüttelt den Tod in seiner Hand;
Sein Auge lodert in Glut!

Wer brüllt durch Lora's düstre Flur?
Wer anders, als Karthon, der Held?
Das Volk erliegt. Er schreitet einher,
Wie Morven's mürrischer Geist.

Doch, er liegt nun hier, wie ein stattlicher Baum,
Von raschen Orcanen gestürzt!
Wenn wirst du ersteh'n, Balklutha's Lust?
Wenn, Karthon, wirst du ersteh'n?

Wer kommt so finster vom brausenden Meer,
Wie die schattende Wolke des Herbst's?
Er schüttelt den Tod in seiner Hand;
Sein Auge lodert in Glut!

G. A. Bürger's Werke

herausgegeben

von

Eduard Grisebach.

~~~~~

Zweiter Theil:

Gedichte.

―――――

Dritte Auflage.

—→✳←—

Berlin,

G. Grote'sche Verlagsbuchhandlung.

1881.

Gedichte

von

Gottfried August Bürger.

———

Dritte Auflage.

Berlin,

G. Grote'sche Verlagsbuchhandlung.

1881.

Druck von Fischer & Wittig in Leipzig.

Inhalts-Verzeichniß.

Die nicht eingeklammerten chronologischen Daten rührten von Bürger selbst her (vergl. Theil I, S. LV und 18). Die Gedichte ohne Angabe der Entstehungszeit oder des ersten Druckorts erschienen zuerst in der Ausgabe von 1789. Ueber die mit einem * versehenen Stücke vergl. I, LIX ff.

Erstes Buch.
Balladen und Romanzen.

Zweites Buch.
Lieder an Molly.

Drittes Buch.
Sprüche und vermischte Gedichte.

Vorrede
zur erſten Ausgabe.

Einige meiner bisher einzeln erſchienenen Gedichte haben, das weiß ich gewiß, vielen wackern Freunden gefallen, und von andern, wofern eigenes Urtheil nicht gänzlich fehlt, darf ich ein Gleiches vermuthen. Der Entſchluß alſo, ſie in einem eigenen Band für meine Freunde zu ſammeln, ſcheint keiner Entſchuldigung weiter zu bedürfen. Denn warum ſollte ich nicht in ein Haus geh'n, wo ich nicht ungern geſehen zu werden hoffen darf?

Darum aber iſt es mir noch lange nicht gemüthlich, mit der Geberde des Dünklings, die ſich oft ſo gern für edeln Stolz verkaufen möchte, mein ſelbſtzufriedenes Ich hier vor mir her zu lächeln, oder zu ſchnauben. Denn, wenn auch der Beifall, der mir widerfährt, wohlverdient und von unvergänglicher Dauer wäre, ſo weiß und fühlt es doch gewiß und wahrhaftig keiner meiner Brüder lebhafter, als ich, daß es noch andere Verdienſte zu Tauſenden in der Welt gebe, denen das Verdienſt, gute Verſe zu machen, die Schuhriemen auflöſen muß; wiewohl es nun freilich unläugbar der Lauf irdiſcher Dinge mit ſich bringt, daß das Ehrenſiegel auf der Stirn des Dichters heller und dauerhafter abgedruckt iſt, als auf den meiſten andern. Ich ſelbſt habe daher nie, weder mit Mund, noch Herzen, das Aufheben davon gemacht, welches meine gütigen Freunde davon zu machen beliebt haben. Das werden mir alle diejenigen bezeugen, die je mit mir umgegangen ſind, und ein ſcherzendes Eigenlob, womit ich wohl bisweilen zu ſpielen pflege, von dem ernſtlichen zu unterſcheiden wiſſen. Ueberdieß weiß ich auch ſehr gut, wie leicht einem der Wind der Laune und Mode, ſelbſt wider Verdienſt, Beifall entgegen wehen, und wie geſchwinde ſich dieſer oft wenden könne. Ich weiß ſehr gut, daß nicht alle meine Gedichte Allen, ja ſelbſt meine beſten nicht Allen gefallen werden. Manche verdienen und erhalten vielleicht gar keinen Beifall. Denn der Geiſt hat, wie der Leib, ſeine Anwandelungen von Schwachheit; und nicht aller Menſchen Seelen ſind mit einerlei Saiten bezogen, nicht alle haben gleiche Stimmung.

Darum aber iſt es mir wiederum noch lange nicht gemüthlich, in dünnethuender Demuth, auf allen Vieren, vor den Schämel der Kritik, ſie ſei, welche ſie wolle, zu kriechen, und für irgend eins meiner Werke um Gnade zu betteln. Denn ich lebe und ſterbe des Glaubens, daß

keinem darstellenden Werke, welchem die Natur lebendigen Odem in die
Nase geblasen hat, tausend und abermal tausend Schämelrichter, — was,
Schämelrichter? selbst Thronrichter nicht! nur ein Härchen krümmen
können.   Ich lebe und sterbe des Glaubens, daß tausend und abermal
tausend Schämel= und Thronrichter zu ohnmächtig sind, ein an sich sieches
Werk zu Gesundheit und Leben zu befördern.   Mithin habe ich an diese
Herren schlechterdings nichts zu bestellen.

Wandelt demnach hin, ihr Kinder meines Geistes und Herzens,
schon von Haus aus mit euerm unvermeidlichen künftigen Schicksale ge=
schwängert! Wandelt hin, entweder selbständig in angeborenem Ver=
mögen, oder hinfällig durch eigene innere Schwachheit! Niemand kann
euch nehmen, was ich euch gab ; Niemand geben was ihr vor mir nicht
empfinget.   Nicht alle werdet ihr sterben; das weiß ich, das darf ich
sagen, dessen darf ich mich freuen.   Nicht alle werdet ihr im Strome
der Zeit oben bleiben; das weiß ich eben so gut, und darf es nicht ver=
schweigen.   Sollte ich aber drob zagen und trauern? Keineswegs! Um
eurer gesunden Brüder willen mag man euch verzeihen.   Und wenn ihr
nun auch dahin sinkt, was ist es denn mehr? — Tausende sind vor euch
versunken; Tausende werden euch nachfolgen, ohne von gesunden wackern
Brüdern zu Grabe gesungen zu werden.

Erreicht habe ich mein Ziel, worauf ich, seit der Zeit, da die Be=
griffe von Natur und Wesen darstellender Bildnerei etwas mehr in
meinem Kopfe sich aufgeklärt haben, meistens losgesteuert bin, wenn
meine Lieblingskinder den Mehrsten aus allen Classen anschaulich und
behaglich sind.   Und warum sollte es mich nicht freuen, daß es bei ver=
schiedenen, wo ich dies Ziel mit Vorbedacht scharf auf das Korn ge=
nommen hatte, und welche durch das Volk, — worunter ich mit nichten
den Pöbel allein verstehe, — gäng' und gebe geworden sind, mir ge=
lungen ist, zu bestätigen die Wahrheit des Artikels, woran ich festiglich
glaube, und welcher die Axe ist, woherum meine ganze Poetik sich drehet:
Alle darstellende Bildnerei kann und soll volksmäßig sein.   Denn das
ist das Siegel ihrer Vollkommenheit!

Ich war erst Willens, mein ausführliches Glaubensbekenntniß hier=
über an diesem Orte in das Archiv meines Zeitalters, unbekümmert um
den Ab= oder Beifall meiner gelehrten verskünstelnden Zeitgenossen,
für die Nachkunft nieder zu legen.   Da mir dies aber unter andern
auch die Enge des vorgesetzten Raums verbietet, so bleibt es mir auf
ein anderes Mal bevor, zu zeigen, wie eigentlich Volks=Poesie, die ich
als die einzige wahre anerkenne und über alles andere poetische Mach=
werk erhebe, beschaffen und möglich sei.   Vielen von denen, die jetzt
leben, ist das freilich Aergerniß oder Thorheit. Aber Geduld! Das Joch,

> Nicht auf immer lastet es! Frei, o Deutschland,
> Wirst du bereinst! Ein Jahrhundert nur noch,
> So ist es geschehen, so herrscht
> Der Natur Recht vor dem Schulrecht.

Ich darf nicht schließen, ohne Eins und das Andere, was diese Sammlung im Einzelnen betrifft, erst noch zu sagen.

Man hat mir erzählt, — denn ich lese solches Geschreibsels blutwenig, und höre überhaupt lieber, was man hier und da sagt, als ich lese, was ein Stubenschwitzer schreibt, — erzählt hat man mir, daß hypochondrische oder hysterische Personen in einigen meiner Gedichte Anstoß und Aergerniß gefunden haben. Nachdem ich solche Stellen genau vor meinem Kopfe und Herzen geprüft, so habe ich befunden, daß das Aergerniß nicht so wohl gegeben, als genommen war. Da es mir nun erlaubt sein wird, dafür zu halten, daß mein Kopf keinem Schafe, und mein Herz keinem Schurken gehöre, so habe ich solche Stellen getrost stehen lassen. Eine weitläufige Apologie dafür zu schreiben, hieße dem gesunden Menschenverstande ein Aergerniß geben. Denn es leuchtet schon an sich in jedes gesunde Auge, daß es jämmerliche Dummheit sei, die Mutter Gottes, oder gar den Weltheiland, für entehrt zu achten, wenn ein Dichter zur Erhöhung seines darzustellenden Ideals von vollkommener Weibesschönheit und Tugend hinzusetzt:

> Heiliger und schöner war
> Nur die Hochgebenedeite,
> Die den Heiland uns gebar.

In der ersten Leseart stand zwar kaum, für nur; aber das ist nach Sinn und Sprache einerlei. Wenn der Mutter Gottes die höchste weibliche Schönheit und Tugend beigelegt wird, so dächte ich, selbst der strengste Katholik könnte nicht mehr verlangen. Eine Person aber muß schlechterdings in der Welt gewesen sein, die ihr hierin am nächsten gekommen ist. Ist es denn nun wohl Sünde, wenn der Dichter sein Ideal auf die nächste Stufe unter ihr stellt? — Aber ich weiß wohl, woher sich so manche unsinnige Urtheile entspinnen. Es singt wohl kein Dichter ein Liebeslied, das die Einfalt nicht seinen wirklich erlebten Liebesgeschichten anpaßt. Irgend ein Pinsel weiß vielleicht, daß der Dichter dies oder jenes Mädchen liebt, oder geliebt hat. Nun fängt er an, zu vergleichen, und da muß es freilich auffallend sein, das wirkliche Mädchen dem besungenen Mädchen der Einbildungskraft so weit nachstehn zu sehn. Aber wer heißt euch denn vergessen, daß Dichter — Dichter sind? Petrarca's Laura ist gewiß und wahrhaftig das nicht gewesen, was die unsterblichen Lieder des Dichters aus ihr gemacht haben. Mein erwähntes Lied ist eine Phantasie, im Geiste der Provenzal- und Minnedichter. Die Geschichte erwähnt nichts davon, daß im zwölften und dreizehnten Jahrhundert ein Dichter über Stellen in den Bann gethan worden wäre, worüber den Zeloten des achtzehnten die dummen Augen zum Kopfe heraus schwellen.

Ja, wird man mir nun einwenden, dem gesunden Verstande hast du freilich kein Aergerniß gegeben; aber, Dichter, du solltest doch auch der Schwachheit schonen. Ich antworte hierauf: Es ist zwar wider meinen Charakter, die Schwachheit nur unschuldiger Weise zu ärgern;

aber sich auch immer und ewig nach ihr zu geniren, gibt der Menschheit kein Gedeihen. Ich hüte mich vor den Krankenstuben; wer heißt die Kranken zu mir kommen und von meinen Speisen naschen? Was ist wohl, ich will nicht sagen, Gleichgültiges, sondern selbst ausgemacht Gutes und Vortreffliches in der Welt, worüber sich schlechterdings keine schwache Seele ärgerte? Der Gläubige ärgert sich über den Ungläubigen; und der Ungläubige über den Gläubigen. Selbst über dich, — wer steht dafür, daß nicht selbst über dich, o Johann Ahrends wahres Christenthum, Tausende sich schon geärgert haben, Tausende noch ärgern werden?

Um derjenigen willen, die von der Originalität eines darstellenden Werks und dem Verdienste seines Verfassers, Gott weiß! was für seltsame Begriffe haben, muß ich offenherzig gestehen, daß ich den Inhalt zu einigen Gedichten aus fremden Sprachen entlehnt habe. Man bilde sich aber nicht ein, als ob ich in solchen Fällen das Original vor mir liegen gehabt und Zeile bei Zeile verdolmetschet hätte. Oefters hatte ich das fremde Gedicht vor Jahren gelesen; sein Inhalt war meinem Gedächtnisse gegenwärtig geblieben; diesen stellte ich deutsch dar, und gab ihm Bildung und Farbe aus eigenem Vermögen. Wer von dem Verhältnisse dieser meiner deutschen Umbildungen zu den Originalen sich einen Begriff machen will, und etwa die wenigen englischen und französischen Stücke nicht bei der Hand hat, der vergleiche nur meine Nachtfeier der Venus mit dem lateinischen Pervigilium Veneris; oder noch näher, mein Zechlied mit seinem der Rarität und Schnurrigkeit wegen vorangesetzten Originale. So viel ich hier ungefähr dem Lateiner schuldig bin, so viel, oder nicht viel mehr, bin ich anderwärts dem Briten und Franzosen schuldig geworden. Indessen will ich doch, um die Literatoren der undankbaren Mühe des Nachspürens zu überheben, Alles, was nicht ganz mein eigen ist, getreulich hier anzeigen. Die Nachtfeier, das Lied an Themire, und das Zechlied führen das Bekenntniß an der Stirne. Das harte Mädchen, so wie das Lied an den Traumgott, haben, wenn ich mich recht erinnere, nur einige Stellen aus einem englischen Dichter, ich weiß wahrhaftig nicht mehr, aus welchem? entlehnt. Es ist aber immer auch möglich, daß sie ganz mein eigen sind. Adeline ist, dünkt mich, nach Parnell; das Dörfchen nach Bernard; die beiden Liebenden nach Rochon de Chabannes; das vergnügte Leben nach Grecourt; der Bruder Graurock, die Entführung und des Schäfers Liebeswerbung sind nach alt-englischen Gedichten in Percy's bekannter Sammlung; und endlich zu der Umarmung hat, wenn mir recht ist, eine Elegie des Johannes Secundus Anlaß gegeben. So lang, und nicht länger ist meine ganze Beichte. Kaum wär' ich schuldig gewesen, sie so gewissenhaft abzulegen. Allen übrigen wird der schärfste literarische Spürhund nichts Fremdes abriechen, es müßte denn sein, daß die Geschichte von Leonardo und Blandine in alten Novellen, unter dem Namen Guiscarda und Gismunda, ähnlich, die

Schnurre der Weiber von Weinsberg aber in alten Chroniken vorkommt; und endlich die Handlung des braven Mannes als wahr
erzählt wird. Wenn aber dies der Originalität Eintrag thut, so bleibt,
— si parva licet componere magnis, — selbst Shakespeare der
poetische Schöpfer nicht mehr. Einige wenige meiner Lieder sind in
Ramlers lyrischer Blumenlese anders erschienen, als ich sie zuerst in
den Almanachen gegeben hatte. Was ich für Verbesserung hielt, das
habe ich hier aufgenommen. Wo mir aber die neue Leseart blos
Veränderung schien, da glaube ich berechtigt zu sein, die meinige vor-
zuziehen. Vielleicht irre ich, sowohl hier, als dort.

Zum Beschlusse muß ich noch etwas von meiner Rechtschreibung
erwähnen, wiewohl mir die lange Vorrede schon selbst fatal zu werden
anfängt. Ich nehme Klopstock's Satz, der auch der Satz der gesunden
Vernunft ist, an: Man schreibt nicht für das Auge, sondern für das
Ohr, und muß daher nicht mehr schreiben, als man ausſprechen hört.
Klopstock fügt hinzu: Auch nicht weniger! Wogegen ich aber doch
einiges Bedenken zu äußern habe. — Bin ich aber der Hauptregel
überall nachgekommen? — Nein! Und zwar aus der Vorsicht, die ebenfalls Klopstock aus gutem Grunde empfiehlt. Man muß nicht Alles
auf Ein Mal thun wollen, wenn es glücklich von Statten gehen soll.
Die Mißbräuche eines Thrannen, wie der Sprachgebrauch ist, lassen
sich nur nach und nach untergraben und auswurzeln. Sobald aber die
gesunde Vernunft sie wirklich für Mißbräuche erkennt, so muß man es
nicht immer gleichgültig oder zaghaft bei dem Alten bewenden lassen,
sondern anfangen, fortfahren und enden. Klopstock hat angefangen;
manche wackere Leute sind schon fortgefahren; ich habe das Nämliche
gethan und wünsche gedeihliche Nachfolge. Ich habe noch mehr
ungehörte Buchstaben, als Klopstock, und das Undeutsche h mehrentheils verbannt. Das die Dehnung anzeigende h kann überall und muß
zunächst aus solchen Sylben wegbleiben, die man ohnehin dehnt, und
und dehnen muß. Das ß ist ein höchst alberner Buchstab. Ein reines
s oder ſſ kann uns die nämlichen Dienste, wie andern Sprachen, thun.
Wo ein ſſ gehört wird, da kann man es ja, statt des buckeligen ß setzen,
weil es wohl ursprünglich und im Grunde nichts anders, als ein durch
Schreibverkürzung verändertes ſſ ist. Die überflüssigen Doppel-Conso-
nanten am Ende habe ich fast überall weggelassen. Die grammatische
Regel kann ja heißen: In der Umendung wird der Consonanz verdoppelt. Z. B. das Ros, des Rosses, der Fus, des Fusses, der Schrit,
des Schrittes. Freilich will es das Auge oft übel nehmen, und hierin
wie ein Kind gehalten sein. Ich läugne nicht, selbst das meinige macht
mir oft Kindereien. Eben darum aber muß man es nur nach und nach
daran gewöhnen, da einen unnöthigen Buchstaben zu missen, wo es
sonst einen zu sehen gewohnt war. Und die tägliche Erfahrung lehrt,
wie geschwinde es sich daran gewöhnen könne, und wie es ihm nachher
eben so auffallend sei, den verbannten Buchstaben wieder da stehn, als

vorher, ihn mangeln zu sehen. Auch darf man sich wahrhaftig an dasjenige nicht kehren, was die alten Salbader und Pfahlbürger bis zum
Ekel dagegen von sich zu geben pflegen. Die bleiben gemeiniglich
unheilbar bei ihren fünf Augen, ob ihre Gründe gleich keinen Pfiffer-
ling werth sind. Allein sie sind es auch wahrlich nicht, die zur
Bildung der Sprache berufen sind. Jeglichen ihrer Gründe kann man
mit irgend einem Gegenbeispiele aus der Sprache, welchem sie selbst
folgen, zu Boden stoßen. Wenn sie meinen, man müsse einen ungehörten
Buchstaben wegen unterschiedlicher Bedeutung einiger Wörter, die einerlei
Klang haben, schreiben, so kann man ihnen, sowohl aus unserer, als
allen andern Sprachen, hundert Beispiele darlegen, da Wörter von sehr
verschiedener Bedeutung von ihnen selbst mit einerlei Buchstaben
geschrieben werden. Sie schreiben lecken, lambere, wie lecken, exultare.
Warum könnte nun nicht war, erat, und wahr, verum, beides ohne h
geschrieben werden, da die Aussprache vollkommen einerlei ist? Im
Grunde widerspricht blos das Auge, welches doch allenfalls schon
Warheit, statt Wahrheit, duldet. Kommt mir nicht mit der Undentlich-
keit aufgezogen! Das ist die albernste Ziererei, die ich kenne. Ein
Deutscher versteht seine Sprache, oder sollte sie doch verstehen. Alle
Sprachen haben das an sich, daß man oft nicht den Sinn aus einzelnen
Wörtern, sondern dem ganzen Zusammenhange aufgreifen muß.
Schreibt man ferner einem solchen Pfahlbürger Rat für Rath, so ist es
lustig, seine Maulgrimassen zu sehen, wenn er behauptet, daß man das
Wort, ohne h, nicht anders, als Ratt aussprechen könne. Dennoch
schreibt der Geck selber, er trat, er bat, ohne h, und spricht nicht, er
tratt, er batt aus. Schreibe ich ihm wiederum für matt, mat, so
grimassirt er vom neuen und spricht maat aus, wiewohl er hat, habet,
ganz richtig auszusprechen weiß. — Liebe Brüder, wenn ihr eure
Sprache lieb habt, so tretet dem Schlendrian auf den Kopf, und richtet
euch nach den Regeln der Vernunft und einfachen Schönheit, nach welcher
sich schon größtentheils die Minnesinger richteten, ehe die nachfolgenden
plumpern Jahrhunderte die Sprache mit so vielen unnöthigen Buchstaben überluden. Jene schrieben fast gar kein Dehnungs-h; und das
giebt der Sprache ein noch einmal so einfaches, reines und schönes Ansehen.

Klopstock schlägt, nächst der Verbannung ungehörter Buchstaben,
zum Behufe richtiger Aussprache in Ansehung der Dehnung und Verkürzung, ein allgemeines, die Augen am wenigsten beleidigendes
Dehnungszeichen vor. Ich kann mir keines denken, das nicht die reine
einfache Schönheit im Schreiben und Drucken beschmitzen sollte. Die
Accente und Circumflexe im Griechischen, so klein sie auch für das Auge
sind, sind mir dennoch sehr zuwider, weil dadurch der schöne, weiße,
helle Raum ohne Symmetrie voll geschnörkelt wird. Weit besser, wir
hätten, wie die Griechen, unterschiedene Figuren für die langen und
kurzen Selbstlaute. Wozu ist im Grunde ein solches Zeichen nöthig?
Es ist überflüssig. Wir entbehren es schon in vielen Wörtern, ohne den

geringsten Nachtheil. Ein Deutscher weiß, und muß es ohnehin schon wissen, wie er seine Sprache auszusprechen habe. Die Fremden, denen daran gelegen ist, sie zu lernen, mögen, wie so vieles Andere, auch dies mit lernen. Wer malt uns bei dem Lateinischen die Quantität, die Dehnung, oder Verkürzung, wer bei allen andern Sprachen die Aussprache vor? Lernen müssen wir sie und lernen sie auch. So etwas dem Ausländer vorzuzeichnen, wäre eben so viel, als jedem deutschen Buche für den Franzosen oder Briten eine Versionem interlinearem beizufügen. Will man ja dem Ausländer durch solche Zeichen zu Hülfe kommen, so geschehe es doch nirgends, als höchstens in der Grammatik, oder in dem Lexicon.

Hiermit hoffe ich mich einstweilen hinlänglich erklärt und dem Argwohn vorgebeugt zu haben, als ob ich bloß aus Eigensinn, Neuerungs= oder Geniesucht, — daß ich mich dieses von Crethi und Plethi so — sehr ausgemergelten Spottworts bediene, — so, und nicht anders geschrieben hätte. Ich bin sonst keinesweges ein Feind der Mode und des Schlendrians; habe nicht gern ein Abzeichen an mir; setze meinen Hut, trage meine Haare und Kleider, kurz, von Haupt bis zu Fuße trage und geberde ich mich immer gern, wie die meisten andern wackern Gesellen von meinem Schlage, und freue mich, wenn sie mich für ihrer Einen halten, so lange Mode und Schlendrian nur gut, oder wenigstens gleichgültig sind. Wo sie aber demjenigen, was mir besser scheint, das Widerspiel halten, da folge ich herzhaft meinem mir angeborenen Freiheitssinne.

Geschrieben im April 1778.   Bürger.

~~~~~~~~

Vorrede

zur zweiten Ausgabe.

Weise Männer trauen der Dichtkunst das Vermögen zu, nicht nur den Ohren und Herzen der Edeln zu schmeicheln, sondern auch manche wichtige Kraft der Menschennatur zum Anbau und Genuß des Schönen und Guten zu erhöhen. Sollte diese Wirkung einige Töne dieser Lieder begleiten, so würde das den Sänger des „Blümchens Wunderhold", der von der göttlichen Kunst groß, von sich selbst aber sehr mäßig denkt, freilich noch nicht berechtigen, in Prosa nun ebenso zu stolzieren, als es in Versen bisweilen wohl kleiden mag. Allein er dürfte doch einen bescheidenen Muth gegen diejenigen fassen, vor welchen auch der beste Dichter, vermuthlich weil er so titel= und brotlos ist, ein sehr überflüssiges Nebengeschöpf zu sein scheint. Der Niedergeschlagene, zwar weit entfernt, auf Sonnenrang Anspruch zu machen, brauchte sich doch alsdann in der großen Welt- und Wesenkette nicht für unnützer und verdienstloser, als wenigstens den Zephyr zu halten. Der Flatterer, der Tändler, der Gauckler, oder wie er auch sonst gescholten werden mag, treibt zwar weder Kriegs- und Handelsschiffe, noch große Mühlen zur unmittelbaren Leibesnahrung und Nothdurft; allein er hilft doch Blumen aus den Knospen schmeicheln und süße Früchte zur Reife bringen, Blumen und Früchte, welche vielen wohlgeborenen und wohlerzogenen Gemüthern große Freude machen und ungemein wohl bekommen. Er wehet den Lieblingen der Natur nach des Tages Last und Hitze die Wohlgerüche des Frühlings zu; er trocknet dem Wanderer die Pfade, dem Müden die nasse Stirn ab; er kühlt dem Schnitter die glühenden Wangen, erquickt entathmete Busen und stärkt erschlaffte Nerven zu neuen Anstrengungen. Sollten die Ansprüche des Dichters auf ähnliche Verdienste, wofern er sonst nur dem Genius der Kunst genug thäte, gegründet sein, so wären sie ja auch wohl nicht so unbescheiden, daß sie verdienten, niedergeschlagen zu werden. Alles, was zur Vollkommenheit und zum Wohlsein des Menschen, der doch bekanntlich noch etwas mehr, als blos Körper ist, auf irgend eine Weise beiträgt, das verdient von verständigen und gerechten Menschen als etwas Nützliches angesehen und geschätzt zu werden. Kann die schöne, geist- und herzvolle Schwester im Hause ein solches von sich rühmen, so mag es ihr wohl nicht zum gerechten Vorwurfe gereichen, daß sie sich nicht auch auf Kochen, Backen und Brauen verstehet. Sie ist freilich keine Partie für den Gast- und Speisewirth; allein es gibt auch immer noch andere wackere Männer, deren Hauptsache es gerade nicht ist, um bloße Köchinnen oder Schaffnerinnen mit Schlüsselbündeln zu werben. Sie selbst aber wird wiederum auf diese nie deßwegen mit spöttischem Uebermuth blicken, wird ihnen nicht das Mindeste von ihren verdienten Ehren entziehen, ja selbst jeden Vortritt, den sie verlangen, sehr willig einräumen. Denn je mehr Verstand, Herz und Geschmack, desto mehr Gerechtigkeit, Toleranz und Bescheidenheit.

Mein geringes Verdienst darf ich nur auf e i n i g e Töne gründen. Denn nur von einigen wage ich es, zu hoffen, daß sie mein poetisches Dasein nicht ganz ohne Werth für mein Vaterland lassen werden. Für die ungleich größere Menge der unvollkommenen, die wenig oder nichts, ja vielleicht — o, hätte mich doch mein guter Genius davor bewahret! — vielleicht wohl gar schlecht auf Herz und Geschmack wirken, von welchen allen es, wie bei Shakespeare von Macbeths Unholdinnen heißen möchte:

Poetry hath bubbles, as the water has;
And these are of them, —

bedarf ich gewiß sehr große Nachsicht. Ein gehöriger Grad der Strenge bei dieser neuen Ausgabe meiner theils 1778 bereits gesammelten, theils nachher einzeln erschienenen, und endlich gegenwärtig ganz neu hinzugefügten Gedichte hätte vielleicht mehr, als die Hälfte derselben, ganz verwerfen, und von dem Reste wohl abermals mehr, als die Hälfte, wegschneiden, oder doch ganz anders zur Vollkommenheit empor arbeiten müssen. Enthält diese Sammlung, sowohl in Materie, als Form, echtes poetisches Gold, so fassen es, ausgebrannt und von den Schlacken gereinigt, vermuthlich nur wenige Bogen.

Warum ich denn nun aber diesen Proceß nicht vorgenommen habe? — Aufrichtig zu reden, ich trauete mir selbst nicht Unbefangenheit genug zu. Nicht, daß ich aus Autorliebe gefürchtet hätte, Vieles zu fest, sondern vielmehr zu lose zu halten, was meiner gegenwärtigen Stimmung, — vielleicht auch Verstimmung, — mißfällt, gleichwohl aber mehreren Lesern noch angenehm sein kann. Die Reduction sei daher lieber der Kritik und dem Geschmacke des gebildeten Publikums überlassen. Aus Ehrfurcht und Gefälligkeit gegen dasselbe bin ich sehr bereit, Alles, was sein Urtheil verwirft, ohne Widerrede mit zu verwerfen. Ohne Bedauern habe ich dies schon mit mehrern Kleinigkeiten gethan, welche einiges Mißfallen erregt zu haben schienen. Es ist daher gewiß keine Grimasse, sondern hoher und ungeheuchelter Ernst, wenn ich um die strengste, wiewohl freilich auch besonnenste Beurtheilung, und für kein einziges dieser Gedichte, ja nicht für einen Vers, nicht für ein Wort, um verdiente Schonung bitte. Für meine Person hingegen wünsche ich allerdings, daß der ehrwürdige Richter nicht mich selbst mit Verdruß und Unwillen ansehen wolle, wenn ich das Gefühl des Schönen und Guten wider meinen Willen irgendwo beleidigt haben sollte. Der Wunsch, meinem Vaterlande in diesem Zweige der Literatur, sei er nun viel oder wenig werth, keine Schande zu machen, ja, wo möglich, es dahin zu bringen, daß die Edeln sich meiner ein wenig freuen dürften, dieser Wunsch wird erst mit meinem Leben erkalten. Von ihm beseelt, werde ich, wenn diese Sammlung nun noch eine rechtmäßige Auflage erleben sollte, der Erste und Eifrigste sein, in das Grab der Vernichtung und Vergessenheit hinab zu treten, Alles, was deutschen Geist und Geschmack vor Gegenwart und Zukunft entehren könnte.

Herzlich bitte ich indessen den guten Genius unserer Literatur wegen mancher bösen Nachahmung um Verzeihung, wozu ich durch mein Beispiel, sowohl vorhin, als vielleicht jetzt abermals, den Unmündigen vorgeleuchtet haben mag. Ich will mich nicht damit entschuldigen, daß dieses auch oft durch gute und untadelhafte Beispiele geschehen könne, wenn es dem Nachahmer an Beurtheilungskraft und Geschmack mangelt. Wohl aber will ich diejenigen, die etwa allzu sehr von meiner Weise eingenommen sein möchten, aufrichtig vor mir selbst gewarnet haben, damit ich künftig nur für meine eigenen, nicht aber auch für fremde Vergehungen zu büßen haben möge. Wenn diejenigen, welche so zuversichtlich meinem Ansehen folgen zu können glauben, wüßten, wie ängstlich und verzagt ich oft selbst bin, so würden sie einem so schwachen Führer sich nicht anvertrauen.

Es ist überhaupt ein sehr mißliches Unternehmen, fremde Eigenheiten nachzuahmen. Demjenigen, dessen Eigenheiten es sind, pflegen
sie gemeiniglich so innig natürlich und geläufig zu sein, daß er sie selbst
nicht eher an sich gewahr wird, als bis ihn ein Dritter aufmerksam
darauf macht. Eben daher aber, und weil sie so ganz zu seiner übrigen
Individualität passen, kleiden sie auch nur ihren Eigenthümer, entweder gut, oder doch wenigstens erträglich, den Nachahmer hingegen
oft unausstehlich. Nachahmer fremder Manieren kommen mir immer
nicht anders vor, als Kosacken oder Bettler. Sie stecken sich in geraubte
oder erbettelte Kleider, wovon ihnen selten ein Stück gerecht sein wird.

Sind denn nun aber alle guten und bösen Worte, jedem Originale
seine Weise für sich zu lassen, vergebens; ist alles Bitten und Flehen
umsonst, ihm den vielleicht sonst zu seinem und des Publikums Besten
noch lange fortblühenden Handel nicht vor der Zeit durch tagtägliche
Nachäffereien zu Grunde zu richten, indem man ja auch der besten Töne
auf dem besten Instrument endlich überdrüssig werden muß, wenn ihrer
Wiederholungen gar kein Ende ist *); soll und muß denn schlechterdings
auch ich, der geringste von Allen, die ihr eigenes Instrument auf eigene
Weise spielten, nachgeahmt werden, wiewohl unter allen möglichen
Mitteln meine Hochachtung und Liebe zu gewinnen, dieses gewiß das
unglücklichste ist: so rathe ich doch wohlmeinend, hierzu nicht gerade
meine Eigenheiten zu wählen, bevor sie nicht eine zuverlässige Kritik
ausdrücklich gut geheißen hat. Denn ich befürchte sehr, daß die Kritik
viele derselben nur mir aus Güte und Nachsicht stillschweigend hingehen
läßt, weil ich ihr vielleicht nicht von andern Tugenden gänzlich entblößt
scheine. Nach einigen bin ich mir wenigstens eines sehr eifrigen
Bestrebens bewußt, wenn auch in der Ausführung die Kraft nicht
immer dem Willen die Wage halten sollte. Wie wenn aber dennoch
die ehrwürdige Göttin mein Bestreben nach Klarheit, Bestimmtheit,
Abrundung, Ordnung und Zusammenklang der Gedanken und Bilder,
nach Wahrheit, Natur und Einfalt der Empfindungen, nach dem eigen-
thümlichsten und treffendsten, nicht eben aus der todten Schrift-, sondern
mitten aus der lebendigsten Mundsprache aufgegriffenen Ausdrucke derselben, nach der pünktlichsten grammatischen Richtigkeit, nach einem
leichten ungezwungenen, wohlklingenden Reim- und Versbau, hin- und
wieder zu erkennen glaubte, und mir blos darum manchen verwerflichen
Bürgerianismus verzieh: würde und dürfte sie nun auch meinem
Nachahmer, der an dies Alles nicht gedacht hätte, gleiche Huld widerfahren lassen? — Wenn ich wirklich, was man mir bisweilen nach-
gerühmt hat, ein Volksdichter bin, so habe ich dies schwerlich meinem
Hopp Hopp, Hurre Hurre, Huhu u. s. w., schwerlich diesem

---

*) Ich erinnere mich, daß mir in meinen Schuljahren die Flöte, die doch ein so
lieblich tönendes Instrument ist, auf lange Zeit dadurch verleitet wurde, daß eine
Menge meiner Mitschüler zur Linken und Rechten, über und unter, hinter und vor
mir, die Flöte blasen lernten, und Tag für Tag mir die Ohren darauf voll dudelten.

oder jenem Kraftausdrucke, den ich vielleicht nur durch einen Mißgriff aufgehascht, schwerlich den Umständen zu verdanken, daß ich ein paar Volksmärchen in Verse und Reime gebracht habe. Nein, dem unabläsfigen Bestreben nach den vorhingenannten Tugenden muß ich's zu verdanken haben, dem Bestreben, daß dem Leser sogleich Alles unverschleiert, blank und baar, ohne Verwirrung, in das Auge der Phantasie springe, was ich ihm anzuschauen, daß Alles sogleich die rechte Seite seiner Empfindsamkeit treffe, was ich ihm habe zu empfinden geben wollen.

In meiner Nachtfeier, in dem hohen Liede und einigen andern regt sich freilich etwas alte Mythologie, die aber auch fast populär ist, oder sich doch mit wenigen Worten selbst einem Kinde erklären läßt. Wenn indessen, nur diese Mythologie abgerechnet, in jenen Gedichten nicht eben der Geist der Popularität, das ist, der Anschaulichkeit und des Lebens für unser ganzes gebildetes Volk! — Volk! nicht Pöbel! — als in der Lenore und ihres Gleichen herrscht und erkannt wird: so fühle ich mich durch den Ehrennamen eines Volksdichters nur ein wenig geschmeichelt. In diesem Sinne habe ich es gemeint, was ich schon in der Vorrede zur ersten Ausgabe, (die ich übrigens zu vergessen bitte), von Volks-Poesie behauptet, nur aber ein wenig abenteuerlich ausgedrückt habe. Ich hätte sagen sollen, was ich auch noch jetzt, und wie ich meine, nicht ohne Besonnenheit, behaupte: Popularität eines poetischen Werkes ist das Siegel seiner Vollkommenheit. Wer diesen Satz sowohl in der Theorie, als Ausübung verläugnet, der mißleitet das ganze Geschäft der Poesie, und arbeitet ihrem wahren Endzweck entgegen. Er zieht diese so allgemein menschliche Kunst aus dem ihr bestimmten Wirkungskreise, von dem Markte des Lebens hinweg, und verbannet sie in enge Zellen, ähnlich denen, worin der Meßkünstler mißt und rechnet, oder der Metaphysiker wenigen Schülern höchst schwer, oder gar nicht verständlich, etwas vorgrübelt. Diese Erklärung mag nun noch immer, wie vorhin, den Juden ein Aergerniß und den Griechen eine Thorheit sein, so kann ich doch nicht aufhören, die Poesie für eine Kunst zu halten, die zwar von Gelehrten, aber nicht für Gelehrte, als solche, sondern für das Volk ausgeübt werden muß. In den Begriff des Volkes aber müssen nur diejenigen Merkmale aufgenommen werden, worin ungefähr alle, oder doch die ansehnlichsten Classen überein kommen. Ich glaube mit nichten, daß dieser Begriff schimärisch, oder für den Dichter unfruchtbar sei, wiewohl ich ganz und gar die Folgerung nicht so weit getrieben haben will, daß nun jedes Gedicht Jedermann in gleichem Maße verständlich und behaglich sein soll. Anstatt einer umständlichen philosophischen Entwickelung sei es mir erlaubt, meine Meinung nur in einem ganz gemeinen Gleichnisse anschaulich zu machen. Der Schuhmacher, welcher mit einer großen Anzahl zum Voraus verfertigter Schuhe zu Markte zieht, weiß sehr wohl, daß seine Schuhe nicht auf alle Füße passen werden. Es gibt allerdings Abweichungen in's Große und in's Kleine, und selbst Menschen gehen bis-

weilen auf Pferdefüßen. Deßwegen ist doch aber sein allgemeiner Maß=
stab, wonach er sich richtet, kein Unding; und ob mir, dem gewöhnlichen
Manne, gleich nicht alle seine hundert oder tausend Paar Schuhe wie an=
gegossen passen, so könnte ich doch wohl, wenn es darauf ankäme, in allen
hundert und tausend Paaren ganz leidlich einhergehen. Wenig Nutzen
würde hingegen sowohl ihm, als dem Publikum, seine Bude gewähren,
wenn er nur Zwerg= und Riesenschuhe zu Markte gebracht hätte. Einige
Paar von beiderlei Abweichungen mögen immer mit unterlaufen. Wahr=
lich, es ist ein wahres Wort, was schon längst ein scharfsinniger Britte
gesagt hat: Human Nature is the same in all reasonable creatures;
and whatever falls in with it, will meet with admirers amongst,
Readers of all Qualities and Conditions *). Dies ist ungefähr meine
Meinung von Volkspoesie, und ich glaube zu wissen, was ich sage.

Doch, ich verliere mich fast von meinem Wege. Ich wollte nur
warnen, daß man meine angebliche Popularität nicht in etwas setzen
und nachahmen möchte, worin sie gewiß nicht, wenigstens nicht allein
bestehet, noch bestehen darf, wenn sie mir zur Ehre, und meinen Werken
zum Lebensbalsam über das Restchen dieses Jahrhunderts hinaus ge=
reichen soll. In dem Sinne, wie ich ein Volksdichter, oder lieber ein
populärer Dichter zu sein wünsche, ist Homer, wegen der spiegelhellen
Durchsichtigkeit und Temperatur seines Gesangstromes, der größte
Volksdichter aller Völker und Zeiten, sind es, mehr oder weniger, alle
großen Dichter, auch die unserigen, und gerade in ihren allgemein ge=
liebtesten und unsterblichsten Versen, unendlich mehr, als ich, gewesen.
Was sie nicht populär gedichtet haben, das ist zuverlässig bei ihren
lebendigen Leibern bereits vergessen, oder gar niemals in die Vor=
stellungskraft und das Gedächtniß ihrer Leser aufgenommen worden.
Mit gutem Vorbedachte gebe ich daher Alles, was ich nicht populär,
nicht innerhalb des allgemein anschaulichen und empfindbaren poetischen
Horizontes gedichtet habe, wenn auch nicht gerade als Fehler, dennoch
als etwas Preis, woran ich selbst am wenigsten Wohlgefallen habe.

Es thut mir leid, daß ich hier so viel von mir selbst reden muß,
welches, wie ich wohl weiß, nicht fein läßt. Ich bin mir indessen bewußt,
daß ich von mir selbst so unbefangen und gleichgültig, als von einem
fremden Manne rede. Auch geschieht es minder mir, als der Kunst und
ihren Jüngern zu Liebe. Denn unter andern auch darum entledige
ich mein Herz über Nachahmung, oder vielmehr Nachäffung, welche an=
statt des Kernes die Schale ergreift, weil ich eine Ueberschwemmung von
schlechten Sonetten befürchte, wenn die wenigen, die ich versucht habe,
Beifall gewinnen sollten. Diese Gedichtform, deren sich die neuern Aus=
länder, besonders Italiener, noch bis auf den heutigen Tag sehr häufig
bedienen, war auch bei unsern ältern Dichtern nicht wenig im Gange.
Der Zwang aber, die Plumpheit und der Uebelklang, womit die meisten,

---

*) The Spectator. Nr. 70.

wenn nicht alle deutschen Sonette dahin stolperten, brachte vermuthlich nachher, bei mehrerer Cultur des Geschmackes, diese Form bis auf wenige Ausnahmen in neuern Zeiten*), aus dem Gebrauch und fast ganz in Vergessenheit. Wenn bessere Dichter oder Kunstrichter ihrer ja noch erwähnten, so geschah es mit einer Art Geringschätzung, womit man etwa von der Kunst sprechen möchte, Hirsenkörner durch ein Nadelöhr zu werfen. Die undankbare Schwierigkeit des Sonettes wurde beinahe, und zwar in Sonetten selbst, zum Sprichworte. Kurz, man hielt die Kunst des Sonettes nicht viel besser, als die Kunst der Anagrammen, Logogryphen, Akrostichen, Chronogrammen und Räthsel. Allein mir däucht denn doch, man sprach davon nur wie der Fuchs von den Trauben, indem der Vorwurf des Zwanges und der Unbehülflichkeit mehr dem Dichter, als der Form und unserer Sprache gebühret. Ein gutes deutsches Sonett kann demjenigen, der nur einigermaßen Ohr hat, seiner Sprache mächtig ist, und ihren Knoten, deren sie freilich leider! genug hat, auszuweichen verstehet, nicht viel schwerer sein, als jedes andere kleine gute Gedicht von diesem Umfange; und wenn es gut ist, so schlägt es mit ungemein lieblichen Klängen an Ohr und Herz. Das Hin und Herschweben seiner Rhythmen und Reime wirkt auf meine Empfindung beinahe eben so, als eine von einem schönen, anmuthigen, bescheidenen jungen Paare schön und mit bescheidener Anmuth getanztes kleines Menuett, und in dieser Stimmung halte ich es für sehr wahr, was Boileau sagt:

Un sonnet sans défaut vaut seul un long poëme.

Es ist aber, glaube ich, nicht allein alsdann gut, wann seine mechanischen Regeln, die nach Boileau*) Apoll aus Bizarrerie für dasselbe erfunden und festgesetzt haben soll, auf das genaueste beobachtet werden, wiewohl man, pour pousser au bout tous les rimeurs, und um die Unberufenen abzuwehren, wohl thut, dieselben auf das genaueste beizubehalten. Sondern vornämlich alsdann ist das Sonett gut, wenn sein Inhalt ein kleines, volles, wohl abgerundetes Ganzes ist, das kein Glied merklich zu viel, oder zu wenig hat, dem der Ausdruck überall so glatt und faltenlos, als möglich, anliegt, ohne jedoch im mindesten die leichte Grazie seiner hin- und herschwebenden Fortbewegung zu hemmen. Es muß aus der Seele, es muß von Zunge und Lippen gleiten, glatt und blank, wie der Aal, welcher der Hand entschlüpfend auf dem be-thauten Grase sich hinschlängelt. Wenn man versuchte, das gute voll-kommene Sonett in Prosa aufzulösen, so müßte es einem schwer werden, eine Sylbe, ein Wort, einen Satz aufzugeben, oder anders zu stellen, als alles das im Verse stehet. Ja, sogar die überall äußerst richtig, voll und wohl tönenden Reimwörter müssen nicht nur irgend wo im Ganzen, sondern auch gerade an ihren Stellen, um des Inhalts willen,

---

*) S. T. Merkur. 1776. Zweites und drittes Vierteljahr.
**) Poëtique. Ch. II. v. 83 seq.

unentbehrlich scheinen. — Und ist denn das etwa nicht schwer genug?
— Allerdings! Allein dem Meister der Kunst doch nicht so gar viel
schwerer und zwangvoller, als jedes andere kleine Lied.   Darf denn
dieses etwas andres sein, als gleichsam ein Hauch, leicht aus der Brust
emporgehoben und von den Lippen weggeblasen, nicht aber heraus ge-
würgt, gehustet, geräuspert, gekrächzet, geröchelt? — Wie weit ich
meinen eigenen Forderungen Genüge geleistet, das ziemet mir nicht zu
entscheiden.   So viel aber darf ich behaupten, daß mein junger
vortrefflicher Freund, August Wilhelm Schlegel, dessen großem
poetischen Talente Geschmack und Kritik, mit mannigfaltigen Kenntnissen
verbunden, schon sehr früh die gehörige Richtung gaben, nach jenen
Forderungen ohne Anstoß Sonette verfertiget hat, die das eigensinnigste
Ohr des Kenners befriedigen müssen.   Ich kann mich nicht enthalten,
mit einem derselben diese Vorrede zu würzen, und mich zugleich dadurch
zu rechtfertigen, daß ich das Wort der Weihe, in meinem ganzen Leben
das erste, an diesen Lieblingsjünger, dessen Meister ich gern heißen möchte,
wenn solche Jünger nicht ohne Meister fertig würden, nicht wider die
Gebühr verschwendet habe:

Das Lieblichste.

Sanft entschläft sich's an bemoosten Klippen,
Bei der dunkeln Quelle Sprudelklang.
Lieblich labt's, wenn Glut das Mark durchdrang,
Traubensaft in Tropfen einzunippen.

Himmlisch dem, der je aus Aganippen
Schöpfte, tönt geweihter Dichter Sang.
Göttlich ist der Liebe Wonnempfang
Auf des Mädchens unentweihten Lippen.

Aber Eines ist mir noch bewußt,
Das der Himmel seinen liebsten Söhnen
Einzig gab, die Wonne milder Thränen;

Wann der Geist, von Ahndung und von Lust
Rings umdämmert, auf der Wehmuth Wellen
Wünscht in Melodieen hinzuquellen.

Das Sonett ist übrigens eine sehr bequeme Form, allerlei poetischen
Stoff von kleinerm Umfange, womit man sonst nichts anzufangen weiß,
auf eine sehr gefällige Art an den Mann zu bringen.   Es nimmt nicht
nur den kürzern lyrischen und didactischen sehr willig auf, sondern ist
auch ein schicklicher Rahmen um kleine Gemälde jeder Art, eine artige
Einfassung zu allerlei Bescherungen für Freunde und Freundinnen. —
Noch geziemet sich hier ein Wort der Entschuldigung wegen des
Verzuges dieser schon so lange angekündigten neuen Auflage.   Meine
Absicht war gut, ob ich sie gleich nicht erreichet habe.   Ich wollte nicht
allein einer ziemlichen Anzahl poetischer Bruchstücke in meinem Pulte
die Vollendung, sondern auch den bereits vorhandenen Gedichten einen
höhern Grad der Vollkommenheit zu geben suchen, um hernach mit desto
mehr Gemüthsruhe von der Muse des Gesanges ganz Abschied nehmen

zu können. Allein das Klima, die Lage, die Leibes= und Seelenstimmung, worin ich mich befand, waren Producten dieser Art nicht günstig; und vergebens hoffte ich von einem Jahr in das andere im Buche des Schick= sals das Blatt umzuschlagen, worauf Verbesserung geschrieben stünde. Der Anfragen und Anmahnungen, welche indessen entweder herzliches Wohlwollen, oder leere Höflichkeit, bisweilen auch wohl Unbescheiden= heit, an mich ergehen ließen, wurden mir denn doch zuletzt zu viele: ich mußte mich daher entschließen, wenigstens das hiermit zu geben, was sich bis hieher kümmerlich hatte durchwintern lassen. Ich bin nun zwar längst nicht mehr eitel genug, mir einzubilden, als ob das Zurück= bleibende ein erheblicher Verlust für das Publikum sei: indessen giebt es doch wohl immer noch gute Freunde und Freundinnen, denen es leid darum ist, und welche ihre Ansprüche darauf im Herzen behalten. Diese muß ich bitten, mich nun nicht weiter zu fragen, von mir nichts mehr zu fordern, nichts mehr zu erwarten. Es kann Lagen und Stimmungen geben, in denen Einem dergleichen, anstatt zu schmeicheln, nur zur Last fällt. Zwar will ich mich nicht selbst schon der absoluten Ohnmacht des Alters anklagen, wiewohl ich allerdings über den Johannistag des Lebens hinaus bin, und das Beispiel der alsdann verstummenden Nachtigall die Dichter zu erinnern scheinet, daß sie ihren im Lenz er= sungenen Ruhm in dem schwülen Nachsommer, oder kalten, feuchten Herbste nicht wieder versingen sollen. Auch will ich mir nicht etwa das lächerlich vornehme Ansehen geben, als ob der Umgang mit der jugend= lichen, Geist und Herz erhebenden Schönen unter der Würde eines ge= setzten Mannes sei, der auch wohl außer dem noch Eins und das Andere gelernt hat, und auszurichten im Stande ist. Denn schien mir jemals etwas des Spottes, der Verachtung werth, so war es jener dünnethuende Bettelstolz, womit mancher Titulado sich beigehen ließ, auf die Leyer Apollons, die er wohl gar selbst in seiner Jugend gespielt, hernach aber mit dem Schreiberkiele vertauscht hatte, als auf eine Kinderklapper herab zu blicken. Die Ergreifung dieses gemeinen Lehr= und Nähr= kieles ist zwar keineswegs auch dem allerhochadelichsten Göttersohne zu verargen, wenn allerlei Leibesbedürfnisse ihn endlich aus der Gesell= schaft der schönen Pierinnen vertreiben. Aber deßwegen nun von ihren göttlichen Gaben, und den edeln Vortheilen, welche diese zur Bildung des Geistes und des Gemüthes gewährten, wie von den Pfeffernüssen der Frau Pathe zu sprechen, das ist eine Thorheit, die, glaube ich, nur in dem gelehrten Deutschland Mode ist, und in England, Frankreich und Italien, wo man mehr auf Geistes= als Faustwerke hält, vermuth= lich ausgepfiffen werden dürfte. Vor einer solchen Thorheit wird mich mein Bischen Vernunft und Einsicht in den Werth der Menschen und ihrer Beschäftigungen hoffentlich auf immer bewahren. Wenn ich den Umgang mit meiner göttlichen Freundin für die Zukunft nicht eben ver= schwöre, — denn wer wollte das thun? — aber doch zu meiden mich be= strebe, so geschieht es lediglich um beßwillen, damit während der Zeit, da die Herren und Damen sich, wie es ihnen selbst zu sagen beliebt, an meinen Liedern ergötzen, nicht ich selbst in mancher Rücksicht mich allzu unergötzlich befinden möge. Dergleichen wäre nun zwar nicht zu besorgen, wenn alle Dinge im werthen Deutschland so ständen, wie sie unmaß= geblich stehen sollten. Denn alsdann würde z. B. ein von dem Publi= kum geliebter Schriftsteller, sei er nun Dichter, oder Prosaist, quem Deus nec mensa nec Dea dignata cubili est, die besten Jahre seiner Geisteskraft und Thätigkeit auf die Vollendung einiger vorzüglichen Kunstwerke, die aber auch nun desto mehr Unterricht und Vergnügen, desto mehr Ehre seinem Volk und Zeitalter gewährten, nicht zu seinem selbsteigenen Nachtheil verwenden. Vielmehr würde er, da diese Werke vermuthlich sehr gern gelesen und häufig gekauft werden würden, sich dadurch eine kleine, sichere und ihm wohl nicht zu mißgönnende Rente, auf die unscheltbarste Weise erworben haben. Diese wäre vielleicht hin= reichend, ihn gegen manche Unannehmlichkeiten zu schützen, welche die Energie seines Geistes schwächten und sein Leben verbitterten, ohne daß er weiter genöthigt wäre, irgend einer sterblichen fürstlichen oder un= fürstlichen Seele zur Lust zu fallen. Allein es soll weise, gerechte, dank= bare und großmüthige Staatsvorsteher in Deutschland geben, denen vermuthlich ein weit höheres Maß von Einsicht und Beurtheilungskraft, als unsern philisophischen und juristischen Matadoren, vermuthlich ein unendlich feineres moralisches Gefühl, als den Edelsten unseres Volks zu Theil geworden ist. Diese sollen nicht der Meinung sein, daß ein Werk der Literatur auch alsdann noch seinem Verfasser oder Verleger eigenthümlich gehöre, wann es in das Publizum zu jedem beliebigen Gebrauche, außer zum Nachdrucke, ausgegangen ist. Eben dieselben sollen auch nicht dafür halten, daß es die gelehrten, geist= und herz= reichen, geschmackvollen, beredten Schriftsteller in Prosa und Versen sind, welche dem Verstande Licht, dem Herzen Rechtschaffenheit und Adel, der ganzen Empfindsamkeit Stimmung zu den schönsten und edelsten Melo= dieen, den Sitten Glätte, Geschmeidigkeit und Anmuth, allen Leibes= und Geisteskünsten Vollkommenheit und Schönheit verleihen. Sie sollen es sich nicht träumen lassen, daß jene Schriftsteller es sind, welche den Fürstenthronen Festigkeit und Glanz, den Staaten Reichthum, Macht und Ehre, und überhaupt dem ganzen menschlichen Geschlechte mehr Heil und Segen zur Vollkommenheit und Glückseligkeit in dieser und jener Welt gewähren, als ihre Kriegsschaaren mit aller Gewalt wieder niederzusäbeln, als ihre Feuergewehre nieder zu donnern im Stande sind. Nun, wem glauben sie denn wohl sonst dieses Alles, wem glauben sie es verdanken zu müssen, daß sie nicht mehr über Wilde und Barbaren, sondern über aufgeklärte, edle, gesittete, milde und getreue Völker herrschen, die sie nicht mehr für jeden wirklichen, oder vermeint= lichen Frevel, nicht mehr für jede Thorheit, sogleich von Land und Leuten verjagen, unter denen sie ohne Leibwache, mit und ohne Ueber= rock, sicher vor Gift und Dolch, umherwandeln, essen, trinken, und bei

ihren Weibern oder Mätressen schlafen können? — Welche Frage? Wem
anders, als — den Nachdruckern? Christian Gottlieb Schmiedern
und Consorten!

Diese sind ihnen die wahren Verbreiter der Aufklärung, der Tugend,
des guten Geschmackes, der feinen Lebensart und Sitten. Es kann da=
her gedachten weisen, gerechten, dankbaren und großmüthigen Staats=
vorstehern nicht einfallen, den Schriftstellern, oder deren rechtmäßigen
Verlegern ihr laut angeschrienes Eigenthum durch allgemeine, beständige,
wirksame Gesetze zu sichern, oder die Schriftsteller, als Schriftsteller *),
für die Wohlthaten, so sie ihnen und ihren Staaten erweisen, zu belohnen.
Was sage ich belohnen? Es kann sie bei jener Denk= und Sinnesart
auch nicht einmal ein Gefühl der Scham anwandeln, das Brot, welches
die Schriftsteller, ohne ihr durchlauchtiges, hochgebornes und excellentes
Zuthun, sich durch sich selbst, durch ihre, nach langen, schweren und
mühsamen Fleiß endlich vollendeten Werke erworben haben würden,
dem ersten dem besten Hunde Preis zu geben, der seine Hütte unter dem
Thron ihrer Weisheit, Gerechtigkeit, Dankbarkeit und Großmuth auf=
schlägt. Weil denn nun aber die Umstände so beschaffen sind, und eine
Aenderung so bald nicht zu erwarten stehet, was bleibt dem Schrift=

---

*) Sie werden doch wohl nicht das für Belohnung schriftstellerischer Verdienste
halten, wenn sie etwa einen großen Geist und Gelehrten zu einem Amt anstellen, wo
er für die ihm oft kärglich genug gereichte Leibesnahrung und Nothdurft zu ihrem und
des Staates besondern Privatnutzen arbeiten muß, daß ihm der Athem ausgehen möchte.
Es giebt freilich Schmeichler genug, die so was für Mäcenatenthaten ausschreien,
so wie es auch nicht an durchlauchtigen, hochgebornen und excellenten Pfauen und
Straußen fehlet, die das für wahr halten. Allein ein edler und tapferer Mann muß,
kraft der ihm zuständigen menschlichen, europäischen und deutschen Bürgerfreiheit,
die er für sich, seine Mitbürger und Nachkommen mit Gut, Blut und Leben zu be=
haupten immer bereit sein soll, sich nie scheuen, klare und offenbare Wahrheit zum
allgemeinen Heil auch den ersten Staatsdienern vorzupredigen, wenn es gleich schon
oft genug von Andern vergeblich geschehen sein sollte. Ein wiederholter Tropfenfall
höhlt doch endlich auch Felsen aus. — Praeterea censeo, Cartaginem esse delendam,
sprach Cato, der Censor, kraft der Befugniß und Sitte römischer Senatoren, so oft
er in der Staatsversammlung auch über ganz andere und fremde Gegenstände gestimmt
hatte; und endlich stürzte das wiederholte Wort Carthago. Man braucht aber ganz
und gar nicht ein Mitglied im Rathe der Archonten zu sein, um über Gesetz= und
Regierungsmängel des Staates, dessen Bürger man ist, ein freies, offenes und deutsches
Censeo sagen zu dürfen, was auch Sultans= und Bassen=Politik dagegen einwenden
möchte. Alle National=Schriftsteller sollten es zur Sitte machen, ihre Schriften, be=
sonders diejenigen, die für ein größeres Publikum bestimmt sind, unablässig und so
lange mit einem ähnlichen Censeo zu besiegeln, bis endlich die Hyder Nachdruck ver=
nichtet wäre. Habe ich diese Worte wider den Beifall der Weisen, der Gerechten und
Edeln meines Vaterlandes niedergeschrieben, so werde mir wie einem Verbrecher das
Haupt abgeschlagen! Vereinigen sich aber ihre tausend und abermal tausend Stimmen
mit der meinigen: so blicke dereinst eine bessere Nachwelt mit Verdruß und Mitleiden
auf ein Zeitalter zurück, da eines Jeden, und nur das Eigenthum des gleichsam in den
Stand der schutz= und hülflosen Natur zurückgeworfenen Schriftstellers nicht unverletz=
lich und heilig war. — Soll er etwa nun auch das Naturgesetz ausüben, und den Nach=
drucker niederschießen, niederbohren, wo er ihn trifft? Daß das unter solchen Umständen
erlaubt sein müsse, getraue ich mir auszuführen; und nur ein Muster menschlicher
Inconsequenz soll es wagen, mich widerlegen zu wollen. Denn nach eben demselben
Rechte brechen Staaten und Völker einander die Hälse.

steller übrig? Soll er sich etwa bei dem aufklärenden, Tugend und
Geschmack verbreitenden Nachdrucker als Ballenbinder verdingen? Besser
stünde er sich dabei unstreitig, als bei der Schriftstellerei, wenn ohne
diese auch nur immer etwas zu bündeln und zu schnüren wäre. Oder
soll er, anstatt die Blüthe seines Lebens und seiner Kraft einem oder
zwei vortrefflichen, vollendeten, dauernden Nationalwerken aufzuopfern,
jede Messe mit Alphabeten von Mittelmäßigkeit oder Erbärmlichkeit
beschicken? Denn nur die Engel Gabriel und Raphael sind vermuth=
lich im Stande, das Vortreffliche in der Poesie, Philosophie, Geschichte,
jedes halbe Jahr in so starken Ballen zu liefern, daß bei der Gefahr
des Nachdruckes der Aufwand an Oel, Holz und Schreibmaterialien
daran gewonnen werden mag. Da es nicht Jedermanns Sache ist,
seine Ehre vor Welt und Nachwelt auf jeder Messe für ein paar
Louisd'or Trankgeld feil zu bieten; so wird es weit gerathener sein,
sich in dunkler Stille zur geringsten Handarbeit, zum Abschreiben, zum
Abc=lehren, ja, zum Graben selbst zu entschließen, als auf Werke der
Homere, der Sophokles, der Plato, der Xenophon, der Tacitus, der
Montesquieu, der Gibbon, der Klopstocke, Wielande und Kante sich zu
verwenden. In der Erwartung, meine armen Gedichte, deren ich gewiß
ungern und sehr verschämt so nahe bei jenen großen Namen erwähne,
je mehr sie das Publikum etwa ergötzen möchten, desto eher von den
genannten erhabenen Wohlthätern unserer Nation, unter gnädigster Pro=
tection bestmöglichst verbreitet zu sehen, mache ich denn also hiermit
unter Verzichtleistung auf Gerechtigkeit, Dank und Großmuth, welche
nicht mir, sondern Schmiedern und Consorten gebühren, dem werthen
Publikum meine demüthige Verbeugung, und greife von nun an —
zum Spaten. Es ist nun freilich bei so bewandten Umständen nicht
möglich, daß ein lern= und lustbegieriges Publikum noch zwei andere
ähnliche Bände, oder was sonst eine mangel= und verdrußlose Lage
hervorbringen möchte, erhalte. Wenn das aber Iliaden und Theodiceen
wären, so ist doch offenbar ein solcher Verlust eine wahre Kleinigkeit
gegen den halben oder ganzen Gulden, den Ihre Majestäten, Durch=
lauchten, Hoch= und Hochwohlgeborne Excellenzen, und ein ganzes
wirthschaftliches Publikum an dem nächst bevorstehenden gnädigst
privilegirten Nachdrucke gewinnen werden. Ein solcher Gewinn ist es
schon werth, die Nationalwohlthäter Schmieder und Consorten dankbar
zu verehren und zu segnen. Amen.

Göttingen, im April 1789.   Bürger.

Verbesserungen im ersten Bande.

Wegen des schwankenden Schreibgebrauchs in manchen Wörtern
kann es wohl kommen, daß auch ein Schriftsteller, der seine Sprache und
die Genauigkeit bis auf den Buchstaben liebt, aus Mangel an Auf=

merksamkeit in Ungleichheiten verfällt. Die hauptsächlichsten solcher
Wörter, an denen mir das begegnet sein mag, will ich hier so anführen,
wie ich sie durchgängig geschrieben zu haben wünsche: Nachtfeier,
Weihe, Fluth, Gluth, Myrte, sammt, geboren, gebar, verloren, verlor,
Herde, Müschchen, Büschchen, Tischchen, Fischchen. (So ekelhaft es
sonst ist, die Verkleinerungs-Sylbe gen geschrieben zu sehen, da sie
chen ausgesprochen wird, so wollte es mir doch einst nicht in's Auge,
sie auch nach dem sch chen zu schreiben. Allein ich gebe meine willkür-
liche Ausnahme auf.) Spritze, Schale, vortrefflich, gibt, gib, mahl in
allen Zusammensetzungen, Fantasie, Kreatur, schwer, erschweren, abenteuerlich, Heide, Bahre, bescheren, höhnisch, zweifeln, Scham, Sprichwort, quer, schwül, euern, knirrschen, weiblich, Weizen, Schmerbauch,
däucht, Küssen, coussin, die Sylbe miß in allen Zusammensetzungen,
Käsig, allmählich, galoppiren, Hahnrey, sammtene, Witwe. — Dies
scheint vielleicht allzu ängstliche Mikrologie; allein es geschieht, um
Manchen zu erinnern, daß man auf so was zu achten habe.

Erster Theil S. 196 Z. 10 ist in dem Verse:

Und aller Wesen Kraft ihm lehrt,

das ihm weder ein Sprach- noch Druckfehler, sondern ein durch unsern
großen Sprachkenner Adelung autorisirter Versuch, dem Verbo lehren
seinen Dativ der Person wieder zu geben, den ihm unwissende lateinische
Sprach-Pedanterei, einer der vernünftigsten und weitreichendsten Ana-
logieen, sowohl unserer, als jeder andern Sprache zuwider, seit Jahrhunderten entrissen und vorenthalten hat. Denn hundert Jahre Unrecht
ist nicht eine Stunde Recht. Zwar ist es kaum der Mühe werth, mit Demjenigen zu hadern, der dennoch steif und fest auf seinem: „lehre mich diesen
Kunstgriff,“ das heißt richtig übersetzt: „belehre mich, der ich dieser
Kunstgriff bin,“ zu halten geneigt bleibt. Es ist indessen schon genug,
wenn diese Anmerkung nur so viel bewirkt, daß die unwissende Weisheit
künftig kein Hohngeschrei darüber erhebe, wenn ein echter Deutscher,
stärker von der allgemeinen vernünftigen Analogie, als von der grund-
losen Ausnahme angezogen, auch, „lehre mir diesen Kunstgriff“ spricht
und schreibet. Der Zug hierher ist und bleibt, trotz Allem, was uns
die Schulmeister hierüber einschärften, immer so mächtig, daß, wenn
nur diesen erst das Maul gestopft ist, vielleicht in der nächsten Genera-
tion kein Mensch mehr, als höchstens ein Poet des Reimes willen, noch
„lehre mich“ sagen wird.

Rechenschaft

über die Veränderungen in der Nachtfeier der Venus.

Die neue Auflage meiner Gedichte, die unter andern unverschuldeten Ursachen sich auch aus einer, welche aus dieser Nachtfeier hervorleuchtet, bisher die längste Zeit verspätet hat, wird viele und beträchtliche Veränderungen, ja, von manchen Stücken fast gänzliche Umbildungen enthalten. Diese veranlassen mich zu einem Wagestücke, das in dem Umfange, in welchem ich es auszuführen gedenke, vielleicht ganz ohne Beispiel ist. Ich will eine ausführliche kritische Rechenschaft über diese Veränderungen ablegen; ich will Urtheile, die über mich und meine poetischen Werke ergangen sind, nach ihrem Werthe oder Unwerthe prüfen; ich will unbefangen, als wäre die Rede von einem Dritten, melden, was ich von meinem Genie, von meinem Geschmacke, von meiner Kunstfertigkeit und von meinen Producten selbst halte.

So häufig auch Schriftwerke bei neuern Ausgaben, in der Absicht, sie zu verbessern, umgeändert werden, so ist dies Unternehmen doch bei keiner Gattung so mißlich, als bei Gedichten, besonders solchen, die vielen Menschen bekannt, und vollends gar lieb geworden sind. Verschlimmerungen, deren Möglichkeit eben nicht sehr fern von der Hand liegt, sind natürlich schon vermöge des Begriffes verwerflich. Noch näher liegt die Möglichkeit bloßer Veränderungen von gleichem Werthe mit den vorigen Lesearten, die ebenfalls auf kein Glück, ja vielleicht gar auf gleiche Verwerfung mit den offenbaren Verschlimmerungen rechnen dürften, weil sie dem Leser die unnöthige und zwangvolle Mühe verursachen, des Alten sich zu entschlagen, und etwas Neues in das Gedächtniß zu fassen, welches gleichwohl nicht besser ist, mithin jene Mühe nicht belohnet. Dieser Umstand ist sogar schuld, daß auch die wahren und unwidersprechlichen Verbesserungen sehr oft, wenn nicht mit entschiedenem Unwillen, doch wenigstens nicht mit demjenigen Wohlbehagen aufgenommen werden, welches sich ihr Urheber versprach, und billig versprechen durfte.

Diese durch häufige Erfahrungen bewährte Betrachtung hätte, wie es scheint, mich bestimmen sollen, mit manchem meiner Gedichte weit säuberlicher, als geschehen ist, zu verfahren, und lieber die Maxime des Pontius Pilatus zu befolgen: „Was ich geschrieben habe, das habe ich geschrieben!" Ich kann voraus wissen, daß ich es kaum irgend Jemanden, am wenigsten aber den Recensenten ganz recht gemacht habe. Denn ob ich gleich, was die Letzten betrifft, die Urtheile derselben, so viele ihrer mir nur zu Gesichte gekommen sind, und selbst die unbesonnensten und geschmacklosesten derselben auf das sorgfältigste erwogen, und darnach, oft selbst in Fällen sehr einleuchtender Unnöthigkeit, was nur

immer möglich gewesen, zu verbessern gestrebt habe, so ist doch wohl
kein einziges Urtheil vorhanden, von dem ich nicht hätte Ausnahmen
machen müssen. Nun haben die Recensenten gemeiniglich, und zwar
schon Kraft des mit Herrschsucht, mit Dünkel, mit Ueberweisheit, mit
Eigensinn geschwängerten Dunstkreises, in welchem sie ihr Wesen treiben,
die Unart der Staatsgewalthaber an sich, daß sie sich mehr anmaßen,
als ihnen von Natur= und Staatsrechts wegen zukommt, und jeden
ihrer Einfälle durchgesetzt wissen wollen. Die Gunst also, die ich mir
durch zehn befolgte Erinnerungen erworben haben möchte, dürfte leicht
durch eine einzige nicht befolgte wieder verscherzt werden. Hiernächst
bin ich auch zu den meisten Veränderungen nicht eben durch schriftliche
oder mündliche Recensionen, sondern durch mein eigenes wohl erwogenes
Urtheil verleitet worden.

Dennoch hat weder das Beispiel des Pontius Pilatus, noch der
häufige und dringende Rath meiner Freunde, an den nun einmal mit
Beifall gekrönten Gedichten nichts mehr zu verändern, noch endlich ihre
mir drohende Unzufriedenheit etwas bei mir fruchten wollen. Der
Wunsch, Allen Alles, ja selbst der, nur einem Einzigen von diesen Allen
Alles recht zu machen, wird auf Erden nie erfüllt werden. Warum
sollte ihm denn also der Künstler einen andern Genuß aufopfern, der
sich ihm, innerhalb der Grenzen der Möglichkeit, weit näher, weit
erreichbarer darbietet? Der Künstler, welcher der Schönheit und Vollkommenheit nachstrebt, richte sich daher minder nach dem großen
Schwarme, der sich so oft widersprechenden Kunstbeurtheiler, als viel=
mehr nach den Forderungen der Kunst selbst, so wie er sie nach genauer
Erwägung erkannt zu haben glaubet, damit er, wenn auch sonst Niemanden, doch wenigstens sich selbst so weit befriedige, als es ihm seine
Kräfte und die Schwierigkeiten sowohl des Stoffes, als der Form ge=
statten. Fehlt auch gleich alsdann noch immer sehr viel an Erreichung,
indem das göttlich erleuchtete Auge des wahren Künstlers viel weiter
blickt, als seine Hand reicht, so tröstet er sich darüber doch eben so leicht,
als wir Alle uns trösten, daß wir nicht Sonne, Mond und Sterne
bereisen können. Jene Befriedigung seiner selbst in möglichster An=
näherung zu dem, was er für schön und vollkommen achtet, ist eigentlich
der reinste und edelste Genuß, den die Kunst ihren Getreuen am Ziele
ihrer Laufbahn, und auch dann noch zum süßen Lohne gewähret,
wann ihnen längst alles Zujauchzen der Menge zur losen Speise
geworden ist. Sie ist der Himmel, sie ist die Seligkeit des Künstlers
auf Erden.

Vorzüglich also und bestmöglichst mich selbst, Andere hingegen nur
so weit zu befriedigen, als meiner eigenen Zufriedenheit dadurch kein
Abbruch geschiehet, ohne jedoch ihren Erinnerungen ein williges und
aufmerksames Ohr zu versagen, das scheint mir der rathsamste Weg,
den ich zu betreten habe. Bin ich an Genie und poetischer Urtheilskraft
nur nicht allzu kurz gekommen, so führt dieser Weg hoffentlich weiter,

als irgend ein anderer, und wenn ich gleich auch hier nicht Alles
erreiche, was Allen gefällt, ſo erreiche ich doch wohl noch das Meiſte
von dem, was billig Allen gefallen ſollte, wenn anders nicht ihr Privat=
Geſchmack im Wege ſtände.

Das Wohlgefühl dieſer Selbſtbefriedigung kann jedoch theils durch
kritiſche Chicane, theils durch dünkelhafte Ueberweisheit, theils durch
eine gewiſſe Geſchmacksgimpelei, die ſeit einiger Zeit ſehr häufig
in unſern äſthetiſchen Recenſionen piept *), verkümmert werden, nicht
blos, weil dadurch die Selbſtliebe des Künſtlers gekränkt, ſondern auch
bei vielen Leſern ſein Wunſch vereitelt wird, die Freuden der Kunſt zu
vervielfältigen.   Von allen drei Feindinnen iſt eigentlich die letzte die
widerwärtigſte.   Denn die Chicane iſt kaum im Stande, ſich ſo ſehr zu
verbergen, daß der Künſtler und das Publikum ſie nicht bald für das
erkennen ſollten, was ſie iſt; und alsdann wirkt ſie entweder gar
nichts, oder ſie ſetzt in Unmuth und Zorn.   Dieſe Affecten von der
wackern und rüſtigen Art ſind behaglich, weil ſie ein Vermögen
zum Bewußtſein bringen, den Chicaneur, wenn man ſonſt will, bei
Gelegenheit ſo kräftig wieder zu treffen, daß er mit Ach und Weh
heim, oder in irgend eine neue Bücherei läuft, und bei feſt verriegelten
Thüren durch irgend ein Luftloch heraus über das böſe Herz des auf=
gebrachten Künſtlers die Vorübergehenden anjammert.   Die dünkelhafte
Ueberweisheit erregt ebenfalls nur Affecten, in welchen man ſich wohl
fühlt: Verachtung, Spott und Hohnlache.   Aber die piepende Geſchmacks=
gimpelei übertrifft alles Entſetzliche, was dem beſonnenen Künſtler ſein
Geſchäft verleiden kann.   Denn dieſe hat gemeiniglich irgend ein
äſthetiſches Koch= und Schmeckebuch geleſen, und verſteht nichts anders
zu kochen und zu ſchmecken, als was ihr vorgekocht und vorgeſchmeckt,
und verſteht es auch unter allen Umſtänden auf keine andere Weiſe zu
kochen und zu ſchmecken, als wie es ihr vorgekocht und vorgeſchmeckt
worden iſt. Von dem Horaziſchen descriptas servare vices operum-
que colores verſteht ſie eben ſo wenig, als ſie von dem wichtigen und
wahren Ausſpruche des großen römiſchen Kunſtrichters Quinctilian:
Omnia verba sunt alicubi optima etwas weiß.   Sie beurtheilt eine
Ballade, wie eine Nachtfeier, und eine Nachtfeier wie eine Ballade; ſie
gimpelt und piept nach Schönheit, wenn es auf Schärfe,
Kraft und Macht und Drang durch Mark und Bein
ankommt; und da, wo reine, ſchlichte Form Alles aus=
macht, da piept ſie nach Schminke und Kräuſelei.   Der

---

*) Unſtreitig die treffendſten Ausdrücke für die Sache, welche aber eben dieſe
Gimpelei bald wieder anzupiepen nicht ermangeln dürfte. Denn ſie piept Alles
an, was ihr noch nicht vorgekommen iſt. Hier wird ſie vermuthlich das bekannte
Pieplied von Bürger'ſchen Kraftausdrücken, die das Schönheitsgefühl zurück ſcheuchen,
anſtimmen. Sonderbar! Ich weiß gar nicht, wie man gegen etwas ſo Vortreffliches,
als Kraft iſt, eingenommen ſein kann, man müßte denn anders ein ſchwacher Geſchmacks=
gimpel ſein, der ſich vor der Kraft zu fürchten hat.

im Kampfe begriffene Athlet soll die Bewegungen des Menuett-Tänzers, und der Menuett-Tänzer oft wieder die Schnörkel des Gauklers machen. Nirgends versteht sie sich auf das:

Sed nunc non erat hic locus.

Das Schlimmste ist, wenn diese Geschmacksgimpelei mit der Miene der Ehrlichkeit, der Bescheidenheit, der Wohlmeinung, u. s. w. auftritt, ja sogar wirklich ehrlich, bescheiden und wohlmeinend, wiewohl aus Geistesschwäche gemeiniglich zugleich etwas überweise ist, so daß sie, wenn sie ihre Armseligkeiten hergepiept hat, mit der seligsten Selbstgenügsamkeit von dem kritischen Tribunale herunter steigt. Denn was soll man mit ihr machen für das ärgste aller Gefühle, daß sie Einem zubereitet hat, für den unaussprechlichsten Ekel? Da sie eine Persona miserabilis ist, so kann und darf man sie doch unmöglich prügeln, wie die Chicane, noch verachten, verspotten und auslachen, wie die Ueberweisheit. Auch findet wegen ihrer Geistesschwäche und eben daher größern Portion von Eigenliebe gar keine antikritische Belehrung statt. Sie hat immer noch etwas weit Armseligeres zurückzupiepen, gerade wie Bigotterie und Aberglaube, wenn man ihnen Vernunft predigen will. O Gimpelei, Gimpelei! Ich bitte dich, recensire mich nie. Thut ihr es lieber mit vereinten Kräften, Chicane und Ueberweisheit!

Meine Bitte wird aber wohl nichts fruchten. Die Chicane weiß es zwar wohl, was sie ist; aber nicht so die Ueberweisheit und die Gimpelei. Denn diese halten sich für die Göttin der Kritik selbst. Und wenn ich gegen sie ungeduldig werde, so heißt es: „Herr Bürger kann die Kritik nicht vertragen;" wenn Herr Bürger gleich nur den Unfug ihrer Currende-Knaben nicht vertragen kann. Sie werden also wohl alle drei gegen mich aufstehen. Um mir nun nicht meine Freude an der Zufriedenheit anderer unschuldigen und unbefangenen Leser gar zu sehr verkümmern, um mir nicht Dinge vordociren zu lassen, die ich längst besser gewußt, reiflich erwogen, und für unzulänglich befunden hatte, mir aus Schwierigkeiten heraus zu helfen, um ihnen den Stoff, zu necken, zu klügeln und zu piepen so viel, als möglich, zu benehmen, um ihnen ihr Geschäft etwas schwerer zu machen, als sie es sich selbst zu machen gewohnt sind, darum entschloß ich mich zu dieser Selbstkritik und Rechenschaft über mein Verfahren. So weit und nicht weiter reicht meine eigennützige Absicht. Verdient sie gleich kein Lob, so verdient sie doch auch keinen Tadel.

Weit stärker aber reizte mich doch noch eine andere, die auf Dank Anspruch machen darf, wenn gleich meine Kräfte nicht hinlänglich sein sollten, sie zu erreichen. Ich wünsche, einen nützlichen und wichtigen Zweig der poetischen Kritik ausführlicher zu bearbeiten, als in irgend einer unserer kritischen Zeit- und Lehrschriften bisher geschehen ist, nämlich die Kritik des Kleinen und Einzelnen in Ansehung der Diction, des Verses und des Reimes zum Behuf einer künftigen deutschen

poetischen Grammatik, die noch nirgends in gehöriger Vollständigkeit
vorhanden ist. Woher mag wohl der fast allgemeine und überwiegende
Hang der Philosophen und Kunstrichter rühren, nur immer über den
ästhetischen Stoff, z. B. des Schönen, des Erhabenen, des Naiven, des
Rührenden, des Lächerlichen u. s. w. zu vernünfteln? Wenn darüber
scharfsinnig, bestimmt und deutlich philosophirt wird, so hat das freilich
als Geistes-Motion seinen guten Nutzen, allein für die Kunst und deren
Ausübung wird wenig oder nichts dadurch gewonnen. Denn alle jene
Gefühle können dem Künstler und Kunstbeurtheiler durch keine Dogmatik
eingeflößt, ja es können auch nicht einmal die schon vorhandenen dadurch
ausgebildet werden. Doch, dem sei, wie ihm wolle. Warum wird denn
dabei die Lehre von der Form, wobei eigentlich und vornämlich ein
Lernen statt findet, so sehr vernachlässigt? Giebt etwa die Behandlung der ersten Gegenstände ein vornehmeres Ansehen? Oder geschieht
es deswegen, weil es leichter und bequemer ist, zu neun und neunzig
phantastischen Abhandlungen, z. B. über das Schöne, das Erhabene, 2c.
die hundertste zusammen zu phantasiren, und sich dadurch das Ansehen
eines tiefsinnigen Forschers zu erwerben — als den Jünger der Musen
durch das große und mannigfaltige Wort- und Sylbengebiet durch-
zuführen, und ihm die Kunst des vollkommenen poetischen Ausdrucks
in hundert bis auf das Kleinste und Feinste zergliederten Beispielen
beizubringen, dafür aber vielleicht zum Dank ein Sylbenstecher zu
heißen? Ich verkündige aber allen Denen, die es noch nicht wissen,
hiermit ein großes und wahres Wort: Ohne diese Sylbenstecherei darf
kein ästhetisches Werk auf Leben und Unsterblichkeit rechnen!

Wer die Lehre von dieser Sylbenstecherei gründlich und vollständig
aufstellt, der leistet den schönen Redekünsten gewiß weit mehr Nutzen,
als alle jene vornehmen Herren mit ihrer vornehmen Philosophie, die
so häufig nur durch die hohen und luftigen Regionen der Allgemeinheit
hinschwebt, und sich selten, vermuthlich, um die Unbrauchbarkeit ihrer
Theoreme nicht zu verrathen, zur Anwendung auf das Besondere und
Einzelne herabläßt. Noch überwiegender wird der Nutzen der Sylbenstecherei sein, wenn die vornehmen Herren, anstatt aus bestimmten
Begriffen und Gedanken etwas Festes und Haltbares aufzubauen, nur
vermittelst tönender Wörter und Redensarten, die das Ohr, nicht aber
den Verstand füllen, der Phantasie ein gestaltloses, durch einander
fließendes, blaues Dunstwerk vorgaukeln, das, wenn man auch mehr
als dreimal darnach ausgreift, dennoch die Hand leer läßt,

Par levibus ventis, volucrique simillima somno.

In keinem einzigen Zweige der Literatur ist dies so häufig der Fall,
als in dem ästhetischen, und längst ist mir daher diese phantastische
Philosophie, worin das Verständliche selten neu, und das Neue selten
verständlich ist, zum wahren Ekel geworden. — Doch es ist Zeit, daß
ich mich zu meinem Geschäfte wende.

Liebeszauber.

Ist eines meiner wahrsten und besten Lieder, im lebendigsten
Tone. In keinem andern herrscht so viel Darstellungskraft. Einer, der
sich auf Ton nicht versteht, möchte mir das M ä d e l (statt Mädchen
oder Dirnchen) tadeln. Er ist nicht des Anhörens werth. Denn er ist
ein Schulfuchs, der blos Worte sieht, aber nicht fühlt.

A. L. Gib mir Rede, wann ich frage!

N. L. Gib Bescheid auf meine Frage!

Die neue Leseart hat mehr Leichtigkeit, Ungezwungenheit und
Klarheit. Die alte ist ohne Noth etwas fremd und sonderbar.

A. L. Wang' und Mund sind süße Feigen;
Ach! vom Busen laß mich schweigen!

Die Feigen qualificiren sich nicht ganz zu einem edeln poetischen
Bilde; und die Erwähnung des Busens auf diese Art hat etwas zu
üppiges, das fast über die sittliche Delicatesse hinüber schweift. Artiger,
dem Tone des Ganzen angemessener ist die

N. L. Stirn und Näschen, Mund und Wangen
Dürfen wohl ihr Lob verlangen.

A. L. Wer wird dich allein nur krönen?

N. L. Wer wird dich vor Allen krönen?

Vor Allen ist richtiger in Beziehung auf die Schönen, unter
welchen eine Kaiserin gekrönt werden soll.

A. L. Viel fehlt noch zur Kaiserin!

N. L. Viel noch fehlt zur Kaiserin!

In der neuen Leseart ist die Quantität richtiger. F e h l t durfte
nicht kurz, noch nicht lang sein.

A. L. Dich auf Schönheit 'raus zu fodern.

N. L. Dich vor's Wettgericht zu fodern.

Der Ausdruck, auf Schönheit heraus fodern, ist zwar schon gemeine,
aber doch wohl nicht unedle Sprechart. Die Verstümmelung des 'raus
für heraus aber scheint ihn doch über die Grenzlinie des Edeln hinüber
zu reißen. Der neue Vers hat bei eben der Popularität dennoch Neuheit und Würde.

A. L. Aber, Liebchen, laß es 'mal
Hundert tausend Schönen wagen.

N. L. Aber, Liebchen, laß einmal,
Laß es Hunderttausend wagen.

Der neue Ausdruck ist grammatisch richtiger, edler, und wegen der
Wiederholung des l a ß lebendiger. Die S c h ö n e n konnte der Verstand
hier füglich entbehren.

———

Männerkeuschheit.

A. L. Wer nie in schnöder Wollust Schooß
Die Fülle der Gesundheit goß.

N. L. Dem Wohllust nie den Nacken bog,
Und der Gesundheit Mark entsog.

Nicht zu gedenken, daß die Reime Schooß und goß so unrichtig und mißklingend waren, als möglich, so hätte den Krittlern, die Manches ohne alle Noth unbelicat gefunden haben, wohl die Unfeinheit der Nebenideen auffallen sollen, welche das Gießen der Fülle der Gesundheit in den Schooß der Wollust nothwendig erwecken muß.

A. L. Sie blüh'n und duften um ihn her.

N. L. Sie blüh'n gesund und schön umher.

Sich bei dem Blühen der Blumen auch noch ihr Duften mit vor-zustellen, ist zwar sehr natürlich, und hat nichts Anstößiges. Allein wenn man von dem tropischen Gegenstande wieder auf den eigentlichen, nämlich die Kinder, hinüber gleitet, so möchten die duftenden Kinder eine Nebenidee erwecken, die Alles verdirbt.

Molly's Werth.

A. L. Und hätte große Haufen
Die sollten mich nicht reu'n.

N. L. Mir sollten große Haufen
Für sie wie Kiesel sein.

Die neue Leseart hat mehr Energie im Gedanken, mehr Leichtigkeit im Ausdruck, mehr Richtigkeit im Reim.

A. L. Zwar wühlt sich's hübsch im Golde;
Wohl dem, der wühlen kann.

N. L. Man rühmt wohl viel vom Golde,
Was ich nicht leugnen kann.

Der alten Leseart fehlte es an dem gehörigen Adel in der Ge-sinnung sowohl, als im Ausdruck. Sie fiel fast in's Scurrilische. Die neue hat mehr Anstand und Würde.

A. L. Was hätt' ich Frohes d'ran?

N. L. Wie hätt' ich Lust daran?

Die alte Leseart klang etwas seltsam. Die neue ist natürlicher, mithin, glaub' ich, auch gefälliger.

A. L. Ja, wenn ich der Regente
Von ganz Europa wär',
Und Molly kaufen könnte,
So gäb' ich Alles her.

N. L. Ja, wenn ich Allgebieter
Von ganz Europa wär',
Ich gäb' Europens Güter
Für sie mit Freuden her.

Die alte Leseart war gemein, matt. Regente sagen die gemeinen Leute für Regent. Gedanke und Ausdruck von Molly kaufen war ja schon dagewesen. So gäb' ich Alles her, man kann sich nicht matter und gemeiner ausdrücken.

Alle diese Vorwürfe treffen die neue Leseart nicht, wiewohl ich wünschte, daß der Reim in Gebieter und Güter reiner sein möchte. Er gehört indessen unter die verzeihlichen Reime.

A. L. Vor Städten, Schlössern, Thronen,
Und mancher fetten Flur,
Wählt' ich mit ihr zu wohnen,
Ein Gartenhüttchen nur.

Die Thronen hat der Reim herbei gezogen. Das Wort Thronen stimmt freilich zum Wort wohnen; aber die Begriffe passen nicht zusammen. Man bewohnt die Thronen nicht. In wählt' ich ist auch ein Sylbenzwang.

N. L. Bedingte nur dies Eine
Für sie und mich noch aus:
Im kleinsten Fruchtbaumhaine
Das kleinste Gärtnerhaus.

So hat der Gedanke mehr Richtigkeit, Klarheit. Das Bild in den beiden letzten Versen hat Anmuth. Und der Ausdruck hat Leichtigkeit und Wohllaut.

An die kalten Vernünftler.

Sonst hieß es: An die Menschengesichter. Einige Kunst= richter, die mehr den Buchstaben, als den Geist anzufechten verstehen, hatten diesen Ausdruck in Anspruch genommen. Da ich, ohne sonderlich den Geist aufzuopfern, den Ausdruck ändern konnte, so dachte ich, du willst ihnen zu Willen sein. Und so muß man gegen die Unmündigen und Schwachen immer verfahren. Viele geschmackvolle Männer und Weiber fanden in den Menschengesichtern nichts Anstößiges, sondern fanden den Ausdruck dem verachtenden Unwillen sehr angemessen. Aber was hilft das Alles gegen die ästhetischen Buchstabenmänner! Sollten gedachte Männer außer jenem Ausdruck das ganze Lied haben verwerfen wollen, so muß ich ihnen sagen, daß ich, wie viele Andere, dasselbe für gut halte. Und Autorität gegen Autorität gerechnet, ist die meinige wohl wenigstes eben so viel werth, als die ihrige. Ein Dichter, der mehrere gute Lieder hervorgebracht hat, kann dazu unmöglich, wie die blinde Taube zur Erbse, durch ein glückliches Ungefähr gekommen sein. Er muß einen guten Griff haben, ein gutes Lied sowohl hervorzubringen, als zu beurtheilen. So lange sich die Herren Anonymi nicht auf ähn-

liche Art legitimiren, so lange gilt meine Autorität wohl gar noch etwas
mehr, als die ihrige. Interesse und Eigenliebe können mich nicht ver-
blenden, und mein Urtheil verfälschen. Denn nicht etwa eins, sondern
zehn und zwanzig meiner Lieder aufzugeben, wenn sie wirklich nichts
werth sind, ist mir wahrlich ein sehr Geringes. Ich behalte immer noch
so viel übrig, um nicht mit Unehren vor Welt und Nachwelt zu erscheinen.
Ich nehme mich also des Liedes nicht um meinet=, sondern um seinet=
willen an, weil es gut ist, und wenn es auch ein Chinese gemacht hätte.
Man wird diesen Ton vielleicht keck und anmaßend finden; allein ich
will nun keck und anmaßend sein. Und warum sollte ich's nicht gegen
Solche sein, die es gegen mich sind, und mit welchen ich wohl noch fertig
zu werden hoffe?

Balladen und Romanzen.

Lenore.

Lenore fuhr ums Morgenroth
Empor aus schweren Träumen:
„Bist untreu, Wilhelm, oder todt?
Wie lange willst du säumen?"
Er war mit König Friedrich's Macht
Gezogen in die prager Schlacht,
Und hatte nicht geschrieben:
Ob er gesund geblieben.

Der König und die Kaiserin,
Des langen Haders müde,
Erweichten ihren harten Sinn
Und machten endlich Friede;
Und jedes Heer, mit Sing und Sang,
Mit Paukenschlag und Kling und Klang,
Geschmückt mit grünen Reisern,
Zog heim zu seinen Häusern.

Und überall, all überall,
Auf Wegen und auf Stegen,
Zog alt und jung dem Jubelschall
Der Kommenden entgegen.
Gottlob! rief Kind und Gattin laut,
Willkommen! manche frohe Braut.
Ach! aber für Lenoren
War Gruß und Kuß verloren.

Sie frug den Zug wol auf und ab
Und frug nach allen Namen;
Doch keiner war, der Kundschaft gab,
Von allen, so da kamen.
Als nun das Heer vorüber war,
Zerraufte sie ihr Rabenhaar
Und warf sich hin zur Erde
Mit wüthiger Geberde.

Die Mutter lief wol hin zu ihr:
„Ach, daß sich Gott erbarme!
Du trautes Kind, was ist mit dir?"
Und schloß sie in die Arme —
„O Mutter, Mutter! hin ist hin!
Nun fahre Welt und alles hin!
Bei Gott ist kein Erbarmen.
O weh, o weh mir Armen!" —

„Hilf Gott, hilf! Sieh uns gnädig an!
Kind, bet' ein Vaterunser!
Was Gott thut, das ist wolgethan.
Gott, Gott erbarmt sich unser!" —
„O Mutter, Mutter! eitler Wahn!
Gott hat an mir nicht wohlgethan!
Was half, was half mein Beten?
Nun ist's nicht mehr vonnöthen." —

„Hilf Gott, hilf! Wer den Vater kennt,
Der weiß, er hilft den Kindern.
Das hochgelobte Sakrament
Wird deinen Jammer lindern." —
„O Mutter, Mutter! was mich brennt,
Das lindert mir kein Sakrament!
Kein Sakrament mag Leben
Den Todten wiedergeben." —

„Hör', Kind! Wie, wenn der falsche Mann
Im fernen Ungarlande
Sich seines Glaubens abgethan
Zum neuen Ehebande?
Laß fahren, Kind, sein Herz dahin!
Er hat es nimmermehr Gewinn!
Wann Seel' und Leib sich trennen,
Wird ihn sein Meineid brennen." —

„O Mutter, Mutter! hin ist hin!
Verloren ist verloren!
Der Tod, der Tod ist mein Gewinn!
O wär' ich nie geboren!
Lisch aus, mein Licht, auf ewig aus!
Stirb hin, stirb hin in Nacht und Graus!
Bei Gott ist kein Erbarmen.
O weh, o weh mir Armen!" —

„Hilf Gott, hilf! Geh' nicht ins Gericht
Mit deinem armen Kinde!
Sie weiß nicht, was die Zunge spricht.
Behalt' ihr nicht die Sünde!
Ach, Kind, vergiß dein irdisch Leid
Und denk' an Gott und Seligkeit,
So wird doch deiner Seelen
Der Bräutigam nicht fehlen." —

„O Mutter! was ist Seligkeit?
O Mutter! was ist Hölle?
Bei ihm, bei ihm ist Seligkeit,
Und ohne Wilhelm Hölle! —
Lisch aus, mein Licht, auf ewig aus!
Stirb hin, stirb hin in Nacht und Graus!
Ohn' ihn mag ich auf Erden,
Mag dort nicht selig werden." — — —

So wüthete Verzweifelung
Ihr in Gehirn und Adern.
Sie fuhr mit Gottes Vorsehung
Vermessen fort zu hadern;
Zerschlug den Busen und zerrang
Die Hand bis Sonnenuntergang,
Bis auf am Himmelsbogen
Die goldnen Sterne zogen.

Und außen, horch! ging's trap trap trap,
Als wie von Rosseshufen;
Und klirrend stieg ein Reiter ab
An des Geländers Stufen;
Und horch! und horch den Pfortenring,
Ganz lose, leise, klinglingling!
Dann kamen durch die Pforte
Vernehmlich diese Worte:

„Holla, holla! Thu auf, mein Kind!
Schläfst, Liebchen, oder wachst du?
Wie bist noch gegen mich gesinnt?
Und weinest oder lachst du?" —
„Ach, Wilhelm, du? .. So spät bei Nacht? ..
Geweinet hab' ich und gewacht;
Ach, großes Leid erlitten!
Wo kommst du hergeritten?" —

1 *

„Wir satteln nur um Mitternacht.
Weit ritt ich her von Böhmen.
Ich habe spät mich aufgemacht
Und will dich mit mir nehmen." —
„Ach, Wilhelm, erst herein geschwind!
Den Hagedorn durchsaust der Wind,
Herein, in meinen Armen,
Herzliebster, zu erwarmen!" —

„Laß sausen durch den Hagedorn,
Laß sausen, Kind, laß sausen!
Der Rappe scharrt; es klirrt der Sporn.
Ich darf allhier nicht hausen.
Komm, schürze, spring und schwinge dich
Auf meinen Rappen hinter mich!
Muß heut' noch hundert Meilen
Mit dir ins Brautbett eilen."

„Ach! Wolltest hundert Meilen noch
Mich heut ins Brautbett tragen?
Und horch! es brummt die Glocke noch,
Die elf schon angeschlagen." —
„Sieh hin, sieh her! der Mond scheint hell.
Wir und die Todten reiten schnell.
Ich bringe dich, zur Wette,
Noch heut ins Hochzeitsbette." —

„Sag' an, wo ist dein Kämmerlein?
Wo? wie dein Hochzeitbettchen?" —
„Weit, weit von hier! .. Still, kühl und klein! ..
Sechs Breter und zwei Bretchen!" —
„Hat's Raum für mich?" — „Für dich und mich!
Komm, schürze, spring und schwinge dich!
Die Hochzeitgäste hoffen;
Die Kammer steht uns offen." —

Schön Liebchen schürzte, sprang und schwang
Sich auf das Roß behende;
Wol um den trauten Reiter schlang
Sie ihre Liljenhände;
Und hurre hurre, hop hop hop!
Ging's fort in sausendem Galop,
Daß Roß und Reiter schnoben
Und Kies und Funken stoben.

Zur rechten und zur linken Hand,
Vorbei vor ihren Blicken,
Wie flogen Anger, Heid' und Land!
Wie donnerten die Brücken! —
„Graut Liebchen auch? .. Der Mond scheint hell!
Hurrah! Die Todten reiten schnell!
Graut Liebchen auch vor Todten?" —
„Ach nein! .. Doch laß die Todten!" —

Was klang dort für Gesang und Klang?
Was flatterten die Raben? ..
Horch Glockenklang! Horch Todtensang:
„Laß uns den Leib begraben!"
Und näher zog ein Leichenzug,
Der Sarg und Todtenbahre trug.
Das Lied war zu vergleichen
Dem Unkenruf in Teichen.

„Nach Mitternacht begrabt den Leib
Mit Klang und Sang und Klage!
Jetzt führ' ich heim mein junges Weib.
Mit, mit zum Brautgelage!
Komm, Küster, hier! komm mit dem Chor
Und gurgle mir das Brautlied vor!
Komm, Pfaff', und sprich den Segen,
Eh wir zu Bett uns legen!"

Still Klang und Sang. ... Die Bahre schwand. ..
Gehorsam seinem Rufen,
Kam's, hurre hurre! nachgerannt
Hart hinters Rappen Hufen.
Und immer weiter, hop hop hop!
Ging's fort in sausendem Galop,
Daß Roß und Reiter schnoben,
Und Kies und Funken stoben.

Wie flogen rechts, wie flogen links
Gebirge, Bäum' und Hecken!
Wie flogen links und rechts und links
Die Dörfer, Städt' und Flecken! —
„Graut Liebchen auch? .. Der Mond scheint hell!
Hurrah! Die Todten reiten schnell!
Graut Liebchen auch vor Todten?" —
„Ach! Laß sie ruhn, die Todten." —

Sieh da! sieh da! Am Hochgericht
Tanzt' um des Rades Spindel,
Halb sichtbarlich bei Mondenlicht,
Ein luftiges Gesindel. —
„Sasa! Gesindel, hier! komm hier!
Gesindel, komm und folge mir!
Tanz' uns den Hochzeitreigen,
Wann wir zu Bette steigen!" —

Und das Gesindel, husch husch husch!
Kam hinten nachgeprasselt,
Wie Wirbelwind am Haselbusch
Durch dürre Blätter rasselt.
Und weiter, weiter, hop hop hop!
Ging's fort in sausendem Galop,
Daß Roß und Reiter schnoben,
Und Kies und Funken stoben.

Wie flog, was rund der Mond beschien,
Wie flog es in die Ferne!
Wie flogen oben über hin
Der Himmel und die Sterne! —
„Graut Liebchen auch!.. Der Mond scheint hell!
Hurrah! Die Todten reiten schnell! --
Graut Liebchen auch vor Todten?" —
„O weh! Laß ruhn die Todten!" — — —

„Rapp'! Rapp'! mich dünkt, der Hahn schon ruft...
Bald wird der Sand verrinnen..
Rapp'! Rapp'! ich wittre Morgenluft.
Rapp'! tummle dich von hinnen! —
Vollbracht, vollbracht ist unser Lauf!
Das Hochzeitbette thut sich auf!
Die Todten reiten schnelle!
Wir sind, wir sind zur Stelle." — — —

Rasch auf ein eisern Gitterthor
Ging's mit verhängtem Zügel.
Mit schwanker Gert' ein Schlag davor
Zersprengte Schloß und Riegel.
Die Flügel flogen klirrend auf,
Und über Gräber ging der Lauf.
Es blinkten Leichensteine
Rund um im Mondenscheine.

Ha sieh! Ha sieh! Im Augenblick,
Huhu! ein gräßlich Wunder!
Des Reiters Koller, Stück für Stück,
Fiel ab wie mürber Zunder.
Zum Schädel ohne Zopf und Schopf,
Zum nackten Schädel ward sein Kopf,
Sein Körper zum Gerippe
Mit Stundenglas und Hippe.

Hoch bäumte sich, wild schnob der Rapp
Und sprühte Feuerfunken;
Und hui! war's unter ihr hinab
Verschwunden und versunken.
Geheul! Geheul aus hoher Luft,
Gewinsel kam aus tiefer Gruft.
Lenorens Herz mit Beben
Rang zwischen Tod und Leben.

Nun tanzten wol bei Mondenglanz,
Rund um herum im Kreise,
Die Geister einen Kettentanz,
Und heulten diese Weise:
„Geduld! Geduld! Wenn's Herz auch bricht!
Mit Gott im Himmel hadre nicht!
Des Leibes bist du ledig;
Gott sei der Seele gnädig!"

———

Der wilde Jäger.

Der Wild- und Rheingraf stieß ins Horn:
„Halloh, halloh zu Fuß und Roß!"
Sein Hengst erhob sich wiehernd vorn;
Laut rasselnd stürzt ihm nach der Troß;
Laut klifft' und klafft' es, frei vom Koppel,
Durch Korn und Dorn, durch Heid' und Stoppel.

Vom Strahl der Sonntagsfrühe war
Des hohen Domes Kuppel blank.
Zum Hochamt rufte dumpf und klar
Der Glocken ernster Feierklang.
Fern tönten lieblich die Gesänge
Der andachtsvollen Christenmenge.

Rischrasch quer übern Kreuzweg ging's
Mit Horridoh und Hussasa.
Sieh da! Sieh da, kam rechts und links
Ein Reiter hier, ein Reiter da!
Des Rechten Roß war Silbersblinken,
Ein Feuerfarbnertrug den Linken.

Wer waren Reiter links und rechts?
Ich ahnd' es wol, doch weiß ich's nicht.
Lichthehr erschien der Reiter rechts
Mit mildem Frühlingsangesicht.
Graß, dunkelgelb der linke Ritter
Schoß Blitz vom Aug' wie Ungewitter.

„Willkommen hier zu rechter Frist,
Willkommen zu der edeln Jagd!
Auf Erden und iu Himmel ist
Kein Spiel, das lieblicher behagt.“ —
Er rief's, schlug laut sich an die Hüfte
Und schwang den Hut hoch in die Lüfte.

„Schlecht stimmet deines Hornes Klang‘‘
Sprach der zur Rechten sanften Muths,
„Zu Feierglock' und Chorgesang.
Kehr' um! Erjagst dir heut nichts guts.
Laß dich den guten Engel warnen
Und nicht vom Bösen dich umgarnen!“ —

„Jagt zu, jagt zu, mein edler Herr!“
Fiel rasch der linke Reiter drein.
„Was Glockenklang? Was Chorgeplärr?
Die Jagdlust mag euch baß erfreun!
Laßt mich, was fürstlich ist, euch lehren
Und euch von jenem nicht bethören!“ —

„Ha, wolgesprochen, linker Mann!
Du bist ein Held nach meinem Sinn.
Wer nicht des Waidwerks pflegen kann,
Der scher' ans Paternoster hin!
Mag's, frommer Narr, dich baß verdrießen,
So will ich meine Lust doch büßen!“ —

Und hurre hurre vorwärts ging's,
Feld ein und aus, bergab und an.
Stets ritten Reiter rechts und links
Zu beiden Seiten nebenan.
Auf sprang ein weißer Hirsch von ferne
Mit sechzehnzackigem Gehörne.

Und lauter stieß der Graf ins Horn,
Und rascher flog's zu Fuß und Roß;
Und sieh! bald hinten und bald vorn
Stürzt einer todt dahin vom Troß.
„Laß stürzen! Laß zur Hölle stürzen!
Das darf nicht Fürstenlust verwürzen."

Das Wild duckt sich ins Aehrenfeld
Und hofft da sichern Aufenthalt.
Sieh da! Ein armer Landmann stellt
Sich dar in kläglicher Gestalt.
„Erbarmen, lieber Herr, Erbarmen!
Verschont den sauern Schweiß des Armen!"

Der rechte Ritter sprengt heran
Und warnt den Grafen sanft und gut.
Doch daß hetzt ihn der linke Mann
Zu schadenfrohem Frevelmuth.
Der Graf verschmäht des Rechten Warnen
Und läßt vom Linken sich umgarnen.

„Hinweg, du Hund!" schnaubt fürchterlich
Der Graf den armen Pflüger an.
„Sonst hetz' ich selbst, beim Teufel! dich.
Hallo, Gesellen, drauf und dran!
Zum Zeichen, daß ich wahr geschworen,
Knallt ihm die Peitschen um die Ohren!"

Gesagt, gethan! Der Wildgraf schwang
Sich übern Hagen rasch voran,
Und hinterher bei Knall und Klang
Der Troß mit Hund und Roß und Mann;
Und Hund und Mann und Roß zerstampfte
Die Halmen, daß der Acker dampfte.

Vom nahen Lärm emporgescheucht,
Feldein und aus, bergab und an
Gesprengt, verfolgt, doch unerreicht,
Ereilt das Wild des Angers Plan
Und mischt sich, da verschont zu werden,
Schlau mitten zwischen zahme Heerden.

Doch hin und her durch Flur und Wald,
Und her und hin durch Wald und Flur
Verfolgen und erwittern bald
Die raschen Hunde seine Spur.
Der Hirt, voll Angst für seine Heerde,
Wirft vor dem Grafen sich zur Erde.

„Erbarmen, Herr, Erbarmen! Laßt
Mein armes, stilles Vieh in Ruh!
Bedenket, lieber Herr, hier graſt
So mancher armen Witwe Kuh.
Ihr Eins und Alles ſpart der Armen!
Erbarmen, lieber Herr, Erbarmen!"

Der rechte Ritter ſprengt heran
Und warnt den Grafen ſanft und gut.
Doch baß hetzt ihn der linke Mann
Zu ſchadenfrohem Frevelmuth.
Der Graf verſchmäht des Rechten Warnen
Und läßt vom Linken ſich umgarnen.

„Verwegner Hund, der du mir wehrſt!
Ha, daß du deiner beſten Kuh
Selbſt um und angewachſen wärſt,
Und jede Vettel noch dazu!
So ſollt' es baß mein Herz ergötzen,
Euch ſtracks ins Himmelreich zu hetzen.

„Halloh, Geſellen, drauf und dran!
Jo! Doho! Huſſaſa!" —
Und jeder Hund fiel wüthend an,
Was er zunächſt vor ſich erſah.
Bluttriefend ſank der Hirt zur Erde,
Bluttriefend Stück für Stück die Heerde.

Dem Mordgewühl entrafft ſich kaum
Das Wild mit immer ſchwächerm Lauf.
Mit Blut beſprengt, bedeckt mit Schaum.
Nimmt jetzt des Waldes Nacht es auf.
Tief birgt ſich's in des Waldes Mitte
In eines Klausners Gotteshütte.

Riſch ohne Raſt, mit Peitſchenknall,
Mit Horridoh und Huſſaſa
Und Kliff und Klaff und Hörnerſchall
Verfolgt's der wilde Schwarm auch da.
Entgegen tritt mit ſanfter Bitte
Der fromme Klausner vor die Hütte.

„Laß ab, laß ab von dieſer Spur!
Entweihe Gottes Freiſtatt nicht!
Zum Himmel ächzt die Kreatur
Und heiſcht von Gott dein Strafgericht.
Zum letzten Male laß dich warnen,
Sonſt wird Verderben dich umgarnen!"

Der Rechte sprengt besorgt heran
Und warnt den Grafen sanft und gut.
Doch baß hetzt ihn der linke Mann
Zu schadenfrohem Frevelmuth.
Und wehe! trotz des Rechten Warnen
Läßt er vom Linken sich umgarnen!

„Verderben hin, Verderben her!
Das", ruft er, „macht mir wenig Graus.
Und wenn's im dritten Himmel wär',
So acht' ich's keine Fledermaus.
Mag's Gott und dich, du Narr, verdrießen,
So will ich meine Lust doch büßen!"

Er schwingt die Peitsche, stößt ins Horn:
„Halloh, Gesellen, drauf und dran!"
Hui, schwinden Mann und Hütte vorn,
Und hinten schwinden Roß und Mann;
Und Knall und Schall und Jagdgebrülle
Verschlingt auf einmal Todtenstille.

Erschrocken blickt der Graf umher;
Er stößt ins Horn, es tönet nicht;
Er ruft, und hört sich selbst nicht mehr;
Der Schwung der Peitsche sauset nicht;
Er spornt sein Roß in beide Seiten
Und kann nicht vor nicht rückwärts reiten.

Drauf wird es düster um ihn her,
Und immer düstrer, wie ein Grab.
Dumpf rauscht es, wie ein fernes Meer.
Hoch über seinem Haupt herab
Ruft furchtbar, mit Gewittergrimme,
Dies Urtel eine Donnerstimme:

„Du Wüthrich, teuflischer Natur,
Frech gegen Gott und Mensch und Thier!
Das Ach und Weh der Kreatur,
Und deine Missethat an ihr
Hat laut dich vor Gericht gefodert,
Wo hoch der Rache Fackel lodert.

Fleuch, Unhold, fleuch, und werde jetzt,
Von nun an bis in Ewigkeit,
Von Höll' und Teufel selbst gehetzt!
Zum Schreck der Fürsten jeder Zeit,
Die, um verruchter Lust zu frohnen,
Nicht Schöpfer noch Geschöpf verschonen!" —

Ein schwefelgelber Wetterschein
Umzieht hierauf des Waldes Laub.
Angst rieselt ihm durch Mark und Bein;
Ihm wird so schwül, so dumpf und taub!
Entgegen weht ihm kaltes Grausen,
Dem Nacken folgt Gewittersausen.

Das Grausen weht, das Wetter saust,
Und aus der Erd' empor, huhu!
Fährt eine schwarze Riesenfaust;
Sie spannt sich auf, sie krallt sich zu;
Hui! will sie ihn beim Wirbel packen;
Hui! steht sein Angesicht im Nacken.

Es flimmt und flammt rund um ihn her,
Mit grüner, blauer, rother Gluth;
Es wallt um ihn ein Feuermeer;
Darinnen wimmelt Höllenbrut.
Jach fahren tausend Höllenhunde,
Laut angehetzt, empor vom Schlunde.

Er rafft sich auf durch Wald und Feld,
Und flieht laut heulend Weh und Ach;
Doch durch die ganze weite Welt
Rauscht bellend ihm die Hölle nach,
Bei Tag tief durch der Erde Klüfte,
Um Mitternacht hoch durch die Lüfte.

Im Nacken bleibt sein Antlitz stehn,
So rasch die Flucht ihn vorwärts reißt.
Er muß die Ungeheuer sehn,
Laut angehetzt vom bösen Geist,
Muß sehn das Knirrschen und das Jappen
Der Rachen, welche nach ihm schnappen. —

Das ist des wilden Heeres Jagd,
Die bis zum jüngsten Tage währt,
Und oft dem Wüstling noch bei Nacht
Zu Schreck und Graus vorüber fährt.
Das könnte, müßt' er sonst nicht schweigen,
Wol manches Jägers Mund bezeugen.

Des Pfarrers Tochter von Taubenhain.

Im Garten des Pfarrers von Taubenhain
Geht's irre bei Nacht in der Laube.
Da flüstert und stöhnt's so ängstiglich;
Da rasselt, da flattert und sträubet es sich,
Wie gegen den Falken die Taube.

Es schleicht ein Flämmchen am Unkenteich,
Das flimmert und flammert so traurig.
Da ist ein Plätzchen, da wächst kein Gras;
Das wird vom Thau und vom Regen nicht naß;
Da wehen die Lüftchen so schaurig. —

Des Pfarrers Tochter von Taubenhain
War schuldlos wie ein Täubchen.
Das Mädel war jung, war lieblich und fein,
Viel ritten der Freier nach Taubenhain
Und wünschten Rosetten zum Weibchen. —

Von drüben herüber, von drüben herab,
Dort jenseit des Baches vom Hügel
Blinkt stattlich ein Schloß auf das Dörfchen im Thal,
Die Mauern wie Silber, die Dächer wie Stahl,
Die Fenster wie brennende Spiegel.

Da trieb es der Junker von Falkenstein
In Hüll' und in Füll' und in Freude.
Dem Jüngferchen lacht' in die Augen das Schloß,
Ihm lacht' in das Herzchen der Junker zu Roß,
Im funkelnden Jägergeschmeide. —

Er schrieb ihr ein Briefchen auf Seidenpapier,
Umrändelt mit goldenen Kanten.
Er schickt' ihr sein Bildniß, so lachend und hold,
Versteckt in ein Herzchen von Perlen und Gold;
Dabei war ein Ring mit Demanten. —

„Laß du sie nur reiten und fahren und gehn!
Laß du sie sich werben zu Schanden!
Rosettchen, dir ist wol was Bessers beschert.
Ich achte des stattlichsten Ritters dich werth,
Beliehen mit Leuten und Landen.

„Ich hab' ein gut Wörtchen zu kosen mit dir;
Das muß ich dir heimlich vertrauen.
Drauf hätt' ich gern heimlich erwünschten Bescheid.
Lieb Mädel, um Mitternacht bin ich nicht weit;
Sei wacker und laß dir nicht grauen!

„Heut Mitternacht horch auf den Wachtelgesang,
Im Weizenfeld hinter dem Garten.
Ein Nachtigallmännchen wird locken die Braut
Mit lieblichem, tiefaufflötenden Laut;
Sei wacker und laß mich nicht warten!" —

Er kam, in Mantel und Kappe vermummt,
Er kam um die Mitternachtstunde.
Er schlich, umgürtet mit Waffen und Wehr,
So leise, so lose wie Nebel einher
Und stillte mit Brocken die Hunde.

Er schlug der Wachtel hellgellenden Schlag
Im Weizenfeld hinter dem Garten.
Dann lockte das Nachtigallmännchen die Braut
Mit lieblichem, tiefaufflötenden Laut;
Und Röschen, ach! — ließ ihn nicht warten. —

Er wußte sein Wörtchen so traulich und süß
In Ohr und Herz ihr zu girren! —
Ach, Liebender Glauben ist willig und zahm!
Er sparte kein Locken, die schüchterne Schaam
Zu seinem Gelüste zu kirren.

Er schwur sich bei allem, was heilig und hehr,
Auf ewig zu ihrem Getreuen.
Und als sie sich sträubte, und als er sie zog,
Vermaß er sich theuer, vermaß er sich hoch:
„Lieb Mädel, es soll dich nicht reuen!"

Er zog sie zur Laube, so düster und still,
Von blühenden Bohnen umdüftet.
Da pocht' ihr das Herzchen, da schwoll ihr die Brust;
Da wurde vom glühenden Hauche der Lust
Die Unschuld zu Tode vergiftet. — — —

Bald, als auf duftendem Bohnenbeet
Die röthlichen Blumen verblühten,
Da wurde dem Mädel so übel und weh;
Da bleichten die rosichten Wangen zu Schnee;
Die funkelnden Augen verglühten.

Und als die Schote nun allgemach
Sich dehnt' in die Breit' und Länge;
Als Erdbeer' und Kirsche sich röthet' und schwoll,
Da wurde dem Mädel das Brüstchen zu voll,
Das seidene Röckchen zu enge.

Und als die Sichel zu Felde ging,
Hub's an sich zu regen und strecken.
Und als der Herbstwind über die Flur
Und über die Stoppeln des Habers fuhr,
Da konnte sie's nicht mehr verstecken.

Der Vater, ein harter und zorniger Mann,
Schalt laut die arme Rosette:
„Hast du dir erbuhlt für die Wiege das Kind,
So hebe dich mir aus den Augen geschwind
Und schaff' auch den Mann dir ins Bette!"

Er schlang ihr fliegendes Haar um die Faust;
Er hieb sie mit knotigen Riemen.
Er hieb, das schallte so schrecklich und laut!
Er hieb ihr die sammtene Lilienhaut
Voll schwellender blutiger Striemen.

Er stieß sie hinaus in der finstersten Nacht
Bei eisigem Regen und Winden.
Sie klimmt' am dornigen Felsen empor
Und tappte sich fort bis an Falkenstein's Thor,
Dem Liebsten ihr Leid zu verkünden. —

„O weh mir, daß du mich zur Mutter gemacht,
Bevor du mich machtest zum Weibe!
Sieh her! Sieh her! Mit Jammer und Hohn
Trag' ich dafür nun den schmerzlichen Lohn
An meinem zerschlagenen Leibe!"

Sie warf sich ihm bitterlich schluchzend ans Herz;
Sie bat, sie beschwur ihn mit Zähren:
„O mach' es nun gut, was du übel gemacht!
Bist du es, der so mich in Schande gebracht,
So bring' auch mich wieder zu Ehren!" —

„Arm Närrchen", versetzt' er, „das thut mir ja leid!
Wir wollen's am Alten schon rächen.
Erst gib dich zufrieden und harre bei mir!
Ich will dich schon hegen und pflegen allhier;
Dann wollen wir's ferner besprechen." —

„Ach, hier ist kein Säumen, kein Pflegen, noch Ruhn!
Das bringt mich nicht wieder zu Ehren.
Hast du einst treulich geschworen der Braut,
So laß auch an Gottes Altare nun laut
Vor Priester und Zeugen es hören!"

„Ho, Närrchen, so hab' ich es nimmer gemeint!
Wie kann ich zum Weibe dich nehmen?
Ich bin ja entsprossen aus abligem Blut.
Nur Gleiches zu Gleichem gesellet sich gut;
Sonst müßte mein Stamm sich ja schämen.

„Lieb Närrchen, ich halte dir's, wie ich's gemeint:
Mein Liebchen sollst immerdar bleiben.
Und wenn dir mein wackerer Jäger gefällt,
So aff' ich's mir kosten ein gutes Stück Geld.
Dann können wir's ferner noch treiben." —

„Daß Gott dich! — du schändlicher, bübischer Mann! —
Daß Gott dich zur Hölle verdamme! —
Entehr' ich als Gattin dein abliges Blut,
Warum denn, o Bösewicht, war ich einst gut
Für deine unehrliche Flamme? —

„So geh dann und nimm dir ein abliges Weib! —
Das Blättchen soll schrecklich sich wenden!
Gott siehet und höret und richtet uns recht.'
So müsse dereinst dein niedrigster Knecht
Das ablige Bette dir schänden! —

„Dann fühle, Verräther, dann fühle wie's thut,
An Ehr' und an Glück zu verzweifeln!
Dann stoß an die Mauer die schändliche Stirn
Und jag' eine Kugel dir fluchend durchs Hirn!
Dann, Teufel, dann fahre zu Teufeln!" —

Sie riß sich zusammen, sie raffte sich auf,
Sie rannte verzweifelnd von hinnen,
Mit blutigen Füßen, durch Distel und Dorn,
Durch Moor und Geröhricht, vor Jammer und Zorn
Zerrüttet an allen fünf Sinnen.

„Wohin nun, wohin, o barmherziger Gott,
Wohin nun auf Erden mich wenden?" —
Sie rannte, verzweifelnd an Ehr' und an Glück,
Und kam in den Garten der Heimath zurück,
Ihr klägliches Leben zu enden.

Sie taumelt', an Händen und Füßen verklomt,
Sie kroch zur unseligen Laube;
Und jach durchzuckte sie Weh auf Weh,
Auf ärmlichem Lager, bestreuet mit Schnee,
Von Reisig und rasselndem Laube.

Es wand ihr ein Knäbchen sich weinend vom Schooß,
Bei wildem, unsäglichen Schmerze.
Und als das Knäbchen geboren war,
Da riß sie die silberne Nadel vom Haar
Und stieß sie dem Knaben ins Herze.

Erst, als sie vollendet die blutige That,
Mußt', ach! ihr Wahnsinn sich enden.
Kalt wehten Entsetzen und Grausen sie an. —
„O Jesu, mein Heiland, was hab' ich gethan?"
Sie wand sich das Bast von den Händen.

Sie kratzte mit blutigen Nägeln ein Grab,
Am schilfigen Unkengestade.
„Da ruh' du, mein Armes, da ruh' nun in Gott,
Geborgen auf immer vor Elend und Spott! —
Mich hacken die Raben vom Rade!" — —

Das ist das Flämmchen am Unkenteich,
Das flimmert und flammert so traurig.
Das ist das Plätzchen, da wächst kein Gras;
Das wird vom Thau und vom Regen nicht naß!
Da wehen die Lüftchen so schaurig!

Hoch hinter dem Garten vom Rabenstein,
Hoch über dem Steine vom Rade
Blickt hohl und düster ein Schädel herab,
Das ist ihr Schädel, der blicket aufs Grab,
Drei Spannen lang an dem Gestade.

Allnächtlich herunter vom Rabenstein,
Allnächtlich herunter vom Rade
Huscht bleich und mollicht ein Schattengesicht,
Will löschen das Flämmchen und kann es doch nicht
Und wimmert am Unkengestade.

———

Des armen Suschen's Traum.

Ich träumte, wie um Mitternacht
Mein Falscher mir erschien.
Fast schwür' ich, daß ich hell gewacht,
So hell erblickt' ich ihn.

Er zog den Treuring von der Hand
Und ach! zerbrach ihn mir.
Ein wasserhelles Perlenband
Warf er mir hin dafür.

Drauf ging ich wol ans Gartenbeet,
Zu schaun mein Myrtenreis,
Das ich zum Kränzchen pflanzen thät
Und pflegen thät mit Fleiß.

Da riß entzwei mein Perlenband,
Und eh' ich's mich versah,
Entrollten all' in Erd' und Sand,
Und keine war mehr da.

Ich sucht' und sucht' in Angst und Schweiß
Umsonst, umsonst! Da schien
Verwandelt mein geliebtes Reis
In dunkeln Rosmarin.

Erfüllt ist längst das Nachtgesicht,
Ach! längst erfüllt genau.
Das Traumbuch frag' ich weiter nicht
Und keine weise Frau.

Nun brich, o Herz, der Ring ist hin!
Die Perlen sind geweint!
Statt Myrt' erwuchs dir Rosmarin!
Der Traum hat Tod gemeint.

Brich, armes Herz! Zur Todtenkron'
Erwuchs dir Rosmarin.
Verweint sind deine Perlen schon,
Der Ring, der Ring ist hin!

––––––––

Robert.

Ich war wol recht ein Springinsfeld
In meinen Jünglingstagen,
Und that nichts lieber auf der Welt,
Als reiten, fischen, jagen.

Einst zogen meine Streiferein, —
Weiß nicht, auf welche Weise?
Doch war es recht, als sollt' es sein, —
Mich ab von meinem Gleise.

Da sah ich übern grünen Zaun,
Im lichten Frühlingsgarten,
Ein Mädchen, rosicht anzuschaun,
Der Schwesterblumen warten.

Ein Mädchen, so von Angesicht,
Von Stirn und Augenstrahlen,
Von Wuchs und Wesen, läßt sich nicht
Beschreiben und nicht malen.

Ich freundlich hin, sie freundlich her,
Wir mußten beid' uns grüßen,
Wir fragten nicht, wohin? woher?
Noch minder, wie wir hießen?

Sie schmückte grün und roth den Hut,
Brach Früchte mir vom Stengel,
Und war so lieblich, war so gut,
So himmlisch, wie ein Engel!

Doch wußt' ich nicht, was tief aus mir
So seufzte, so erbebte,
Und, unter Druck und Küssen, ihr
Was vorzuweinen strebte.

Ich konnte weder her noch hin,
Nicht weg, noch zu ihr kommen;
Auch lag's nicht anders mir im Sinn,
Als wär' mir was genommen.

Mich dünkt', ich hatt' ihr tausendviel,
Weiß Gott all was? zu sagen:
Doch konnt' ich, welch ein Zauberspiel!
Nicht eine Silbe wagen.

2*

Sie fragt' in heller Unschuld: Was?
Was ich wol von ihr wollte?
Ach Liebe! rief ich, als mir's naß
Von beiden Wangen rollte.

Sie aber schlug den dunkeln Blick
Zum schönen Busen nieder,
Und ich, verschüchtert, floh zurück,
Und fand sie noch nicht wieder. —

Wie konnte wol dies Eine Wort,
Dies Wörtchen sie betrüben? —
O blöder Junge! wärst du dort,
Wärst du doch dort geblieben.

Schön Suschen.

Schön Suschen kannt' ich lange Zeit:
Schön Suschen war wol sein;
Voll Tugend war's und Sittsamkeit:
Das sah ich klärlich ein.
Ich kam und ging, ich ging und kam,
Wie Ebb' und Fluth zur See.
Ganz wol mir that es, wann ich kam,
Doch, wann ich ging, nicht weh.

Und es geschah, daß nach der Zeit
Gar andres ich vernahm;
Da that's mir, wann ich schied, so leid,
So wol mir, wann ich kam;
Da hatt' ich keinen Zeitvertreib,
Und kein Geschäft, als sie;
Da fühlt' ich ganz an Seel' und Leib,
Und fühlte nichts, als sie.

Da war ich dumm und stumm und taub;
Vernahm nichts, außer ihr;
Sah nirgends blühen Blum' und Laub;
Nur Suschen blühte mir.
Nicht Sonne, Mond und Sternenschein,
Mir glänzte nur mein Kind;
Ich sah, wie in die Sonn', hinein,
Und sah mein Auge blind.

Und wieder kam gar andre Zeit,
Gar anders ward es mir:
Doch alle Tugend, Sittsamkeit,
Und Schönheit blieb an ihr.
Ich kam und ging, ich ging und kam,
Wie Ebb' und Fluth zur See.
Ganz wol mir that es, wann ich kam,
Doch, wann ich ging, nicht weh. —

Ihr Weisen, hoch und tief gelahrt,
Die ihr's ersinnt, und wißt,
Wie, wo und wann sich alles paart?
Warum sich's liebt und küßt?
Ihr hohen Weisen, sagt mir's an!
Ergrübelt, was mir da,
Ergrübelt mir, wo, wie und wann,
Warum mir so geschah? —

Ich selber sann oft Nacht und Tag,
Und wieder Tag und Nacht,
So wundersamen Dingen nach;
Doch hab' ich nichts erdacht. —
Drum, Lieb' ist wol, wie Wind im Meer:
Sein Sausen ihr wol hört,
Allein ihr wisset nicht, woher?
Wißt nicht, wohin er fährt?

Der Ritter und sein Liebchen.

Ein Ritter ritt einst in den Krieg,
Und als er seinen Hengst bestieg,
Umfing ihn sein feins Liebchen:
„Leb' wol! du Herzensbübchen!
Leb' wol! Viel Heil und Sieg!

Komm fein bald wieder heim ins Land,
Daß uns umschling' ein schönres Band,
Als Band von Gold und Seide:
Ein Band aus Lust und Freude,
Gewirkt von Priesterhand!" —

„Ho ho! Käm' ich auch wieder hier,
Du Närrchen du, was hülf' es dir?
Magst meinen Trieb zwar weiden;
Allein dein Band aus Freuden
Behagt mit nichten mir." —

„O weh! so weid' ich deinen Trieb,
Und willst doch, falscher Herzensdieb,
Ins Eh'band dich nicht fügen!
Warum mich denn betrügen,
Treuloser Unschuldsdieb?" —

„Ho ho! du Närrchen, welch ein Wahn!
Was ich that, hast du mit gethan.
Kein Schloß hab' ich erbrochen,
Wann ich kam anzupochen,
So war schon aufgethan." —

„O weh! So trugst du das im Sinn?
Was schmeicheltest du mir ums Kinn?
Was mußtest du die Krone,
So zu Betrug und Hohne,
Mir aus den Locken ziehn?" —

„Ho ho! Jüngst flog in jenem Hain
Ein kirres Täubchen zu mir ein.
Hätt' ich es nicht gefangen,
So müßten mir entgangen
Verstand und Sinnen sein." —

Drauf ritt der Ritter hopsasa!
Und strich sein Bärtchen trallala!
Sein Liebchen sah ihn reiten,
Und hörte noch von weiten
Sein Lachen ha ha ha! — —

Traut, Mädchen, leichten Rittern nicht!
Manch Ritter ist ein Bösewicht.
Sie löffeln wol und wandern
Von Einer zu der Andern,
Und freien Keine nicht.

Spinnerlied.

Hurre, hurre, hurre!
Schnurre, Rädchen, schnurre!
Trille, Rädchen, lang und fein,
Trille fein ein Fädelein,
Mir zum Busenschleier.

Hurre, hurre, hurre!
Schnurre, Rädchen, schnurre!
Weber, webe zart und fein,
Webe fein das Schleierlein,
Mir zur Kirmeßfeier.

Hurre, hurre, hurre!
Schnurre, Rädchen, schnurre!
In und außen blank und rein
Muß des Mädchens Busen sein,
Wol deckt ihn der Schleier.

Hurre, hurre, hurre!
Schnurre, Rädchen, schnurre!
In und außen blank und rein,
Fleißig, fromm und sittsam sein,
Locket wackre Freier.

Der Raubgraf.

Es liegt nicht weit von hier ein Land,
Da reist' ich einst hindurch;
Am Weg' auf hohem Felsen stand
Vor alters eine Burg;
Die alten Rudera davon
Wies mir der Schwager Postillon.

Mein Herr, begann der Schwager Matz,
Mit heimlichem Gesicht,
Wär' mir bescheert dort jener Schatz,
Führ' ich den Herrn wol nicht.
Mein Seel! Den König fragt' ich gleich:
Wie theuer, Herr, sein Königreich?

Wol manchem wässerte der Mund,
Doch mancher ward gepreßt;
Denn, Herr, Gott sei bei uns! ein Hund
Bewacht das schöne Geld.
Ein schwarzer Hund, die Zähne bloß,
Mit Feueraugen, tellersgroß!

Nur immer alle sieben Jahr'
Läßt sich ein Flämmchen sehn.
Dann mag ein Bock, kohlschwarz von Haar,
Die Hebung wol bestehn;
Um zwölf Uhr in Walpurgisnacht
Wird der dem Unhold dargebracht.

Doch merk' eins nur des Bösen List!
Wo noch zum Ungelück
Am Bock ein weißes Härchen ist,
Alsdann: Ade, Genick!
Den Kniff hat mancher nicht bedacht
Und sich um Leib und Seel' gebracht.

Für meinen Part, mit großen Herrn
Und Meister Urian
Aeß' ich wol keine Kirschen gern.
Man läuft verdammt oft an;
Sie werfen einem, wie man spricht,
Gern Stiel und Stein ins Angesicht.

Drum rath' ich immer: Lieber Christ,
Laß dich mit keinem ein!
Wenn der Contract geschlossen ist,
Bricht man dir Hals und Bein.
Troß allen Clauseln, glaube du,
Macht jeder dir ein X für U. —

Goldmacherei und Lotterie,
Nach reichen Weibern frein
Und Schäße graben, segnet nie,
Wird manchen noch gereun.
Mein Sprüchlein heißt: Auf Gott vertrau',
Arbeite brav und leb' genau!

Ein alter Graf, fuhr Schwager Maß
Nach seiner Weise fort,
Vergrub zu Olim's Zeit den Schaß
In seinem Keller dort.
Der Graf, mein Herr, hieß Graf von Rips,
Ein Kraut wie Käsebier und Lips.

Der streifte durch das ganze Land
Mit Wagen, Roß und Mann,
Und wo er was zu kapern fand,
Da macht' er frisch sich dran.
Wips! hatt' ers weg, wips! ging er durch,
Und schleppt' es heim auf seine Burg.

Und wann er erst zu Loche saß,
So schlug mein Graf von Rips —
Denn hier that ihm kein Teufel was —
Gar höhnisch seinen Schnips.
Sein allverfluchtes Felsennest
War wie der Königstein so fest.

So übt' er nun gar lang' und oft
Viel Bubenstückchen aus
Und fiel den Nachbarn unverhofft
In Hof und Stall und Haus.
Allein der Krug geht, wie man spricht,
So lang' zu Wasser, bis er bricht.

Das Ding verdroß den Magistrat
Im nächsten Städtchen sehr,
Drum rieth der längst auf klugen Rath
Bedächtlich hin und her
Und rieth und rieth, — doch weiß man wol! —
Die Herren riethen sich halb toll.

Da nun begab sich's, daß einsmals
Ob vielem Teufelsspaß
Ein Lumpenherzchen auf den Hals
In Kett' und Banden saß.
Schon wetzte Meister Urian
Auf diesen Braten seinen Zahn.

Dies Herzchen sprach: Hört! Laßt mich frei,
So schaff' ich ihn herein.
Wol! sprach ein edler Rath, es sei!
Und gab ihr obendrein
Ein eisern Privilegium,
Zu hexen frank und frei herum.

Ein närr'scher Handel! Unsereins
Thät' nichts auf solchen Kauf.
Doch Satans Reich ist selten eins
Und reibt sich selber auf.
Für diesmal spielt die Lügenbrut
Ihr Stückchen ehrlich und auch gut.

Sie kroch als Kröt' aufs Räuberschloß
Mit losem, leisen Tritt,
Verwandelte sich in das Roß,
Das Rips gewöhnlich ritt,
Und als der Schloßhahn krähte früh,
Bestieg der Graf gesattelt sie.

Sie aber trug trotz Gert' und Sporn,
So sehr er hieb und trat,
Ihn über Stock und Stein und Dorn
Gerades Wegs zur Stadt.
Früh, als das Thor ward aufgethan,
Sieh da! kam unser Herzlein an.

Mit Kratzfuß und mit Reverenz
Naht höhnisch alle Welt:
Willkommen hier, Ihr' Excellenz!
Quartier ist schon bestellt!
Du hast uns lange satt geknufft;
Man wird dich wieder knuffen, Schuft!

Dem Schnapphahn ward, wie sich's gebührt,
Bald der Proceß gemacht,
Und drauf, als man ihn condemnirt,
Ein Käfig ausgedacht.
Da ward mein Rips hineingesperrt
Und wie ein Murmelthier genärrt.

Und als ihn hungern thät, da schnitt
Der Knips, mit Höllenqual,
Vom eignen Leib ihm Glied für Glied
Und briet es ihm zum Mahl.
Als jeglich Glied verzehret war,
Briet er ihm seinen Magen gar.

So schmaust' er sich denn selber auf
Bis auf den letzten Stumpf
Und endigte den Lebenslauf
Den Nachbarn zum Triumph.
Das Eisenbau'r, worin er lag,
Wird aufbewahrt bis diesen Tag. —

Mein Herr, fällt mir der Käfig ein,
So denk' ich oft bei mir:
Er dürfte noch zu brauchen sein,
Und weiß der Herr, wofür? — —
Für die französchen Raubmarquis,
Die man zur Ferme kommen ließ. —

Als Matz kaum ausgeperorirt,
Sieh da! kam querfeldan
Ein Sansfaçon daher trottirt
Und hielt den Wagen an
Und visitirte Pack für Pack
Nach ungestempeltem Tabac.

———

Die Weiber von Weinsberg

Wer sagt mir an, wo Weinsberg liegt?
Soll sein ein wackres Städtchen,
Soll haben, fromm und klug gewiegt,
Viel Weiberchen und Mädchen.
Kömmt mir einmal das Freien ein,
So werb' ich eins aus Weinsberg frein.

Einsmals der Kaiser Konrad war
Dem guten Städtlein böse
Und rückt' heran mit Kriegesschaar
Und Reisigengetöse,
Umlagert' es mit Roß und Mann
Und schoß und rannte drauf und dran.

Und als das Städtlein widerstand
Trotz allen seinen Nöthen,
Da ließ er, hoch von Grimm entbrannt,
Den Herold 'nein trompeten:
„Ihr Schurken, komm' ich 'nein, so wißt,
Soll hängen was die Wand bepißt."

Drob, als er den Avis also
Hinein trompeten lassen,
Gab's lautes Zetermordio
Zu Haus' und auf den Gassen.
Das Brot war theuer in der Stadt;
Doch theurer noch war guter Rath.

„O weh mir armen Korydon!
O weh mir!" Die Pastores
Schrien: „Kyrie Eleyson!
Wir gehn, wir gehn kapores!
O weh mir armen Korydon!
Es juckt mir an der Kehle schon."

Doch wann's Matthä' am letzten ist
Trotz Rathen, Thun und Beten,
So rettet oft noch Weiberlist
Aus Aengsten und aus Nöthen;
Denn Pfaffentrug und Weiberlist
Gehn über alles, wie ihr wißt.

Ein junges Weibchen Lobesan,
Seit gestern erst getrauet,
Gibt einen klugen Einfall an,
Der alles Volk erbauet;
Den ihr, sofern ihr anders wollt,
Belachen und beklatschen sollt.

Zur Zeit der stillen Mitternacht
Die schönste Ambassade
Von Weibern sich ins Lager macht
Und bettelt dort um Gnade.
Sie bettelt sanft, sie bettelt süß,
Erhält doch aber nichts als dies:

„Die Weiber sollten Abzug han,
Mit ihren besten Schätzen,
Was übrigbliebe, wollte man
Zerhauen und zerfetzen."
Mit der Capitulation
Schleicht die Gesandtschaft trüb davon.

Drauf als der Morgen bricht hervor,
Gebt Achtung! was geschiehet?
Es öffnet sich das nächste Thor,
Und jedes Weibchen ziehet
Mit ihrem Männchen schwer im Sack,
So wahr ich lebe! huckepack. —

Manch Hofschranz suchte zwar sofort
Das Kniffchen zu vereiteln;
Doch Konrad sprach: „Ein Kaiserwort
Soll man nicht drehn noch deuteln.
Ha bravo!" rief er, „bravo so!
Meint' unsre Frau es auch nur so!"

Er gab Pardon und ein Banket
Den Schönen zu gefallen.
Da ward gegeigt, da ward trompet't
Und durchgetanzt mit allen,
Wie mit der Burgemeisterin,
So mit der Besenbinderin.

Ei! Sagt mir doch, wo Weinsberg liegt?
Ist gar ein wackres Städtchen,
Hat, treu und fromm und klug gewiegt,
Viel Weiberchen und Mädchen.
Ich muß, kömmt mir das Freien ein,
Fürwahr! muß eins aus Weinsberg frein.

Das Lied vom braven Manne.

Hoch klingt das Lied vom braven Mann,
Wie Orgelton und Glockenklang.
Wer hohes Muths sich rühmen kann,
Den lohnt nicht Gold, den lohnt Gesang.
Gottlob! daß ich singen und preisen kann,
Zu singen und preisen den braven Mann.

Der Thauwind kam vom Mittagsmeer
Und schnob durch Welschland trüb' und feucht.
Die Wolken flogen vor ihm her,
Wie wann der Wolf die Heerde scheucht.
Er fegte die Felder, zerbrach den Forst!
Auf Seen und Strömen das Grundeis borst.

Am Hochgebirge schmolz der Schnee;
Der Sturz von tausend Wassern scholl;
Das Wiesenthal begrub ein See;
Des Landes Heerstrom wuchs und schwoll;
Hoch rollten die Wogen entlang ihr Gleis
Und rollten gewaltige Felsen Eis.

Auf Pfeilern und auf Bogen schwer,
Aus Quaderstein von unten auf,
Lag eine Brücke drüber her,
Und mitten stand ein Häuschen drauf.
Hier wohnte der Zöllner mit Weib und Kind. —
„O Zöllner! o Zöllner! entfleuch geschwind!"

Es dröhnt' und dröhnte dumpf heran,
Laut heulten Sturm und Wog' ums Haus.
Der Zöllner sprang zum Dach hinan
Und blickt' in den Tumult hinaus. —
„Barmherziger Himmel! erbarme dich!
Verloren! Verloren! Wer rettet mich?" —

Die Schollen rollten Schuß auf Schuß,
Von beiden Ufern, hier und dort,
Von beiden Ufern riß der Fluß
Die Pfeiler sammt den Bogen fort.
Der bebende Zöllner mit Weib und Kind,
Er heulte noch lauter als Strom und Wind.

Die Schollen rollten Stoß auf Stoß,
An beiden Enden, hier und dort,
Zerborsten und zertrümmert, schoß
Ein Pfeiler nach dem andern fort.
Bald nahte der Mitte der Umsturz sich. —
„Barmherziger Himmel! erbarme dich!" —

Hoch auf dem fernen Ufer stand
Ein schwarm von Gaffern, groß und klein;
Und jeder schrie und rang die Hand,
Doch mochte niemand Retter sein.
Der bebende Zöllner mit Weib und Kind
Durchheulte nach Rettung den Strom und Wind. —

Wann klingst du, Lied vom braven Mann,
Wie Orgelton und Glockenklang?
Wolan! So nenn' ihn, nenn' ihn dann!
Wann nennst du ihn, mein schönster Sang?
Bald nahet der Mitte der Umsturz sich.
O braver Mann! braver Mann! zeige dich!

Rasch galoppirt' ein Graf hervor,
Auf hohem Roß ein edler Graf.
Was hielt des Grafen Hand empor?
Ein Beutel war es, voll und straff. —
„Zweihundert Pistolen sind zugesagt
Dem, welcher die Rettung der Armen wagt."

Wer ist der Brave? Ist's der Graf?
Sag' an, mein braver Sang, sag' an! —
Der Graf, beim höchsten Gott! war brav!
Doch weiß ich einen bravern Mann. —
O braver Mann! braver Mann! zeige dich!
Schon naht das Verderben sich fürchterlich. —

Und immer höher schwoll die Fluth;
Und immer lauter schnob der Wind;
Und immer tiefer sank der Muth. —
O Retter! Retter! komm geschwind! —
Stets Pfeiler bei Pfeiler zerborst und brach.
Laut krachten und stürzten die Bogen nach.

„Halloh! Halloh! Frisch auf gewagt!"
Hoch hielt der Graf den Preis empor.
Ein jeder hört's, doch jeder zagt,
Aus Tausenden tritt keiner vor.
Vergebens durchheulte mit Weib und Kind
Der Zöllner nach Rettung den Strom und Wind. —

Sieh, schlecht und recht, ein Bauersmann
Am Wanderstabe schritt daher,
Mit grobem Kittel angethan,
An Wuchs und Antlitz hoch und hehr
Er hörte den Grafen, vernahm sein Wort
Und schaute das nahe Verderben dort.

Und kühn in Gottes Namen sprang
Er in den nächsten Fischerkahn;
Trotz Wirbel, Sturm und Wogendrang
Kam der Erretter glücklich an:
Doch wehe! Der Nachen war allzu klein,
Um Retter von allen zugleich zu sein.

Und dreimal zwang er seinen Kahn,
Trotz Wirbel, Sturm und Wogendrang;
Und dreimal kam er glücklich an,
Bis ihm die Rettung ganz gelang.
Kaum kamen die letzten in sichern Port,
So rollte das letzte Getrümmer fort. —

Wer ist, wer ist der brave Mann?
Sag' an, sag' an, mein braver Sang!
Der Bauer wagt' ein Leben dran:
Doch that er's wol um Goldesklang?
Denn spendete nimmer der Graf sein Gut,
So wagte der Bauer vielleicht kein Blut. —

„Hier," rief der Graf, „mein wackrer Freund!
Hier ist dein Preis! Komm her! Nimm hin!" —
Sag' an, war das nicht brav gemeint? —
Bei Gott! Der Graf trug hohen Sinn. —
Doch höher und himmlischer, wahrlich! schlug
Das Herz, das der Bauer im Kittel trug.

„Mein Leben ist für Gold nicht feil.
Arm bin ich zwar, doch ess' ich satt.
Dem Zöllner werd' eu'r Gold zu Theil,
Der Hab' und Gut verloren hat."
So rief er mit herzlichem Biederton,
Und wandte den Rücken und ging davon. —

Hoch klingst du, Lied vom braven Mann,
Wie Orgelton und Glockenklang!
Wer solches Muths sich rühmen kann,
Den lohnt kein Gold, den lohnt Gesang.
Gottlob! daß ich singen und preisen kann,
Unsterblich zu preisen den braven Mann.

Sanct Stephan.

Sanct Stephan war ein Gottesmann,
Von Gottes Geist berathen,
Der durch den Glauben Kraft gewann
Zu hohen Wunderthaten;
Doch seines Glaubens Wunderkraft
Und seine Himmelswissenschaft
Verdroß die Schulgelehrten,
Die Erdenweisheit ehrten.

Und die Gelehrten stritten scharf
Und waren ihm zuwider;
Allein die Himmelsweisheit warf
Die irdische darnieder,
Und ihr beschämter Hochmuth sann
Auf Rache an dem Gottesmann;
Ihn zu verleumden, dungen
Sie falscher Zeugen Zungen.

Und gegen ihn in Aufruhr trat
Die jüdische Gemeinde.
Bald riß ihn vor den Hohen Rath
Die Rachgier seiner Feinde.
Die falschen Zeugen stiegen auf
Und logen: Dieser hört nicht auf,
Zu sträflichem Exempel,
Zu lästern Gott und Tempel.

Sein Jesus, schmäht er, würde nun
Des Tempels Dienst zerstören,
Hinweg die Satzung Mosis thun
Und andre Sitten lehren.
Starr sah der ganze Rath ihn an;
Doch Er, mit Unschuld angethan,
Trotz dem, was sie bezeugten,
Schien Engeln gleich zu leuchten.

„Nun sprich! Ist dem also?" begann
Der Hohepriester endlich.
Da hub er frei zu reden an
Und deutete verständlich
Der heiligen Propheten Sinn
Und was der Herr vom Anbeginn
Zu Juda's Heil und Frommen
Gered't und unternommen.

„Doch, Unbeschnittne," fuhr er fort,
„An Herzen und an Ohren!
An euch war Gottes That und Wort
Von je und je verloren.
Eu'r Stolz, der sich der Zucht entreißt,
Stets widerstrebt er Gottes Geist.
Ihr, sowie eure Väter,
Seid Mörder und Verräther!

Nennt mir Propheten, die sie nicht
Verfolgt und hingerichtet,
Wann sie aus göttlichem Gesicht
Des Heilands Kunft berichtet,
Des Heilands, welchen eu'r Verrath
Zu Tode jetzt gekreuzigt hat.
Ihr wißt zwar Gottes Willen,
Doch wollt ihn nie erfüllen."

Und horch! ein dumpfer Lärm erscholl.
Es knirschte das Getümmel.
Er aber ward des Geistes voll
Und blickt' empor gen Himmel
Und sah eröffnet weit und breit
Des ganzen Himmels Herrlichkeit
Und Jesum in den Höhen
Zur Rechten Gottes stehen.

Nun rief er hoch im Jubelton:
„Ich seh' im offnen Himmel,
Zu Gottes Rechten, Gottes Sohn!"
Da stürmte das Getümmel
Und brauste wie ein wildes Meer
Und übertäubte das Gehör,
Und wie von Sturm und Wogen
Ward er hinweggezogen.

Hinaus zum nächsten Thore brach
Der Strom der tollen Menge
Und schleifte den Mann Gottes nach,
Zerstoßen im Gedränge;
Und tausend Mörderstimmen schrien,
Und Steine hagelten auf ihn
Aus tausend Mörderhänden,
Die Rache zu vollenden.

Als er den letzten Odem zog,
Zerschellt von ihrem Grimme,
Da faltet' er die Hände hoch
Und bat mit lauter Stimme:
„Behalt', o Herr, für dein Gericht
Dem Volke diese Sünde nicht! —
Nimm meinen Geist von hinnen!" —
Hier schwanden ihm die Sinnen.

Die Kuh.

Frau Magdalis weint' auf ihr letztes Stück Brot;
Sie konnt' es vor Kummer nicht essen.
Ach, Wittwen bekümmert oft größere Noth,
Als glückliche Menschen ermessen.

„Wie tief ich auf immer geschlagen nun bin!
Was hab' ich, bist du erst verzehret?" —
Denn, Jammer! ihr Eins und ihr Alles war hin,
Die Kuh, die bisher sie ernähret. —

Heim kamen mit lieblichem Schellengetön
Die andern, gesättigt in Fülle.
Vor Magdalis' Pforte blieb keine mehr stehn
Und rief ihr mit sanftem Gebrülle.

Wie Kindlein, welche der nährenden Brust
Der Mutter sich sollen entwöhnen,
So klagte sie Abend und Nacht den Verlust
Und löschte ihr Lämpchen mit Thränen.

Sie sank auf ihr ärmliches Lager dahin
In hoffnungslosem Verzagen,
Verwirrt und zerrüttet an jeglichem Sinn,
An jeglichem Gliede zerschlagen.

Doch stärkte kein Schlaf sie von Abend bis früh;
Schwer abgemüdet, im Schwalle
Von ängstlichen Träumen, erschütterten sie
Die Schläge der Glockenuhr alle.

Früh that ihr des Hirtenhornes Getön
Ihr Elend von neuem zu wissen.
„O wehe! Nun hab' ich nichts aufzustehn!" —
So schluchzte sie nieder ins Kissen.

Sonst weckte des Hornes Geschmetter ihr Herz,
Den Vater der Güte zu preisen.
Jetzt zürnet' und hadert' entgegen ihr Schmerz
Dem Pfleger der Wittwen und Waisen.

Und horch! Auf Ohr und auf Herz wie ein Stein
Fiel's ihr mit dröhnendem Schalle.
Ihr rieselt' ein Schauer durch Mark und Gebein:
Es dünkt ihr wie Brüllen im Stalle.

„O Himmel! Verzeihe mir jegliche Schuld
Und ahnde nicht meine Verbrechen!"
Sie wähnt', es erhübe sich Geistertumult,
Ihr sträfliches Zagen zu rächen.

Kaum aber hatte vom schrecklichen Ton
Sich mählich der Nachhall verloren,
So drang ihr noch lauter und deutlicher schon
Das Brüllen vom Stalle zu Ohren.

„Barmherziger Himmel, erbarme dich mein
Und halte den Bösen in Banden!"
Tief barg sie das Haupt in die Kissen hinein,
Daß Hören und Sehen ihr schwanden.

Hier schlug ihr, indem sie im Schweiße zerquoll,
Das bebende Herz wie ein Hammer;
Und drittes noch lauteres Brüllen erscholl,
Als wär's vor dem Bett in der Kammer.

Nun sprang sie mit wildem Entsetzen heraus,
Stieß auf die Laden der Zelle.
Schon strahlte der Morgen; der Dämmerung Graus
Wich seiner erfreulichen Helle.

Und als sie mit heiligem Kreuz sich versehn:
„Gott helfe mir gnädiglich, Amen!" —
Da wagte sie's zitternd, zum Stalle zu gehn
In Gottes allmächtigem Namen.

O Wunder! Hier kehrte die herrlichste Kuh,
So glatt und so blank wie ein Spiegel,
Die Stirne mit silbernem Sternchen ihr zu.
Vor Staunen entsank ihr der Riegel.

Dort füllte die Krippe frisch duftender Klee
Und Heu den Stall, sie zu nähren;
Hier leuchtet' ein Eimerchen, weiß wie der Schnee,
Die strotzenden Euter zu leeren.

3*

Sie trug ein zierlich beschriebenes Blatt,
Um Stirn und Hörner gewunden:
„Zum Troste der guten Frau Magdalis hat
N. N. hierher mich gebunden." —

Gott hatt' es ihm gnädig verliehen, die Noth
Des Armen so wol zu ermessen.
Gott hatt' ihm verliehen ein Stücklein Brot,
Das konnt' er allein nicht essen. —

Mir däucht, ich wäre von Gott ersehn,
Was gut und was schön ist, zu preisen:
Daher besing' ich, was gut ist und schön,
In schlicht einfältigen Weisen.

„So," schwur mir ein Maurer, „so ist es geschehn!"
Allein er verbot mir den Namen.
Gott lass' es dem Edeln doch wol ergehn!
Das bet' ich herzinniglich, Amen!

—————

Lenardo und Blandine.

Blandine sah her, Lenardo sah hin
Mit Augen, erleuchtet vom zärtlichsten Sinn:
Blandine, die schönste Prinzessin der Welt,
Lenardo, der Schönsten zum Diener bestellt.

Zu Land und zu Wasser, von nah und von fern
Erschienen viel Fürsten und Grafen und Herrn
Mit Perlen, Gold, Ringen und Edelgestein,
Die schönste der schönen Prinzessen zu frein.

Allein die Prinzessin war Perlen und Gold,
War Ringen mit blankem Gestein nicht so hold,
Als oft sie ein würziges Blümlein entzückt,
Vom Finger des schönsten der Diener gepflückt.

Der schönste der Diener trug hohes Gemüth,
Obschon nicht entsprossen aus hohem Geblüt.
Gott schuf ja aus Erden den Ritter und Knecht.
Ein hoher Sinn adelt auch niedres Geschlecht.

Und als sie mal draußen in fröhlicher Schaar,
Von Schranzen umlagert, am Apfelbaum war,
Und alle genossen der lieblichen Frucht,
Die emsig der flinke Lenardo gesucht:

Da bot die Prinzessin ein Aepfelchen rar
Aus ihrem hellsilbernen Körbchen ihm dar,
Ein Aepfelchen, rosicht und gülden und rund,
Dazu sprach ihr holdseliger Mund:

„Nimm hin für die Mühe! Der Apfel ist dein!
Das Leckere wuchs nicht für Prinzen allein.
Er ist ja so lieblich von außen zu sehn;
Will wünschen, was drin ist, sei zehnmal so schön."

Und als sich der Liebling gestohlen nach Haus,
Da zog er, o Wunder! ein Blättchen heraus.
Das Blättchen im Apfel saß heimlich und tief;
Drauf stand gar traulich geschrieben ein Brief:

„Du Schönster der Schönsten von nah und von fern,
Du Schönster vor Fürsten und Grafen und Herrn,
Der du trägst züchtiger höher Gemüth
Als Fürsten und Grafen aus hohem Geblüt!

„Dich hab' ich vor allen zum Liebsten erwählt;
Dich trag' ich im Herzen, das sehnend sich quält.
Mich labet nicht Ruhe, mich labet nicht Rast,
Bevor du gestillet dies Sehnen mir hast.

„Zur Mitternachtstunde laß Schlummer und Traum,
Laß Bette, laß Kammer und suche den Baum,
Den Baum, der den Apfel der Liebe dir trug!
Dein harret was Liebes; nun weißt du genug." —

Das däuchte dem Diener so wol und so bang'!
So bang' und so wol! Er zweifelte lang';
Viel zweifelt' er her, viel zweifelt' er hin;
Von Hoffen und Ahnden war trunken sein Sinn.

Doch als es nun tief um Mitternacht war
Und still herab blinkte der Sternlein Schaar;
Da sprang er vom Lager, ließ Schlummer und Traum
Und eilt' in den Garten und suchte den Baum.

Und als er still harrend am Liebesbaum saß,
Da säuselt' im Laube, da schlich es durchs Gras;
Und eh' er sich wandte, umschlang ihn ein Arm,
Da weht' ihn ein Odem an, lieblich und warm.

Und als er die Lippen eröffnet zum Gruß,
Verschlang ihm die Rede manch durstiger Kuß;
Und eh' es ihm zugeflüstert ein Wort,
Da zog es mit sammtenem Händchen ihn fort.

Es führt' ihn allmählich mit heimlichem Tritt:
„Komm, süßer, komm, lieblicher Junge, komm mit!
Kalt wehen die Lüftchen; kein Dach und kein Fach
Beschirmet uns; komm in mein stilles Gemach!"

Und führt' ihn durch Dornen und Nessel und Stein
In einen zertrümmerten Keller hinein.
Hier flimmert' ein Lämpchen; es zog ihn entlang
Beim Schimmer des Lämpchens den heimlichen Gang. —

In Schlummer gehüllt war jedes Gesicht;
Doch ach! das Verrätheraug' schlummerte nicht.
Lenardo! Lenardo! wie wird dir's ergehn,
Noch ehe die Hähne das Morgenlied krähn? —

Weit her, von Hispaniens reichster Provinz,
War kommen ein hochstolzirender Prinz,
Mit Perlen, Gold, Ringen und Edelgestein,
Die schönste der schönsten Prinzessen zu frein.

Ihm brannte der Busen, ihm lechzte der Mund;
Doch hofft' er, doch harrt' er umsonst in Burgund;
Er warb wol und warb doch vergebens manch Jahr
Und wollte nicht weichen noch wanken von dar.

Drob hatte der hochstolzirende Gast
Bei Nacht und bei Tage nicht Ruhe noch Rast
Und hatte zur selbigen Stunde der Nacht
Sich auf und hinaus in den Garten gemacht;

Und hatt' es vernommen und hatt' es gesehn,
Was jetzt kaum drei Schritte weit von ihm geschehn.
Er knirschte die Zähne, biß blutig den Mund:
„Zur Stunde soll's wissen der Fürst von Burgund!"

Und eilte zur selbigen Stunde der Nacht;
Ihm wehrte vergebens die fürstliche Wacht:
„Jetzt will ich, jetzt muß ich zum König hinein!
Weil Hochverrath ihn und Aufruhr bedräun. —

Halloh! Wach' auf! du Fürst von Burgund!
Dein Königsgeschmeide besudelt ein Hund;
Blandinen, dein gleißendes Töchterlein, schwächt,
Zur Stunde jetzt schwächt sie ein schändlicher Knecht."

Das krachte dem Alten ins dumpfe Gehör:
Er liebte die einzige Tochter so sehr;
Er schätzte sie höher, als Scepter und Kron'
Und höher, als seinen hellstrahlenden Thron.

Wild raffte der Fürst von Burgund sich empor:
„Das leugst du, Verräther, das leugst du mir vor!
Dein Blut mir's entgelte! das trinke Burgund!
Wofern mich belogen dein giftiger Mund." —

„Hier stell' ich, o Alter, zum Pfande mich dar.
Auf! eile! so findet's dein Auge noch wahr.
Mein Blut dir's entgelte! das trinke Burgund!
Wofern dich belogen mein redlicher Mund."

Da rannte der Alte mit blinkendem Dolch.
Ihm nach kroch der verräthrische Molch
Und wies ihn durch Dornen und Nessel und Stein
Stracks in den zertrümmerten Keller hinein.

Hier prangte vor Zeiten ein lustiges Schloß,
Das längst schon in Schutt und in Trümmer zerschoß.
Noch wölbten sich Keller und Halle. Von vorn
Verbargen sie Nessel und Distel und Dorn.

Die Halle war wenigen Augen bekannt;
Doch wer der Halle war kundig, der fand
Den Weg; durch eine verborgene Thür
Wol in der Prinzessin ihr Sommerlosier. —

Noch sendete durch den heimlichen Gang
Das Lämpchen der Liebe den Schimmer entlang
Sie athmeten leise, sie schlichen gemach
Dem Schimmer des Lämpchens der Liebe sich nach

Und kamen bald vor die verborgene Thür
Und standen und harrten und lauschten allhier:
„Horch, König! da flüstert's, — horch, König! da spricht's. —
Da! glaubest du noch nicht, so glaubest du nichts."

Und als sich der Alte zum Horchen geneigt,
Erkannt' er der Liebenden Stimme gar leicht.
Sie trieben bei Küssen und tändelndem Spiel
Des süßen Geschwätzes der Liebe gar viel:

„O Lieber! mein Lieber! was zaget dein Sinn
Vor mir, die ich ewig dein eigen nun bin?
Prinzessin am Tage nur; aber bei Nacht
Magst du mir gebieten als eigener Magd!" —

„O schönste Prinzessin! o wärest du nur
Das dürftigste Mädchen auf dürftiger Flur!
Wie wollt' ich dann schmecken der Freuden so viel!
Nun setzet dein Lieben mir Kummer ans Ziel!" —

„O Lieber! mein Lieber! laß fahren den Wahn!
Bin keine Prinzeſſin! Drauf ſieh mich nur an!
Statt Vaters Gewalt, Reich, Scepter und Kron'
Erkieſ' ich den Schooß mir der Liebe zum Thron." —

„O ſchönſte der Schönſten! dies zärtliche Wort,
Das kannſt du, das wirſt du nicht halten hinfort.
Durch Werben und Werben von nah und von fern
Erwirbt dich noch einer der ſtattlichen Herrn.

Wol ſchwellen die Waſſer, wol hebet ſich Wind;
Doch Winde verwehen, doch Waſſer verrinnt.
Wie Wind und wie Waſſer iſt weiblicher Sinn:
So wehet, ſo rinnet dein Lieben dahin." —

„Laß werben und werben von nah und von fern!
Erwirbt mich doch keiner der ſtattlichen Herrn.
O Süßer! o Lieber! mein zärtliches Wort,
Das kann ich, das werd' ich dir halten hinfort.

Wie Waſſer und Wind iſt mein liebender Sinn:
Wol wehen die Winde, wol Waſſer rinnt hin;
Doch alle verwehn und verrinnen ja nicht:
So ewig mein quellendes Lieben auch nicht." —

„O ſüße Prinzeſſin, noch zag' ich ſo ſehr!
Mir ahndet's im Herzen, mir ahndet's, wie ſchwer!
Die Bande zerreißen, der Treuring zerbricht,
Worüber der Himmel den Segen nicht ſpricht.

Und wenn es der König, oh! wenn er's erfährt,
So triefet mein Leben am blutigen Schwert,
So mußt du dein Leben, verriegelt allein,
Tief unter dem Thurm im Gewölbe verſchrein." —

„Ach Lieber! der Himmel zerreißet ja nicht
Die Knoten, ſo Treue, ſo Liebe ſich flicht.
Der ſeligen Wonne bei nächtlicher Ruh',
Der höret, der ſieht kein Verräther ja zu.

Komm her, o komm her nun, mein trauter Gemahl,
Und küſſ' mir den Kuß der Verlobung einmal!" —
Da kam er und küßt' ihr den roſichten Mund,
Drob alle ſein Zagen im Herzen verſchwund.

Sie trieben bei Küſſen und tändelndem Spiel
Des ſüßen Geſchwätzes der Liebe noch viel.
Da knirſchte der König, da wollt' er hinein;
Doch ließen ihn Schlöſſer und Riegel nicht ein.

Nun harrt' er und harrte mit schäumendem Mund,
Wie vor der Höhle des Wildes ein Hund.
Den Liebenden brin, nach gepflogener Lust,
Ward enger und bänger von Ahndung die Brust. —

„Wach' auf, Prinzessin! Der Hahn hat gekräht!
Nun laß mich, bevor sich der Morgen erhöht!" —
„Ach, Lieber, ach bleib noch! Es kündet der Hahn
Die erste der nächtlichen Wachen nur an." —

„Schau' auf, Prinzessin! Der Morgen schon graut!
Nun laß mich, bevor uns der Morgen erschaut!" —
„Ach, Trauter, ach bleib noch! Der Sternlein Licht
Verräth ja die Gänge der Liebenden nicht." —

„Horch auf, Prinzessin! Da wirbelt ein Ton,
Da wirbelt die Schwalbe das Morgenlied schon!" —
„Ach Süßer! ach bleib noch! Es ist ja der Schall
Der liebeflötenden Nachtigall." …

„Nein! Laß mich! Der Hahn hat zum Morgen gekräht;
Schon leuchtet der Morgen; die Morgenluft weht;
Schon wirbelt die Schwalbe den Morgengesang,
O laß mich! Wie wird mir ums Herze so bang!" …

„Ach Süßer! .. Leb' wol dann! .. Nein, bleib noch! .. Ade! ..
O weh mir! Wie thut's mir im Busen so weh! ..
Weis' her mir dein Herzchen! .. Ach, pocht ja so sehr! ..
Hab' lieb mich, du Herzchen! Auf morgen Nacht mehr!" —

„Schlaf süß! Schlaf wol!" Da schlüpft' er hinaus;
Ihm fuhren durchs Leben Entsetzen und Graus;
Es roch ihm wie Leichen; er stolpert' entlang
Beim Schimmer des traurigen Lämpchens den Gang.

Hui! sprangen die beiden vom Winkel herbei
Und bohrten ihn nieder mit dumpfem Geschrei:
„Da! Hast du gefreit um den Thron von Burgund,
Da hast du die Mitgift! da hast du sie, Hund!" —

„O Jesu Maria! erbarme dich mein!" —
Drauf hüllte sein brechendes Auge sich ein.
Ohne Beicht', ohne Nachtmahl, ohn' Absolution
Flog seine verzagende Seele davon.

Der Prinz von Hispania, schäumend vor Wuth,
Zerhieb ihm den Busen mit knirschendem Muth:
„Weis' her mir dein Herzchen! Ach, pocht ja so sehr! —
Hast lieb gehabt, Herzchen? Hab's morgen Nacht mehr!"

Und riß ihm vom Busen das zuckende Herz
Und kühlte sein Müthchen mit gräßlichem Scherz:
„Da hab' ich dich, Herzchen! Ach, pochst ja so sehr!
Hab' lieb nun, du Herzchen! Hab's morgen Nacht mehr!" —

Indeß die Prinzessin, ach! zagte so sehr!
Zerwarf sich im Schlummer und träumte, wie schwer!
Von blutigen Perlen in blutigem Kranz,
Von blutigem Gastmahl und höllischem Tanz.

Sie warf sich im Bette, so müde, so krank,
Den kommenden Morgen und Tag entlang:
„O wenn's doch erst wieder tief Mitternacht wär'!
Komm, Mitternacht, führe mein Labsal mir her!"

Und als es nun wieder tief Mitternacht war
Und still herabblinkte der Sternlein Schaar:
„O weh mir! Mein Busen! was ahndet wol dir?"
Horch! horch! da knarrte die heimliche Thür.

Ein Junker in Flor und in Trauergewand
Trug Fackel und Leichengedeck in der Hand,
Trug einen zerbrochenen blutigen Ring
Und legt' es danieder stillschweigend und ging.

Ihm folgt' ein Junker in Purpurgewand,
Der trug ein goldnes Geschirr in der Hand,
Versehen mit Henkel und Deckel und Knauf
Und oben ein königlich Siegel darauf.

Ihm folgt' ein Junker in Silbergewand
Mit einem versiegelten Brief in der Hand,
Er gab der erstarrten Prinzessin den Brief
Und ging und neigte sich schweigend und tief.

Und als die erstarrte Prinzessin den Brief
Erbrach und mit rollenden Augen durchlief,
Umflirrt' es ihr Antlitz wie Nebel und Duft;
Sie stürzte zusammen und schnappte nach Luft. —

Und als sie mit zuckender, strebender Kraft
Sich wieder ermannt und dem Boden entrafft:
„Juchheisa!" da sprang sie, „juchheisa! Trallah!
Auf lustig, ihr Fiedler, mein Brauttag ist da!

Juchheisa! Ihr Fiedler, zum lustigen Tanz!
Mir schweben die Füße, mir flattert der Kranz!
Nun tanzet, ihr Prinzen von nah und von fern!
Auf lustig, ihr Damen! Auf lustig, ihr Herrn!

Ha! Seht ihr nicht meinen Herzliebsten sich drehn
Im Silbergewande, wie herrlich, wie schön!
Ihn zieret am Busen ein purpurner Stern.
Juchheisa, ihr Damen! Juchheisa, ihr Herrn!

Auf! lustig zum Tanze! Was steht ihr so fern?
Was rümpft ihr die Nasen, ihr Damen und Herrn?
Mein Bräutigam ist er! Ich heiße die Braut!
Uns haben die Engel im Himmel getraut.

Zu Tanze, zu Tanze! Was grinset ihr fern?
Was rümpft ihr die Nasen, ihr Damen und Herrn? —
Weg, Edelgesindel! Pfui! stinkest mir an!
Du stinkest nach stinkender Hoffart mir an.

Wer schuf wol aus Erden den Ritter und Knecht?
Ein hoher Sinn adelt auch niedres Geschlecht.
Mein Schönster trägt hohen und züchtigen Muth
Und speiet in euer hochabliges Blut.

Juchheisa! Ihr Fiedler, zum lustigen Tanz!
Mir schweben die Füße, mir flattert der Kranz!
Juchheisa! Trallala! Juchheisa! Trallah!
Auf lustig, ihr Fiedler, mein Brauttag ist da!"

So sang sie zum Sprunge, so sprang sie zum Sang
Bis aus der Stirn ihr der Todesthau drang.
Der Todesthau troff ihr die Wangen herab;
Sie taumelt' und leuchte zu Boden hinab.

Und, als sich ihr Leben zum letzten ermannt,
Da streckte sie nach dem Gefäße die Hand,
Und schlang's in die Arme und hielt es im Schooß,
Und deckte, was drinnen verborgen war, bloß.

Da rauchte, da pocht' ihr entgegen sein Herz,
Als fühlt' es noch Leben, als fühlt' es noch Schmerz.
Jetzt that sich ihr blutiger Thränenquell auf,
Und strömte, wie Regen vom Dache, darauf.

„O Jammer! Nun gleichest du Wasser und Wind:
Wol Winde verwehen, wol Wasser verrinnt;
Doch alle verwehn und verrinnen ja nie! —
So du, o blutiger Jammer, auch nie!"

Drauf sank sie, mit hohlem, gebrochenen Blick,
In dumpfen Todestaumel zurück,
Und drückte noch fest, mit zermalmendem Schmerz,
Das Blutgefäß an ihr liebendes Herz.

„Dir lebt' ich, o Herzchen, dir sterb' ich mit Lust! —
O weh mir! O weh! — Du zerdrückst mir die Brust! —
Herab! — Herab! — Den zerquetschenden Stein! —
Oh! — Jesu Maria! — Erbarme dich mein!" —

Drauf schloß sie die Augen, drauf schloß sie den Mund.
Nun rannten die Boten; dem König ward's kund;
Laut scholl durch die Säle das Zetergeschrei:
„Prinzessin ist hin! Auf König, herbei!"

Das krachte dem Alten ins dumpfe Gehör.
Er liebte die einzige Tochter so sehr.
Er schätzte sie höher, als Zepter und Kron',
Und höher, als seinen hell strahlenden Thron. —

Und als auch herbei der Verräther mit sprang,
Ergrimmte der Alte: „Das hab' ich dir Dank! —
Dein Blut mir's entgelte! das trinke Burgund!
Weil das mir gerathen dein giftiger Mund.

Ihr Herzblut verklagt dich vor Gottes Gericht,
Das dir dein blutiges Urtel schon spricht."
Rasch zuckte der Alte den blinkenden Dolch
Und bohrte danieder den Spanischen Molch.

„Lenardo, du Armer! Blandine, mein Kind! —
O heilger Himmel! Verzeih' mir die Sünd'!
Verklaget nicht mich auch vor Gottes Gericht!
Ich bin ja — bin Vater! — Verklaget mich nicht!" —

So weinte der König, so reut' ihn zu spat,
Schwer reut' ihn die himmelanschreiende That.
Drauf wurde bereitet ein silberner Sarg,
Worein er die Leichen der Liebenden barg.

Das Lied von Treue.

Wer gern treu eigen sein Liebchen hat,
     Den necken Stadt
Und Hof mit gar mancherlei Sorgen.
Der Marschall von Holm, den das Necken verdroß,
Hielt klüglich deßwegen auf ländlichem Schloß
Seitweges sein Liebchen verborgen.

Der Marschall achtet' es nicht Beschwer,
    Oft hin und her
Bei Nacht und bei Nebel zu jagen.
Er ritt, wann die Hähne das Morgenlied krähn,
Um wieder am Dienste des Hofes zu stehn,
Zur Stunde der lungernden Magen.

Der Marschall jagte voll Liebesdrang
    Das Feld entlang,
Vom Hauche der Schatten befeuchtet.
„Hui, tummle dich, Senner! Versäume kein Nu!
Und bring' mich zum Nestchen der Wolluſt und Ruh',
Eh' heller der Morgen uns leuchtet!“

Er sah sein Schlößchen bald nicht mehr fern,
    Und wie den Stern
Des Morgens das Fensterglas flimmern.
„Geduld noch, o Sonne, du weckendes Licht,
Erwecke mein schlummerndes Liebchen noch nicht!
Hör' auf, ihr ins Fenster zu schimmern!“

Er kam zum schattenden Park am Schloß,
    Und band sein Roß
An eine der duftenden Linden.
Er schlich zu dem heimlichen Pförtchen hinein,
Und wähnt' im dämmernden Kämmerlein
Süß träumend sein Liebchen zu finden.

Doch als er leise vor's Bettchen kam,
    O weh! Da nahm
Der Schrecken ihm alle fünf Sinnen.
Die Kammer war öde, das Bette war kalt. —
„O wehe! Wer stahl mir mit Räubergewalt
So schändlich mein Kleinod von hinnen?“ —

Der Marschall stürmte mit raschem Lauf
    Treppab, Treppauf,
Und stürmte von Zimmer zu Zimmer.
Er rufte; kein Seelchen erwiderte drauf —
Doch endlich ertönte tief unten herauf
Vom Kellergewölb' ein Gewimmer.

Das war des ehrlichen Schloßvogts Ton.
    Aus Schuld entflohn
War alle sein falsches Gesinde.
„O Henne, wer hat dich heruntergezerrt?
Wer hat so vermessen hier ein dich gesperrt?
Wer? Sag' mir geschwinde, geschwinde!“ —

„O Herr, die schändlichste Frevelthat
     Ist durch Verrath
Dem Junker vom Steine gelungen.
Er raubte das Fräulein bei sicherer Ruh',
Und eure zwei wackeren Hunde dazu
Sind mit dem Verräther entsprungen."

Das dröhnt dem Marschall durch Mark und Bein.
     Wie Wetterschein
Entlodert sein Sarras der Scheide.
Vom Donner des Fluches erschallet das Schloß.
Er stürmet im Wirbel der Rache zu Roß
Und sprenget hinaus auf die Heide.

Ein Streif im Thaue durch Heid' und Wald
     Verräth ihm bald,
Nach wannen die Flüchtling' entschwanden.
„Nun strecke, mein Renner, nun strecke dich aus,
Nur diesmal, ein einzig mal halt nur noch aus
Und laß mich nicht werden zu Schanden!

„Halloh! Als ging' es zur Welt hinaus,
     Greif aus, greif aus!
Dies letzte noch laß uns gelingen!
Dann sollst du für immer auf schwellender Streu
Bei goldenem Haber, bei duftendem Heu
Dein Leben in Ruhe verbringen."

Lang streckt der Senner sich aus und fleucht.
     Den Nachtthau streicht
Die Sohle des Reiters vom Grase.
Der Stachel der Ferse, der Schrecken des Rufs
Verdoppeln den Donnergalopschlag des Hufs,
Verdoppeln die Stürme der Nase. —

Sieh da! Am Rande vom Horizont
     Scheint hell besonnt
Ein Büschel vom Reiher zu schimmern.
Kaum sprengt er den Rücken des Hügels hinan,
So springen ihn seine zwei Doggen schon an
Mit freudigem Heulen und Wimmern.

„Verruchter Räuber, halt an, halt an
     Und steh dem Mann,
An dem du Verdammniß erfrevelt!
Verschlänge doch stracks dich ihr glühender Schlund!
Und müßtest du ewig da flackern, o Hund,
Vom Zeh bis zum Wirbel beschwefelt!"

Der Herr vom Steine war in der Brust
    Sich Muths bewußt
Und Kraft in dem Arme von Eisen.
Er drehte den Nacken, er wandte sein Roß,
Die Brust, die die trotzige Rede verdroß,
Dem wilden Verfolger zu weisen.

Der Herr vom Steine zog muthig blank,
    Und rasselnd sprang
So dieser wie jener vom Pferde.
Wie Wetter erhebt sich der grimmigste Kampf.
Das Stampfen der Kämpfer zermalmet zu Dampf
Den Sand und die Schollen der Erde.

Sie haun und hauen mit Tigerwuth,
    Bis Schweiß und Blut
Die Panzer und Helme bethauen;
Doch keiner vermag, so gewaltig er ringt,
So hoch er das Schwert und so sausend er's schwingt,
Den Gegner zu Boden zu hauen.

Doch als wol beiden es allgemach
    An Kraft gebrach,
Da leuchte der Junker vom Steine:
„Herr Marschall, gefiel' es, so möchten wir hier
Ein Weilchen erst ruhen, und trautet ihr mir,
So spräch' ich ein Wort, wie ich's meine."

Der Marschall, senkend sein blankes Schwert,
    Hält an und hört
Die Rede des Junkers vom Steine:
„Herr Marschall, was haun wir das Leder uns wund?
Weit besser bekäm' uns ein friedlicher Bund,
Der brächt' uns auf einmal ins Reine.

„Wir haun, als hackten wir Fleisch zur Bank,
    Und keinen Dank
Hat doch wol der blutige Sieger.
Laßt wählen das Fräulein nach eigenem Sinn,
Und wen sie erwählet, der nehme sie hin!
Beim Himmel, das ist ja viel klüger!"

Das stand dem Marschall nicht übel an.
    „Ich bin der Mann!"
So dacht' er bei sich, „den sie wählet.
Wann hab' ich nicht Liebes gethan und gesagt?
Wann hat's ihr an allem, was Frauen behagt,
Solang' ich ihr diene, gefehlet?

„Ach", wähnt er zärtlich, „sie läßt mich nie!
Zu tief hat sie
Den Becher der Liebe gekostet!" —
O Männer der Treue, jetzt warn' ich euch laut:
Zu fest nicht auf Biedermanns-Wörtchen gebaut,
Daß ältere Liebe nicht rostet!

Das Weib zu Rosse vernahm sehr gern
Den Bund von fern
Und wählte vor Freuden nicht lange.
Kaum hatten die Kämpfer sich zu ihr gewandt,
So gab sie dem Junker vom Steine die Hand.
O pfui! die verräthrische Schlange! —

O pfui! Wie zog sie mit leichtem Sinn
Dahin, dahin,
Von keinem Gewissen beschämet!
Versteinert blieb Holm an der Stelle zurück,
Mit bebenden Lippen, mit starrendem Blick,
Als hätt' ihn der Donner gelähmet.

Allmählich taumelt' er matt und blaß
Dahin ins Gras
Zu seinen geliebten zwei Hunden.
Die alten Gefährten, von treuerem Sinn,
Umschnoberten traulich ihm Lippen und Kinn
Und leckten das Blut von den Wunden.

Das bracht' in seinen umflorten Blick
Den Tag zurück
Und Lebensgefühl in die Glieder.
In Thränen verschlich sich allmählich sein Schmerz.
Er drückte die guten Getreuen ans Herz
Wie leibliche liebende Brüder.

Gestärkt am Herzen durch Hundetreu,
Erstand er neu
Und wacker, von hinnen zu reiten.
Kaum hatt' er den Fuß in den Bügel gesetzt
Und vorwärts die Doggen zu Felde gehetzt,
So hört' er sich rufen vom weiten.

Und sieh! auf seinem beschäumten Roß,
Schier athemlos,
Ereilt' ihn der Junker vom Steine.
„Herr Marschall, ein Weilchen nur haltet noch an!
Wir haben der Sache kein Gnügen gethan;
Ein Umstand ist noch nicht ins Reine.

„Die Dame, der ich mich eigen gab,
 Läßt immer ab,
Nach euren zwei Hunden zu streben.
Sie legt mir auch diese zu fordern zur Pflicht.
Drum muß ich, gewährt ihr in Güte sie nicht,
Drob kämpfen auf Tod und auf Leben.“ —

Der Marschall rühret nicht an sein Schwert,
 Steht kalt und hört
Die Muthung des Junkers vom Steine.
„Herr Junker, was haun wir das Leder uns wund?
Weit besser bekommt uns ein friedlicher Bund,
Der bringt uns auf einmal ins Reine

„Wir haun, als hackten wir Fleisch zur Bank,
 Und keinen Dank
Hat doch wol der blutige Sieger.
Laßt wählen die Köter nach eigenem Sinn,
Und wen sie erwählen, der nehme sie hin!
Beim Himmel! das ist ja viel klüger.“

Der Herr vom Steine verschmerzt den Stich
 Und wähnt in sich:
Es soll mir wol dennoch gelingen!
Er locket, er schmalzet mit Zung’ und mit Hand
Und hoffet bei Schnalzen und Locken sein Band
Bequem um die Hälse zu schlingen.

Er schnalzt und klopfet wol sanft aufs Knie,
 Lockt freundlich sie
Durch alle gefälligen Töne.
Er weiset vergebens sein Zuckerbrot vor.
Sie weichen und springen am Marschall empor
Und weisen dem Junker die Zähne.

Der Bruder Graurock und die Pilgerin.

Ein Pilgermädel, jung und schön,
Wallt’ auf ein Kloster zu.
Sie zog das Glöcklein an dem Thor;
Ein Bruder Graurock trat hervor,
Halb barfuß ohne Schuh.

Sie sprach: „Gelobt sei Jesus Christ!" —
„In Ewigkeit!" sprach er.
Gar wunderseltsam ihm geschah;
Und als er ihr ins Auge sah,
Da schlug sein Herz noch mehr.

Die Pilgerin mit leisem Ton,
Voll holder Schüchternheit:
„Ehrwürdiger, o meldet mir,
Weilt nicht mein Herzgeliebter hier
In Klostereinsamkeit?" —

„Kind Gottes, wie soll kenntlich mir
Dein Herzgeliebter sein?" —
„Ach! An dem gröbsten härnen Rock,
An Geißel, Gurt und Weidenstock,
Die seinen Leib kastein.

Noch mehr an Wuchs und Angesicht,
Wie Morgenroth im Mai,
Am goldnen Ringellockenhaar,
Am himmelblauen Augenpaar,
So freundlich, lieb und treu!" —

„Kind Gottes, o wie längst dahin!
Längst todt und tief verscharrt!
Das Gräschen säuselt drüber her;
Ein Stein von Marmel drückt ihn schwer;
Längst todt und tief verscharrt.

Siehst dort, in Immergrün verhüllt,
Das Zellenfenster nicht?
Da wohnt' und weint' er und verkam
Durch seines Mädels Schuld, vor Gram,
Verlöschend wie ein Licht.

Sechs Junggesellen, schlank und fein,
Bei Trauersang und Klang,
Sie trugen seine Bahr' ans Grab;
Und manche Zähre rann hinab,
Indem sein Sarg versank." —

„O weh! O weh! So bist du hin?
Bist todt und tief verscharrt? —
Nun brich, o Herz, die Schuld war dein!
Und wärst du wie sein Marmelstein,
Wärst dennoch nicht zu hart." —

„Geduld, Kind Gottes, weine nicht!
Nun bete desto mehr!
Vergebner Gram zerspellt das Herz;
Das Augenlicht verlischt von Schmerz;
Drum weine nicht so sehr!" —

„O nein, Ehrwürdiger, o nein!
Verdamme nicht mein Leid!
Denn meines Herzens Lust war er;
So lebt und liebt kein Jüngling mehr
Auf Erden weit und breit.

Drum laß mich weinen immerdar
Und seufzen Tag und Nacht,
Bis mein verweintes Auge bricht
Und lechzend meine Zunge spricht:
Gottlob! Nun ist's vollbracht!" —

„Geduld, Kind Gottes, weine nicht!
O seufze nicht so sehr!
Kein Thau, kein Regentrank erquickt
Ein Veilchen, das du abgepflückt.
Es welkt und blüht nicht mehr.

Huscht doch die Freud' auf Flügeln, schnell
Wie Schwalben, vor uns hin.
Was halten wir das Leid so fest,
Das, schwer wie Blei, das Herz zerpreßt?
Laß fahren! Hin ist hin!" —

„O nein, Ehrwürdiger, o nein!
Gib meinem Gram kein Ziel!
Und litt' ich um den lieben Mann,
Was nur ein Mädchen leiden kann,
Nie litt' ich doch zu viel. —

So seh' ich ihn nun nimmermehr?
O weh! nun nimmermehr? —
Nein! Nein! Ihn birgt ein düstres Grab;
Es regnet drauf und schneit herab,
Und Gras weht drüber her. —

Wo seid ihr Augen, blau und klar,
Ihr Wangen, rosenroth,
Ihr Lippen, süß wie Nelkenduft? —
Ach! Alles modert in der Gruft;
Und mich verzehrt die Noth." —

4 *

„Kind Gottes, härme so dich nicht!
Und denk', wie Männer sind!
Den meisten weht's aus e i n e r Brust
Bald heiß, bald kalt; sie sind zur Luft
Und Unluft gleich geschwind.

Wer weiß, trotz deiner Treu' und Huld
Hätt' ihn sein Loos gereut.
Dein Liebster war ein junges Blut,
Und junges Blut hegt Wankelmuth
Wie die Aprillenzeit." —

„Ach nein, Ehrwürdiger, ach nein!
Sprich dieses Wort nicht mehr!
Mein Trauter war so lieb und hold,
War lauter, echt, und treu wie Gold
Und aller Falschheit leer.

Ach! Ist es wahr, daß ihn das Grab
Im dunkeln Rachen hält?
So sag' ich meiner Heimat ab
Und setze meinen Pilgerstab
Fort durch die weite Welt.

Erst aber will ich hin zur Gruft;
Da will ich niederknien;
Da soll von Seufzerhauch und Kuß
Und meinem Tausendthränenguß
Das Gräschen frischer blühn." —

„Kind Gottes, kehr' allhier erst ein,
Daß Ruh' und Kost dich pflegt!
Horch! wie der Sturm die Fahnen trillt
Und kalter Schloßenregen wild
An Dach und Fenster schlägt!" —

„O nein, Ehrwürdiger, o nein!
O halte mich nicht ab!
Mag's sein, daß Regen mich befällt!
Wäscht Regen aus der ganzen Welt
Doch meine Schuld nicht ab." — —

„Heida! Fein's Liebchen, nun kehr' um!
Bleib hier und tröste dich! —
Fein's Liebchen, schau' mir ins Gesicht! —
Kennst du den Bruder Graurock nicht?
Dein Liebster, ach! — bin ich.

Aus hoffnungslosem Liebesschmerz
Erkor ich dies Gewand.
Bald hätt' in Klostereinsamkeit
Mein Leben und mein Herzeleid
Ein hoher Schwur verbannt.

Doch, Gott sei Dank! mein Probejahr
Ist noch nicht ganz herum.
Fein's Liebchen, hast du wahr bekannt?
Und gäbst du mir wol gern die Hand,
So kehrt' ich wieder um." —

„Gottlob! Gottlob! Nun fahre hin
Auf ewig Gram und Noth!
Willkommen! o willkommen, Lust!
Komm, Herzensjung', an meine Brust!
Nun scheid' uns nichts als Tod!"

Die Entführung,

oder

Ritter Karl von Eichenhorst und Fräulein Gertrude von Hochburg

„Knapp', sattle mir mein Dänenroß,
Daß ich mir Ruh' erreite!
Es wird mir hier zu eng' im Schloß;
Ich will und muß ins Weite!" —
So rief der Ritter Karl in Hast,
Voll Angst und Ahndung, sonder Rast.
Es schien ihn fast zu plagen,
Als hätt' er wen erschlagen.

Er sprengte, daß es Funken stob,
Hinunter von dem Hofe;
Und als er kaum den Blick erhob,
Sieh da! Gertrudens Zofe!
Zusammenschrak der Rittersmann;
Es packt ihn wie mit Krallen an
Und schüttelt ihn wie Fieber
Hinüber und herüber.

„Gott grüß' euch, edler junger Herr!
Gott geb' euch Heil und Frieden!
Mein armes Fräulein hat mich her
Zum letztenmal beschieden.
Verloren ist euch Trudchens Hand!
Dem Junker Plump von Pommerland
Hat sie, vor aller Ohren,
Ihr Vater zugeschworen.

„„Mord!"" — flucht er laut, bei Schwert und Spieß —
„„Wo Karl dir noch gelüstet,
So sollst du tief ins Burgverließ,
Wo Molch und Unke nistet.
Nicht rasten will ich Tag und Nacht,
Bis daß ich nieder ihn gemacht,
Das Herz ihm ausgerissen,
Und das dir nachgeschmissen.""

Jetzt in der Kammer zagt die Braut
Und zuckt vor Herzenswehen
Und ächzet tief und weinet laut
Und wünschet zu vergehen.
Ach! Gott der Herr muß ihrer Pein,
Bald muß und wird er gnädig sein.
Hört ihr zur Trauer läuten,
So wißt ihr's auszudeuten. —

„Geh, meld' ihm, daß ich sterben muß!" —
Rief sie mit tausend Zähren —
„Geh, bring' ihm, ach! den letzten Gruß,
Den er von mir wird hören!
Geh, unter Gottes Schutz, und bring'
Von mir ihm diesen goldnen Ring
Und dieses Wehrgehenke,
Wobei er mein gedenke!" —

Zu Ohren braust' ihm, wie ein Meer,
Die Schreckenspost der Dirne.
Die Berge wankten um ihn her,
Es flirrt' ihm vor der Stirne.
Doch jach, wie Windeswirbel fährt
Und rührig Laub und Staub empört,
Ward seiner Lebensgeister
Verzweiflungsmuth nun Meister.

„Gottslohn! Gottslohn! du treue Magd,
Kann ich's dir nicht bezahlen.
Gottslohn! daß du mir's angesagt,
Zu hunderttausend Malen.
Biß wolgemuth und tummle dich!
Flugs tummle dich zurück und sprich:
Wär's auch aus tausend Ketten,
So wollt' ich sie erretten!

Biß wolgemuth und tummle dich!
Flugs tummle dich von hinnen!
Ha! Riesen, gegen Hieb und Stich,
Wollt' ich sie abgewinnen.
Sprich: Mitternachts, bei Sternenschein,
Wollt' ich vor ihrem Fenster sein,
Mir geh' es, wie es gehe!
Wol, oder ewig wehe.

Risch auf und fort!" — Wie Sporen trieb
Des Ritters Wort die Dirne.
Tief holt' er wieder Luft und rieb
Sich's klar vor Aug' und Stirne.
Dann schwenkt' er hin und her sein Roß,
Daß ihm der Schweiß vom Buge floß,
Bis er sich Rath ersonnen
Und den Entschluß gewonnen.

Drauf ließ er heim sein Silberhorn
Von Dach und Zinnen schallen.
Herangesprengt durch Korn und Dorn
Kam stracks ein Heer Vasallen.
Draus zog er Mann bei Mann hervor
Und raunt' ihm heimlich Ding ins Ohr: —
„Wolauf! Wolan! Seid fertig
Und meines Horns gewärtig!" —

Als nun die Nacht Gebirg' und Thal
Vermummt in Rabenschatten,
Und Hochburg's Lampen überall
Schon ausgeflimmert hatten,
Und alles tief entschlafen war;
Doch nur das Fräulein immerdar
Voll Fieberangst noch wachte
Und seinen Ritter dachte:

Da horch! ein süßer Liebeston
Kam leis' emporgeflogen.
„Ho, Trudchen, ho! Da bin ich schon!
Risch auf! Dich angezogen!
Ich, ich, dein Ritter, rufe dir;
Geschwind, geschwind herab zu mir!
Schon wartet dein die Leiter;
Mein Klepper bringt dich weiter." —

„Ach nein, du Herzens-Karl, ach nein!
Still, daß ich nichts mehr höre!
Entränn' ich, ach! mit dir allein,
Dann wehe meiner Ehre!
Nur noch ein letzter Liebeskuß
Sei, Liebster, dein und mein Genuß,
Eh' ich im Todtenkleide
Auf ewig von dir scheide." —

„Ha, Kind! Auf meine Rittertreu
Kannst du die Erde bauen.
Du kannst, beim Himmel! froh und frei
Mir Ehr' und Leib vertrauen.
Risch geht's nach meiner Mutter fort.
Das Sakrament vereint uns dort.
Komm, komm! Du bist geborgen.
Laß Gott und mich nur sorgen!" —

„Mein Vater! .. Ach! ein Reichsbaron!
So stolz von Ehrenstamme! ..
Laß ab! Laß ab! Wie beb' ich schon
Vor seines Zornes Flamme!
Nicht rasten wird er Tag und Nacht,
Bis daß er nieder dich gemacht,
Das Herz dir ausgerissen
Und das mir vorgeschmissen." —

„Ha, Kind! Sei nur erst sattelfest,
So ist mir nicht mehr bange. —
Dann steht uns offen Ost und West. —
O zaudre nicht zu lange!
Horch, Liebchen, horch! — Was rührte sich? —
Um Gottes willen! tummle dich!
Komm, komm! Die Nacht hat Ohren;
Sonst sind wir ganz verloren." —

Das Fräulein zagte — stand — und stand —
Es grauſt' ihr durch die Glieder. —
Da griff er nach der Schwanenhand
Und zog ſie flink hernieder.
Ach! Was ein Herzen, Mund und Bruſt,
Mit Rang und Drang, voll Angſt und Luſt,
Belauſchten jetzt die Sterne
Aus hoher Himmelsferne! —

Er nahm ſein Lieb mit einem Schwung
Und ſchwang's auf den Polacken.
Hui! ſaß er ſelber auf und ſchlung
Sein Heerhorn um den Nacken.
Der Ritter hinten, Trudchen vorn;
Den Dänen trieb des Ritters Sporn,
Die Peitſche den Polacken,
Und Hochburg blieb im Nacken. —

Ach! Leiſe hört die Mitternacht!
Kein Wörtchen ging verloren.
Im nächſten Bett war aufgewacht
Ein Paar Verrätherohren.
Des Fräuleins Sittenmeiſterin,
Voll Gier nach ſchnödem Goldgewinn,
Sprang hurtig auf, die Thaten
Dem Alten zu verrathen.

„Halloh! Halloh! Herr Reichsbaron! —
Hervor aus Bett und Kammer! —
Eu'r Fräulein Trudchen iſt entflohn,
Entflohn zu Schand' und Jammer!
Schon reitet Karl von Eichenhorſt
Und jagt mit ihr durch Feld und Forſt.
Geſchwind! Ihr dürft nicht weilen,
Wollt ihr ſie noch ereilen!"

Hui auf der Freiherr, hui heraus,
Bewehrte ſich zum Streite
Und donnerte durch Hof und Haus
Und weckte ſeine Leute. —
„Heraus, mein Sohn von Pommerland!
Sitz auf! Nimm Lanz' und Schwert zur Hand
Die Braut iſt dir geſtohlen;
Fort, fort! ſie einzuholen!" —

Rasch ritt das Paar im Zwielicht schon,
Da horch! — ein dumpfes Rufen —
Und horch! — erscholl ein Donnerton
Von Hochburgs Pferdehufen;
Und wild kam Plump, den Zaum verhängt,
Weit, weit voran dahergesprengt
Und ließ zu Trudchens Grausen
Vorbei die Lanze sausen. —

„Halt an! halt an! du Ehrendieb!
Mit deiner losen Beute.
Herbei vor meinen Klingenhieb!
Dann raube wieder Bräute!
Halt an, verlaufne Buhlerin,
Daß neben deinen Schurken hin
Dich meine Rache strecke
Und Schimpf und Schand' euch decke!" —

„Das leugst du, Plump von Pommerland,
Bei Gott und Ritterehre!
Herab! Herab! daß Schwert und Hand
Dich andre Sitte lehre. —
Halt, Trudchen, halt' den Dänen an! —
Herunter, Junker Grobian,
Herunter von der Mähre,
Daß ich dich Sitte lehre!" —

Ach! Trudchen, wie voll Angst und Noth!
Sah hoch die Säbel schwingen.
Hell funkelten im Morgenroth
Die Damascenerklingen.
Von Kling und Klang, von Ach und Krach
Ward rundumher das Echo wach;
Von ihrer Fersen Stampfen
Begann der Grund zu dampfen.

Wie Wetter schlug des Liebsten Schwert
Den Ungeschliffnen nieder.
Gertrudens Held blieb unversehrt,
Und Plump erstand nicht wieder. —
Nun weh, o weh! erbarm' es Gott!
Kam fürchterlich, Galop und Trott,
Als Karl kaum ausgestritten,
Der Nachtrab angeritten. —

Trarah! Trarah! durch Flur und Wald
Ließ Karl sein Horn nun schallen.
Sieh da! Hervor vom Hinterhalt,
Hop hop! sein Heer Vasallen. —
„Nun halt, Baron, und hör' ein Wort!
Schau auf! Erblickst du jene dort?
Die sind zum Schlagen fertig
Und meines Winks gewärtig.

Halt an! Halt an! und hör' ein Wort,
Damit dich nichts gereue!
Dein Kind gab längst mir Treu' und Wort,
Und ich ihm Wort und Treue.
Willst du zerreißen Herz und Herz?
Soll dich ihr Blut, soll dich ihr Schmerz
Vor Gott und Welt verklagen?
Wolan! so laß uns schlagen!

Noch halt! Bei Gott beschwör' ich dich!
Bevor's dein Herz gereuet.
In Ehr' und Züchten hab' ich mich
Dem Fräulein stets geweihet.
Gib .. Vater! .. gib mir Trudchen's Hand! —
Der Himmel gab mir Gold und Land.
Mein Ritterruhm und Adel,
Gottlob! trotzt jedem Tadel." —

Ach! Trudchen, wie voll Angst und Noth!
Verblüht' in Todesblässe.
Vor Zorn der Freiherr heiß und roth
Glich einer Feueresse. —
Und Trudchen warf sich auf den Grund;
Sie rang die schönen Hände wund
Und suchte baß mit Thränen
Den Eifrer zu versöhnen.

„O Vater, habt Barmherzigkeit
Mit euerm armen Kinde!
Verzeih' euch, wie ihr uns verzeiht,
Der Himmel auch die Sünde!
Glaubt, bester Vater, diese Flucht,
Ich hätte nimmer sie versucht,
Wenn vor des Junkers Bette
Mich nicht geekelt hätte. —

Wie oft habt ihr auf Knie und Hand
Gewiegt mich und getragen!
Wie oft: du Herzenskind! genannt,
Du Trost in alten Tagen!
O Vater, Vater! Denkt zurück!
Ermordet nicht mein ganzes Glück!
Ihr tödtet sonst daneben
Auch eures Kindes Leben." —

Der Freiherr warf sein Haupt herum
Und wies den krausen Nacken.
Der Freiherr rieb, wie taub und stumm,
Die dunkelrauhen Backen. —
Vor Wehmuth brach ihm Herz und Blick;
Doch schlang er stolz den Strom zurück,
Um nicht durch Vaterthränen
Den Rittersinn zu höhnen. —

Bald sanken Zorn und Ungestüm,
Das Vaterherz wuchs über;
Von hellen Zähren strömten ihm
Die stolzen Augen über. —
Er hob sein Kind vom Boden auf,
Er ließ der Herzensflut den Lauf
Und wollte schier vergehen
Vor wundersüßen Wehen. —

„Nun wol! Verzeih' mir Gott die Schuld,
So wie ich dir verzeihe!
Empfange meine Vaterhuld,
Empfange sie aufs neue!
In Gottes Namen, sei es drum!" —
Hier wandt' er sich zum Ritter um —
„Da! Nimm sie meinetwegen
Und meinen ganzen Segen!

Komm, nimm sie hin, und sei mein Sohn,
Wie ich dein Vater werde!
Vergeben und vergessen schon
Ist jegliche Beschwerde.
Dein Vater, einst mein Ehrenfeind,
Der's nimmer hold mit mir gemeint,
That vieles mir zu Hohne.
Ihn haßt' ich noch im Sohne.

Mach's wieder gut! Mach's gut, mein Sohn,
An mir und meinem Kinde!
Auf daß ich meiner Güte Lohn
In deiner Güte finde.
So segne dann, der auf uns sieht,
Euch segne Gott, von Glied zu Glied!
Auf! Wechselt Ring und Hände!
Und hiermit Lied am Ende!" —

Frau Schnips.

Ein Märlein, halb lustig, halb ernsthaft, sammt angehängter Apologie.

Frau Schnipsen hatte Korn im Stroh
Und hielt sich weidlich lecker;
Sie lebt' in dulci jubilo,
Und keine war euch lecker.

Das Mäulchen sammt dem Zünglein flink
Saß ihr am rechten Flecken;
Sie schimpfte wie ein Rohrsperling,
Wenn man sie wollte necken.

Da kam Hans Mors und zog den Strich
Durch ihr Schlaraffenleben.
Zwar belferte sie jämmerlich,
Doch mußte sie sich geben.

Sie klaffte fort, den Weg hinan,
Bis vor die Himmelspforte,
Gekränkt, daß sie nicht Zeit gewann
Zur letzten Mandeltorte.

Weil nun der letzte Aerger ihr
Noch spukt' im Tabernakel,
So trieb sie vor der Himmelsthür
Viel Unfug und Spektakel.

„Wer da," rief Adam unmuthsvoll,
„Stört so die Ruh' der Frommen?" —
„Ich bin's! Frau Schnips! Ich wünschte wol
Bei euch mit anzukommen." —

„Du? — Nicht also, Frau Sünderin!
Frau Liederlich! Frau Lecker!" —
„Ich weiß wol selber, was ich bin.
Du alter Sündenhecker!

Ei, zupfte sich Herr Erdenkloß
Doch nur an eigner Nase!
Denn was man ist, das ist man blos
Von seinem Apfelfraße.

So gut wie Er denk' ich zur Ruh'
Noch Platz hier zu gewinnen." —
Der Vater hielt die Ohren zu
Und trollte sich von hinnen.

Drauf machte Jakob sich ans Thor:
„Marsch! Packe dich zum Teufel!" —
„Was?" schrie Frau Schnips ihm laut ins Ohr,
„Fickfacker! Ich zum Teufel?

Du bist mir wol der rechte Held
Und bist wol hier fürs Prellen?
Hast Bruder und Papa geprellt
Mit deinen Ziegenfellen." —

Stockmäuschenstill trieb ihr Geschrei
Hinweg den Patriarchen.
Hierauf sprang Ehren-Loth herbei
Mit Brausen und mit Schnarchen.

„Du auch, du alter Saufaus, hast
Groß Recht hier zum Geprahle!
Bist wahrlich nicht der feinste Gast
In diesem Himmelssaale!

Bezecht sich erst beim Abendbrot,
Den Kindern zum Gelächter,
Und dann beschläft Er — pfui, Herr Loth! —
Gar seine eignen Töchter!" —

Ha puh! Wie stank der alte Mist! —
Loth mußte sich bequemen,
Als hätt' er in das Bett gepißt,
Voll Scham reißaus zu nehmen.

„Na!" lief Relicte Judith hin,
„Welch Lärm hier und Gebrause!" —
„Bons dies! Frau Gurgelschneiderin!
Sie ist hier auch zu Hause?" —

Vor großer Scham bald bleich, bald roth,
Stand Judith bei dem Gruße.
Der König David sah die Noth
Und folgt' ihr auf dem Fuße.

„Was für Halloh, du Teufelsweib?
Potz hunderttausend Belten!" —
„Ei, Herr, wär' ich Urias Weib,
Ihr würdet so nicht schelten.

„Es war, mein Seel! wol mehr Halloh,
Mit Bathseba zu liebeln
Und ihren armen Hahnreih so
Zur Welt hinaus zu bübeln." —

„Das Weib ist toll," rief Salomo,
„Hat zu viel Schnaps genommen!
Was? Seiner Majestät also ..
So .. hundsföttsch anzukommen?" —

„O Herr, nicht halb so toll als Er!
Hätt' er sein Maul gehalten!
Wir wissen's noch recht gut, wie Er
Auf Erden Haus gehalten.

Sieb'nhundert Weiber auf der Streu
Und extra doch darneben
Dreihundert .. andre! Meiner Treu!
Das war ein züchtig Leben!

Und Sein Verstand war klimperklein,
Als Er von Gott sich wandte,
Und Götzen, pur von Holz und Stein,
Sein thöricht Opfer brannte." —

„Fürwahr," empörte Jonas sich,
„Das Weib speit wie ein Drache!" —
„Halt's Maul, Ausreißer! Kümmre dich
Um deine faule Sache!" —

Auch Thoms gab seinen Senf dazu:
„Ein Sprichwort, das ich glaube,
Sagt: Weiberzung' hat nimmer Ruh';
Sie ist von Espenlaube." —

„Glaub' immer, was ein Narr erdacht,
Mit allen dummen Teufeln!
Doch konnt' an seines Heilands Macht
Der schwache Pinsel zweifeln." —

Maria Magdalena kam. —
Nu ja! Die wird's erst kriegen! —
„Still, gute Frau, sein still und zahm!
Ihr müßt Euch anders fügen.

„Denn, gute Frau, erinnert Euch
An Eu'r verruchtes Leben!
So einer wird im Himmelreich
Kein Plätzchen eingegeben." —

„So einer?" schrie Frau Schnips, „ei schaut!
Was bin ich denn für eine?
Sie war mir auch das rechte Kraut!
Nun brennt Sie gar sich reine?

Ach! Um die Tugend Ihrer Zeit
Ist Sie nicht hergekommen;
Des Heilands Allbarmherzigkeit
Hat Sie hier aufgenommen.

Durch diese Allbarmherzigkeit,
Sie wird's nicht übel deuten,
Hoff' ich, trotz meiner Sündlichkeit,
Auch noch hineinzuschreiten." —

Jetzt sprang Apostel Paul empor:
„Mit deinen alten Sünden,
Weib, wirst du durch das Himmelsthor
Den Eingang nimmer finden!" —

„Die lass' ich draußen! — Denke, Paul,
Wie dir's vor Zeiten glückte,
Dir, der doch so mit Mord, als Saul,
Die Kirche Gottes drückte!" —

Sanct Peter kam nun auch zum Spiel:
„Die Thür nicht eingeschlagen!
Madam, Sie lärmt auch allzu viel;
Wer kann das hier vertragen?" —

„Geduld, Herr Pförtner!" sagte sie;
„Noch bin ich unverloren!
Hab' ich doch meinen Heiland nie,
Wie du einst, abgeschworen." — —

Und unser lieber Herr vernahm
Der Seele letzte Worte.
Umringt von tausend Engeln kam
Er herrlich an die Pforte.

„Erbarmen! Ach, Erbarmen!" schrie
Die arme bange Seele. —
„O Seele, du gehorchtest nie
Dem göttlichen Befehle.

„Ich lockte dich an meine Brust:
Zur Sünde gingst du über.
Die Welt mit ihrer eiteln Lust
War, Thörin, dir viel lieber." —

„O, ich bekenn' es, Herr, ich schwamm
Im Lustpfuhl dieser Erde;
Doch bringe du dein irrend Lamm
Zurück zu deiner Heerde!

Ich will, o lieber Hirt, hinfort
Mein Irrsal stets bereuen;
Half doch sein letztes armes Wort
Dem Schächer zum Gedeihen." —

„Du wußtest, Weib, was ich gethan,
Du kanntest meinen Willen:
Allein, was hast du je gethan,
Ihn dankbar zu erfüllen?" —

„Ach nichts! Doch, lieber Menschensohn,
Heiß' mich darum nicht fliehen!
Es hat ja dem verlornen Sohn
Sein Vater auch verziehen." —

„Nun wol, Verirrte, tritt herzu!
Will dich mit Gnade zeichnen.
Auch du bist mein! Geh ein zur Ruh!
Ich will dich nicht verleugnen."

Apologie.

Ihr Herrn Zeloten dieser Zeit,
Wie steht's um euren Willen?
Sind Liebesmäntel wol so weit,
Dies Lied mit drein zu hüllen? —

O seid doch, höchlich bitt' ich drum,
Seid diesmal nur nicht kurrig!
Denn seht! Es wär' doch schade drum,
Das Ding ist ja so schnurrig.

Auch ist ja die Historia
Aus Wahrheit nicht gesponnen.
Doch web' ich drein Moralia;
Die hab' ich nicht ersonnen.

Und schlimm ist wahrlich nichts gemeint;
Drum nehmt doch ja nichts übel!
Moralia sind, wie es scheint,
Die besten aus der Bibel.

Ihr, die ihr aus erlogner Pflicht
Begnadigt und verdammet,
Die Liebe sagt: Verdammet nicht,
Daß man nicht euch verdammet!

Der Kaiser und der Abt.

Ich will euch erzählen ein Märchen, gar schnurrig:
Es war mal ein Kaiser, der Kaiser war kurrig;
Auch war mal ein Abt, ein gar stattlicher Herr;
Nur schade! sein Schäfer war klüger als er.

Dem Kaiser ward's sauer in Hitz' und in Kälte;
Oft schlief er bepanzert im Kriegesgezelte;
Oft hatt' er kaum Wasser zu Schwarzbrot und Wurst;
Und öfter noch litt er gar Hunger und Durst.

Das Pfäfflein, das wußte sich besser zu hegen
Und weidlich am Tisch und im Bette zu pflegen.
Wie Vollmond glänzte sein feistes Gesicht.
Drei Männer umspannten den Schmerbauch ihm nicht.

Drob suchte der Kaiser am Pfäfflein oft Hader.
Einst ritt er mit reisigem Kriegesgeschwader
In brennender Hitze des Sommers vorbei.
Das Pfäfflein spazierte vor seiner Abtei.

„Ha," dachte der Kaiser, „zur glücklichen Stunde!"
Und grüßte das Pfäfflein mit höhnischem Munde:
„Knecht Gottes, wie geht's dir? Mir däucht wol ganz recht,
Das Beten und Fasten bekomme nicht schlecht.

Doch däucht mir daneben, Euch plage viel Weile.
Ihr dankt mir's wol, wenn ich Euch Arbeit ertheile;
Man rühmet, Ihr wäret der pfiffigste Mann,
Ihr hörtet das Gräschen fast wachsen, sagt man.

So geb' ich denn Euren zwei tüchtigen Backen
Zur Kurzweil drei artige Nüsse zu knacken.
Drei Monden von nun an bestimm' ich zur Zeit.
Dann will ich auf diese drei Fragen Bescheid:

Zum ersten: Wann hoch ich im fürstlichen Rathe
Zu Throne mich zeige im Kaiserornate,
Dann sollt Ihr mir sagen, ein treuer Wardein,
Wieviel ich wol werth bis zum Heller mag sein.

Zum zweiten sollt Ihr mir berechnen und sagen:
Wie bald ich zu Rosse die Welt mag umjagen?
Um keine Minute zu wenig und viel!
Ich weiß, der Bescheid darauf ist Euch nur Spiel.

Zum dritten noch sollst du, o Preis der Prälaten,
Aufs Härchen mir meine Gedanken errathen.
Die will ich dann treulich bekennen: allein
Es soll auch kein Titelchen Wahres dran sein.

Und könnt Ihr mir diese drei Fragen nicht lösen,
So seid Ihr die längste Zeit Abt hier gewesen;
So laß' ich Euch führen zu Esel durchs Land,
Verkehrt, statt des Zaumes den Schwanz in der Hand." —

Drauf trabte der Kaiser mit Lachen von hinnen.
Das Pfäfflein zerriß und zerspliß sich mit Sinnen.
Kein armer Verbrecher fühlt mehr Schwulität,
Der vor hochnothpeinlichem Halsgericht steht.

Er schickte nach ein, zwei, drei, vier Un'vers'täten,
Er fragte bei ein, zwei, drei, vier Facultäten,
Er zahlte Gebühren und Sporteln vollauf:
Doch löste kein Doctor die Fragen ihm auf.

Schnell wuchsen bei herzlichem Zagen und Pochen
Die Stunden zu Tagen, die Tage zu Wochen,
Die Wochen zu Monden; schon kam der Termin!
Ihm ward's vor den Augen bald gelb und bald grün.

Nun sucht' er, ein bleicher, hohlwangiger Werther,
In Wäldern und Feldern die einsamsten Oerter.
Da traf ihn auf selten betretener Bahn
Hans Bendix, sein Schäfer, am Felsenhang an.

„Herr Abt," sprach Hans Bendix, „was mögt Ihr Euch grämen?
Ihr schwindet ja wahrlich dahin wie ein Schemen.
Maria und Joseph! Wie hotzelt Ihr ein!
Mein Sixchen! Es muß Euch was angethan sein." —

„Ach, guter Hans Bendix, so muß sich's wol schicken.
Der Kaiser will gern mir am Zeuge was flicken
Und hat mir drei Nüss' auf die Zähne gepackt,
Die schwerlich Beelzebub selber wol knackt.

5*

Zum ersten: Wann hoch er im fürstlichen Rathe
Zu Throne sich zeiget im Kaiserornate,
Dann soll ich ihm sagen, ein treuer Wardein,
Wieviel er wol werth bis zum Heller mag sein.

Zum zweiten soll ich ihm berechnen und sagen:
Wie bald er zu Rosse die Welt mag umjagen?
Um keine Minute zu wenig und viel!
Er meint, der Bescheid darauf wäre nur Spiel.

Zum dritten, ich ärmster von allen Prälaten,
Soll ich ihm gar seine Gedanken errathen;
Die will er mir treulich bekennen: allein
Es soll auch kein Titelchen Wahres dran sein.

Und kann ich ihm diese drei Fragen nicht lösen,
So bin ich die längste Zeit Abt hier gewesen;
So läßt er mich führen zu Esel durchs Land,
Verkehrt, statt des Zaumes den Schwanz in der Hand." —

„Nichts weiter?" erwidert Hans Bendix mit Lachen,
„Herr, gebt Euch zufrieden! das will ich schon machen.
Nur borgt mir Eur Käppchen, Eur Kreuzchen und Kleid;
So will ich schon geben den rechten Bescheid.

Versteh' ich gleich nichts von lateinischen Brocken,
So weiß ich den Hund doch vom Ofen zu locken.
Was ihr euch, Gelehrte, für Geld nicht erwerbt,
Das hab' ich von meiner Frau Mutter geerbt."

Da sprang wie ein Böcklein der Abt vor Behagen.
Mit Käppchen und Kreuzchen, mit Mantel und Kragen
Ward stattlich Hans Bendix zum Abte geschmückt
Und hurtig zum Kaiser nach Hofe geschickt.

Hier thronte der Kaiser im fürstlichen Rathe,
Hoch prangt' er mit Scepter und Kron' im Ornate:
„Nun sagt mir, Herr Abt, als ein treuer Wardein,
Wieviel ich itzt werth bis zum Heller mag sein." —

„Für dreißig Reichsgulden ward Christus verschachert;
Drum geb' ich, so sehr Ihr auch pochet und prachert,
Für Euch keinen Deut mehr als zwanzig und neun,
Denn einen müßt Ihr doch wol minder werth sein." -

„Hum," sagte der Kaiser, „der Grund läßt sich hören
Und mag den durchlauchtigen Stolz wol bekehren.
Nie hätt' ich, bei meiner hochfürstlichen Ehr'!
Geglaubet, daß so spottwolfeil ich wär'.

Nun aber sollst du mir berechnen und sagen:
Wie bald ich zu Roſſe die Welt mag umjagen?
Um keine Minute zu wenig und viel!
Iſt dir der Beſcheid darauf auch nur ein Spiel?" —

"Herr, wenn mit der Sonn' Ihr früh ſattelt und reitet
Und ſtets ſie in einerlei Tempo begleitet,
So ſetz' ich mein Kreuz und mein Käppchen daran,
In zweimal zwölf Stunden iſt alles gethan." —

"Ha," lachte der Kaiſer, "vortrefflicher Haber!
Ihr füttert die Pferde mit Wenn und mit Aber.
Der Mann, der das Wenn und das Aber erdacht,
Hat ſicher aus Häckerling Gold ſchon gemacht.

Nun aber zum dritten, nun nimm dich zuſammen!
Sonſt muß ich dich dennoch zum Eſel verdammen:
Was denk' ich, das falſch iſt? Das bringe heraus!
Nur bleib' mir mit Wenn und mit Aber zu Haus!" —

"Ihr denket, ich ſei der Herr Abt von Sanct-Gallen." —
"Ganz recht! und das kann von der Wahrheit nicht fallen." —
"Sein Diener, Herr Kaiſer! Euch trüget Eu'r Sinn;
Denn wißt, daß ich Bendix, ſein Schäfer, nur bin!" —

"Was Henker! du biſt nicht der Abt von Sanct Gallen?"
Rief hurtig, als wär' er vom Himmel gefallen,
Der Kaiſer mit frohem Erſtaunen darein;
"Wolan denn, ſo ſollſt du von nun an es ſein!

Ich will dich belehnen mit Ring und mit Stabe.
Dein Vorfahr beſteige den Eſel und trabe!
Und lerne fortan erſt quid juris verſtehn!
Denn wenn man will ernten, ſo muß man auch ſä'n." —

"Mit Gunſten, Herr Kaiſer! Das laßt nur hübſch bleiben!
Ich kann ja nicht leſen, noch rechnen noch ſchreiben;
Auch weiß ich kein ſterbendes Wörtchen Latein.
Was Hänschen verſäumet, holt Hans nicht mehr ein." —

"Ach, guter Hans Bendix, das iſt ja recht ſchade!
Erbitte dir demnach ein' andere Gnade!
Sehr hat mich ergötzet dein luſtiger Schwank:
Drum ſoll dich auch wieder ergötzen mein Dank." —

"Herr Kaiſer, groß hab' ich ſo eben nichts nöthig:
Doch, ſeid Ihr im Ernſt mir zu Gnaden erbötig,
So will ich mir bitten, zum ehrlichen Lohn,
Für meinen hochwürdigen Herren Pardon." —

„Ha bravo! du trägst, wie ich merke, Geselle,
Das Herz, wie den Kopf, auf der richtigsten Stelle.
Drum sei der Pardon ihm in Gnaden gewährt,
Und obendrein dir ein Parisbrief bescheert:

Wir lassen dem Abt von Sanct Gallen entbieten:
Hans Bendix soll ihm nicht die Schafe mehr hüten.
Der Abt soll sein pflegen, nach unserm Gebot,
Umsonst, bis an seinen sanftseligen Tod."

Graf Walter.

Graf Walter rief am Marstallsthor:
„Knapp, schwemm' und kämm' mein Roß!"
Da trat ihn an die schönste Maid,
Die je ein Graf genoß.

„Gott grüße dich, Graf Walter, schön!
Sieh her, sieh meinen Schurz!
Mein goldner Gurt war sonst so lang,
Nun ist er mir zu kurz.

Mein Leib trägt deiner Liebe Frucht,
Sie pocht, sie will nicht ruhn.
Mein seidnes Röckchen, sonst so weit,
Zu eng' ist mir es nun." —

„O Maid, gehört mir, wie du sagst,
Gehört das Kindlein mein,
So soll all all mein rothes Gold
Dafür dein eigen sein.

O Maid, gehört mir, wie du schwörst,
Gehört das Kindlein mein,
So soll mein Land und Leut' und Burg
Dein und des Kindleins sein." —

„O Graf, was ist für Lieb' und Treu'
All all dein rothes Gold?
All all dein Land und Leut' und Burg
Ist mir ein schnöder Sold.

„Ein Liebesblick aus deinem Aug',
So himmelblau und hold,
Gilt mir, und wär' es noch so viel,
Für all dein rothes Gold.

Ein Liebeskuß von deinem Mund,
So purpurroth und süß,
Gilt mir für Land und Leut' und Burg,
Und wär's ein Paradies." —

„O Maid, früh morgen trab' ich weit
Zu Gast nach Weißenstein,
Und mit mir muß die schönste Maid,
Wol auf, wol ab am Rhein." —

„Trabst du zu Gast nach Weißenstein,
So weit schon morgen früh,
So laß, o Graf, mich mit dir gehn,
Es ist mir kleine Müh'.

Bin ich schon nicht die schönste Maid.
Wol auf, wol ab am Rhein:
So kleid' ich mich in Bubentracht,
Dein Leibbursch dort zu sein." —

„O Maid, willst du mein Leibbursch sein
Und heißen Er statt Sie,
So kürz' dein seidnes Röcklein dir
Halb zollbreit überm Knie.

So kürz' dein goldnes Härlein dir
Halb zollbreit überm Aug'!
Dann magst du wol mein Leibbursch sein;
Denn also ist es Brauch."

Beiher lief sie den ganzen Tag,
Beiher im Sonnenstrahl;
Doch sprach er nie so hold ein Wort:
Nun, Liebchen, reit' einmal!

Sie lief durch Heid'= und Pfriemenkraut,
Lief barfuß neben an;
Doch sprach er nie so hold ein Wort:
O Liebchen, schuh' dich an! —

„Gemach, gemach, du trauter Graf!
Was jagst du so geschwind? —
Ach, meinen armen, armen Leib
Zersprengt mir sonst dein Kind." —

„Ho, Maid, siehst du das Wasser dort,
Dem Brück' und Steg gebricht?" —
„O Gott, Graf Walter, schone mein!
Denn schwimmen kann ich nicht." —

Er kam zum Strand, er setzt' hinein,
Hinein bis an das Kinn.
„Nun steh' mir Gott im Himmel bei!
Sonst ist dein Kind dahin." —

Sie rudert wol mit Arm und Bein,
Hält hoch empor ihr Kinn.
Graf Waltern pochte hoch das Herz;
Doch folgt' er seinem Sinn.

Und als er überm Wasser war,
Rief er sie an sein Knie:
„Komm her, o Maid, und sieh, was dort,
Was fern dort funkelt, sieh!

Siehst du wol funkeln dort ein Schloß,
Im Abendstrahl wie Gold?
Zwölf schöne Jungfraun spielen dort.
Die Schönste ist mir hold.

Siehst du wol funkeln dort das Schloß,
Aus weißem Stein erbaut?
Zwölf schöne Jungfraun tanzen dort.
Die Schönst' ist meine Braut." —

„Wol funkeln seh' ich dort ein Schloß,
Im Abendstrahl wie Gold.
Gott segne, Gott behüte dich
Sammt deinem Liebchen hold!

Wol funkeln seh' ich dort das Schloß,
Aus weißem Stein erbaut.
Gott segne, Gott behüte dich
Sammt deiner schönen Braut!" —

Sie kamen wol zum blanken Schloß,
Wie Gold im Abendstrahl,
Zum Schloß, erbaut aus weißem Stein,
Mit stattlichem Portal.

Sie sahn wol die zwölf Jungfraun schön;
Sie spielten lustig Ball.
Die zwölfmal schöner war als sie,
Zog still ihr Roß zu Stall.

Sie sahn wol die zwölf Jungfraun schön;
Sie tanzten froh ums Schloß.
Die zwölfmal schöner war als sie,
Zog still zur Weid' ihr Roß.

Des Grafen Schwester, wundersvoll,
Gar wundersvoll sprach sie:
„Ha, welch ein Leibbursch! Nein, so schön
War nie ein Leibbursch! Nie!

Ha, schöner als ein Leibbursch je
Des höchsten Herrn geflegt!
Nur daß sein Leib, zu voll und rund,
So hoch den Gürtel trägt!

Mir däucht, wie meiner Mutter Kind,
Lieb' ich ihn zart und rein.
Dürft' ich, so räumt' ich wol zu Nacht
Gemach und Bett ihm ein." —

„Dem Bürschchen," rief Herr Walter stolz,
„Das lief durch Koth und Moor,
Ziemt nicht der Herrin Schlafgemach,
Ihr Bett nicht von Drapd'or.

Ein Bürschchen, das den ganzen Tag
Durch Koth lief und durch Moor,
Speist wol sein Nachtbrot von der Faust
Und sinkt am Herd aufs Ohr." —

Nach Vespermahl und Gratias
Ging jedermann zur Ruh.
Da rief Graf Walter: „Hier, mein Bursch!
Was ich dir sag', das thu!

Hinab! geh flugs hinab zur Stadt,
Geh alle Gassen durch!
Die schönste Maid, die du ersiehst,
Bescheide flugs zur Burg!

Die schönste Maid, die du ersiehst,
All säuberlich und nett
Von Fuß zu Haupt, von Haupt zu Fuß,
Die wirb mir für mein Bett!" —

Und flugs ging sie hinab zur Stadt,
Ging alle Gassen durch.
Die schönste Maid, die sie ersah,
Beschied sie flugs zur Burg.

Die schönste Maid, die sie ersah,
All säuberlich und nett
Von Fuß zu Haupt, von Haupt zu Fuß,
Die warb sie ihm fürs Bett. —

„Nun laß, o Graf, am Bettfuß nur
Mich ruhn bis an den Tag!
Im ganzen Schloß ist sonst kein Platz,
Woselbst ich rasten mag." —

Auf seinen Wink am Bettfuß sank
Die schönste Maid dahin
Und ruhte bis zum Morgengrau
Mit stillem frommen Sinn. —

„Halloh! Halloh! Es tönet bald
Des Hirten Dorfschalmei.
Auf, fauler Leibbursch! Gib dem Roß,
Gib Hafer ihm und Heu!

Bursch, goldnen Haber gib dem Roß
Und frisches, grünes Heu!
Damit es rasch und wolgemuth,
Mich heimzutragen, sei." —

Sie sank wol an die Kripp' im Stall;
Ihr Leib war ihr so schwer.
Sie krümmte sich auf rauhem Stroh
Und wimmert', o wie sehr!

Da fuhr die alte Gräfin auf,
Erweckt vom Klageschall:
„Auf, auf, Sohn Walter, auf und sieh!
Was ächzt in deinem Stall?

In deinem Stalle haust ein Geist
Und stöhnt in Nacht und Wind,
Es stöhnet, als gebäre dort
Ein Weiblein jetzt ihr Kind." —

Hui sprang Graf Walter auf und griff
Zum Haken an der Wand
Und warf um seinen weißen Leib
Das seidne Nachtgewand.

Und als er vor die Stallthür trat,
Lauscht' er gar still davor.
Das Ach und Weh der schönsten Maid
Schlug kläglich an sein Ohr.

Sie sang: „Susu, lullull, mein Kind!
Mich jammert deine Noth.
Susu, lullull, susu, lieb lieb!
O weine dich nicht todt!

Sammt deinem Vater schreibe Gott
Dich in sein Segensbuch!
Werb' ihm und dir ein Purpurkleid,
Und mir ein Leichentuch!" —

„O nun, o nun, süß süße Maid,
Süß süße Maid, halt ein!
Mein Busen ist ja nicht von Eis
Und nicht von Marmelstein.

O nun, o nun, süß süße Maid,
Süß süße Maid, halt ein!
Es soll ja Tauf' und Hochzeit nun
In Einer Stunde sein." —

Hummellied.

Die Buben sind den Hummeln gleich:
Ihr Mägdlein mögt euch hüten!
Sie schwärmen durch des Lenzes Reich
Um Blumen und um Blüthen.
Sie irren her, sie schwirren hin,
Mit Sehnen und mit Stöhnen,
Und können ihren Leckersinn
Des Honigs nicht entwöhnen.

Die Unschuld ist dem Honig gleich:
Die Hummeln nahn sich leise.
Ihr Honigblümlein, hütet euch
Vor ihrer losen Weise!
Sie tippen hie, sie nippen da,
Erst mit den Saugerspitzen,
Bis sie, so schnell sich spricht ein Ja,
Im Honigkelche sitzen.

Die Mägdlein sind den Blumen gleich
Ich ihren Frühlingstagen:
Sie blühn gesunder, wenn sie reich
Des Honigs Fülle tragen.
Zertummelt da, zerhummelt hie,
Wird jede krank sich fühlen.
Drum, süße Blümlein, laßt euch nie
Den Honigkelch zerwühlen!

Sinnenliebe.

Ein Honigvöglein, weich und zart,
Ist leichte Sinnenliebe;
Von Schmetterlings- und Bienenart
Sind ihre Nahrungstriebe.

Nur für den Lenz hat die Natur
Dies Flatterkind geboren;
Im Lenze lebt und webt sie nur,
Gehegt, gepflegt von Floren.

Kaum dürftest du im Sommer ihr
Das Leben noch erhalten;
Doch untern Händen wird sie dir
Gewiß im Herbst erkalten.

Autumnus' volles Segenshorn
Wirst du umsonst ihr bieten;
Es nähret sie, statt Wein und Korn,
Nur Duft und Thau der Blüten.

Der wolgesinnte Liebhaber.

In Nebelduft und Nacht versank
Das Dörfchen und die Flur;
Kein Sternchen war mehr blink und blank,
Als Liebchens Aeuglein nur.
Da tappt' ich still mich hin zu ihr,
Warf Nüss' ans Fensterlein;
Sie weht' im Hemdchen an die Thür
Und ließ mich still hinein.

Husch! sie voran; husch! ich ihr nach,
Wie leichter Frühlingswest,
Hinauf zur Kammer unterm Dach,
Hinein ins warme Nest! —
„Rück' hin! Rück' hin!“ — „Ei, schönen Dank!“ —
„O ja! O ja!“ — „Nein, nein!“ —
Mit Bitten halb und halb mit Zank
Schob ich mich doch hinein.

„Hinaus," rief Liebchen, „schnell hinaus!
Hinaus aufs Schemelbret!
Ich ließ dich Schelm wol in das Haus,
Allein nicht in mein Bett." —
„O Bett," rief ich, „du Freudensaal,
Du Grab der Sehnsuchtspein!
Verwahrt' auch Eisen dich und Stahl,
So müßt' ich doch hinein."

Drauf küßt' ich sie, von heißer Lust
Durch Mark und Bein entbrannt,
Auf Stirn, auf Auge, Mund und Brust
Und hielt sie fest umspannt. —
„Ach, Schelmchen, nichts zu arg gemacht,
Damit wir nichts bereun!
Du sollst auch wieder morgen Nacht
Und alle Nacht herein." — —

Doch ach! noch war kein Monat voll,
Da merkte Liebchen klar,
Daß unter ihrem Herzchen wol
Nicht alles richtig war.
„O weh, du hast es arg gemacht!
Nun droht mir Schmach und Pein.
Ach, hätt' ich nie erlebt die Nacht,
Da ich dich ließ herein!" —

Das Mädchen seiner Lieb' und Lust
In Angst und Pein zu sehn,
Ist von der ärgsten Heidenbrust
Wol schwerlich auszustehn.
Wer A gesagt, der sag' auch B,
C, D dann hinterdrein,
Und buchstabire bis in E—h'
Sich treu und brav hinein.

Ich nahm getrost, so wie sie war,
Mein Liebchen an die Hand
Und gab ihr vor dem Traualtar
Der Weiber Ehrenstand.
Kaum war der Fehl gebenedeit
So schwanden Angst und Pein,
Und — wol mir! — sie hat's nie bereut,
Daß sie mich ließ hinein.

Lied.

Mein frommes Mädchen ängstigt sich,
Wann ich zu viel verlange.
Die Angst der Armen macht, daß ich
Von Herzen mit erbange.

Schwebt unversucht alsdann vor mir
Der Wollust süßer Angel,
So härmt sie sich noch ärger schier
Und wähnet Liebesmangel.

So, hier und dort gebracht in Drang,
Ersticken unsre Freuden.
O Liebe, löse diesen Zwang
An Einem von uns Beiden!

Gib, daß sie mich an Herz und Sinn
Zum Heiligen bekehre;
Wo nicht, daß sie als Sünderin
Des Sünders Wunsch erhöre!

Sinnesänderung.

Ich war wol Jungfer Eigensinn,
Durch Güte kaum zu zähmen,
Und sträubte mich oft her und hin,
Zu geben und zu nehmen.
Der Himmel weiß es, wie es kam,
Daß ich so ungern gab und nahm.

Da kam ein junger Flaumenbart,
Voll Anmuth und voll Leben;
Der wußte mit der besten Art
Zu nehmen und zu geben.
Da weiß der Himmel, wie es kam,
Daß ich so willig gab und nahm.

Ich merkte, wo er ging und stand,
Auf jeden seiner Winke;
Ergriff er meine rechte Hand,
So bot ich auch die Linke.
Der Himmel weiß es, wie es kam,
Daß ich so willig gab und nahm.

Zum Nußgesträuch mit ihm entwich
Ich der Gespielen Schwarme;
Ich gab ihm in die Arme mich
Und nahm ihn in die Arme.
Der Himmel weiß es, wie es kam,
Daß ich so willig gab und nahm.

Wir ließen, tauschend Kuß um Kuß,
Auf weiches Moos uns nieder;
Ich gab den Kern von meiner Nuß,
Nahm den von seiner wieder.
Der Himmel weiß es, wie es kam,
Daß ich so willig gab und nahm.

Da hörten wir durch Laub und Gras
Die Mutter rufend kommen;
Wol hätt' ich sonst, wer weiß noch was,
Gegeben und genommen.
Der Himmel weiß es, wie es kam,
Daß ich so willig gab und nahm.

Feldjägerlied.

Mit Hörnerklang und Lustgesang,
Als ging' es froh zur Jagd,
So ziehn wir Jäger wohlgemuth,
Wenn's Noth dem Vaterlande thut,
Hinaus ins Feld der Schlacht.

Gewöhnt sind wir von Jugend auf
An Feld- und Waldbeschwer.
Wir klimmen Berg und Fels empor,
Und waten tief durch Sumpf und Moor,
Durch Schilf und Dorn einher.

Nicht Sturm und Regen achten wir,
Nicht Hagel, Reif und Schnee.
In Hitz' und Frost, bei Tag und Nacht,
Sind wir bereit zu Marsch und Wacht,
Als gölt' es Hirsch und Reh.

Wir brauchen nicht zu unserm Mahl
Erst Pfanne, Topf und Rost.
Im Hungersfall ein Bissen Brot,
Ein Labeschluck in Durstesnoth,
Genügen uns zur Kost.

Wo wackre Jäger Helfer sind,
Da ist es wohl bestellt;
Denn Kunst erhöht uns Kraft und Muth,
Wir zielen scharf, wir treffen gut,
Und was wir treffen, fällt.

Und färbet gleich auch unser Blut
Das Feld des Krieges roth:
So wandelt Furcht uns doch nicht an;
Denn nimmer scheut ein braver Mann
Für's Vaterland den Tod.

Erliegt doch rechts, erliegt doch links
So mancher tapfre Held!
Die Guten wandeln Hand in Hand
Frohlockend in ein Lebensland,
Wo niemand weiter fällt.

Doch trifft denn stets des Feindes Blei?
Verletzt denn stets sein Schwert? —
Ha! öfter führt das Waffenglück
Uns aus dem Mordgefecht zurück
Gesund und unversehrt.

Dann feiern wir ein Heldenfest
Bei Bischof, Punsch und Wein.
Zu Freudentänzen laden wir
Ums aufgepflanzte Siegspanier
Die schönsten Schönen ein.

Und jeder Jäger preist den Tag,
Als er ins Schlachtfeld zog.
Bei Hörnerschall und Becherklang
Ertönet laut der Chorgesang:
„Wer brav ist, lebe hoch!“

Lieder an Molly.

.

~~~~~~

Himmel und Erde.

In dem Himmel quillt die Fülle
Heiß ersehnter Seligkeit.
Ich auch, wär' es Gottes Wille,
Tränke gern aus dieser Fülle
Labsal für der Erde Leid;

Für das Leid, das meiner Tage
Schöne Rosenfarbe bleicht,
Das ich tief im Busen trage,
Das ich Arzt und Priester klage,
Welches keinem Balsam weicht.

Längst sind über Thal und Hügel
Alle Freuden mir entflohn.
Lahm sind meiner Hoffnung Flügel.
Rauher Hindernisse Hügel
Sprechen selbst den Wünschen Hohn. —

Dennoch setz' ich auch auf Erden
Gern noch fort den Pilgerstab.
Sollte Molly mir nur werden,
Trüg' ich aller Welt Beschwerden
Noch den längsten Pfad hinab.

Winterlied.

Der Winter hat mit kalter Hand
Die Pappel abgelaubt,
Und hat das grüne Maigewand
Der armen Flur geraubt;
Hat Blümchen, blau und roth und weiß,
Begraben unter Schnee und Eis.

6*

Doch, liebe Blümchen, hoffet nicht
Von mir ein Sterbelied.
Ich weiß ein holdes Angesicht,
Worauf ihr alle blüht.
Blau ist des Augensternes Rund,
Die Stirne weiß, und roth der Mund.

Was kümmert Amsel mich im Thal,
Was Nachtigall im Hain?
Denn Molly trillert hundertmal
So süß und silberrein;
Ihr Athem ist wie Frühlingsluft,
Erfüllt mit Hyacinthenduft.

Voll für den Mund und würzereich
Und allerfrischend ist,
Der purpurrothen Erdbeer' gleich,
Der Kuß, den sie mir küßt. —
O Mai, was frag' ich viel nach dir?
Der Frühling lebt und webt in ihr.

Seufzer eines Ungeliebten.

Hast du nicht Liebe zugemessen
Dem Leben jeder Kreatur?
Warum bin ich allein vergessen,
Auch meine Mutter du, Natur?

Wo lebte wol in Forst und Hürde,
Und wo in Luft und Meer ein Thier,
Das nimmermehr geliebet würde? —
Geliebt wird Alles außer mir!

Wenn gleich im Hain, auf Flur und Matten
Sich Baum und Staude, Moos und Kraut
Durch Lieb' und Gegenliebe gatten,
Vermählt sich mir doch keine Braut.

Mir wächst vom süßesten der Triebe
Nie Honigfrucht zur Lust heran.
Denn ach! mir mangelt Gegenliebe,
Die Eine nur gewähren kann.

Gegenliebe.

Wüßt' ich, wüßt' ich, daß du mich,
Lieb und werth ein bischen hieltest,
Und von dem, was ich für dich,
Nur ein Hunderttheilchen fühltest;

Daß dein Dank hübsch meinem Gruß'
Halben Wegs entgegen käme,
Und dein Mund den Wechselkuß
Gerne gäb' und wiedernähme:

Dann, o Himmel, außer sich
Würde ganz mein Herz zerlodern!
Leib und Leben könnt' ich dich
Nicht vergebens lassen fodern! —

Gegengunst erhöhet Gunst,
Liebe nähret Gegenliebe,
Und entflammt zur Feuersbrunst,
Was ein Aschenfünkchen bliebe.

An die Nymphe des Negenborns.

Neig' aus deines Vaters Halle,
Felsentochter, mir dein Ohr!
Hell im Schimmer der Krhstalle,
Hell im Silberschleier, walle,
Reine Nymphe, wall' hervor!

Liber'n jauchzet die Mänade
Huldigung bei Chmbelklang.
Dir nur, glänzende Najade,
Deiner Urne, deinem Bade
Weihte keiner Hochgesang? —

Wohl, ich weiß' ihn! Wo der Zecher,
Der des Preises spotten soll?
Ha! Wo ist er? Ich bin Rächer!
Fleuch! Mein Bogen tönt! Mein Köcher
Rasselt goldner Pfeile voll!

Hier, wie aus der Traube, quillet
Geist und Leben, frisch und rein,
Leben, das den Hirten füllet,
Das den Durst der Heerde stillet,
Welches Wiese tränkt und Hain.

Horch! es rauscht im Felsenhaine,
Woget auf der Wies' entlang,
Leckt im Widder auf dem Raine,
Schauert durch das Mark der Beine,
Kühlt des Wandrers heißen Gang.

Saugt aus Wein der Klee sein Leben,
Wohlgeruch und Honigsaft? —
Kraut und Blumen, selbst die Reben
Danken dir, o Nais, Leben,
Würze, Süßigkeit und Kraft.

Lebensfülle, Kraft und Streben
Trank auch ich schon oft bei dir.
Drob sei auch von nun an Leben
Und Unsterblichkeit gegeben
Deinem Namen für und für!

Abendphantasie eines Liebenden.

In weiche Ruh' hinabgesunken,
Unaufgestört von Harm und Noth,
Vom süßen Labebecher trunken,
Den ihr der Gott des Schlummers bot,
Noch sanft umhallt vom Abendliede
Der Nachtigall, im Flötenton,
Schläft meine Molly-Adonide
Nun ihr behäglich Schläfchen schon.

Wohlauf, mein liebender Gedanke,
Wohlauf zu ihrem Lager hin!
Umwebe gleich der Epheuranke
Die engelholde Schläferin!
Geneuß der übersüßen Fülle
Vollkommner Erdenseligkeit,
Wovon zu kosten noch ihr Wille,
Und ewig ach! vielleicht verbeut! —

Ah, was vernehm ich? — Das Gesäusel
Von ihres Schlummers Odemzug!
So leise wallt durch das Gekräusel
Des jungen Laubes Zephyr's Flug.
Darunter mischt sich ein Gestöhne,
Das aus entzücktem Busen geht,
Wie Bienensang und Schilfgetöne,
Wann Abendwind dazwischen weht.

O, wie so schön dahingegossen,
Umleuchtet sie des Mondes Licht!
Die Blumen der Gesundheit sprossen
Auf ihrem wonnigen Gesicht.
Ihr Lenzgeruch wallt mir entgegen,
Süß wie bei stiller Abendluft,
Nach einem milden Sprüheregen,
Der Moschus = Hyacinthe Duft.

Mein ganzes Paradies steht offen.
Die offnen Arme, sonder Zwang,
Was lassen sie wol anders hoffen
Als herzenswilligen Empfang?
Oft spannt und hebt sie das Entzücken,
Als sollten sie jetzt ungesäumt
Den himmelfrohen Mann umstricken,
Den sie an ihrem Busen träumt. —

Nun kehre wieder! Nun entwanke
Dem Wonnebett! Du hast genug!
Sonst wirst du trunken, mein Gedanke,
Sonst lähmt der Taumel deinen Flug.
Du loderst auf in Durstesflammen! —
Ha! wirf ins Meer der Wonne dich!
Schlagt, Wellen, über mir zusammen!
Ich brenne! brenne! kühlet mich!

Das neue Leben.

Eia! Wie so wach und froh,
Froh und wach sind meine Sinnen!
O vor welcher Sonne floh
Meines Lebens Nacht von hinnen?
Wie so holden Gruß entbot
Mir das neue Morgenroth!

Aus Aurorens goldnem Thor
Schweben Himmelsphantasieen.
Ueberall vernimmt mein Ohr
Neue Wonnemelodieen.
Nie gefühlte Frühlingsluft
Weht mich an mit Balsamduft.

Bin ich dem Olymp so nah?
Kost' ich schon der Götter Mahle?
Speiset mich Ambrosia?
Tränket mich die Nektarschale?
Reicht die junge Hebe gar
Mir den Wein des Lebens dar?

Liebe, deine Wunderkraft
Hat mein Leben neu geboren,
Hat zum Glück der Götterschaft
Mich hienieden schon erkoren.
Ohne Wandel! Ewig so!
Ewig jung und ewig froh!

Trautel.

Mein Trautel hält mich für und für
In festen Liebesbanden;
Bin immer um und neben ihr;
Sie läßt mich nicht abhanden.
Ich darf nicht weiter, als das Band,
Woran sie mich gebunden.
Sie gängelt mich an ihrer Hand
Wohl Tag für Tag zwölf Stunden.

Mein Trautel hält mich für und für
In ihrer stillen Klause;
Darf nie zum Tanz als nur mit ihr,
Nie ohne sie zum Schmause.
Und ich bin gar ein guter Mann,
Der sie nur sieht und höret
Und aus den Augen lesen kann,
Was sie befiehlt und wehret.

Ich, Trautel, bin wol recht für dich,
Und du für mich geboren.
O Trautel, ohne dich und mich
Sind ich und du verloren. —
Wann einst des Todes Sense klirrt,
Und mähet mich von hinnen,
Ach, lieber, lieber Gott! was wird
Mein Trautel doch beginnen?

Ständchen.

Mit Lied und Leier weck' ich dich;
Gib Acht auf Lied und Leier!
Der wache Spielmann, das bin ich,
Schön Liebchen, dein Getreuer!
Schleuß auf den hellen Sonnenschein
In deinen zwei Guckäugelein!

Durch Nacht und Dunkel komm' ich her,
Zur Stunde der Gespenster.
Es flimmert längst kein Lämpchen mehr
Durch stiller Hütten Fenster.
Nichts wachet mehr was schlafen kann,
Als ich und Uhr und Wetterhahn.

Auf seiner Gattin Busen wiegt
Sein müdes Haupt der Gatte;
Wol bei der Henne ruht vergnügt
Der Hahn auf seiner Latte;
Der Sperling unterm Dache sitzt
Bei der geliebten Sie anitzt.

Wann, o wann ist auch mir erlaubt,
Daß ich an dich mich schmiege?
Daß ich in süße Ruh' mein Haupt
Auf deinem Busen wiege?
O Priesterhand, wann führest du
Mich meiner Herzgeliebten zu?

Wie wollt' ich dann herzinniglich
So lieb, so lieb dich haben!
Wie wollt' ich, o wie wollt' ich mich
In deinen Armen laben!
Geduld! Die Zeit schleicht auch herbei.
Ach, Trautchen, bleib' mir nur getreu!

Nun, liebe Seele, gute Nacht!
Gott mag dein Herz bewahren! —
Was Gott bewahrt, ist wol bewacht. —
Daß wir kein Leid erfahren.
Ade! Schleuß wieder zu den Schein
In deinen zwei Guckäugelein!

Das Mädel, das ich meine.

O was in tausend Liebespracht
Das Mädel, das ich meine, lacht!
Verkünd' es laut, mein frommer Mund,
Wer that sich in dem Wunder kund,
Wodurch in tausend Liebespracht
Das Mädel, das ich meine, lacht?

Wer hat wie Paradieseswelt
Des Mädels blaues Aug' erhellt? —
Der liebe Gott! Der hats gethan,
Der's Firmament erleuchten kann;
Der hat wie Paradieseswelt
Des Mädels blaues Aug' erhellt.

Wer hat das Roth auf Weiß gemalt
Das von des Mädels Wange strahlt? —
Der liebe Gott! Der hats gethan,
Der Pfirsichblüte malen kann;
Der hat das Roth und Weiß gemalt,
Das von des Mädels Wange strahlt.

Wer schuf des Mädels Purpurmund
So würzig süß und lieb und rund? —
Der liebe Gott! Der hats gethan,
Der Nelk' und Erdbeer' würzen kann;
Der schuf des Mädels Purpurmund
So würzig süß und lieb und rund.

Wer ließ vom Nacken blond und schön
Des Mädels seidne Locken wehn? —
Der liebe Gott! der mild im West
Die goldnen Halme wallen läßt;
Der ließ vom Nacken blond und schön
Des Mädels seidne Locken wehn.

Wer gab zu Liebesred' und Sang
Dem Mädel holder Stimme Klang? --
Der liebe, liebe Gott that dies,
Der Nachtigallen flöten hieß;
Der gab zu Liebesred' und Sang
Dem Mädel holder Stimme Klang.

Wer hat zur Fülle höchster Lust
Gewölbt des Mädels weiße Brust? —
Der liebe Gott hats auch gethan,
Der stolz die Schwäne kleiden kann;
Der hat zur Fülle höchster Lust
Gewölbt des Mädels weiße Brust.

Durch welches Bildners Hände ward
Des Mädels Wuchs so schlank und zart? --
Das hat die Meisterhand gethan,
Die alle Schönheit bilden kann;
Durch Gott, den höchsten Bildner, ward
Des Mädels Wuchs so schlank und zart.

Wer blies so lichthell, schön und rein
Die fromme Seel' dem Mädel ein? —
Wer anders hats, als Er gethan,
Der Seraphim erschaffen kann;
Der blies so lichthell, schön und rein
Die Engelseel' dem Mädel ein. —

Lob sei, o Bildner, deiner Kunst
Und hoher Dank für deine Gunst!
Daß so dein Abbild mich entzückt
Mit allem, was die Schöpfung schmückt.
Lob sei, o Bildner, deiner Kunst
Und hoher Dank für deine Gunst!

Doch ach! für wen auf Erden lacht
Das Mädel so in Liebespracht? —
O Gott, bei deinem Sonnenschein!
Bald möcht' ich nie geboren sein,
Wenn nie in solcher Liebespracht
Das Mädel mir auf Erden lacht.

Schwanenlied.

Mir thut's so weh im Herzen!
Ich bin so matt und krank!
Ich schlafe nicht vor Schmerzen,
Mag Speise nicht und Trank;
Seh' alles sich entfärben,
Was schönes mir geblüht.
Ach, Liebchen, will nur sterben!
Dies ist mein Schwanenlied.

Du wärst mir zwar ein Becher,
Von Heilungslabsal voll. —
Nur daß ich armer Lecher
Nicht ganz ihn trinken soll!
Ihn, welcher so viel Süßes,
So tausend Süßes hat, —
Doch hätt' ich des Genießes,
Nie hätt' ich dennoch satt.

Drum laß mich vor den Wehen
Der ungestillten Lust
Zerschmelzen und vergehen,
Vergehn an deiner Brust!
Aus deinem süßen Munde
Laß saugen süßen Tod!
Denn, Molly, ich gesunde
Sonst nie von meiner Noth.

Die Umarmung.

Wie um ihren Stab die Rebe
Brünstig ihre Ranke strickt,
Wie der Epheu sein Gewebe
An der Ulme Busen drückt;

Wie ein Taubenpaar sich schnäbelt
Und auf ausgeforschtem Nest,
Von der Liebe Rausch umnebelt,
Haschen sich und würgen läßt:

Dürft' ich so dich rund umfangen!
Dürftest du, Geliebte, mich! —
Dürften so zusammenhangen
Unsre Lippen ewiglich!

Dann verschmäht' ich alle Mahle,
Wie ich sie auf Erden sah,
Dann sogar im Göttersaale
Nektar und Ambrosia.

Sterben wollt' ich im Genusse,
Wie ihn deine Lippe beut,
Sterben in dem langen Kusse
Wollustvoller Trunkenheit. —

Komm, o komm, und laß uns sterben!
Mir entlodert schon der Geist.
Fluch gesprochen sei dem Erben,
Der uns von einander reißt!

Unter Myrten, wo wir fallen,
Bleib' uns eine Gruft bevor!
Unsre Seelen aber wallen
In vereintem Hauch empor,

In die seligen Gefilde
Voller Wohlgeruch und Pracht,
Denen stete Frühlingsmilde
Vom entwölkten Himmel lacht;

Wo die Bäume schöner blühen,
Wo die Quellen, wo der Wind
Und der Vögel Melodieen
Lieblicher und reiner sind;

Wo das Auge des Betrübten
Seine Thränen ausgeweint
Und Geliebte mit Geliebten
Ewig das Geschick vereint;

Wo nun Phaon voll Bedauren
Seiner Sappho sich erbarmt;
Wo Petrarca ruhig Lauren
An der reinsten Quell' umarmt;

Und auf rund umschirmten Wiesen,
Von Verfolgung nicht gestört,
Glücklicher nun Heloisen
Abälard die Liebe lehrt. —

O des Himmels voller Freuden,
Den ich da schon offen sah!
Komm! Von hinnen laß uns scheiden!
Molly, wären wir schon da! —

Die Elemente.

Horch! Hohe Dinge lehr' ich dich:
Vier Elemente gatten sich;
Sie gatten sich, wie Mann und Weib,
Voll Liebesglut in Einen Leib.
Der Gott der Liebe rief: Es werde!
Da ward Luft, Feuer, Wasser, Erde.

Des Feuers Quell, die Sonne, brennt
Am blauen Himmelsfirmament.
Sie strahlet Wärme, Tagesschein;
Sie reifet Korn und Obst und Wein,
Macht alles Lebens Säfte kochen,
Und seine Pulse rascher pochen.

Sie hüllt den Mond in stillen Glanz,
Und flicht ihm einen Sternenkranz.
Was leuchtet vor dem Wandrer her?
Was führt den Schiffer durch das Meer,
Viel tausend Meilen in die Ferne?
Ihm leuchten Sonne, Mond und Sterne.

Die Luft umfängt den Erdenball,
Weht hier und dort, weht überall;
Ist Lebenshauch aus Gottes Mund,
Durchwandelt gar das Erdenrund,
Wo sie durch alle Höhlung webet,
Und selbst des Würmchens Lunge hebet.

Das Wasser braus't durch Wald und Feld.
In tausend Arme nimmt's die Welt.
Wie Gottes Odem, bringt es auch
Tief durch der Erde finstern Bauch.
Die Wesen schmachteten und sänken,
Wo sie nicht seines Lebens tränken.

Drei Bräutigamen hat, als Braut,
Gott seine Erde angetraut.
Wann Luft und Wasser sie umarmt,
Und von der Sonn' ihr Schooß erwarmt,
Dann wird ihr Schooß zu allen Stunden
Von Kindern jeder Art entbunden.

Sie hegt und pflegt mit Mutterlust
All' ihre Kindlein an der Brust.
Sie ist die beste Mutter, sie;
Sie säuget spät, sie säuget früh.
Kein Kindlein, so ihr Schooß geboren,
Geht ihrem Schooße je verloren.

Sieh hin und her! Sieh rund um dich!
Die Elemente lieben sich;
Sie gatten sich in Himmelsglut;
Je Eins dem Andern Liebes thut.
Aus solchem Liebestrieb empfangen,
Bist du, o Mensch, hervor gegangen.

Nun prüfe dich, nun sage mir:
Glüht noch des Ursprungs Glut in dir?
Erhellt, wie Sonne, dein Verstand,
Erhellt er Haus und Stadt und Land?
Entlodert, gleich den Himmelskerzen,
Noch Liebeslohe deinem Herzen?

Und deine Zunge, stimmet sie
Zur allgemeinen Harmonie?
Ist deine Rede, dein Gesang
Der Herzensliebe Wiederklang?
Entweht dir Frieden, Freude, Segen,
Wie Maienluft und Frühlingsregen?

Hält unzerrissen deine Hand
Das heilige Verlobungsband?
Reicht sie dem Nächsten in der Noth
Von deinem Trank, von deinem Brot
Und seinen nackenden Gebeinen
Von deiner Wolle, deinem Leinen? —

O du! O du! der das nicht kann,
Du Bastard du! was bist du dann? —
Und wärst du mächtig, schön und reich,
Dem Salomo an Weisheit gleich,
Und hättest gar mit Engelzungen
Zur Welt geredet und gesungen:

Du Bastard, der nicht lieben kann!
Was bist du ohne Liebe dann? —
Ein todter Klumpen ist dein Herz;
Du bist ein eitel tönend Erz;
Bist leerer Klingklang einer Schelle
Und Tosen einer Wasserwelle.

Liebeszauber.

Mädel, schau mir ins Gesicht!
Schelmenauge, blinzle nicht!
Mädel, merke was ich sage!
Gib Bescheid auf meine Frage!
Holla, hoch mir ins Gesicht!
Schelmenauge, blinzle nicht!

Bist nicht häßlich, das ist wahr!
Aeuglein hast du, blau und klar;
Stirn und Näschen, Mund und Wangen
Dürfen wol ihr Lob verlangen.
Reizend, Liebchen, das ist wahr,
Reizend bist du offenbar.

Aber reizend her und hin!
Bist ja doch nicht Kaiserin,
Nicht die Kaiserin der Schönen.
Wer wird dich vor allen krönen?
Reizend her und reizend hin!
Viel noch fehlt zur Kaiserin!

Hundert Schönen sicherlich,
Hundert, hundert fänden sich,
Die vor Eifer würden lodern,
Dich vors Wettgericht zu fodern;
Hundert Schönen fänden sich,
Hundert siegten über dich.

Dennoch hegst du Kaiserrecht
Ueber deinen treuen Knecht,
Kaiserrecht in seinem Herzen,
Bald zu Wonne, bald zu Schmerzen.
Tod und Leben, Kaiserrecht,
Nimmt von dir der treue Knecht!

Hundert ist wol große Zahl;
Aber, Liebchen, laß einmal,
Laß es Hunderttausend wagen,
Dich von Thron und Reich zu jagen!
Hunderttausend! Welche Zahl!
Sie verlören allzumal.

Schelmenauge, Schelmenmund,
Sieh mich an und thu' mir's kund!
He, warum bist du die Meine?
Du allein und anders Keine?
Sieh mich an und thu' mir's kund,
Schelmenauge, Schelmenmund!

Sinnig forsch' ich auf und ab:
Was so ganz dir hin mich gab? —
Ha! durch nichts mich so zu zwingen,
Geht nicht zu mit rechten Dingen,
Zaubermädel, auf und ab,
Sprich, wo ist dein Zauberstab?

Männerkeuschheit.

Wem Wollust nie den Nacken bog
Und der Gesundheit Mark entsog,
Dem steht ein stolzes Wort wol an,
Das Heldenwort: Ich bin ein Mann!

Denn er gedeiht und sproßt empor
Wie auf der Wies' ein schlankes Rohr,
Und lebt und webt, der Gottheit voll,
An Kraft und Schönheit ein Apoll.

Die Götterkraft, die ihn durchfleußt,
Beflügelt seinen Feuergeist
Und treibt aus kalter Dämmerung
Gen Himmel seinen Adlerschwung.

Dort taucht er sich ins Sonnenmeer,
Und Klarheit strömet um ihn her.
Dann wandelt sein erhellter Sinn
Durch alle Schöpfung Gottes hin.

Und er durchspäht und wägt und mißt,
Was schön, was groß und herrlich ist,
Und stellt es dar in Red' und Sang
Voll Harmonie, wie Himmelsklang.

O schaut, wie er voll Majestät,
Ein Gott, daher auf Erden geht!
Und geht und steht in Herrlichkeit,
Und steht um nichts: denn er gebeut.

Sein Auge funkelt dunkelhell
Wie ein krystallner Schattenquell;
Sein Antlitz strahlt wie Morgenroth;
Auf Naf' und Stirn herrscht Machtgebot.

Das Machtgebot, das drauf regiert,
Wird hui! durch seinen Arm vollführt;
Denn der schnellt aus wie Federstahl,
Sein Schwerthieb ist ein Wetterstrahl.

Das Roß fühlt seines Schenkels Macht,
Der nimmer wanket, nimmer kracht.
Er zwängt das Roß, vom Zwang entwöhnt,
Er zwängt das Roß, und horch! es stöhnt.

Er geht und steht in Herrlichkeit
Und fleht um nichts; denn er gebeut.
Und dennoch, schaut, wo er sich zeigt,
O schaut, wie ihm sich alles neigt!

Die edelsten der Jungfraun blühn,
Sie blühn und duften nur für ihn.
O Glückliche, die er erkiest!
O Selige, die sein genießt!

Die Fülle seines Lebens glänzt
Wie Wein, von Rosen rund umkränzt.
Sein glücklich Weib an seiner Brust
Berauscht sich draus zu Lieb' und Lust.

Frohlockend blickt sie rund umher:
Wo sind der Männer mehr wie Er? —
Fleuch, Zärtling, fleuch! Sie spottet dein.
Nur Er nimmt Bett und Busen ein.

Sie sieht und fordert auf umher:
Wo ist, wo ist ein Mann wie Er? —
Sie, ihm allein getreu und hold,
Erkauft kein Fürst um Ehr und Gold.

Wie wann der Lenz die Erd' umfäht,
Und sie mit Blumen schwanger geht:
So segnet Gott durch ihn sein Weib,
Und Blumen trägt ihr edler Leib.

Die alle blühn wie sie und er;
Sie blühn gesund und schön umher
Und wachsen auf, ein Cedernwald,
Voll Vaterkraft und Wohlgestalt. —

So glänzt der Lohn, den der genießt,
So das Geschlecht, das dem entsprießt,
Dem Wollust nie den Nacken bog
Und der Gesundheit Mark entsog.

Auch ein Lied an den lieben Mond.

Ei! schönen Guten Abend dort am Himmel!
Man freuet sich, Ihn noch fein wohl zu sehn.
Willkommen mir vor allem Sterngewimmel!
Vor allem Sterngewimmel lieb und schön! —

Was lächelst du so bittlich her, mein Theurer?
Willst du vielleicht so was von Sing und Sang?
Ganz recht! Wofür auch wär' ich sonst der Leirer,
Deß Saitenspiel bisher — so so? — noch klang?

Es wäre ja nicht halb mir zu verzeihen,
Das muß ich selbst treuherzig eingestehn,
Da alle Dichter dir ein Scherflein weihen,
Wollt' ich allein dich stumm vorübergehn.

Auch bist du's werth, mein sanfter, holder, lieber . . .
Ich weiß nicht recht, wie ich dich nennen soll?
Mann oder Weib? — Schon lange war ich über
Und über deines warmen Lobes voll.

So wissen's dann die Jungen und die Alten,
Was immerdar auch meine Wenigkeit
Vom schönen lieben Monde hat gehalten
Und halten wird in alle Ewigkeit!

Die Sonn' ist zwar die Königin der Erden
Das sei hiermit höchst feierlich erklärt!
Ich wäre ja von ihr beglänzt zu werden,
Verneint' ich dies, nicht eine Stunde werth.

Wer aber kann, wann sie im Strahlenwagen
Einher an blauer Himmelsstraße zieht,
Die Glorie in seinem Aug' ertragen,
Die ihre königliche Stirn umglüht?

Du, lieber Mond, bist schwächer zwar und kleiner,
Ein Kleid, nur recht und schlecht, bekleidet dich;
Allein du bist so mehr wie unsereiner,
Und dieses ist gerade recht für mich.

7*

Ich würde mich fürwahr nicht unterstehen,
Mit ihrer hocherhabnen Majestät
So brüderlich und traulich umzugehen,
Wie man noch wol mit dir sich untersteht.

Die Sonne mag uns tausend Segen schenken,
Das wissen wir und danken's herzlich ihr;
Doch weiß sie auch es wieder einzutränken
Und sengt und brennt oft desto baß dafür.

Du aber, aller Creaturen Freude,
Den jeder Mund so treu und froh begrüßt,
Bist immer gut, thust nimmer was zu Leide,
Kein Biedermann hat je durch dich gebüßt.

Wär' ohne sie die Welt nur hell und heiter,
Und frör' es nur nicht lauter Eis und Stein,
Und Wein und Korn und Obst gediehe weiter,
Wer weiß? so ließ' ich Sonne Sonne sein.

Dich ließ' ich mir in Ewigkeit nicht nehmen,
Wofern mein armes Nein was gelten kann;
Ich würde bis zum Kranken mich zergrämen,
Verlör' ich dich, du trauter Nachtkumpan!

Wen hätt' ich sonst, wann um die Zeit der Rosen
Zur Mitternacht mein Gang ums Dörfchen irrt,
Mit dem ich so viel Liebes könnte kosen,
Als hin und her mit dir gekoset wird?

Wen hätt' ich sonst, wann überlange Nächte
Entschlummern mich, du weißt wol was, nicht läßt,
Dem ich es so vertrauen könnt' und möchte,
Was für ein Weh mein krankes Herz zerpreßt?

An die kalten Vernünftler.

Ich habe was Liebes, das hab' ich zu lieb;
Was kann ich, was kann ich dafür?
Drum sind mir die kalten Vernünftler nicht hold:
Doch spinn' ich ja leider nicht Seide noch Gold,
Ich spinne nur Herzeleid mir.

Auch mich hat was Liebes im Herzen zu lieb;
Was kann es, was kann es für's Herz?
Auch ihm sind die kalten Vernünftler nicht hold:
Doch spinnt es ja leider nicht Seide noch Gold,
Es spinnt sich nur Elend und Schmerz.

Wir seufzen und sehnen, wir schmachten uns nach,
Wir sehnen und seufzen uns krank.
Die kalten Vernünstler verargen uns das;
Sie reden, sie thun uns bald dieß und bald das,
Und schmieden uns Fessel und Zwang.

Wenn ihr für die Leiden der Liebe was könnt,
Vernünstler, so gönnen wir's euch.
Wenn wir es nicht können, so irr' es euch nicht!
Wir können, ach leider! wir können es nicht,
Nicht für das Mogolische Reich!

Wir irren und quälen euch andre ja nicht;
Wir quälen ja uns nur allein.
Drum, kalte Vernünstler, wir bitten euch sehr,
Drum laßt uns gewähren, und quält uns nicht mehr,
O laßt uns gewähren allein!

Was dränget ihr euch um die Kranken herum,
Und scheltet und schnarchet sie an?
Von Schelten und Schnarchen genesen sie nicht.
Man liebet ja Tugend, man übet ja Pflicht;
Doch keiner thut mehr, als er kann.

Die Sonne, sie leuchtet; sie schattet, die Nacht;
Hinab will der Bach, nicht hinan;
Der Sommerwind trocknet; der Regen macht naß;
Das Feuer verbrennet. — Wie hindert ihr das? —
O laßt es gewähren, wie's kann!

Es hungert den Hunger, es dürstet den Durst;
Sie sterben von Nahrung entfernt.
Naturgang wendet kein Aber und Wenn. —
O kalte Vernünstler, wie zwinget ihr's denn,
Daß Liebe zu lieben verlernt?

Elegie.
Als Molly sich losreißen wollte.

Darf ich noch ein Wörtchen lallen? —
Darf vor deinem Angesicht
Eine Thräne mir entfallen? —
Ach, sie dürfte freilich nicht!
Ihren Ausbruch abzuwehren,
Brächte mehr für dich Gewinnst,
Um den Kampf nicht zu erschweren,
Den du gegen mich beginnst.

Und, o Gott! darf ich ihn tadeln?
Sollte nicht mein schönstes Lied
Mehr den edeln Kampf noch adeln,
Ob er gleich ins Grab mich zieht? —
Ja, das find' ich recht und billig!
Noch ist mein Gewissen wach,
Und mein beſſres Selbst ist willig;
Aber seine Kraft ist schwach.

Denn wie soll, wie kann ich's zähmen,
Dieses hochempörte Herz?
Wie den letzten Trost ihm nehmen,
Auszuschreien seinen Schmerz?
Schreien, aus muß ich ihn schreien!
Herr, mein Gott, du wirst es mir,
Du auch, Molly, wirst verzeihen!
Denn zu schrecklich tobt er hier.

Ha, er tobet mit der Hölle,
Mit der ganzen Hölle Wuth!
Höchste Glut ist seine Quelle
Und sein Ausstrom höchste Glut!
Gott und Gottes Creaturen
Ruf' ich laut zu Zeugen an,
Ob's von irdischen Naturen
Eine stumm verschmerzen kann! —

Rosicht wie die Morgenstunde,
Freundlich wie ein Paradies,
Wort und Kuß auf ihrem Munde, —
O kein Nektar ist so süß! —
War ein Mädchen mir gewogen . . .
Wie? Gewogen nur? — Fürwahr
Ihre tausend Schwüre logen,
Wenn ich nicht ihr Abgott war.

Und sie sollte lügen können?
Lügen nur ein einzig Wort?
Nein! In Flammen will ich brennen,
Zeitlich hier und ewig dort,
Der Verdammniß ganz zum Raube
Will ich sein, wofern ich nicht
An das kleinste Wörtchen glaube,
Welches dieser Engel spricht.

Und ein Engel sondergleichen,
Wenn die Erde Engel hat,
Ist sie! Weichen muß ihr, weichen,
Was hier Gott erschaffen hat! —
O, ich weiß wol, was ich sage!
Deutlich, wie mir See und Land
Hoch um Mittag liegt zu Tage,
So wird das von mir erkannt.

Rümpften tausend auch die Nasen:
„Deine Sinne täuschen dich!
Große Liebe macht dich rasen!" —
O ihr tausend seid nicht ich!
Ich, ich weiß es, was ich sage!
Denn ich weiß es, was sie ist,
Was sie wiegt auf rechter Wage,
Was nach rechtem Maß sie mißt.

Andre mögen andre loben
Und zu Engeln sie erhöhn!
Mir, von unten auf bis oben,
Dünkt, wie Sie, nicht Eine schön.
Wie von außen, so von innen
Dünkt auch nüchtern meinem Sinn
Sie der höchsten Königinnen
Aller Anmuth Königin.

Bettelarm ist, sie zu schildern,
Aller Sprachen Ueberfluß.
Zwischen tausend schönen Bildern
Wühlt umsonst mein Genius.
Spräch' ich auch mit Engelzungen
Und in Himmelsmelodie,
Dennoch, dennoch unbesungen,
Wie sie werth ist, bliebe sie. —

Eine solche ist es! eine,
Die kein Name nennen kann!
Die zu vollem Herzvereine
Mich so innig liebgewann,
Daß ihr seligster Gedanke,
Den sie dachte, wie den Stab
Rundherum des Weinstocks Ranke,
Tag und Nacht nur mich umgab.

Welch ein Sehnen, welch ein Schmachten,
Wann sie mich nicht sah und fand!
Welch ein wonniges Betrachten,
Wo ich ging und saß und stand!
Welch ein Säuseln, welch ein Wehen,
Wann sie kosend mich umfing ·
Und mit süßem Liebeflehen
Brünstig mir am Halse hing! —

Alles, alles das wie selig,
O wie selig fühlt' ich das!
Fühlt' es so, daß ich allmählich
Alles außer ihr vergaß;
Und nun ward, in ihr zu leben,
Mir so innig zur Natur,
Wie, in Licht und Luft zu weben,
Jeder Erdencreatur.

Stolz konnt' ich vor Zeiten wähnen,
Hoch sei ich mit Kraft erfüllt,
Auch das Geistigste mit Tönen
Zu verwandeln in ein Bild.
Doch lebendig darzustellen
Das, was sie und ich gefühlt,
Fühl' ich jetzt mich, wie zum schnellen
Reigen sich der Lahme fühlt.

Es ist Geist, so rasch beflügelt
Wie der Spezereien Geist,
Der, hermetisch auch versiegelt,
Sich aus seinem Kerker reißt.
Welche Macht kann ihn bezähmen?
Welche Macht durch Ton und Wort
Fesseln und gefangen nehmen? —
Leicht wie Aether schlüpft er fort. —

Nun, — o wär' ich nie geboren,
Oder schwänd' in nichts dahin! —
Was sie war, ist mir verloren,
Da, was ich ihr war, noch bin.
Sie wähnt sich's von Gott geheißen,
Trotz Verblutung oder Schmerz
Von dem meinigen zu reißen
Ihr ihm einverwachs'nes Herz.

Rasch, mit Ernst und Kraft zu ringen,
Hat sie nun sich aufgerafft,
Und den Heldenkampf vollbringen
Will ihr Ernst und ihre Kraft.
Wird sie in dem Kampf erliegen?
Wird sie, oder wird sie nicht?
„Sterben", rief sie, „oder siegen
Heißen Tugend mich und Pflicht."

Ach, ich weiß dem keinen Tadel,
Ob es gleich das Herz mir bricht,
Was so rühmlich für den Adel
Ihrer schönen Seele spricht!
Denn, o Gott, in Christenlanden,
Auf der Erde weit und breit,
Ist ja kein Altar vorhanden,
Welcher unsre Liebe weiht.

Tief in Kerkers Nacht, belastet
Wie von Ketten, centnerschwer,
Stöhnet nun mein Geist und tastet
Ohne Rath und That umher.
Nirgends ist ein Spalt nur offen
Für der Hoffnung Labeschein,
Und auch Wünschen oder Hoffen
Scheint Verbrechen gar zu sein.

Ich erstarre, ich verstumme,
In Verzweiflung tief versenkt,
Wenn mein Herz die Leidensumme
Dieser Liebe überdenkt.
Nichts, ach nichts weiß ich zu sagen
Im Bewußtsein dieser Schuld,
Nichts zu murren, nichts zu klagen:
Dennoch mangelt mir Geduld!

Wie wird mir so herzlich bange,
Wie so heiß und wieder kalt,
Wann in diesem Sturm und Drange
Keuchend meine Seele wallt!
Ach! das Ende macht mich zittern,
Wie den Schiffer in der Nacht
Der Tumult von Ungewittern
Vor dem Abgrund zittern macht.

Herr, mein Gott, wie soll es werden?
Herr, mein Gott, erleuchte mich!
Ist wol irgendwo auf Erden
Rettung noch und Heil für mich?
Heil auch dann, wann ich erfahre,
Daß sie, ganz von mir befreit,
Einem andern am Altare   .
Sich mit Leib und Seele weiht?

Werd' ich, o mein Gott und Rächer,
Ohn' in diesen Höllenwehn
Der Verzweiflung zum Verbrecher
Mich zu wüthen, werd' ich's sehn:
Wie der Mann bei Kerzenscheine
Sie zum Brautgemache winkt
Und in meinem Freudenweine
Sich zum frohsten Gotte trinkt? —

Freilich, freilich fühlt, was billig
Und gerecht ist, noch mein Sinn,
Und das beßre Selbst ist willig:
Doch des Herzens Kraft ist hin!
Weh mir! Alle Eingeweide
Preßt der bängsten Ahndung Krampf!
O ich armer Mann, wie meide
Ich den fürchterlichsten Kampf? —

Bist du nun verloren? Rettet
Keine Macht dich mehr für mich?
Molly, meine Molly, kettet
Mich kein Segensspruch an dich?
O so sprich, zu welchem Ziele
Schleudert mich ein solcher Sturm?
Dient denn Gott ein Mensch zum Spiele,
Wie des Buben Hand der Wurm? —

Nimmermehr! Dies nur zu wähnen,
Wäre Hochverrath an ihm.
Rühre denn dich meiner Thränen,
Meines Jammers Ungestüm!
O es keimt, wie lang' es währe,
Doch vielleicht uns noch Gewinnst,
Wenn ich dir den Kampf erschwere,
Den du gegen mich beginnst.

War denn diese Flammenliebe
Freier Willkür heimgestellt?
Nein! Den Samen solcher Triebe
Streut Natur ins Herzensfeld.
Unaustilgbar keimen diese,
Sprossen dicht von selbst empor,
Wie im Thal und auf der Wiese
Kraut und Blume, Gras und Rohr.

Sinnig' sitz ich oft und frage
Und erwäg' es herzlich treu
Auf des besten Wissens Wage:
Ob uns lieben Sünde sei?
Dann erkenn' ich zwar und finde
Krankheit, schwer und unheilbar;
Aber Sünde, Liebchen, Sünde
Fand ich nie, daß Krankheit war.

O, ich möchte selbst genesen!
Doch durch welche Arzenei?
Oft gedacht und oft gelesen
Hab' ich viel und mancherlei;
Aerzte, Priester, Weis' und Thoren
Hab' ich oft um Rath gefragt:
Doch mein Forschen war verloren,
Keiner hat's mir angesagt.

O so laß es denn gewähren,
Da Genesung nicht gelingt!
Laß uns lieber Krankheit nähren,
Eh' uns gar das Grab verschlingt! —
Suche nicht den Strom zu hemmen,
Der so lang' sein Bett nur füllt,
Bis er zornig vor den Dämmen
Zum Vertilgungsmeer entschwillt.

Freier Strom sei meine Liebe,
Wo ich freier Schiffer bin!
Harmlos wallen seine Triebe
Wog' an Woge dann dahin.
Laß in seiner Kraft ihn brausen!
Wenn kein Damm ihn unterbricht,
Müsse dir davor nicht grausen!
Denn verheeren wird er nicht.

Auf des Stromes Höhe pranget
Eine Insel anmuthsvoll.
Wo der Schiffer hin verlanget,
Aber ach! nicht landen soll.
Auf der schönen Insel thronet
Seines Herzens Königin.
Bei der süßen Holdin wohnet
Dennoch immerdar sein Sinn.

Hänget gleich sein Schiff an Banden
Strenger Pflichten, die er ehrt;
Wird ihm gleich dort anzulanden,
Molly, selbst von dir verwehrt:
O so laß ihn nur umfahren
Seines Paradieses Rand,
Und es seine Obhut wahren
Gegen fremde Räuberhand.

Selbst!, o Holdin, — kannst es glauben,
Was dir Mund und Herz verspricht! —
Selbst das Paradies berauben
Und verheeren wird er nicht.
Keine Beere will er pflücken,
Wie so lockend sie auch glüht,
Nicht ein Blümchen nur zerknicken,
Das in diesem Eden blüht.

Hinschau'n soll ihn nur ergötzen,
Wann sein Schiff herum sich dreht,
Nur der süße Duft ihn letzen,
Den der West vom Ufer weht.
Aber ganz von hinnen scheiden,
Fern von deinem Angesicht,
Und der Heimat seiner Freuden,
Heiß', o Königin, ihn nicht.

Volker's Schwanenlied.

Sonst schlug die Lieb' aus mir so helle
Wie eine Nachtigall am Quelle.
Nun hat sie meine Kunst geirrt,
Daß jeder Laut zum Seufzer wird.

O Liebe, wundersüßes Wesen,
Wovon die Kranken oft genesen,
Ja Todte schier vom Grab erstehn,
Mich drängest du, ins Grab zu gehn! —

Im Busen hegt' ich dich solange,
Wie jener die erstarrte Schlange.
Dem Busen, der ihr Leben bot,
Gab sie zum Lohne Schmerz und Tod.

Nun, süße Mörderin des Lebens,
O Molly, laß nur nicht vergebens
Mein Flehn, mein letztes Flehen sein!
Vergiß nicht, ach, vergiß nicht mein!

Aus meiner Gruft, wo ich verwese,
Will ich, daß sanftes Mitleid lese:
„Wie Volker liebt' und litt kein Mann:
Der Hoffnungslose starb daran.“ —

Fritz Stollberg, Harfner, der vor allen
Mir stets von Herzen wolgefallen,
Mann, der voll Gotteskraft und Geist
So herzlich Tugend liebt als preis't!

Dir, Freund, vermach' ich Kranz und Leier,
Doch nur geweiht zu Molly's Feier.
Der Name Molly sei verwebt
In jedes Lied, das ihr entschwebt!

Es gilt der Herrlichsten von allen,
Die unter Gottes Sonne wallen,
Die Volker, der verlorne Mann,
Vom Schicksal nicht erseufzen kann.

Nun sei, o Gott, dem Armen gnädig!
Laß aller Schuld ihn los und ledig!
Laß nie in andern Flammen ihn
Als Flammen seiner Liebe glühn!

Molly's Werth.

Ach könnt' ich Molly kaufen
Für Gold und Edelstein,
Mir sollten große Haufen
Für sie wie Kiesel sein.
Zwar wühlt sich's hübsch im Golde,
Wol dem der wühlen kann! —
Doch ohne sie, die Holde,
Wie hätt' ich Lust daran?

Ja, wenn ich Allgebieter
Von ganz Europa wär'
Ich gäb' Europens Güter
Für sie mit Freuden her,
Bedingte nur dies eine
Für sie und mich noch aus:
Im kleinsten Gartenhaine
Das kleinste Gärtnerhaus.

Mein liebes Leben enden
Darf nur der Herr der Welt;
Doch dürft' ich es verspenden,
So wie mein Gut und Geld;
So gäb' ich gern, ich schwöre,
Für jeden Tag ein Jahr,
Da sie mein eigen wäre,
Mein eigen ganz und gar.

Die Eine.

Nicht selten hüpft, dem Finken gleich im Haine,
Der Flattersinn mir keck vor's Angesicht:
„Warum, o Thor, warum ist denn nur Eine
Dein einziges, dein ewiges Gedicht?

Ha! Glaubst du denn, weil diese dir gebricht,
Daß Liebe dich mit keiner mehr vereine?
Der Gram um sie beflort dein Augenlicht,
Und freilich glänzt durch diesen Flor dir keine.

Die Welt ist groß, und in der großen Welt
Blühn schön und süß viel Mädchen noch und Frauen.
Du kannst dich ja in manches Herz noch bauen."

Ach, alles wahr! Vom Rhein an bis zum Belt
Blüht Reiz genug auf allen deutschen Auen.
Was hilft es mir, dem Molly nur gefällt?

Ueberall Molly und Liebe.

In die Nacht der Tannen oder Eichen,
In der stummen Heimlichkeit Gebiet,
Das der Lebensfrohe schauernd flieht,
Such' ich oft der Ruhe nachzuschleichen.

Könnt' ich nur, wie allem meinesgleichen,
Auch sogar der Wildniß, die mich sieht
Und den Sinn zu neuer Arbeit zieht,
Bis hinein ins leere Nichts entweichen!

Denn so allgeheim ist kein Revier,
Nirgends ist ein Felsenspalt so öde,
Daß nicht Liebe mich auch da befehde;

Daß die Allverfolgerin mit mir
Nicht von Molly und von Molly rede,
Oder, wann sie schweiget, — ich mit ihr.

Täuschung.

Um von ihr das Herz nur zu entwöhnen,
Der es sich zu stetem Grame weiht,
Forschet durch die ganze Wirklichkeit,
Ach umsonst! mein Sinn nach allem Schönen.

Dann erschafft, bewegt durch langes Sehnen,
Phantasie aus Stoff, den Herzchen leiht,
Ihm ein Bild voll Himmelslieblichkeit.
Diesem will es nun statt Molly fröhnen.

Brünstig wird das neue Bild geküßt;
Alle Huld wird froh ihm zugetheilet;
Herzchen glaubt von Molly sich geheilet.

O des Wahns von allzu kurzer Frist!
Denn es zeigt sich, wenn Betrachtung weilet,
Daß das Bild leibhaftig — Molly ist.

Für Sie mein Eins und Alles.

Nicht zum Fürsten hat mich das Geschick,
Nicht zum Grafen, noch zum Herrn geboren,
Und fürwahr nicht hellerswerth verloren
Hat an mich das goldbeschwerte Glück.

Günstig hat auch keines Wessirs Blick
Mich im Staat zu hoher Würd' erkoren.
Alles stößt, wie gegen mich verschworen.
Jeden Wunsch mir unerhört zurück.

Von der Wieg' an bis zu meinem Grabe
Ist ein wolersungnes Lorbeerreis
Meine Ehr' und meine ganze Habe.

Dennoch auch dies eine, so ich weiß,
Spendet' ich mit Lust zur Opfergabe,
Wär', o Molly, dein Besitz der Preis.

Die Unvergleichliche.

Welch Ideal aus Engelsphantasie
Hat der Natur als Muster vorgeschwebet,
Als sie die Hüll' um einen Geist gewebet,
Den sie herab vom dritten Himmel lieh?

O Götterwerk! Mit welcher Harmonie
Hier Geist in Leib und Leib in Geist verschwebet!
An allem, was hienieden Schönes lebet,
Vernahm mein Sinn so reinen Einklang nie.

Der, welchem noch der Adel ihrer Mienen,
Der Himmel nie in ihrem Aug' erschienen,
Entweiht vielleicht mein hohes Lied durch Scherz.

Der kannte nie der Liebe Lust und Schmerz,
Der nie erfuhr, wie süß ihr Athem fächelt,
Wie wundersüß die Lippe spricht und lächelt.

Der versetzte Himmel.

Licht und Luft des Himmels zu erschauen,
Wohinan des Frommen Wünsche schweben,
Muß dein Blick sich über dich erheben,
Wie des Betenden voll Gottvertrauen.

Unter dir ist Todesnacht und Grauen.
Würde dir ein Blick hinab gegeben,
So gewahrtest du mit Angst und Beben
Das Gebiet der Höll' und Satan's Klauen.

Also spricht gemeiner Menschenglaube.
Aber wann aus meines Armes Wiege
Molly's Blick empor nach meinem schmachtet:

Weiß ich, daß im Auge meiner Taube
Aller Himmelsseligkeit Genüge
Unter mir der trunkne Blick betrachtet.

Naturrecht.

Von Blum' und Frucht, so die Natur erschafft,
Darf ich zur Lust, wie zum Bedürfniß, pflücken.
Ich darf getrost nach allem Schönen blicken,
Und athmen darf ich jeder Würze Kraft.

Ich darf die Traub', ich darf der Biene Saft,
Des Schafes Milch in meine Schale drücken.
Mir frohnt der Stier, mir beut das Roß den Rücken,
Der Seidenwurm spinnt Atlas mir und Tafft.

Es darf das Lied der holden Nachtigallen
Mich, hingestreckt auf Flaumen oder Moos,
Wohl in den Schlaf, wohl aus dem Schlafe hallen.

Was wehrt es denn mir Menschensatzung bloß
Aus blödem Wahn, in Molly's Wonneschooß,
Von Lieb' und Lust bezwungen, hinzufallen?

Untreue über Alles.

Ich lauschte mit Molly tief zwischen dem Korn,
Umduftet vom blühenden Hagebutt = Dorn.
Wir hatten's so heimlich, so still und bequem,
Und koseten traulich von diesem und dem.

Wir hatten's so heimlich, so still und bequem;
Kein Seelchen vernahm was von diesem und dem;
Fast achteten unser die Lüftchen nicht mehr,
Die spielten mit Blumen und Halmen umher.

Wir herzten, wir drückten, wie innig, wie warm!
Und wiegten uns, eia popeia! im Arm.
Wie Beeren zu Beeren an Trauben des Weins,
So reihten wir Küsse zu Küssen in eins.

Und zwischen die Trauben von Küssen hin schlang
Sich, ähnlich den Reben, Gespräch und Gesang.
Kein Weinstock auf Erden verdienet den Ruf
Von diesem, den Liebe beim Hagedorn schuf.

„O Molly", so sprach ich, so sang ich zu ihr,
„Lieb Liebchen, was küssest, was liebst du an mir?
Sprich, ist es nur Leibes = und Liebesgestalt,
Sprich! oder das Herz, das im Busen mir wallt?" —

„O Lieber", so sprach sie, so sang sie zu mir,
„O Theurer, was sollt' ich nicht lieben an dir?
Bist süß mir an Leibes = und Liebesgestalt,
Doch theurer durchs Herz, das im Busen dir wallt." —

„Lieb Liebchen, was thätest du, hätte dir Noth
Das eine fürs andre zu missen gedroht?
Sprich! bliebe mein liebendes Herz dein Gewinn,
Sprich! gäbst du für Treue das übrige hin?" —

„Ein goldener Becher gibt lieblichen Schein;
Doch süßeres Labsal gewähret der Wein.
Ach, bliebe der labende Wein mein Gewinn,
So gäb' ich den goldenen Becher wol hin." — .

„O Molly, lieb Liebchen, wie wär' es bestellt,
Durchstrichen noch üppige Feen die Welt,
Die Schönste der Schönsten entbrennte zu mir
Und legte mir Schlingen und raubte mich dir;

Und führte mich auf ihr bezaubertes Schloß
Und ließe nicht eher mich ledig und los,
Als bis ich in Liebe mich zu ihr gesellt;
Wie wär' es um deine Verzeihung bestellt?" —

„Ach! Fragtest du vor der so schmählichen That
Dein ängstlich bekümmertes Mädchen um Rath,
So rieth ich: Bedenke mein Kleinod, mein Glück!
Komm nimmer mir, oder mit Treue zurück!" —

„Wie, wenn sie nun spräche: Komm, buhle mit mir!
Sonst kostet's dir Jugend und Schönheit dafür.
Zum häßlichsten Zwerge verschafft dich mein Wort;
Dann schickt mit dem Korb auch dein Mädchen dich fort." —

„O Lieber, das glaube der Trügerin nicht!
Entstelle sie dich und dein holdes Gesicht!
Erfülle sie alles, was böses sie droht!
So hat es ja doch mit dem Korbe nicht Noth." —

„Wie, wenn sie nun spräche: Komm, buhle mit mir!
Sonst werde zur Schlange dein Mädchen dafür!
O Molly, lieb Liebchen, was riethest du nun?
Was sollt ich wol wählen, was sollt' ich wol thun?" —

„O Lieber, du stellst mich zu ängstlicher Wahl!
Leicht wäre mir zwar der Bezauberung Qual;
Doch jetzt bin ich süß dir wie Honig und Wein,
Dann würd' ich ein Scheuel und Greuel dir sein." —

„Doch setze: du würdest kein Greuel darum,
Ich trüge dich sorglich im Busen herum;
Da hörtest du immer, bei Nacht und bei Tag,
Für dich nur des Herzens entzückenden Schlag,

Und immer noch bliebe dein zärtlicher Kuß
Dem durstigen Munde des Himmels Genuß:
O Molly, lieb Liebchen, was riethest du nun?
Was sollt' ich wol wählen, was sollt' ich wol thun?" —

„O Lieber, o Süßer, dann weißt du die Wahl.
Was hätt' ich für Sorge, was hätt' ich für Qual?
Dann hülle mich lieber die Schlangenhaut ein,
Als daß mir mein Trauter soll ungetreu sein!" —

„Doch, wenn sie nun spräche: Komm, buhle mit mir!
Sonst werde zur Rache des Todes dafür!
O Molly, lieb Liebchen, was riethest du nun?
Was sollt' ich wol wählen, was sollt' ich wol thun?" —

„Geliebter, du stellst mich zur schrecklichsten Wahl:
Zur Rechten ist Jammer, zur Linken ist Qual.
Bewahre mich Gott vor so ängstlicher Noth!
Denn was ich auch wähle, so wähl' ich mir Tod.

Doch — wenn er zur Rechten und Linken mir droht,
So wähl' ich doch lieber den süßeren Tod.
O Theurer, so stirb dann, und bleibe nur mein!
Bald folget dir Molly und holet dich ein.

Dann ist es geschehen, dann sind wir entflohn;
Dann krönet die Treue unsterblicher Lohn.
So stirb dann, o Süßer, und bleibe nur mein!
Bald holet dein Mädchen im Himmel dich ein." —

Wir schwiegen und drückten, wie innig, wie warm!
Und wiegten uns, eia popeia! im Arm.
Wie Beeren zu Beeren an Trauben des Weins,
So reihten wir Küsse zu Küsse in eins.

Wir schwankten, berauscht von der Liebe Gefühl,
Und küßten der herrlichen Trauben noch viel.
Dann schwuren wir herzlich, bei Ja und bei Nein,
Im Leben und Tode getreu uns zu sein.

An Molly.

O Molly, welche Zauberkraft
Zwingt alle Herzen dir zu schlagen?
Die Huldgöttinnen könnten's sagen,
Verriethen sie die Wissenschaft.

Käm' uns Homer zurück ins Leben
Und fühlte diesen Drang und Zug,
Er würd' ihn schuld dem Gürtel geben,
Den Venus um den Busen trug.

Weißt du, was er davon gesungen?
Darein war alle Zauberei
Der Liebe, Lächeln, Schmeichelei
Und sanfter Taubensinn verschlungen;

War Witz verwebet, froh und leicht,
Und ah! das süße Huldgekose,
Das, gleich dem milden Oel der Rose,
Sogar des Weisen Herz beschleicht.

Nicht Jugendreiz, der bald verblühet,
Es ist die ewige Magie
Des Gürtels, den dir Venus lieh,
Der so die Herzen an sich ziehet!

Und noch im Herbste werden die
Für dich, wie jetzt im Lenze, lobern
Und sehnend Lieb' um Liebe fodern;
Denn Huldgöttinnen altern nie.

Molly's Abschied.

Lebe wohl, du Mann der Lust und Schmerzen!
Mann der Liebe, meines Lebens Stab!
Gott mit dir, Geliebter! Tief zu Herzen
Halle dir mein Segensruf hinab!

Zum Gedächtniß biet' ich dir statt Goldes —
Was ist Gold und goldeswerther Tand? —
Biet' ich lieber, was dein Auge holdes,
Was dein Herz an Molly liebes fand.

Nimm, du süßer Schmeichler, von den Locken,
Die du oft zerwühltest und verschobst,
Wann du über Flachs an Pallas' Rocken,
Ueber Gold und Seide sie erhobst!

Vom Gesicht, der Malstatt deiner Küsse,
Nimm, solang' ich ferne von dir bin,
Halb zum mindesten im Schattenrisse
Für die Phantasie die Abschrift hin!

Meiner Augen Denkmal sei dies blaue
Kränzchen flehender Vergißmeinnicht,
Oft beträufelt von der Wehmuth Thaue,
Der hervor durch sie vom Herzen bricht!

Diese Schleife, welche deinem Triebe
Oft des Busens Heiligthum verschloß,
Hegt die Kraft des Hauches meiner Liebe,
Der hinein mit tausend Küssen floß.

Mann der Liebe! Mann der Lust und Schmerzen!
Du, für den ich alles that und litt,
Nimm von allem! Nimm von meinem Herzen —
Doch — du nimmst ja selbst das Ganze mit!

Der Entfernten.

1.

O wie soll ich Kunde zu ihr bringen,
Kunde dieser ruhelosen Pein,
Von der Holden so getrennt zu sein,
Da Gefahren lauernd mich umringen?

Hüll' ich, der Entfernten sie zu singen,
In den Flor der Heimlichkeit mich ein,
Ach! so achtet sie wol schwerlich mein
Und vergebens muß mein Lied verklingen.

Doch getrost! Zerriß nicht, als sie schied,
Laut ihr Schwur die Pause stummer Schmerzen:
„Mann, du wohnest ewig mir im Herzen?" —

Diesem Herzen brauchest du, o Lied,
Des Verhüllten Namen nicht zu nennen:
An der Stimme wird es ihn erkennen.

2.

Du, mein Heil, mein Leben, meine Seele!
Süßes Wesen, von des Himmels Macht
Darum, dünkt mir, nur hervorgebracht,
Daß dich Liebe ganz mir anvermähle!

Welcher meiner todeswerthen Fehle
Bannte mich in diesen Sklavenschacht,
Wo ich fern von dir in öder Nacht,
Ohne Licht und Wärme mich zerquäle?

O warum entbehret mein Gesicht
Jenen Strahl aus deinem Himmelsauge,
Den ich dürftig nur im Geiste sauge?

Und die Lippe, welche singt und spricht,
Daß ich kaum ihr nachzulallen tauge,
O warum erquickt sie mich denn nicht?

Das hohe Lied

von der

Einzigen,

im Geist und Herzen empfangen

am

Altare der Vermählnng.

Hört von meiner Auserwählten,
Höret an mein schönstes Lied!
Ha, ein Lied des Neubeseelten
Von der süßen Anvermählten,
Die ihm endlich Gott beschied!
Wie aus tiefer Ohnmacht Banden,
Wie aus Nacht und Moderduft
In verschloss'ner Todtengruft
Fühlt er froh sich auferstanden
Zu des Frühlings Licht und Luft.

Zepter, Diademe, Kronen,
Gold und Silber hab' ich nicht:
Hätte gleich, ihr voll zu lohnen,
Schmuck, erkauft für Millionen,
Ein genügendes Gewicht.
Was ich habe, will ich geben.
Ihren Namen, den mein Lied
Lange zu verrathen mied,
Will ich in ein Licht erheben,
Welches keine Nacht umzieht.

Schweig', o Chor der Nachtigallen!
Mir nur lausche jedes Ohr!
Murmelbach, hör' auf zu wallen!
Winde, laßt die Flügel fallen,
Rasselt nicht durch Laub und Rohr!
Halt' in jedem Elemente,
Halt' in Garten, Hain und Flur
Jeden Laut, der irgendnur
Meine Feier stören könnte,
Halt' den Odem an, Natur!

Glorreich wie des Aethers Bogen,
Weich gefiedert wie der Schwan,
Auf des Wohllauts Silberwogen
Majeſtätiſch fortgezogen,
Wall', o Lied, des Ruhmes Bahn!
Denn hinab bis zu den Tagen,
Die der letzte Hauch erlebt,
Der von deutſcher Lippe ſchwebt,
Sollſt du deren Adel tragen,
Welche mich zum Gott erhebt.

Jubelvoll auch offenbaren
Sollſt du deſſen Göttermuth,
Der entrückt nun den Gefahren,
Wie Ulyß, nach zwanzig Jahren,
In der Wünſche Heimat ruht.
Sturm und Woge ſind entſchlafen,
Die durch Zonen, kalt und feucht,
Dürr und glühend, ihn geſcheucht;
Seines Wonnelandes Hafen
Hat der Dulder nun erreicht.

Seine Stärke war geſunken;
Lechzend hing die Zung' am Gaum;
Alles Oel war ausgetrunken,
Und des Lebens letzter Funken
Glimmt' am dürren Dochte kaum.
Da zerriß die Wolkenhülle
Wie durch Zauberwort und Schlag.
Heiter lacht' ein blauer Tag
Auf des Wunderheiles Fülle,
Welche duftend vor ihm lag.

Wonne weht von Thal und Hügel,
Weht von Flur und Wieſenplan,
Weht vom glatten Waſſerſpiegel,
Wonne weht mit weichem Flügel
Des Piloten Wangen an,
Wonne, deren Vollgenuſſe
Kein tyranniſches Verbot
Hinterher mit Seelennoth
Oder Sturm und Regenguſſe
Strafender Gewitter droht.

Nah in diesem Lustgefilde,
Allen seinen Wünschen nah,
Waltet mit des Himmels Milde,
Nach der Gottheit Ebenbilde,
Adonid-Urania.
Froh hat sie ihn aufgenommen,
Hat erquickt mit süßem Lohn,
Ihn, des Kummers müden Sohn.
„Nun, o lieber Mann, willkommen!"
Sang ihr holder Flötenton.

Ach, in ihren Feenarmen
Nun zu ruhen ohne Schuld;
An dem Busen zu erwarmen,
An dem Busen voll Erbarmen,
Voller Liebe, Treu' und Huld:
Das ist mehr, als von der Kette,
Aus der Folterkammer Pein,
Oder von dem Rabenstein
In der Liebe Flaumenbette
Durch ein Wort entrückt zu sein! —

Ist es wahr, was mir begegnet?
Oder Traum, der mich bethört,
Wie er oft den Armen segnet
Und ihm goldne Berge regnet,
Die ein Hahnenruf zerstört?
Darf ich's glauben, daß die Eine,
Die sich selbst in mir vergißt,
Den Vermählungskuß mir küßt?
Daß die Herrliche die meine
Ganz vor Welt und Himmel ist? —

Hohe Namen zu erkiesen,
Ziemt dir wol, o Lautenspiel!
Nie wird die zu hoch gepriesen,
Die so herrlich sich erwiesen,
Herrlich ohne Maß und Ziel:
Daß sie, trotz dem Hohngeschreie,
Trotz der Hoffnung Untergang,
Gegen Sturm und Wogendrang,
Mir gehalten Lieb' und Treue
Mehr als hundert Monden lang.

Und warum, warum gehalten?
Hätt' ich etwa Krösus' Thron,
Krösus' Schätze zu verwalten?
Prangt' ich unter Mannsgestalten
Herrlich wie Latonens Sohn?
War ich Herzog großer Geister,
Strahlend in dem Kranz von Licht,
Den die Hand der Fama flicht?
War ich holder Künste Meister?
Ach, das alles war ich nicht!

Zwar — ich hätt' in Jünglingstagen,
Mit beglückter Liebe Kraft
Lenkend meinen Kämpferwagen,
Hundert mit Gesang geschlagen,
Tausende mit Wissenschaft!
Doch des Herzens Loos, zu darben,
Und der Gram, der mich verzehrt,
Hatten Trieb und Kraft zerstört.
Meiner Palmen Keime starben,
Eines mildern Lenzes werth.

Sie, mit aller Götter Gnaden
Hoch an Seel' und Leib geschmückt.
Schön und werth, Alcibiaden
Zur Umarmung einzuladen,
Hätt' ein Beßrer leicht beglückt.
Sie vor ihren Schwestern allen
Hätte Hymen's Huld umschwebt
Und ein Leben ihr gewebt,
Wie es in Kronion's Hallen
Hebe mit Alciden lebt.

Dennoch, ohne je zu wanken,
Käm ihr ganzes Heil auch um,
Schlangen ihrer Liebe Ranken
Um den hingewelkten Kranken
Unablöslich sich herum.
Liebend, voller Kümmernisse,
Daß der Eumeniden Schaar,
Die um ihn gelagert war,
Nicht in Höllenglut ihn risse,
Bot sie sich zum Schirme dar. —

Macht in meiner Schuld, o Saiten,
Ihrer Tugend Adel kund!
Wahrheit knüpfe, des geweihten
Lautenschlägers Hand zu leiten,
Mit Gerechtigkeit den Bund!
Manche Tugend mag er missen:
Aber du, Gerechtigkeit,
Warst ihm heilig jederzeit!
Nein! Mit Willen und mit Wissen
Hat er nimmer dich entweiht.

Ruf' es laut aus voller Seele:
Schuldlos war ihr Herz und Blut!
Welches Ziel die Rüge wähle,
O so trifft sie meine Fehle,
Fehle meiner Liebeswuth!
Geißle mich des Hartsinns Tadel!
Wölke sich ob meiner Schuld
Selbst die Stirne milder Huld!
Büß' ich nur für ihren Adel,
O so büß' ich mit Geduld.

Ach, sie strebte, sich zu schirmen,
Strebte, — das ist Gott bewußt!
Doch was konnte sie den Stürmen
Meiner Lieb' entgegenthürmen,
Was den Flammen meiner Brust?
Nur in Pluton's grausen Landen
Hätten mit der Brust von Erz,
Taub für Lust und taub für Schmerz,
Unholdinnen widerstanden:
Nicht der Holdin weiches Herz! —

Unglückssohn, warum entflammte
Deinen Busen solche Glut?
Sprich, woher, woher sie stammte?
Welches Dämons Macht verdammte,
Frevler, dich zu dieser Wuth? —
Eitle Frage! Nimm, Gesunder,
Nimm mein Herz und meinen Sinn
Ohne dieses Fieber hin!
Staune dann noch ob dem Wunder,
Wie ich dieser war und bin.

Nimm mein Auge hin und schaue,
Schau' in ihres Auges Licht!
Ah, das klare, himmelblaue,
Das so heilig sein: Vertraue
Meinem Himmelssinne! spricht.
Sieh die Blüte dieser Wange!
Lustverheißend winke dir
Dieser Lippe Frucht wie mir!
Und dein heißer Durst verlange
Nie gelabt zu sein von ihr!

Sieh, o Blöder, auf und nieder,
Sieh mit meinem Sinn den Bau
Und den Einklang ihrer Glieder!
Wende dann das Auge wieder,
Sprich: Ich sah nur eine Frau!
Sieh das Leben und das Weben
Dieser Graziengestalt,
Sieh es ruhig an und kalt!
Fühle nicht das Wonnebeben
Vor der Anmuth Allgewalt!

Hat die Milde der Kamönen
Gütig dir ein Ohr verliehn,
Aufgethan den Zaubertönen,
Die ins Freudenmeer des Schönen
Seelen aus den Busen ziehn:
O so neig' es ihrer Stimme,
Und es ist um dich gethan!
Deine Seele faßt ein Wahn,
Daß sie in der Flut verglimme,
Wie ein Funk' im Ocean.

Nahe dich dem Taumelkreise,
Wo ihr Liebesodem weht,
Wo ihr warmes Leben leise,
Nach Magnetenstromes Weise,
Dir an Leib und Seele geht;
Wo die letzten der Gedanken,
Wo in ein Gefühl hinein
Sich verschmelzen Dein und Mein, —
Ha, aus diesen Zauberschranken
Rette dich und bleibe dein! —

Doch — empor vom Erdenthale!
Wie auch Florens Hand es kränzt —
Sonne dich mit mir im Strahle,
Der herab vom Sternensaale
Diesen Frühling überglänzt!
Siehe, wie des Maien Wonne,
So verarmt Autumnus Horn;
Wir verschwelgen Most und Korn:
Aber nie versiegt die Sonne,
Gottes goldner Segensborn.

Ohne Wandel durch die Jahre,
Durch den Wechsel aller Zeit,
Leuchtet hoch das reine, klare
Geistig=Schöne, Gute, Wahre
Dieser Seel in Ewigkeit.
Lebensgeist, von Gott gehauchet,
Odem, Wärme, Licht zu Rath,
Kraft zu jeder Edelthat,
Selig, wer in dich sich tauchet,
Du der Seelen Labebad!

Schmeichelflut der Vorgefühle
Hoher Götterlust schon hier
Wallet oft, bei Frost und Schwüle,
Wie mit Wärme so mit Kühle,
Lieblich um den Busen mir.
Fühlet wol ein Gottesseher,
Wann sein Seelenaug' entzückt
In die bessern Welten blickt,
Fühlt er seinen Busen höher,
Unaussprechlicher beglückt?

O der Wahrheit! o der Güte,
Rein wie Perlen, echt wie Gold!
O der Sittenanmuth! Blühte
Je im weiblichen Gemüthe
Jeder Tugend Reiz so hold?
Hinter sanfter Hügel Schirme,
Wo die Purpurbeere reift
Und der Liebe Nektar träuft,
Hat kein Fittich böser Stürme
Dies Elysium bestreift.

Da vergiftet nichts die Lüfte,
Nichts den Sonnenschein und Thau,
Nichts die Blum' und ihre Düfte;
Da sind keine Mördergrüfte,
Da beschleicht kein Tod die Au;
Da berückt dich keine Schlange,
Zwischen Moos und Klee versteckt,
Da umschwirrt dich kein Insekt,
So das Lächeln von der Wange,
Aus der Brust den Frieden neckt.

Alle deine Wünsche brechen
Ihre Früchte hier in Ruh;
Milch und Honig fließt in Bächen;
Töne wie vom Himmel sprechen
Labsal dir und Segen zu. —
Doch — du fühlest dich verlassen,
Lied in dieser Region!
Lange weigern sich dir schon,
Das Unsägliche zu fassen,
Bild, Gedanke, Wort und Ton. —

Er, dem sie die Götter schufen
Zur Genossin seiner Zeit,
Ist vor aller Welt berufen,
Zu erobern alle Stufen
Höchster Erdenseligkeit.
Ihm gedeihn des Glückes Saaten;
Seinem Wunsch ist jedes Heil,
Ehre, Macht und Reichthum feil;
Denn zu tausend Wunderthaten
Wird Vermögen ihm zutheil.

Durch den Balsam ihres Kusses
Höhnt das Leben Sarg und Grab;
Stark im Segen des Genusses,
Gibt's der Flut des Zeitenflusses
Keine seiner Blüten ab.
Rosicht hebt es sich und golden,
Wie des Morgens lichtes Haupt,
Seiner Jugend nie beraubt,
Aus dem Bette dieser Holden,
Mit verjüngtem Schmuck umlaubt.

Erd' und Himmel! Eine solche
Sollt' ich nicht mein eigen sehn?
Ueber Nattern weg und Molche,
Mitten hin durch Pfeil und Dolche
Konnt' ich stürmend nach ihr gehn.
Mit der Stimme der Empörung
Konnt' ich furchtbar: Sie ist mein!
Gegen alle Mächte schrein,
Tempel lieber der Zerstörung,
Eh' ich ihrer mißte, weihn.

Singt mir nicht das Lied von Andern!
Andre sind für mich nicht da:
Sollt ich auch gleich Alexandern
Durch die Welt erobernd wandern,
West und Ost hin, fern und nah.
Andre ziehen Andrer Herzen;
Unerklärbar nach sich hin.
Wann ich erst ein Andrer bin,
Dann sind andre Lust und Schmerzen
Lust und Schmerz auch meinem Sinn

Ihrer Liebe Nektar missen,
Hieß' in dürren Wüstenein
Einsam mich verlassen wissen
Und den Tod erschmachten müssen
In des Durstes heißer Pein.
Läßt die Strebekraft sich dämpfen,
Wenn wir dann, so weit wir sehn,
Nur noch e i n e n Quell erspähn?
Gilt was anders, als erkämpfen
Oder kämpfend untergehn?

Herr des Schicksals, deine Hände
Wandten meinen Untergang!
Nun hat alle Fehd' ein Ende;
Dich, o neue Sonnenwende,
Grüßet jubelnd mein Gesang!
Hymen, den ich benedeie,
Der du mich der langen Last
Endlich nun entladen hast,
Habe Dank für deine Weihe!
Sei willkommen, Himmelsgast!

Sei willkommen, Fackelschwinger!
Sei gegrüßt im Freudenchor,
Schuldversöhner, Grambezwinger!
Sei gesegnet, Wiederbringer
Aller Huld, die ich verlor!
Ach, von Gott und Welt vergeben
Und vergessen werd' ich sehn
Alles, was nicht recht geschehn,
Wann im schönsten neuen Leben
Gott und Welt mich wandeln sehn.

Schände nun nicht mehr die Blume
Meiner Freuden, niedre Schmach!
Schleiche bis zum Heiligthume
Frommer Unschuld nicht dem Ruhme
Meiner Auserwählten nach!
Stirb nunmehr, verworfne Schlange!
Längst verheertest du genug!
Ihres Retters Adlerflug
Rauscht heran im Waffenklange
Dessen, der den Python schlug.

Schwing, o Lied, als Ehrenfahne
Deinen Fittich um ihr Haupt
Und erstatt' auf lichtem Plane,
Was ihr mit dem Drachenzahne
Pöbellästerung geraubt.
Spät, wann dies' im Staubgewimmel
Längst des Unwerths Buße zahlt,
Strahl' in dies Panier gemalt,
Adonide, wie am Himmel
Dort die Halmenjungfrau strahlt!

Erdentöchter, unbesungen,
Roher Faunen Spiel und Scherz,
Seht mit solchen Huldigungen
Lohnt die theuern Opferungen
Des gerechten Sängers Herz!
Offenbar und groß auf Erden,
Hoch und hehr zu jeder Frist,
Wie die Sonn' am Himmel ist,
Heißt er's vor den Edeln werden,
Was ihm seine Holdin ist. —

Lange hatt' ich mich gesehnet,
Lange hatt' ein stummer Drang
Meinen Busen ausgedehnet.
Endlich hast du sie gekrönet,
Meine Sehnsucht, o Gesang!
Ach! dies bange süße Drücken
Macht vielleicht ihr Segensstand
Nur der jungen Frau bekannt.
Trägt sie so nicht vom Entzücken
Der Vermählungsnacht das Pfand?

Ah, nun bist du mir geboren,
Schön, ein geistiger Adon!
Tanzet nun, in Lust verloren,
Ihr, der Liebe goldne Horen,
Tanzt um meinen schönsten Sohn!
Segnet ihn, ihr Pierinnen!
Laß, o süße Melodie,
Laß ihn, Schwester Harmonie,
Jedes Ohr und Herz gewinnen,
Jede Götterphantasie!

Nimm, o Sohn, das Meistersiegel
Der Vollendung an die Stirn!
Ewig, meiner Seele Spiegel,
Ewig strahlen dir die Flügel,
Wie der Liebe Nachtgestirn!
Schweb', o Liebling, nun hinnieder,
Schweb' in deiner Herrlichkeit
Stolz hinab den Strom der Zeit!
Keiner wird von nun an wieder
Deiner Töne Pomp geweiht.

Verlust.

Wonnelohn getreuer Huldigungen,
Dem ich mehr als hundert Monden lang,
Tag und Nacht, wie gegen Sturm und Drang
Der Pilot dem Hafen, nachgerungen!

Becher, allgenug für Götterzungen,
Goldnes Kleinod, bis zum Ueberschwang
Stündlich neu erfüllt mit Labetrank,
O wie bald hat dich das Grab verschlungen!

Nektarkelch, du warest süß genug,
Einen Strom des Lebens zu versüßen,
Sollt' er auch durch Weltenalter fließen.

Wehe mir! Seitdem du schwandest, trug
Bitterkeit mir jeder Tag im Munde;
Honig trägt nur meine Todesstunde.

Trauerstille.

O wie öde, sonder Freudenschall,
Schweigen nun Paläste mir, wie Hütten,
Flur und Hain, so munter einst durchschritten,
Und der Wonnesitz am Wasserfall!

Todeshauch verwehte deinen Hall,
Melodie der Liebesred' und Bitten,
Welche mir in Ohr und Seele glitten
Wie der Flötenton der Nachtigall.

Leere Hoffnung! nach der Abendröthe
Meines Lebens einst im Ulmenhain
Süß in Schlaf durch dich gelullt zu sein!

Aber nun, o milde Liebesflöte,
Wecke mich beim letzten Morgenschein
Lieblich statt der schmetternden Trompete.

Auf die Morgenröthe.

Wann die goldne Frühe, neu geboren,
Am Olymp mein matter Blick erschaut,
Dann erblass' ich, wein' und seufze laut:
Dort im Glanze wohnt, die ich verloren!

Grauer Tithon! du empfängst Auroren
Froh aufs neu', sobald der Abend thaut;
Aber ich umarm' erst meine Braut
An des Schattenlandes schwarzen Thoren.

Tithon! deines Alters Dämmerung
Mildert mit dem Strahl der Rosenstirne
Deine Gattin, ewig schön und jung:

Aber mir erloschen die Gestirne,
Sank der Tag in öde Finsterniß,
Als sich Molly dieser Welt entriß.

Liebe ohne Heimat.

Meine Liebe, lange wie die Taube
Von dem Falken hin und her gescheucht,
Wähnte froh, sie hab' ihr Nest erreicht
In den Zweigen einer Götterlaube.

Armes Täubchen! Hart getäuschter Glaube!
Herbes Schicksal, dem kein andres gleicht!
Ihre Heimat, kaum dem Blick gezeigt,
Wurde schnell dem Wetterstrahl zum Raube.

Ach, nun irrt sie wieder hin und her!
Zwischen Erd' und Himmel schwebt die Arme,
Sonder Ziel für ihres Flugs Beschwer.

Denn ein Herz, das ihrer sich erbarme,
Wo sie noch einmal, wie einst, erwarme,
Schlägt für sie auf Erden nirgends mehr.

Das Blümchen Wunderhold.

Es blüht ein Blümchen irgendwo
In einem stillen Thal;
Das schmeichelt Aug' und Herz so froh
Wie Abendsonnenstrahl;
Das ist viel köstlicher als Gold,
Als Perl' und Diamant:
Drum wird es „Blümchen Wunderhold"
Mit gutem Fug genannt.

Wol sänge sich ein langes Lied
Von meines Blümchens Kraft,
Wie es am Leib und am Gemüth
So hohe Wunder schafft.
Was kein geheimes Elixir
Dir sonst gewähren kann,
Das leistet traun mein Blümchen dir.
Man säh' es ihm nicht an.

9*

Wer Wunderhold im Busen hegt,
Wird wie ein Engel schön.
Das hab' ich, inniglich bewegt,
An Mann und Weib gesehn.
An Mann und Weib, alt oder jung,
Zieht's wie ein Talisman
Der schönsten Seelen Huldigung
Unwiderstehlich an.

Auf steifem Hals ein Strotzerhaupt,
Das über alle Höhn
Weit, weit hinauszuragen glaubt,
Läßt doch gewiß nicht schön.
Wenn irgend nun ein Rang, wenn Gold
Zu steif den Hals dir gab,
So schmeidigt ihn mein Wunderhold
Und biegt dein Haupt herab.

Es webet über dein Gesicht
Der Anmuth Rosenflor
Und zieht des Auges grellem Licht
Die Wimper mildernd vor.
Es theilt der Flöte weichen Klang
Des Schreiers Kehle mit
Und wandelt in Zephyrengang
Des Stürmers Poltertritt.

Der Laute gleicht des Menschen Herz,
Zu Sang und Klang gebaut,
Doch spielen sie oft Lust und Schmerz
Zu stürmisch und zu laut:
Der Schmerz, wann Ehre, Macht und Gold
Vor deinen Wünschen fliehn,
Und Lust, wann sie in deinen Sold
Mit Siegeskränzen ziehn.

O wie dann Wunderhold das Herz
So mild und lieblich stimmt!
Wie allgefällig Ernst und Scherz
In seinem Zauber schwimmt!
Wie man alsdann nichts thut und spricht,
Drob jemand zürnen kann!
Das macht, man trotzt und strotzet nicht
Und drängt sich nicht voran.

O wie man dann so wolgemuth,
So friedlich lebt und webt!
Wie um das Lager, wo man ruht,
Der Schlaf so segnend schwebt!
Denn Wunderhold hält alles fern,
Was giftig beißt und sticht;
Und stäch' ein Molch auch noch so gern,
So kann und kann er nicht.

Ich sing', o Lieber, glaub' es mir,
Nichts aus der Fabelwelt,
Wenngleich ein solches Wunder dir
Fast hart zu glauben fällt.
Mein Lied ist nur ein Widerschein
Der Himmelslieblichkeit,
Die Wunderhold auf groß und klein
In Thun und Wesen streut.

Ach! hättest du nur die gekannt,
Die einst mein Kleinod war —
Der Tod entriß sie meiner Hand
Hart hinterm Traualtar —
Dann würdest du es ganz verstehn,
Was Wunderhold vermag,
Und in das Licht der Wahrheit sehn,
Wie in den hellen Tag.

Wol hundertmal verdankt' ich ihr
Des Blümchens Segensflor.
Sanft schob sie's in den Busen mir
Zurück, wann ich's verlor.
Jetzt rafft ein Geist der Ungeduld
Es oft mir aus der Brust.
Erst wann ich büße meine Schuld,
Bereu' ich den Verlust.

O was des Blümchens Wunderkraft
Am Leib und am Gemüth
Ihr, meiner Holdin, einst verschafft,
Faßt nicht das längste Lied! —
Weil's mehr als Seide, Perl' und Gold
Der Schönheit Zier verleiht,
So nenn' ich's „Blümchen Wunderhold"
Sonst heißt's — Bescheidenheit.

Prolog zu Sprickmann's „Eulalia"
auf einem Privattheater.

Darf, Edle, die ihr hier versammelt seid,
Darf auch des Schauspiels Muse den Kristall,
Worin sie alles, was vom Anbeginn
Der Erde unter Sonn' und Mond geschah,
Lebendig darstellt, darf die Muse wol
Den Zauberspiegel, düstrer Scenen voll,
Euch vor das Antlitz halten, daß vor Schreck
Die Knie euch wanken, daß von bitterm Schmerz
Die Busen schwellen und von Thränen euch
Die Augen übergehn? — Ergötzet ihr
Nicht lieber euch am lächerlichen Tand
Der Thorheit? Oder an dem heitern Glück,
Womit am Schluß des drolligen Romans
Die Lieb' ein leicht geneckes Paar belohnt? —
Vielleicht! — Vielleicht behagt' es euch auch wol,
Ein schönes, keusches, liebetreues Weib,
Umlagert von der schnöden Wollust Brut,
In einen sauern Kampf verstrickt zu sehn.
Ihr nähmet theil an ihrer Angst und Noth;
Ihr zittertet und weintet bald mit ihr;
Bald zöget ihr mit rascherm Odemzug
Den Muth, zu überwinden, mit ihr ein.
Doch müßt' auch dann am Ende Heil und Sieg
Die Brut zerschmettern, und den Kranz,
Den schönen Kranz um ihre Scheitel ziehn,
Woran ihr Recht bewährte Tugend hat;
Doch müßt' auch dann des Friedens sanfte Ruh
Die Wunden heilen, die der Kampf ihr schlug,
Und nicht das arme, keusche, treue Weib
Ihr Heil — o Gott, ihr eines letztes Heil! —
Gezwungen sein zu suchen — in der Gruft! —

Wol ist's ein edles, herrliches Gefühl,
Das solche Wünsch' in euern Herzen zeugt.
Allein auf Erden kämpft nicht immerdar
Die Tugend, wie der Edle wünscht. Ach, oft
Ist nichts Geringers als das Leben selbst
Das Lösegeld für den erhabnen Sieg.
Der Lorberzweig, nach dem sie blutend rang,
Flicht sich zur Todtenkron' auf ihren Sarg. —

Doch dann auch mag's euch frommen, diesen Kampf,
Den blutigen, den Todeskampf zu sehn,
Zu sehen, wie von allen Seiten her
Die Büberei mit Netzen sie umstellt;
Zu sehn, wie nirgends eine Freistatt ihr,
Als unter ihr das Grab nur, offen steht;
Und ach! zu sehn, wie sie hinunterstürzt
Und ihre Himmelsperle mit sich nimmt. —
Mag das Entsetzen doch euch dann beim Haar
Ergreifen und zerschütteln! Mag doch Schmerz
Durch eure Busen fahren wie ein Schwert!
Und mögen eure Augen doch in Flut,
In heißer Thränenflut des Mitleids glühn! —
Wird's euch doch frommen zur Bewunderung,
Zu hoher, heiliger Bewunderung
Der Heldin, welche Blut für Tugend gab.
Gedeihn wird's euch vielleicht zu gleichem Muth,
Zu Zorn und Abscheu gegen Bubenstück
Und Thrannei.   Zur Weisheit muß es euch
Gedeihen, daß der Tugend Kranz nicht stets
Auf Erden blüht. Zur Warnung, daß ihr nie
Euch gegen Den empören sollt, der tief
In des geheimen Heiligthumes Nacht
Die richterliche Wage hält und oft
Der Tugend Schmerz und oft dem Laster Lust,
Zwar unbegreiflich, aber doch gerecht
Und weise, in den Schooß herunterwägt.

Heloise an Abailard.

Wenn das Glück nicht meinen Nachruhm neidet,
So erhebt ein Sänger sich vielleicht,
Der an einer Seelenwunde leidet,
Die der meinigen an Tiefe gleicht,
Der umsonst, umsonst, durch lange Jahre
Seiner Hochgeliebten nachgeweint,
Bis ihn noch mit ihr, doch vor der Bahre,
Das Geschick minutenlang vereint,
Der nun unter Klage- Melodieen,
Fern von treuer Gegenliebe Kuß,
Schmachtend in das Land der Fantasieen

Seine liebsten Wünsche senden muß:
Bei dem Liede mein= und seiner Schmerzen
Werde jedes Hörers Brust erregt!
Denn nur der beweget leicht die Herzen,
Welchem selbst ein Herz im Busen schlägt.

Resignation.

Nichts kann mir fürder Freude geben,
Kein Saft aus Tokay's edlen Reben,
Nicht Edelstein, nicht Goldesglanz,
Kein fettes Mahl, kein Freudentanz.

Laßt alle Rosen, alle Nelken,
Laßt alle Kinder Florens welken;
Zu Wohlgeruch und Honigseim
Entsprieße meinethalb kein Keim!

Der Sturm mag in empörten Wellen
Mein Fahrzeug, wann er will, zerschellen!
Mit kaltem, gleichmuthsvollen Sinn
Geb' ich mein lästig Leben hin.

Mich täuschet ferner kein Vertrauen
Auf diese Welt.   Beim nahen Schauen
Ist jedes Glück der Erde Wahn;
Kein Weiser bleibt ihm zugethan.

Die Erscheinung.

Staunend bis zum Gruß der Morgenhoren
Lag ich und erwog den freien Schwur,
Welchen mir ein Kind der Unnatur
Beispiellos gebrochen wie geschworen.

Da erschien, begleitet von Auroren,
Die empor im Rosenwagen fuhr,
Jene Tochter heiliger Natur,
Ah! zu kurzer Wonne mir geboren.

Weinend, wie zur Sühne, hub ich an:
„Wahn, ich fände dich, o Engel, wieder,
Zog ins Netz der Heuchelei mich nieder." —

„Wisse nun, o lieber blinder Mann",
Sagte sie mit holdem Flötentone,
„Daß ich nirgends als im Himmel wohne!"

An das Herz.

Lange schon in manchem Sturm und Drange
Wandeln meine Füße durch die Welt.
Bald, den Lebensmüden beigesellt,
Ruh' ich aus von meinem Pilgergange.

Leise sinkend faltet sich die Wange,
Jede meiner Blüten welkt und fällt.
Herz, ich muß dich fragen: Was erhält
Dich in Kraft und Fülle noch so lange?

Trotz der Zeit Despoten=Allgewalt
Fährst du fort, wie in des Lenzes Tagen,
Liebend wie die Nachtigall zu schlagen.

Aber ach! Aurora hört es kalt,
Was ihr Tithon's Lippen Holdes sagen —
Herz, ich wollte, du auch würdest alt

Drittes Buch

Sprüche und vermischte Gedichte.

Zum Spatz,

der sich auf dem Saale gefangen hatte.

Bons dies, Herr Spatz! Ei, seht doch mal!
Willkommen hier auf meinem Saal!
Er ist gefangen, sieht er wol?
Und stellt' er sich auch noch so toll
Und flög' er ewig kreuz und quer
Nach allen Fenstern hin und her,
Zerbräch' auch Schnabel sich und Kopf,
Er ist gefangen, armer Tropf!
Ich sein Despot, und er mein Sklav'!
Er sei Prinz, Junker oder Graf
Bei seinem Spatzvolk! — Hör' er nun,
Was all ich mit ihm könnte thun:
Zerzupfen, rupfen, Hals umdrehn —
Da wird nicht Hund noch Hahn nach krähn, —
Zerschlagen ihn mit einem Hieb,
Und das mit Recht, Herr Galgendieb!
Weiß er die Kirschen, die verschmitzt
Er vor dem Maul mir wegstibitzt?
Auch würd' es Fürstenkurzweil sein,
Ließ' ich den Kater Lips herein.
Wenn ich ja übergnädig wär',
So holt' ich eine scharfe Scher'
Und schnitt' ihm ab die Flügelein
Sammt seinem kecken Schwänzelein.
Dann müßt' er unter Bett und Bank
Im Staube flattern lebenslang. —
He! Bürschchen, wie ist ihm zu Sinn? —
Doch seh' er, daß ein Mensch ich bin!
Ich lass' ihn wieder frank und frei.
Doch daß stets eingedenk ihm sei,
Die Freiheit sei ein goldner Schatz,
So hudelt man ihn erst, Herr Spatz,
Und scheucht ihn hin und her husch! husch!
Nun Fenster auf! Hinaus zu Busch!

Hu hu! Despotenhudelei!
Gott wahre mich vor Sklaverei!

———————

Der Bauer.

An seinen Durchlauchtigen Tyrannen.

Wer bist du, Fürst, daß ohne Scheu
Zerrollen mich dein Wagenrad,
Zerschlagen darf dein Roß?

Wer bist du, Fürst, daß in mein Fleisch
Dein Freund, dein Jagdhund, ungebläut
Darf Klau' und Rachen haun?

Wer bist du, daß durch Saat und Forst
Das Hurrah deiner Jagd mich treibt,
Entathmet wie das Wild? —

Die Saat, so deine Jagd zertritt,
Was Roß und Hund und du verschlingst,
Das Brot, du Fürst, ist mein.

Du Fürst hast nicht bei Egg' und Pflug,
Hast nicht den Erntetag durchschwitzt.
Mein, mein ist Fleiß und Brot! —

Ha! Du wärst Obrigkeit von Gott?
Gott spendet Segen aus; du raubst!
Du nicht von Gott, Tyrann!

―――――――

Mamsell La Regle.

Halb griechische, halb auch französche Donne,
Ist Regula die wackerste Ma Bonne;
Nimmt sorgsam überall, nimmt Tag und Nacht
Die lieben Kinderchen ganz wol in Acht;
Weiß wolgewandt zu gängeln, weiß spazieren
Den kleinen Trupp vorsichtiglich zu führen;
Und läßt fürwahr die trauten Kindelein
Gefahr und Leid nicht eben leicht bedräun.
Das kleine Volk nicht zu skandalisiren,
Mag man sich gern ein wenig mit geniren.
Oft hat's mich, wenn um nichts und wider nichts
So einer da, unartigen Gezüchts,
Aus Uebermuth, der Bonne blos zum Possen,
Nicht folgsam war, oft hat's mich bald verdrossen.

Doch wenn sie gar zu steif, mit Schneckenschritt,
Durch nackte Gäng' und Sandalleen tritt
Und hin und her hofmeistert: „Fein gerade!
Hübsch Füßchen aus=, und einwärts hübsch die Wade!
Den Rücken schlank! Fein Hals und Kopf empor!
Zurück die Schultern! Bauch ein! Brust hervor!"
Und wehren will, zur Linken oder Rechten
Eins auszutraben, Strauß und Kranz zu flechten,
Das laßt hier ein, und aus zum Ohr dort wehn!
Laßt, Brüderchen, die alte Strunsel gehn!
Nur Kinder mag also ihr Laufzaum schürzen!
Was thut's, ob wir mal stolpern oder stürzen?

<h2 style="text-align:center">Nothgedrungene Epistel</h2>

des berühmten Schneiders
Johannes Schere
an
Seinen großgünstigen Mäcen.

Wie kümmerlich, trotz seiner Göttlichkeit,
Sich oft Genie hier unterm Monde nähre,
Beweisen uns die Kepler, die Homere,
Und hundert große Geister jede Zeit
Und jeder Erdenzone weit und breit:
Doch wahrlich nicht zu sonderlicher Ehre
Der undankbaren Menschlichkeit,
Die ihnen späte Dankaltäre
Und Opfer nach dem Tod erst weiht.

Auch mir verlieh durch Schere, Zwirn und Nadel
Minerva Kunst und nicht gemeinen Adel.
Allein der Lohn für meine Trefflichkeit
Ist Hungersnoth, ein Haderlumpenkleid,
Ist obenein der schwachen Seelen Tadel,
Und dann einmal, nach Ablauf dürrer Zeit,
Des Namens Ruhm und Ewigkeit.

Allein was hilft's, wenn nach dem Tode
Mich Leichenpredigt oder Ode
Den größten aller Schneider nennt,
Und ein vergoldet Marmormonument,
An welchem Schere, Zwirn und Nadel hangen
Und Fingerhut und Bügeleisen prangen,
Der späten Nachwelt dies bekennt?

Wenn lebend mich mein Zeitgenosse
Zu Stalle, gleich dem edeln Rosse,
Auf Stroh zu schlafen, von sich stößt
Und nackend gehn und hungern läßt?

Der Stümper, der zu meinen Füßen kreucht,
Beschmitzet zwar mit seines Neides Geifer,
Weil nicht sein Blick an meine Höhe reicht,
Oft meinen Ruhm und schreit: ich sei ein Säufer,
Sei stets bedacht, mein Gütchen zu verthun,
Und laß' indeß die edle Nadel ruhn.
O schnöder Neid! Denn überlegt man's reifer,
Gesetzt den Fall, die Lästerung sei wahr,
So ist dabei doch ausgemacht und klar,
Und es bestätigt dies die Menge der Exempel,
Daß solch ein Zug von je und je im Stempel
Erhabener Genieen war.

Sie binden sich nicht sklavisch an die Regel
Der Lebensart und fahren auf gut Glück,
So wie der Wind der Laun' in ihre Segel
Just stoßen mag, bald vorwärts, bald zurück,
Und lassen das gemeine Volk laviren.
Sie haben vor den seltnen Wunderthieren
Ein Stärkerrecht, daß man sie sorgsam hegt,
Dankbar bekleidet und verpflegt,
Zu hoch und frei, sich selber zu geniren.
Und wenn der Ueberfluß verkehrter Welt
Oft Affen, Murmelthier' und Raben
Und Kakadu und Papagai erhält:
So sollten sie den Leckerbissen haben,
Der von des Reichen Tische fällt.
Allein wie karg ist die verkehrte Welt
Für ein Genie mit ihren Gaben!

Willst du davon ein redend Beispiel sehn,
So schau' auf mich, großgünstiger Mäcen,
So guck' einmal nebst deinem theuern Weibe
Auf meinen Rock durch deines Fensters Scheibe
Und sieh die Luft in hundert Hadern wehn
Und meinen Leib dem Winter offen stehn!
Sprich selbst einmal, ist's nicht die größte Schande,
Daß mich, der ich so oft mit seidenem Gewande
Bekleidete des Landes Grazien,
Die Welt nun läßt in Haderlumpen gehn?

Kann dies dich nicht zu mildem Mitleid reizen,
Mit einer Kleinigkeit mir hülfreich beizustehn?
Nein, Menschenfreund, du kannst nicht geizen!
Ich kann getrost auf beine Güte baun.
Mich stärkt von deinen Liebesthaten
So manches Beispiel im Vertraun.
Du kannst, du wirst am besten mich berathen.
So borge denn mir für ein beßres Kleid
Zu Schutz und Trutz in dieser rauhen Zeit
Nur einen lumpigen Dukaten!
Mit Dank bin ich ihn jederzeit
Durch künstliche, durch dauerhafte Nathen
Abzuverdienen gern bereit.

———

Der Hund aus der Pfennigschenke.

Es ging, was ernstes zu bestellen,
Ein Wandrer seinen stillen Gang,
Als auf ihn los ein Hund mit Bellen
Und Rasseln vieler Halsbandschellen
Aus einer Pfennigschenke sprang.
Er, ohne Stock und Stein zu heben,
Noch sonst sich mit ihm abzugeben,
Hub ruhig weiter Fuß und Stab,
Und Kliffklaff ließ vom Lärmen ab.

Des Wegs kam auch mit Rohr und Degen,
Flink, wolgemuth, keck und verwegen,
Ein Herrchen Krauskopf herspaziert.
Kliffklaff setzt an, und hoch tuschirt
Hält von dem Hunde sich das Herrchen.
Und Herrchen Krauskopf ist ein Närrchen,
Fängt mit dem Kläffer Händel an,
Greift fix nach Steinen in die Runde
Und schleudert, was es schleudern kann,
Und flucht und prügelt nach dem Hunde.

Der Köter knirscht in jeden Stein,
Zerrt bald an meines Herrchens Rocke,
Bald an dem Degen, bald am Stocke,
Beißt endlich gar ihm in das Bein
Und bellt so wüthig, daß mit Haufen
Die Nachbarn alle, groß und klein,
Zu Fenstern und zu Thüren laufen.
Die Buben klatschen und juchhein
Und hetzen gar noch obendrein.
Nun fing sich's Herrchen an zu schämen,
Umsonst so sehr sich abzumühn.
Es mußte sachtchen sich bequemen,
Um dem Halloh sich zu entziehn,
Wol fürbaß seinen Weg zu nehmen
Und einzustecken Hohn und Schmach.
Denn alle Straßenbuben gafften,
Und alle Klaffconsorten klafften
Noch weit zum Dorf hinaus ihm nach.

Dies Fabelchen führt Gold im Munde:
Weicht aus dem Recensentenhunde.

Der Edelmann und der Bauer.

„Das schwör' ich dir, bei meinem hohen Namen,
Mein guter Klaus, ich bin aus altem Samen!" —
„Das ist nicht gut!" erwidert Klaus,
„Oft artet alter Samen aus."

Mittel gegen den Hochmuth der Großen.

Viel Klagen hör' ich oft erheben
Vom Hochmuth, den der Große übt.
Der Großen Hochmuth wird sich geben,
Wenn unsre Kriecherei sich gibt.

Auf das Adeln der Gelehrten.

Mit einem Adelsbrief muß nie der echte Sohn
Minervens und Apoll's begnadigt heißen sollen;
Denn edel sind der Götter Söhne schon,
Die muß kein Fürst erst adeln wollen!

Auf einen Gewissen, nicht leicht zu Errathenden.

Nach dem Russischen.

Sprich für den Adel nicht, der ohne dich besteht,
Du halb geadelter Poet!
Denn neulich noch bewies der Edeln lauter Tadel,
Dein Herz sei nicht von Adel.

Das Wappen.

Schon lange soll den Laffen Schmerl
Der bald sich adeln läßt, die Wahl des Wappens quälen.
Man rath' ihm doch, dazu den Kamm zu wählen!
Denn keins ist passender für einen Lauseterl.

Entsagung der Politik.

Ade, Frau Politik! Sie mag sich fürbaß trollen;
Die Schriftcensur ist heutzutage scharf.
Was mancher Edle will, scheint er oft nicht zu sollen;
Dagegen was er schreiben soll und darf,
Kann doch ein Edler oft nicht wollen

Der große Mann.

Es ist ein Ding, das mich verdreußt,
Wenn Schwindel= oder Schmeichelgeist
Gemeines Maaß für großes preist.

Der Ruhmverschwendung Acht und Bann!
Du, Geist der Wahrheit, sag' es an:
Wer ist, wer ist ein großer Mann?

Der, dem die Gottheit Sinn beschert,
Der Größe, Bild, Verhalt und Werth
Und aller Wesen Kraft ihm lehrt;

Deß weit umfassender Verstand,
Wie einen Ball mit hohler Hand,
Ein ganzes Weltsystem umspannt;

10*

Der weiß, was großes hie und da,
Zu allen Zeiten, fern und nah,
Und wo und wann und wie geschah;

_ Der Mann, der die Natur vertraut,
Gleichwie ein Bräutigam die Braut,
In ganzer Schönheit nackend schaut

Und warm an ihres Busens Glut,
Vermögen stets und Heldenmuth
Und Lieb' und Leben saugend, ruht

Und nun, was je ein Erdenmann
Für Menschenheil gekonnt und kann,
Wofern er will, desgleichen kann;

Dabei in seiner Zeit und Welt,
Wo sein Beruf ihn hingestellt,
Durch That der Kunst die Wage hält·

Der ist ein Mann, und der ist groß!
Doch ringt sich aus der Menschheit Schooß
Jahrhundertlang kaum e i n e r los.

Postscript.

Du spannst die Saiten hoch hinan,
Doch weiß man, jeder Schulsultan
Heißt durch die Bank auch großer Mann.

Zweites Postscript.

Da kommt mir noch ein Apropos:
Ein Versler, für sein buntes Stroh.
Heißt alle Tage ebenso.

————

Die Antiquare.

Sie wollen nicht den kleinsten Lumpen missen,
Den vor Jahrtausenden die Zeit schon abgerissen,
Und herzlich gern in das Verließ geschmissen.

————

Prognostikon.

Vor Feuersgluth, vor Wassersnoth
Mag sicher fort der Erdball rücken.
Wenn noch ein Untergang ihm droht,
So wird er in Papier ersticken.

Aruspex und Professor.

Wie ein Aruspex dem Collegen,
Ohn' aufzulachen, einst entgegen
Mit Ernst zu treten fähig war,
Schien, Tullius, dir wunderbar.
Ein größres Wunder fast wär's unter uns zu nennen,
Wie's manche Professoren können.

Bettelstolz.

Es gibt der bettelstolzen Hachen,
Die mehr aus ärmlicher Catheder-Theorei,
Als aus Homers Gesang, Amphions Melodei,
Und jedem Götterwerk der Muse selber machen.
Sprich, Menschensinn, und sag' es laut den Hachen,
Daß diesem Wahnsinn ganz der Wahnsinn ähnlich sei:
Aus dem Compendio der Anthropologei,
Das ein Professor schreibt, für seine Clerisei,
Mehr, als aus Gottes Werk, dem Menschen selbst, zu machen.

Fragment eines wahrhaften Gesprächs.

Professor.
Freund, haben Sie wohl hier die Brüder Stern gekannt?

Anonymus.
O ja, zwei junge Männer von Verstand. —

Professor.
Ganz recht! und großem Fleiß; — dafür kann ich schon haften.

Anonymus.
Der Aelt'ste trieb Finanz und Cameralia,
Technologie und Oeconomica;
Der Jüngste Weltweisheit und schöne Wissenschaften.

Professor (erschrocken).
Bitt' um Vergebung! Nein! das hat er nicht gethan!
Der Jüngste war vielmehr auch ein recht wackrer Mann!

Prometheus.

Prometheus hatte kaum herab in Erdennacht
Den Quell des Lichts, der Wärm' und alles Lebens,
Das Feuer, vom Olymp gebracht,
Sieh, da verbrante sich — denn Warnen war vergebens —
Manch dummes Jüngelchen die Faust aus Unbedacht.
Mein Gott! Was für Geschrei erhuben
Nicht da so manches dummen Buben
Erzdummer Papa,
Erzdumme Mama,
Erzdumme Leibs- und Seelenamme!
Welch Gänsegeschnatter die Clerisei,
Welch' Truthahnsgekoller die Polizei! —

Ist's weise, daß man dich verdamme,
Gebenedeite Gottesflamme,
Allfreie Denk- und Druckerei?

Gute Werke.

An Glauben und Vertraun, mein guter Musensohn,
Scheint's dir wol nicht zu fehlen, wie ich merke;
Doch wisse du, Apoll's Religion
Schenkt dir die Glaubenspflicht und bringt auf gute Werke.

Fürbitte
eines ans peinliche Kreuz der Verlegenheit genagelten
Herausgebers eines Musen-Almanachs.

Vergib, o Vater der neun Schwestern,
Die unter deinem Lorbeer ruhn,
Vergib es denen, die dich nun
Und immerdar durch Schofelwerke lästern!
Sie wissen ja nicht, was sie thun

An Herrn Schuft.

O Schuft, es ist Unmöglichkeit,
Von schlechter Verse Schlechtigkeit
Mit Gründen stets die Schufte zu belehren.
Doch bin ich immerdar bereit,
Bei meiner Seelen Seligkeit
Die Schlechtigkeit der deinen zu beschwören.

An den Klatrigen.

O, weg damit zur Garderobe
Hinweg, hinweg mit deinem Lobe!
Das ärger meinen Ekel weckt,
Als reichte mir ein Krätziger Confect.

Schnick und Schnack.

Verbreite du vor Hack und Mack
Den Duft der besten Thaten!
Kaum wird Frau Schnick und kaum Herr Schnack
Ihn merken und verrathen.

Mach aber einen schwachen Streich —
Wer kann dem immer wehren? —
Ganz heimlich! — o so wirst du gleich
Dein blaues Wunder hören!

Umsonst, umsonst bemühst du dich,
Ihn halb nur zu verstecken.
Vom Liebesmantel findet sich
Kein Läppchen, ihn zu decken.

Beging'st du ihn im Keller gleich,
Tief in der Nacht der Erde:
Hervor muß er, der matte Streich,
Daß er beschnickschnackt werde!

Du fragst umsonst: Wie hat das Pack
Das Bischen Streich erfahren? —
Auch Klag' und Fluch auf Schnick und Schnack
Kannst du gemächlich sparen.

Sie borgen dann die List vom Fuchs,
Vom Spürhund ihre Nasen,
Die glühen Augen von dem Luchs,
Die Ohren von dem Hasen.

Und spüren und verschonen nie,
Nicht Bruder, Schwester, Base;
Wie Galgenraben schwärmen sie
Am liebsten nach dem Aase.

Woher ich auf andere Gedanken komme.

Klein, unbemerkt, verdienst- und namenlos
Hielt ich in ganzem Ernst mich immer fast bis gestern:
Doch endlich dünk' ich bald mich selber werth und groß,
Weil viel Canaillen schon mich hassen und verlästern.

Trost.

Wann dich die Lästerzunge sticht,
So laß dir dies zum Troste sagen:
Die schlecht'sten Früchte sind es nicht,
Woran die Wespen nagen.

Bekenntniß.

Wenn über meine Männertugend
Ihr zu Gericht euch niedersetzt,
So hetzt ihr jeden Fehl: ihr hetzt
Herbei sogar den Fehl der Jugend.
Weil euch denn dran gelegen ist,
Daß jeden Quark ihr von mir wißt,
So sei hiermit euch unverhalten:
Die ersten Hosen, die ich trug,
Und vollends gar mein Kindertuch,
Hab' ich nicht immer rein gehalten.

Adler und Lork *).

Am Adler, welcher sich erhebet
Und in dem lichten Freien schwebet,
Sieht jeder Lork aus seinem Dreck
Und rügt ihm gern den kleinsten Fleck.
Doch wer bemerkt am Lork im Drecke
Die kleinen und die großen Flecke?

---

*) Verzeihung für dieses Niederdeutsche Wort! Kein Hochdeutsches drückt die Verachtung so kräftig aus.

An die Splitterrichter.

Das freut mich doch, ihr Herren Falken,
Die ihr, Gott weiß warum? erboßt
So gern auf meine Fehler stoßt,
Daß ihr nichts mehr erstoßt, ihr Falken,
Als Splitter nur von eurem Balken.

An einen Sittenkrittler.

Kein Herz gibt dir mehr Stoff zum Sprechen,
Keins zu Kritiken mehr, als meins.
Gern wollt' ich mich an deinem rächen,
O Krittler, hättest du nur eins!

Ueber Hans Hagel's Urtheil.

Freund.

Das, meint er, müßte man dir lassen,
Daß du ein muntrer schöner Geist,
Ein angenehmer Dichter sei'st;
Allein —

Ich.

Doch etwas! Freilich passen
Mag ich zu allem nicht; allein
Es dürfte doch leicht besser lassen,
Ein schönes Bild im Musenhain,
Als Pfahl, wie Er, und Pflasterstein,
Kaum gut genug für Zäun' und Gassen,
In dieser besten Welt zu sein.

Auf einen literarischen Händelsucher.

Ich? Gegen ihn vom Leder ziehn? —
Dabei gewänn' er; ich verlöre!
Denn meine Fuchtel adelt' ihn,
Sie aber käm' um ihre Ehre.

Meine Meinung.

In Sachen X. Y. Z. etra. Herrn S.

Verdammt er mein Gedicht mit Recht,
So hilft wahrhaftig kein Vertreten;
Doch urthelt Meister Krittler schlecht,
So ists wahrhaftig nicht von nöthen.
Drum würd' ich nie, schlecht oder recht,
Eins vor dem Kritiker vertreten.

Kampfgesetz.

Gleich sei der Streit,
Den man uns beut!
Schwert gegen Schwert vom Leder;
Doch Feder gegen Feder!

Unterschied.

> Schüchtern trete der Künstler vor die
> Kritik und das Publikum, aber nicht die Kritik
> vor den Künstler, wenn es nicht einer ist, der
> ihr Gesetzbuch erweitert.　　Schiller.

Der Kunstkritik bin ich wie der Religion
Zu tiefer Reverenz erbötig;
Nur ist nicht eben dieser Ton
Vor ihren schlechten Pfaffen nöthig.

Ueber die Dichterregel des Horaz:

Non satis est pulchra esse poëmata; dulcia sunto,
Et quocunque volent, animum auditoris agunto.

„Schön sein, reichet nicht hin; auch würzig müsse das Lied sein
　Und des Hörers Gemüth locken, wohin es nur will!"
Dieses Geheimniß der Kunst verrieth ein unsterblicher Meister.
　Jedem gelang auch das Lied, der das Geheimniß ergriff.
Aber seit gestern verstehn die Krämer scholastischer Schönheit
　Jene besiegende Kunst besser als Stümper Horaz.
Lecke, so will man, die Form nur schönlich; ihr wässriger Inhalt
　Mache nicht wohl und nicht weh, schmecke nicht sauer noch süß! —
Deinem Genius Dank, daß er, o grübelnder Schiller,
　Nicht das Regelgebäu, das du erbauet, bewohnt!
Traun! Wir hätten alsdann an dir, statt Fülle des Reichthums,
　Die uns nährt und erquickt, einen gar luftigen Schatz.

Ueber Antikritiken.

Von mir wird sicherlich hinfort
Nicht wieder antikritisiret.
An einem wohlbekannten Ort
Wird man nur ärger dann schimpfiret.
Man lasse dem das letzte Wort,
Dem doch das erste nicht gebühret.

Der Scherzer.
An Grimassenmacher und Macherinnen.

Mein Glaub an eure Sittsamkeit
Läßt durch kein Pfui sich stärken;
Denn das ist nur Verlogenheit,
Die Pfui zu meinen Worten schreit,
Nicht Pfui zu euern Werken!

Rime et Raison.
An die Kläffer.

Ihr klafft, weiß nicht warum? mich an:
Ich neckt' euch nie in meinem Leben.
Wohlan! so soll die Peitsche dann
Euch künftig Grund zum Klaffen geben!

Heilige Versicherung.

Glaubt nur, der Wir, der im Kritik-Gericht
So oft mit unverschämter Zunge
Sentenzen den Magnaten spricht,
Von Gottes Gnaden ist er nicht;
Wohl aber oft — ein Lausejunge!

Der Vogel Urselbst,

seine Recensenten und der Genius.

Eine Fabel in Burkard Waldis Manier

Ein Vogel ganz besondrer Art,
Der sich mit keinem andern paart
Und, weil er immer einsam kreist,
Original, deutsch: Urselbst, heißt,
War Liebling eines Genius
Und hörte dennoch mit Verdruß:
„Das Flügelpaar, mit welchem ihn
Der hohe Genius beliehn,
Trag' ihn zwar ziemlich hoch und weit
Mit seiner Kraft durch Raum und Zeit;
Allein der Flug sei doch nicht schön
Zu hören oder anzusehn."

So rief aus Trojas Schutt und Graus
Ein kranker Uhu erst heraus.
Nach rief es flugs ein Papagei
In einer neuen Bücherei,
Wo auf der Grazien Altar
Der Schwätzer eingekäfigt war.
Bald gackten's auch den ganzen Tag
Die Hühner und die Gänse nach.
So ward ein Wort St. Klopstock's wahr,
Das Wort: Nachahmer hier sogar!

Da flog der Urselbst hin und bat
Des Uhus Majestät um Rath:
„Herr, gib dich näher zu verstehn,
Wie flieg' ich dir zu Dank recht schön?" —
Der Uhu zog die Stirne kraus
Und sann — und sann den Rath heraus:
„Behaget gleich auf jeder Flur
Dein Flug dem Sohne der Natur,
So frommt doch diese Gunst dir nichts
Vor der Gewalt des Kunstgerichts.
Das Püppchen der Convention
Rümpft stets sein Näschen drob mit Hohn;
Denn eingeschnürte Schulcultur
Haßt gliederfreie Weltnatur.

Drum mußt du, wenn ich rathen soll,
Der Reglerin zum Opferzoll
Erst manchen Schwungkiel dir entziehn,
Womit Naturgeist dich beliehn." —
Der Urselbst säumt' es nicht zu thun
Und fragte gläubig: „Herr, was nun?" —
„Es fliegt im dritten Himmelssaal
Ein Vogel Namens: Ideal.
Mit dessen Federn rüste dich,
Sonst fliegst du ewig schlecht für mich.
Noch thatst du keinen Flügelschlag,
Der tadellos passiren mag.
Versagt bleibt drum auf mein Geheiß
Dir der Vollendung Paradeis." —
Da sprach der Urselbst ängstiglich:
„Gestrenger Herr, belehre mich,
Wie steigt man in den Himmelssaal
Und hascht den Vogel Ideal?
Mir dünkt, das ist doch nicht so leicht,
Als man nur blind ins Blaue zeigt." —
Hierauf der Uhu spöttiglich:
„Herr Ignorant, belehr' Er sich:
Zur Seite fliegt der Ideal
Dem Wunderphönix der Moral.
Wie dieser strahlt in Heiligkeit,
So jener in Vollkommenheit.
Und wär' unendlich auch die Kluft
Von unsrer bis in ihre Luft,
So wird doch stets hinaufgezeigt,
Und wer nicht ihre Höh' erreicht,
Dem blasen wir den Todtenmarsch." —
„Mit Gunst! Ist dies nicht allzu barsch? —
Schlecht wird's hiernach, muß ich gestehn,
Dem Tauber wie dem Adler gehn,
Die man doch in der Unterwelt
Für ehrenwerthe Vögel hält.
Nach dir ist diesseits jener Kluft
Der Tauber Schurk, der Adler Schuft.
Biegt man das Rohr zu stark, so bricht's,
Und wer zu viel will, der will — nichts." —
Jetzt wollte schon der Urselbst fort:
Doch wandt' er sich: „Nur noch ein Wort,
Erhabner Kauz! Vermuthlich hast
Du Federn von dem Himmelsgast.
Wie bliesest du wol sonst so barsch

Mir und auch dir den Todtenmarsch!
Gib mir von deiner Portion
Und nimm dafür mein Gotteslohn!
Hiernächst so komm auch selbst heraus
Aus Trojas altem Schutt und Graus,
Und zeig' im Fluge dich einmal
Nach Art des Vogels Ideal!
Denn sieh, als du bei guter Laun'
Einst über deinen Dornenzaun
Der Göttin F r e u d e nach dich schwangst,
Da wurde mir doch etwas angst." —
Jetzt rief der Uhu ärgerlich:
„Herr Naseweis, belehr' Er sich!
Obgleich mein Aug' ihn nimmer sah,
So ist der Ideal doch da.
Ja, wär' er auch ein Popanz nur
Von metaphysischer Natur,
Der durchs Transscendentalreich streift,
Wo man nicht sieht, nicht hört, nicht greift,
So schreit man dennoch: „Schau', o schau'!" —
Dem andern dunstet's dann doch blau;
Und blauer Empyreumsdunst
Ist meist der Schönheitsregler Kunst.
Sothanem Dunst, Herr Naseweis,
Geb' ich dich wie mich selber preis.
Denn stümpert gleich mein eigner Flug
Um Trojas Trümmer tief genug,
So lass' ich doch im Fehmgericht
Von meines Urtheils Strenge nicht.
Ich habe recht, recht, recht, recht, recht;
Halt 's Maul vor mir, du loser Knecht!" —
Der Urselbst, der nun Unrath roch,
Sprach: „Hätt' ich meine Kiele noch!"
Verlor von nun an nicht ein Wort
Und zog mit mattern Schwingen fort.
Noch gläubig flog er hin und bat
Den Papagai um guten Rath:
„Schön Papelpapchen, laß mich sehn,
Wie flieg ich dir zu Dank recht schön?" —
Und graziös, in seinem Ring
Sich schaukelnd, sprach das bunte Ding:
„Da unter mir auf dem Altar
Nimmst du viel Gänseblümchen wahr,
Die ich im Ausland weit und breit
Einst ausgezupft und hier gestreut.

Ich trug dafür zum hohen Lohn
Dies goldne Gitterhaus davon,
Wo, wer die Bücherei besteigt,
Schön mit mir thut, mir Zucker reicht
Und mir das glatte Köpfchen kraut,
Das niedlich durch die Stäbchen schaut.
Herr Urselbst, willst du gut allhier
Dich stehn wie ich, so folge mir!
Reiß dir die deutschen Federn aus
Und füll' mit Blümlein, bunt und kraus,
Die leeren Lücken wieder an,
So wird aus dir ein ganzer Mann!" —
Der Urselbst, allzu glaubensvoll,
Sah nicht gleich ein, der Rath sei toll,
Und that, o weh! nach Papchens Wort.
Noch lahmer ging der Flug nun fort.

Jetzt zog der Urselbst hin und bat
Das Gick= und Gackgeschlecht um Rath.
Laut rief das Gick= und Gackgeschlecht:
„Bis hierher thatst du zwar ganz recht,
Doch unsers Beifalls dich zu freun,
Mußt du wie unsereiner sein.
Dies ganz zu werden, rathen wir,
Zieh jeden Genialkiel dir
Bis auf den letzten Stumpf heraus
Und bleib hier hübsch mit uns zu Haus!
Man muß nichts Eignes wollen sein.
So machen wir es, groß und klein.
Du siehst, wir watscheln Tag für Tag
Hof auf und ab einander nach
Und schnattern unser Lied dabei
Stets in bekannter Melodei.
Wenn man nun gleich nicht hoch und weit
Uns fliegen sieht durch Raum und Zeit,
So fällt dafür in unserm Lauf
Auch der Kritik kein Anstoß auf.
Drum meint der Uhu selbst im Ernst,
Gut sei es, daß du von uns lernst." —
Der Urselbst, taub von dem Geschrei,
Besann sich nicht, was gut ihm sei.
Er riß sich Kiel bei Kiel heraus,
Und ach! mit seinem Flug war's aus

Nun kam ob dem, was er gethan,
Der Reue Bitterkeit ihm an,

Und tief erseufzend vor Verdruß
Fleht er empor zum Genius;
Allein der hohe Schutzpatron
Schalt hoch herab in ernstem Ton:
„O Thor, also geschieht dir recht!
Was achtest du auf jeden Knecht
Der Meinung, die, im Thurm versteckt,
Ein kranker Uhu ausgeheckt? —
So geht's, so geht's, wenn mein Client
Vor alle Regelbuben rennt.
Meinst du, daß ich, ich, dein Apoll,
Den Flug vom Regler lernen soll?
Der Regler — so beschied sich deß
Schon Summus Aristoteles —
Der Regler zeichne meinen Flug
Wie eine Tanztour in sein Buch;
Nur lehr' er keinen Genius,
Wie er die Flügel schlagen muß! —
Für diesmal will ich dir verzeihn
Und neue Flügel dir verleihn.
Doch fliegst dem Gick= und Gackgeschlecht
Du künftig abermals nicht recht
Und achtest sein, und wendest dich
Im Zweifel nicht allein an mich,
Der ganz allein, was frommt und ehrt,
Trotz allem Kritikakel lehrt,
So lähm' ich dir auf immerdar
Den Flug, der sonst dein Volksruhm war.
Du sollst in Tiefen und auf Höhn
Natur nicht mehr dein achten sehn.
Verscheucht aus ihrem Heiligthum
Sperr' ich dich ganz sammt deinem Ruhm,
Wie jenen faden Papagei,
Dort in die neue Bücherei
Der schönen Wissenschaften ein,
Dich deines Lebens da zu freun,
Wo dich dein Volk nicht sieht und hört,
Noch dich, Vergeßnen, nennt und ehrt.

Verständigung.

Schön kann und soll nicht Alles sein;
Auch Schärfe, Kraft und Macht, und Drang durch Mark und Bein
Verlanget oft gerechter Herzenseifer;
Was auch darob, wie wahre Scherenschleifer,
Die schönen Wissenschäftler schrein.
Soll ein Apoll mein Werk, soll's eine Venus sein,
So ist's genug, wenn ich nur da den Meißel
Der Schönheit wohl zu führen weiß.
Ganz anders ist der Fall bei einer derben Geißel
Auf einen kecken Krittlersteiß!

Meister = Katechismus.

Nur dies gebeut die Kunst dem Meister für und für:
Zuvor versteh' dich selbst, und dann gefalle dir!

Abschied auf ewig

von Sr. Wohlweisheit, dem Herrn Peter Hecht, genannt Krittelwicht, wie auch der
ganzen hohen Krittelwichtischen Familie zu . . , zu . , zu . , u. s. w. u. s. w. u. s. w.

Schrei Er nur zu, Herr Krittelwicht!
Beschrei Er mich und mein Gedicht!
Der Genius der Kunst verspricht:
Verschreien werd' Er uns doch nicht.
Und nun Ade, Herr Krittelwicht!

An die Nymphe zu Meinberg.

Preis, Nymphe, dir! Dein Kraftquell sieget oft,
Wann Außenglut den derben Bau umlodert.
Doch tröste Gott den Hausherrn, der noch hofft,
So bald der Kern in Schwell' und Ständer modert!

Räthsel.

Verfertigt ist's vor langer Zeit;
Doch mehrentheils gemacht erst heut.
Höchst schätzbar ist es seinem Herrn;
Und dennoch hütet's niemand gern.

Mannstrotz.

Solang' ein edler Biedermann
Mit e i n e m Glied sein Brot verdienen kann,
Solange schäm' er sich, nach Gnadenbrod zu lungern!
Doch thut ihm endlich keins mehr gut:
So hab' er Stolz genug und Muth,
Sich aus der Welt hinaus zu hungern.